한국중부발전

최신기출 + NCS + 한국사 + 모의고사 8회

+ 무료NCS특강

SD에듀
(주)시대고시기획

✿ 머리말

삶의 가치를 바꾸는 클린 에너지 리더, 한국중부발전은 2023년 신입직원을 채용할 예정이다. 채용 절차는 「직무적합도 평가(인 · 적성검사) ➡ 직무능력평가(필기전형) ➡ 심층면접(면접전형) ➡ 신원 조회 및 신체검사」 순서로 진행하며, 직무적합도 평가 결과를 반영하여 C~D등급 및 부적합 대상자를 제외한 응시자 전원에게 필기전형 응시기회를 부여한다. 필기전형의 경우 한국사 및 직무지식평가, 직업기초능력평가로 진행되며, 한국사는 전 직군 공통으로 시험을 치르지만 직무지식평가와 직업기초능력평가의 경우 직군별로 시험과목이 상이하므로 반드시 확정된 채용공고를 확인하여 자신이 응시하려는 직군의 필기 과목에 맞춰 학습하는 것이 필요하다.

한국중부발전 필기전형 합격을 위해 SD에듀에서는 한국중부발전 판매량 1위의 출간경험을 토대로 다음과 같은 특징을 가진 도서를 출간하였다.

도서의 특징

❶ 기출복원문제를 통한 출제 유형 확인!
- 2022년 하반기 주요 공기업 기출문제를 복원하여 공기업별 필기 유형을 파악할 수 있도록 하였다.
- 2022 ~ 2017년 시행된 한국중부발전의 기출문제를 복원하여 출제 방향을 파악할 수 있도록 하였다.

❷ 한국중부발전 필기시험 출제 영역 맞춤 기출예상문제로 실력 상승!
- 직업기초능력평가 대표유형 + 기출예상문제를 통해 필기전형에 완벽히 대비할 수 있도록 하였다.
- 한국사 기출예상문제를 통해 필기전형 공통과목까지 준비할 수 있도록 하였다.

❸ 최종점검 모의고사를 통한 완벽한 실전 대비!
- 철저한 분석을 통해 실제 유형과 유사한 최종점검 모의고사를 수록하여 자신의 실력을 마지막으로 점검할 수 있도록 하였다.

❹ 다양한 콘텐츠로 최종 합격까지!
- 한국중부발전 채용 가이드와 면접 기출질문을 수록하여 채용을 준비하는 데 부족함이 없도록 하였다.
- 온라인 모의고사와 AI면접 응시 쿠폰을 무료로 제공하여 채용 전반을 대비할 수 있도록 하였다.

끝으로 본 도서를 통해 한국중부발전 채용을 준비하는 모든 수험생 여러분이 합격의 기쁨이 있기를 진심으로 기원한다.

NCS직무능력연구소 씀

한국중부발전

Always **with you**

사람의 인연은 길에서 우연하게 만나거나
함께 살아가는 것만을 의미하지는 않습니다.
책을 펴내는 출판사와 그 책을 읽는 독자의 만남도 소중한 인연입니다.
SD에듀는 항상 독자의 마음을 헤아리기 위해 노력하고 있습니다.
늘 독자와 함께하겠습니다.

한국중부발전 이야기

✿ 미션

친환경 에너지의 안전하고 안정적인 공급을 통해
국가발전과 국민 삶의 질 개선에 기여한다.

✿ 비전

친환경으로 미래를 여는 에너지 전문기업

✿ 핵심가치

[안전환경]   [미래성장]   [혁신소통]   [국민신뢰]

✿ 인재상

[CREATIVE GLOBAL KOMIPO CHALLENGER
창조적 에너지로 세계와 소통하여 KOMIPO의 미래를 이끄는 인재]

Creative Challenger	▶	혁신적 사고와 열정으로 새로운 가치창출에 도전하는 인재
Performance Leader	▶	강한 자부심과 책임감으로 자기업무에 주도적인 인재
Global Communicator	▶	상호존중과 배려로 세계와 소통하는 인재

✿ 지원자격(공통)

❶ 학력 · 전공 · 연령 · 성별 : 제한 없음
※ 단, 만 60세 이상인 자(정년퇴직자)는 지원 불가
❷ 병역기피 사실이 없는 자
※ 현역은 최종합격자 발표일 이전에 전역(소집해제 포함) 가능한 자
❸ 최종합격자 발표 이후 즉시 근무 가능한 자
❹ 당사 인사관리규정 제10조의 결격사유가 없는 자

1. 피성년후견인 또는 피한정후견인
2. 파산선고를 받고 복권되지 아니한 자
3. 금고 이상의 실형을 선고받고 그 집행이 종료되거나 집행을 받지 아니하기로 확정된 후 5년이 지나지 아니한 자
4. 금고 이상의 형을 받고 그 집행유예기간이 끝난 날로부터 2년이 지나지 아니한 자
5. 금고 이상의 형의 선고유예를 받은 경우에 그 선고유예 기간 중에 있는 자
6. 징계에 의하여 해임의 처분을 받은 때로부터 5년이 지나지 아니한 자
7. 법원의 판결 또는 법률에 의하여 자격이 상실 또는 정지된 자
8. 병역법 제76조에서 정한 병역의무 불이행자
9. 당사 인사관리규정 제9조의 규정에 따른 인사제출서류에 허위사실이 발견된 자
10. 「부패방지 및 국민권익위원회의 설치와 운영에 관한 법률」 제82조에 따른 비위면직자 등의 취업 제한 적용을 받는 자
11. 공무원 또는 「공공기관의 운영에 관한 법률」에서 정한 공공기관의 임직원으로 재직 중 직무와 관련하여 「형법」 제355조(횡령, 배임) 및 제356조(업무상의 횡령과 배임)에 규정된 죄를 범한 자로서 300만 원 이상의 벌금형을 선고받고 그 형이 확정된 후 2년이 지나지 아니한 자
12. 채용시 인사청탁 등 비위사실이 발견된 자
13. 공공기관에 부정한 방법으로 채용된 사실이 적발되어 채용이 취소된 날로부터 5년이 지나지 아니한 자
14. 「성폭력범죄의 처벌 등에 관한 특례법」 제2조에 규정된 죄를 범한 자로서 100만 원 이상의 벌금형을 선고받고 그 형이 확정된 후 3년이 지나지 아니한 자
15. 미성년자에 대한 다음 각 목의 어느 하나에 해당하는 죄를 저질러 파면ㆍ해임 되거나 형 또는 치료감호를 선고받아 그 형 또는 치료감호가 확정된 자(집행유예를 선고받은 후 그 집행유예기간이 경과한 자를 포함한다)
    가. 「성폭력범죄의 처벌 등에 관한 특례법」 제2조에 따른 성폭력범죄
    나. 「아동ㆍ청소년의 성보호에 관한 법률」 제2조 제2호에 따른 아동ㆍ청소년 대상 성범죄

전형절차

직무적합도 평가 (인ㆍ적성검사)	▶	직무능력평가 (필기전형)	▶	심층면접 (면접전형)	▶	신원조회 및 신체검사

필기전형

❶ 한국사 및 직무지식평가(70문항, 50%)
- 공통 : 한국사 10문항
- 직군별 전공지식 : 50문항
- 직무수행능력평가 : 직군별 직무상황 연계형 10문항

❷ 직업기초능력평가(80문항, 50%)

직군	범위
사무	의사소통능력, 조직이해능력, 자원관리능력, 수리능력
정보통신	의사소통능력, 문제해결능력, 정보능력, 기술능력
건축	의사소통능력, 문제해결능력, 수리능력, 정보능력
토목	의사소통능력, 문제해결능력, 자원관리능력, 조직이해능력
발전기계	의사소통능력, 문제해결능력, 자원관리능력, 기술능력
발전전기	의사소통능력, 문제해결능력, 수리능력, 기술능력
발전화학	의사소통능력, 문제해결능력, 자원관리능력, 기술능력

❖ 위 채용안내는 2022년 채용공고를 기준으로 작성하였으므로 세부내용은 반드시 확정된 채용공고를 확인하시기 바랍니다.

NCS란 무엇인가?

국가직무능력표준(NCS; National Competency Standards)

산업현장에서 직무 수행에 요구되는 능력(지식, 기술, 태도 등)을 국가가 산업 부문별, 수준별로 체계화한 설명서

직무능력

직무능력 = 직업기초능력 + 직무수행능력

▶ 직업기초능력 : 직업인으로서 기본적으로 갖추어야 할 공통 능력

▶ 직무수행능력 : 해당 직무를 수행하는 데 필요한 역량(지식, 기술, 태도)

NCS의 필요성

❶ 산업현장과 기업에서 인적자원관리 및 개발의 어려움과 비효율성이 발생하는 대표적 요인으로 산업 전반의 '기준' 부재에 주목함

❷ 직업교육훈련과 자격이 연계되지 않은 상태로 산업현장에서 요구하는 직무수행능력과 괴리되어 실시됨에 따라 인적자원개발과 개인의 경력개발에 비효율적이며 효과성이 부족하다는 비판을 받음

❸ NCS를 통해 인재육성의 핵심 인프라를 구축하고, 산업장면의 HR 전반에서 비효율성을 해소하여 경쟁력을 향상시키는 노력이 필요함

> NCS = 직무능력 체계화 + 산업현장에서 HR 개발, 관리의 표준 적용

✿ NCS 분류

▶ 일터 중심의 체계적인 NCS 개발과 산업현장 전문가의 직종구조 분석결과를 반영하기 위해 산업현장 직무를 한국고용직업분류(KECO)에 부합하게 분류함

▶ 2022년 기준 : 대분류(24개), 중분류(81개), 소분류(269개), 세분류(1,064개)

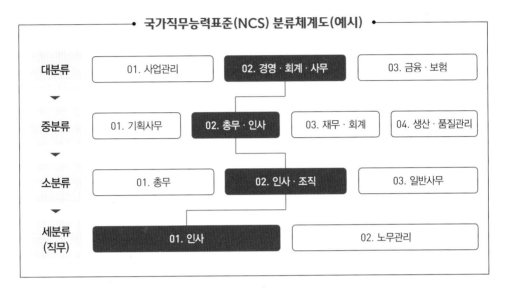

국가직무능력표준(NCS) 분류체계도(예시)

대분류	01. 사업관리	02. 경영 · 회계 · 사무	03. 금융 · 보험
중분류	01. 기획사무	02. 총무 · 인사	03. 재무 · 회계	04. 생산 · 품질관리
소분류	01. 총무	02. 인사 · 조직	03. 일반사무
세분류 (직무)	01. 인사	02. 노무관리

✿ 직업기초능력 영역

모든 직업인들에게 공통적으로 요구되는 기본적인 능력 10가지

❶ **의사소통능력** : 타인의 생각을 파악하고, 자신의 생각을 정확하게 쓰거나 말하는 능력

❷ **수리능력** : 사칙연산, 통계, 확률의 의미를 정확하게 이해하는 능력

❸ **문제해결능력** : 문제를 창조적이고 논리적인 사고를 통해 올바르게 인식하고 해결하는 능력

❹ **자기개발능력** : 스스로 관리하고 개발하는 능력

❺ **자원관리능력** : 자원이 얼마나 필요한지 파악하고 계획하여 업무 수행에 할당하는 능력

❻ **대인관계능력** : 사람들과 문제를 일으키지 않고 원만하게 지내는 능력

❼ **정보능력** : 정보를 수집, 분석, 조직, 관리하여 컴퓨터를 사용해 적절히 활용하는 능력

❽ **기술능력** : 도구, 장치를 포함하여 필요한 기술에 대해 이해하고 업무 수행에 적용하는 능력

❾ **조직이해능력** : 국제적인 추세를 포함하여 조직의 체제와 경영에 대해 이해하는 능력

❿ **직업윤리** : 원만한 직업생활을 위해 필요한 태도, 매너, 올바른 직업관

✿ NCS 구성

능력단위

▶ 직무는 국가직무능력표준 분류의 세분류를 의미하고, 원칙상 세분류 단위에서 표준이 개발됨

▶ 능력단위는 국가직무능력표준 분류의 하위단위로, 국가직무능력 표준의 기본 구성요소에 해당되며 능력단위 요소(수행준거, 지식 · 기술 · 태도), 적용범위 및 작업상황, 평가지침, 직업기초능력으로 구성됨

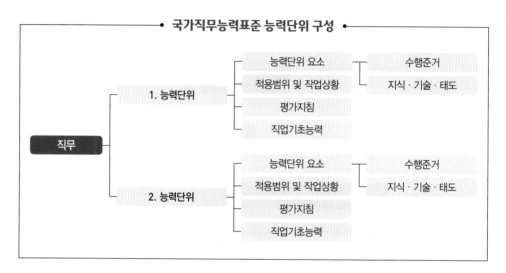

국가직무능력표준 능력단위 구성

✿ NCS의 활용

활동 유형	활용범위
채용 (블라인드 채용)	채용 단계에 NCS를 활용하여 NCS 매핑 및 직무분석을 통한 공정한 채용 프로세스 구축 및 직무 중심의 블라인드 채용 실현
재직자 훈련 (근로자 능력개발 지원)	NCS 활용 패키지의 '평생경력개발경로' 기반 사내 경력개발경로와 수준별 교육훈련 이수체계도 개발을 통한 현장직무 중심의 재직자 훈련 실시
배치 · 승진	현장직무 중심의 훈련체계와 배치 · 승진 · 체크리스트를 활용한 근로자 배치 · 승진으로 직급별 인재에 관한 회사의 기대와 역량 간 불일치 해소
임금 (직무급 도입)	NCS 기반 직무분석을 바탕으로 기존 관리직 · 연공급 중심의 임금체계를 직무급(직능급) 구조로 전환

합격을 위한 체크 리스트

📋 시험 전 CHECK LIST

체크	리스트
☐	수험표를 출력하고 자신의 수험번호를 확인하였는가?
☐	수험표나 공지사항에 안내된 입실 시간 및 유의사항을 확인하였는가?
☐	신분증을 준비하였는가?
☐	컴퓨터용 사인펜 · 수정테이프 · 여분의 필기구를 준비하였는가?
☐	시험시간에 늦지 않도록 알람을 설정해 놓았는가?
☐	고사장 위치를 파악하고 교통편을 확인하였는가?
☐	고사장에서 볼 수 있는 자료집을 준비하였는가?
☐	인성검사에 대비하여 지원한 공사 · 공단의 인재상을 확인하였는가?
☐	확인 체크표의 × 표시한 문제를 한 번 더 확인하였는가?
☐	자신이 취약한 영역을 두 번 이상 학습하였는가?
☐	도서의 모의고사를 통해 자신의 실력을 확인하였는가?

📋 시험 유의사항

체크	리스트
☐	시험 전 화장실을 미리 가야 한다.
☐	통신기기(휴대폰, 태블릿PC, 무선호출기, 스마트워치, 스마트밴드, 블루투스 이어폰 등)를 가방에 넣어야 한다.
☐	휴대폰의 전원을 꺼야 한다.
☐	시험 종료 후 시험지와 답안지는 제출해야 한다.

📋 시험 후 CHECK LIST

체크	리스트
☐	필기시험 후기를 작성하였는가?
☐	상하의와 구두를 포함한 면접복장이 준비되었는가?
☐	지원한 직무의 직무분석을 하였는가?
☐	단정한 헤어와 손톱 등 용모관리를 깔끔하게 하였는가?
☐	자신의 자소서를 다시 한 번 읽어보았는가?
☐	1분 자기소개를 준비하였는가?
☐	도서 내의 면접 기출 질문을 확인하였는가?
☐	자신이 지원한 직무의 최신 이슈를 정리하였는가?

주요 공기업 적중 문제

한국중부발전

소수림왕 ▶ 키워드

03 다음 중 밑줄 친 '왕'의 업적으로 옳은 것은?

> 진나라 왕 부견이 사신과 승려인 순도를 파견하여 불상과 경문을 보내 왔다. 왕이 사신을 보내 답례로 토산물을 바쳤다. …… 처음으로 초문사를 창건하여 순도에게 절을 맡겼다. 또한 이불란사를 창건하여 아도에게 절을 맡기니, 이것이 해동 불법(佛法)의 시초가 되었다.

① 신라에 침입한 왜를 격퇴하였다.
② 서안평을 공격하여 영토를 확장하였다.
③ 율령을 반포하여 국가 체제를 정비하였다.
④ 천리장성을 쌓아 당의 침략에 대비하였다.

직접비용·간접비용 ▶ 키워드

20 예산을 직접비용과 간접비용으로 구분한다고 할 때, 다음 〈보기〉에서 직접비용과 간접비용에 해당하는 것을 바르게 구분한 것은?

> **보기**
> ㉠ 재료비　　　　　　　　㉡ 원료와 장비 구입비
> ㉢ 광고비　　　　　　　　㉣ 보험료
> ㉤ 인건비　　　　　　　　㉥ 출장비

	직접비용	간접비용
①	㉠, ㉡, ㉤	㉢, ㉣, ㉥
②	㉠, ㉡, ㉥	㉢, ㉣, ㉤
③	㉠, ㉡, ㉢, ㉣	㉤, ㉥
④	㉠, ㉡, ㉤, ㉥	㉢, ㉣

국제 매너 ▶ 유형

09 티베트에서는 손님이 찻잔을 비우면 주인이 계속 첨잔을 하는 것이 기본예절이며, 손님의 입장에서 주인이 권하는 차를 거절하면 실례가 된다. 티베트에 출장 중인 G사원은 이를 숙지하고 티베트인 집에서 차 대접을 받게 되었다. G사원이 찻잔을 비울 때마다 주인이 계속 첨잔을 하여 곤혹을 겪고 있을 때, G사원의 행동으로 가장 적절한 것은?

① 주인에게 그만 마시고 싶다며 단호하게 말한다.
② 잠시 자리를 피하도록 한다.
③ 차를 다 비우지 말고 입에 살짝 댄다.
④ 힘들지만 계속 마시도록 한다.

에너지 ▶ 키워드

10 다음 글의 주제로 가장 적절한 것은?

정부는 탈원전·탈석탄 공약에 발맞춰 2030년까지 전체 국가 발전량의 20%를 신재생에너지로 채운다는 정책 목표를 수립하였다. 목표를 달성하기 위해 신재생에너지에 대한 송·변전 계획을 제8차 전력수급기본계획에 처음으로 수립하겠다는 게 정부의 방침이다.

정부는 기존의 수급계획이 수급안정과 경제성을 중점적으로 수립된 것에 반해, 8차 계획은 환경성과 안전성을 중점으로 하였다고 밝히고 있으며, 신규 발전설비는 원전, 석탄화력발전에서 친환경, 분산형 재생에너지와 LNG 발전을 우선시하는 방향으로 수요관리를 통합 합리적 목표수용 결정에 주안점을 두었다고 밝혔다.

그동안 많은 NGO 단체에서 에너지 분산에 관한 다양한 제안을 해왔지만 정부 차원에서 고려하거나 논의가 활발히 진행된 적은 거의 없었으며 명목상으로 포함하는 수준이었다. 그러나 이번 정부에서는 탈원전·탈석탄 공약을 제시하는 등 중앙집중형 에너지 생산시스템에서 분산형 에너지 생산시스템으로 정책의 방향을 전환하고자 한다. 이 기조에 발맞춰 분산형 에너지 생산시스템은 지방선거에서도 해당 지역에 대한 다양한 선거공약으로 제시될 가능성이 높다.

중앙집중형 에너지 생산시스템은 환경오염, 송전선 문제, 지역 에너지 불균형 문제 등 다양한 사회적인 문제를 야기하였다. 하지만 그동안은 값싼 전기인 기저전력을 편리하게 사용할 수 있는 환경을 조성하고자 하는 기존 에너지계획과 전력수급계획에 밀려 중앙집중형 발전원 확대가 꾸준히 진행되고 있다. 그러나 현재 대통령은 중앙집중형 에너지정책에서 분산형 에너지정책으로 전환되어야 한다는 것을 대선 공약사항으로 밝혀 왔으며, 현재 분산형 에너지정책으로 전환을 모색하기 위한 다각도의 노력을 하고 있다. 이러한 정부의 정책변화와 아울러 석탄화력발전소가 국내 미세먼지에 주는 영향과 일본 후쿠시마 원자력 발전소 문제, 국내 경주 대지진 및 최근 포항 지진 문제 등으로 인한 원자력에 대한 의구심 또한 커지고 있다.

제8차 전력수급계획(안)에 의하면, 우리나라의 에너지 정책은 격변기를 맞고 있다. 우리나라는 현재 중앙집중형 에

회의실 환불 비용 계산 ▶ 유형

11 S컨벤션에서 회의실 예약업무를 담당하고 있는 K씨는 2주 전 B기업으로부터 오전 10 ~ 12시에 35명, 오후 1 ~ 4시에 10명이 이용할 수 있는 회의실 예약문의를 받았다. K씨는 회의실 예약 설명서를 B기업으로 보냈고 B기업은 자료를 바탕으로 회의실을 선택하여 621,000원을 결제했다. 하지만 이용일 4일 전 B기업이 오후 회의실 사용을 취소했을 때, 〈조건〉에 따라 B기업에 주어야 할 환불금액은?(단, 회의에서는 노트북과 빔프로젝터를 이용하며, 부대장비 대여료도 환불규칙에 포함된다)

〈회의실 사용료(VAT 포함)〉

회의실	수용 인원(명)	면적(m²)	기본임대료(원)		추가임대료(원)	
			기본시간	임대료	추가시간	임대료
대회의실	90	184	2시간	240,000	시간당	120,000
별실	36	149		400,000		200,000
세미나 1	21	43		136,000		68,000
세미나 2						
세미나 3	10	19		74,000		37,000
세미나 4	16	36		110,000		55,000
세미나 5	8	15		62,000		31,000

〈부대장비 대여료(VAT 포함)〉

장비명	사용료(원)				
	1시간	2시간	3시간	4시간	5시간
노트북	10,000	10,000	20,000	20,000	30,000
빔프로젝터	30,000	30,000	50,000	50,000	70,000

코레일 한국철도공사

공공재 ▶ 키워드

02 다음 글에서 추론할 수 있는 것은?

> 많은 재화나 서비스는 경합성과 배제성을 지닌 '사유재'이다. 여기서 경합성이란 한 사람이 어떤 재화나 서비스를 소비하면 다른 사람의 소비를 제한하는 특성을 의미하며, 배제성이란 공급자에게 대가를 지불하지 않으면 그 재화를 소비하지 못하는 특성을 의미한다. 반면 공공재란 사유재와는 반대로 비경합적이면서도 비배제적인 특성을 가진 재화나 서비스를 말한다.
>
> 그러나 우리 주위에서는 이렇듯 순수한 사유재나 공공재와는 또 다른 특성을 지닌 재화나 서비스도 많이 찾아볼 수 있다. 예를 들어 영화 관람이라는 소비 행위는 비경합적이지만 배제가 가능하다. 왜냐하면 영화는 사람들과 동시에 즐길 수 있으나 대가를 지불하지 않고서는 영화관에 입장할 수 없기 때문이다. 마찬가지로 케이블 TV를 즐기기 위해서는 시청료를 지불해야 한다.
>
> 비배제적이지만 경합적인 재화들도 찾아낼 수 있다. 예를 들어 출퇴근 시간대의 무료 도로를 생각해 보자. 자가용으로 집을 출발해서 직장에 도달하는 동안 도로에 진입하는 데에 요금을 지불하지 않으므로 도로의 소비는 비배제적이다. 하지만 출퇴근 시간대의 체증이 심한 도로는 내가 그 도로에 존재함으로 인해서 다른 사람의 소비를 제한하게 된다. 따라서 출퇴근 시간대의 도로 사용은 경합적인 성격을 갖는다. 이러한 내용을 표로 정리하면 다음과 같다.

경합성 \ 배제성	배제적	비배제적
경합적	a	b
비경합적	c	d

① 체증이 심한 유료 도로 이용은 a에 해당한다.
② 케이블 TV 시청은 b에 해당한다.
③ 사먹는 아이스크림과 같은 사유재는 b에 해당한다.
④ 국방 서비스와 같은 공공재는 c에 해당한다.
⑤ 영화 관람이라는 소비 행위는 d에 해당한다.

한국전력공사

참, 거짓 논증 ▶ 유형

23 A, B, C, D, E 5명에게 지난 달 핸드폰 통화 요금이 가장 많이 나온 사람을 1위에서 5위까지 그 순위를 추측하라고 하였더니 각자 예상하는 두 사람의 순위를 다음과 같이 대답하였다. 각자 예상한 순위 중 하나는 참이고, 다른 하나는 거짓이다. 이들의 대답으로 판단할 때 실제 핸드폰 통화 요금이 가장 많이 나온 사람은?

> A : D가 두 번째이고, 내가 세 번째이다.
> B : 내가 가장 많이 나왔고, C가 두 번째로 많이 나왔다.
> C : 내가 세 번째이고, B가 제일 적게 나왔다.
> D : 내가 두 번째이고, E가 네 번째이다.
> E : A가 가장 많이 나왔고, 내가 네 번째이다.

① A   ② B
③ C   ④ D
⑤ E

합격 선배들이 알려주는
한국중부발전 필기시험 합격기

"전략적으로 차근차근"

안녕하세요. 한국중부발전을 준비하고 계시는 분들에게 도움이 되었으면 하는 마음으로 이렇게 글을 쓰게 되었습니다.

한국중부발전은 NCS, 한국사, 전공까지 준비를 해야 하는 만큼 전략이 필요합니다. 우선 필기시험을 보기에 앞서 온라인으로 직무적합도평가를 진행합니다. 문항 수가 많기 때문에 유사한 질문에 다른 답변을 선택하는 경우가 발생할 수 있는데 이는 답변의 신뢰성이 낮아지는 결과를 가져올 수 있으므로 주어진 시간 안에 솔직하면서도 한국중부발전의 핵심가치를 고려하여 일관성 있는 답변을 하는 것이 중요합니다.

전공은 직군별로 상이하지만 공통적으로 한국사 10문항을 같이 치르게 됩니다. 70문항 중에 한국사 10문항이지만 역사의 경우 전체적인 흐름을 파악하고 있어야 하므로 비중이 적다고 하여 소홀히 해서는 안 된다고 생각합니다. 따라서 시중의 한국사 정리 자료를 활용하여 흐름을 파악하는 것이 필요합니다. NCS 역시 직군별로 출제하는 영역이 다르기 때문에 영역별 문제 유형과 풀이 방법을 파악하는 것이 중요합니다. 저는 발전화학 직군에 응시하였기에 의사소통능력, 문제해결능력, 자원관리능력, 기술능력 네 과목을 준비해야 했는데, 의사소통능력의 경우 문서 종류별 특징을 묻는 문제가 출제되기 때문에 반드시 문서별 특징을 알아두는 것이 중요했습니다. 다양한 문제집을 푸는 것이 중요하다고 생각하는 사람들도 있으시겠지만 저는 다양한 문제집을 푸는 것보다 한 문제라도 완벽하게 풀어보는 것이 중요하다고 생각하여 SD에듀 기본서를 여러 번 반복해서 공부했습니다. 한국중부발전 NCS는 모듈형으로 출제되어 비교적 분석력을 요하는 문제가 많지는 않았지만 80문항을 60분 안에 풀어야 하는 만큼 주어진 시간 안에 빠르고 정확하게 푸는 능력이 요구되기 때문에 필기전형에서 고득점하기 위해서는 전략을 잘 세우는 것이 필요합니다.

이렇듯 한국중부발전은 다른 기업에 비해 시험을 위해 준비해야 하는 것이 많은 기업이라 급한 마음에 이것저것 준비하는 수험생이 많습니다. 그러나 '급할수록 돌아가라.'는 말처럼 차근차근 자신만의 단계와 순서를 정하여 조급해 하지 않고 계획대로 해 나가는 것이 중요합니다.

❖ 본 독자 후기는 실제 SD에듀의 도서를 통해 공부하여 합격한 독자들께서 보내주신 후기를 재구성한 것입니다.

STRUCTURES

도서 200% 활용하기

최신 기출복원문제로 출제경향 파악

• 2022년 하반기 주요 공기업 NCS & 2022년 하반기~2017년 한국중부발전 기출문제를 복원하여 최신 출제 경향을 파악할 수 있도록 하였다.

기출예상문제로 NCS & 한국사 영역별 학습

• 출제되는 NCS 영역에 대한 대표유형과 기출예상문제, 한국사 기출예상문제를 수록하여 기본을 다지고, 영역별 문제유형과 접근 전략을 파악할 수 있도록 하였다.

최종점검 모의고사 + OMR을 활용한 실전 연습

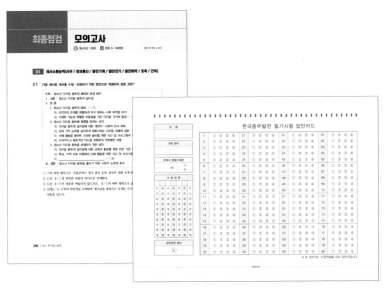

- 최종점검 모의고사와 OMR 답안카드를 수록하여 실제로 시험을 보는 것처럼 최종 마무리 연습을 할 수 있도록 하였다.
- 모바일 OMR 답안채점/성적분석 서비스를 통해 필기시험에 완벽히 대비할 수 있도록 하였다.

인성검사부터 면접까지 한 권으로 최종 마무리

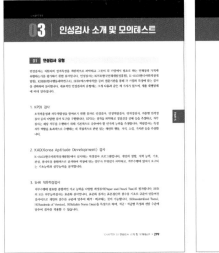

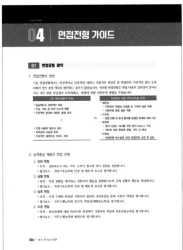

- 인성검사 모의테스트를 통해 인성검사까지 대비하도록 하였다.
- 한국중부발전 관련 뉴스&이슈와 예상 면접 질문을 통해 실제 면접에서 나오는 질문을 미리 파악하고 연습할 수 있도록 하였다.

뉴스&이슈

한국중부발전,
서해권 CCUS 상용화 추진을 위한 업무 협약 체결

2022.12.02.(금)

한국중부발전(주)은 12월 2일(금) 보령발전본부에서 "서해권 CCUS 상용화 추진을 위한 업무 협약"을 체결했다. 한국CCUS추진단(단장 권이균) 주관으로 열린 이날 협약식에는 김태흠 충청남도 도지사와 원성수 국립공주대학교 총장 등 총 7개 기관 기관장과 관계자가 참석했다.

이번 협약에서 충청남도는 이산화탄소의 이송과 활용 관련 업무협력과 행정지원, 공주대학교와 석유공사, 지질자원연구원은 저장 및 이송 기술 개발, 화학연구원은 이산화탄소의 대규모 전환 및 활용 기술개발, 중부발전은 포집기술 고도화를 위해 노력하는 등 대용량 포집 · 이송 · 활용 · 저장 기술 상용화를 위해 각 기관이 적극 협력하기로 했다. 또한, 주관기관인 한국CCUS추진단의 실행협의체 운영에 적극 참여함으로써 각 분야별 업무가 유기적으로 추진될 수 있도록 상호간 최선의 노력을 다 할 것을 다짐했다.

한국중부발전 김호빈 사장은 "한국중부발전은 보령발전본부에 국내 최대 규모의 습식 이산화탄소 포집설비를 운영 중으로 세계적 수준의 포집효율과 누적포집량 10만 톤 달성 등 안정적 운영 기술력을 확보하고 있으며, 이를 바탕으로 대형화 실증기술 개발 준비에 적극 노력할 것이다."라며 "오늘 협약을 통해 우리나라 CCUS 상용화가 성공적으로 안착되어 국가 탄소중립 목표 달성에 한 축을 담당할 수 있는 계기가 되길 바란다."라고 밝혔다.

Keyword

탄소중립 : 이산화탄소를 배출한 만큼 이산화탄소를 흡수하는 대책을 세워 이산화탄소의 실질적인 배출량을 '0'으로 만든다는 개념

예상 면접 질문

• 한국중부발전이 글로벌 탄소중립 및 에너지 전환 패러다임에 선제적으로 대응한 내용과 방향성에 대해 자신의 생각을 말해 보시오.

한국중부발전,
2022년 윤리경영대상 수상... ESG경영 방점

2022.11.25.(금)

한국중부발전(주)은 11월 25일 동국대학교에서 열린 2022년 한국윤리경영학회 학술대회에서 '2022년 윤리경영대상'을 수상했다.

윤리경영대상은 매년 기업의 사회적 책임 및 ESG경영 확산에 기여한 기업을 대상으로 엄격한 선정 과정을 통해 선발하고 있으며, 한국중부발전은 CEO의 확고한 윤리경영 의지를 바탕으로 한 중장기 로드맵 수립, 혁신 중점 과제 추진 등 국내·외 윤리경영 우수기관으로 도약하기 위한 고도화된 윤리경영체계를 구축하고 있다는 점에서 우수하다는 평가를 받았다.

한국윤리경영학회는 중부발전의 윤리경영 제도와 운영, ESG혁신 성과뿐만 아니라 MZ세대가 직접 개선하고 만들어가는 윤리적인 기업문화 활동 및 소통공감가이드북, 내부회계 뉴스레터 등의 소식지를 정기적으로 발행하며 임직원, 협력기업과 끊임없이 소통하는 공감대 확산 활동을 시행하고 있다는 점도 주목했다.

한국중부발전 김호빈 사장은 "이번 윤리경영대상 수상을 계기로 청렴과 윤리가 자연스러운 문화로 정착되고, 구성원들이 윤리경영의 자발적 주체가 될 수 있는 방안을 모색하여 청렴윤리명가의 전통을 지켜나가겠다."라고 전했다.

Keyword

ESG경영 : 환경(Environment), 사회(Social), 지배구조(Governance)를 뜻하는 경영 패러다임으로 이윤추구라는 기존의 경영 패러다임 대신에 기업이 환경적, 사회적 책임을 다하고, 지배구조의 공정성을 목표로 '지속가능 경영'을 위해 노력하는 경영방식

예상 면접 질문

- ESG경영과 관련해 한국중부발전이 노력하고 있는 내용에 대해 말해 보시오.
- 한국중부발전의 지향점을 ESG경영과 연관 지어 설명해 보시오.

뉴스&이슈

한국중부발전,
세계최초 LPG-LNG 듀얼모델 연료전지 준공

2022.11.08.(화)

한국중부발전(주)은 11월 8일(화) 광주광역시 하수처리장(서구 치평동 소재) 유휴부지에 건설된 연료전지 발전소 현장에서 열린 '빛고을에코에너지 연료전지 발전소 준공식'을 통해 12.32MW 연료전지 발전소의 본격적인 상업운전 개시를 알렸다.

중부발전, SK가스, 두산건설, 에너지인프라자산운용이 공동 출자하여 설립된 특수목적법인(SPC)인 빛고을에코에너지㈜ 연료전지 발전소는 약 18개월간의 건설을 통해 2022년 9월 준공을 완료하여 현재 정상 상업운전 중이다. 특히 LPG와 LNG 두 가지 연료 사용이 모두 가능한 세계 최초 "LPG-LNG 듀얼타입" 연료전지를 개발, 적용하여 향후 30년간 인근 아파트단지 820세대 및 광주광역시청 등 주변지역 약 26개 기관에 연간 약 100GWh 전력을 생산하여 공급할 예정이다.

중부발전은 이번 사업을 통해 정부 수소경제 활성화 정책 이행 및 RPS제도를 적극적으로 이행할 뿐만 아니라, 연료 다변화 적용이 가능한 신기술의 최초 상업화 성공으로 도서지역·산간오지 대상 분산전원 적용이 가능한 신규 사업모델을 창출하여 연료전지 산업분야의 확장성을 제시하였다. 아울러 광주광역시와의 파트너십을 기반으로 도심권역 친환경 분산형 에너지 생산기지 구축을 통해 일자리 창출 및 지역경제 활성화 기여 등 사회적가치를 구현함과 동시에 수소에너지 신산업을 선도하는 글로벌 에너지 리더로 도약할 계획이다.

한국중부발전 김호빈 사장은 "대한민국 발전사업의 경쟁력을 높이고, 친환경 에너지 보급과 사회적 가치 창출을 위해 끊임없이 노력하고 있는 대표 에너지 공기업으로서, 광주광역시의 친환경 에너지 정책에 발맞추어 빛의 고장 광주에서 깨끗한 빛을 비추는 신재생에너지 보급을 위해 앞으로도 최선의 노력을 다할 것"이라고 밝혔다.

Keyword

RPS제도 : 대규모 발전 사업자에게 신재생에너지를 이용한 발전을 의무화한 제도

예상 면접 질문

• 신재생에너지의 단점과 한국중부발전이 이를 해소할 수 있는 방안에 대해 말해 보시오.

한국중부발전,
세계최초 발전용 내연기관(40MW) 청정연료 전환 준공

2022.09.29.(목)

한국중부발전(주)은 9월 29일(목) 제주발전본부에서 제주내연 1호기 친환경 연료전환공사(B.C유 → 바이오연료)를 세계 최초로 성공적으로 완료하고 준공식을 개최하였다.

중부발전은 세계적으로 내연기관 바이오연료 연료전환 기술이 전무하기 때문에 자체 연구개발('21.7~'21.11)을 거쳐 청정연료 변경에 따른 연료 공급계통 및 엔진 부품 개선, 연소 최적화 기술 등을 사전에 확보하였다. 공사 추진 과정에서 배기가스 온도 급상승, 연료필터 막힘 등의 예상치 못한 난관이 있었으나 연소 조성 및 운전 방법 개선을 통해 문제점을 해결하고 '22.6.30에 성공적으로 연료전환공사를 준공하였다.

중부발전은 설비 제작사인 MAN 에너지솔루션과 협업하여 이룬 세계 최초 내연기관 바이오연료 연료전환 기술을 바탕으로 내년에 내연 2호기 연료전환을 계획하고 있으며, 이로써 기존 연료 대비 대기오염물질을 연간 황산화물 189톤, 온실가스 13만 톤을 저감할 것으로 기대하고 있다.

Keyword

청정연료 : 유해 물질이 잘 발생하지 않는 맑고 깨끗한 연료

예상 면접 질문

• 지속 가능한 미래환경 조성을 위해 한국중부발전이 어떤 노력을 기울여야 할지 말해 보시오.

이 책의 차례

Add+

특별부록

2022년 하반기 주요 공기업
NCS 기출복원문제

| 코레일 한국철도공사 / 의사소통능력

01 다음 글의 주제로 가장 적절한 것은?

이제 2023년 6월부터 민법과 행정 분야에서 나이를 따질 때 기존 계산하는 방식에 따라 1 ~ 2살까지 차이가 났던 우리나라 특유의 나이 계산법이 국제적으로 통용되는 '만 나이'로 일원화된다. 이는 태어난 해를 0살로 보고 정확하게 1년이 지날 때마다 한 살씩 더하는 방식을 말한다.

이에 대해 여론은 대체적으로 긍정적이나, 일각에서는 모두에게 익숙한 관습을 벗어나 새로운 방식에 적응해야 한다는 점을 우려하고 있다. 특히 지금 받고 있는 행정서비스에 급격한 변화가 일어나 혹시라도 손해를 보거나 미리 따져 봐야 할 부분이 있는 건 아닌지, 또 다른 혼선이 야기되는 건 아닌지 하는 것들이 이에 해당한다.

한국의 나이 기준은 우리가 관습적으로 쓰는 '세는 나이'와 민법 등에서 법적으로 규정한 '만 나이', 일부 법령이 적용하고 있는 '연 나이' 등 세 가지로 되어 있다. 이처럼 국회가 법적 나이 규정을 만 나이로 정비한 이유는 한 사람의 나이가 계산 방식에 따라 최대 2살이 달라져 '나이 불일치'로 인한 각종 행정서비스 이용과 계약체결 과정에서 혼선과 법적 다툼이 발생했기 때문이다.

더군다나 법적 나이를 규정한 민법에서조차 표현상으로 만 나이와 일반 나이가 혼재되어 있어 문구를 통일해야 한다는 지적이 나왔다. 표현상 '만 ○○세'로 돼 있지 않아도 기본적으로 만 나이로 보는 게 관례이지만, 법적 분쟁 발생 시 이는 해석의 여지를 줄 수 있기 때문이다. 다른 법에서 특별히 나이의 기준을 따로 두지 않았다면 민법의 나이 규정을 따르도록 되어 있는데, 실상은 민법도 명확하지 않았던 것이다.

정부는 내년부터 개정된 법이 시행되면 우선 그동안 문제로 지적됐던 법적·사회적 분쟁이 크게 줄어들 것으로 기대하고 있지만, 국민 전체가 일상적으로 체감하는 변화는 크지 않을 것으로 보고 있다. 이번 법 개정의 취지 자체가 나이 계산법 혼용에 따른 분쟁을 해소하는 데 맞춰져 있고, 오랜 세월 확립된 나이에 대한 사회적 인식이 법 개정으로 단번에 바뀔 수 있는 건 아니기 때문이다. 또한 여야와 정부는 연 나이를 채택해 또래 집단과 동일한 기준을 적용하는 것이 오히려 혼선을 막을 수 있고 법 집행의 효율성이 담보된다고 합의한 병역법, 청소년보호법, 민방위기본법 등 52개 법령에 대해서는 연 나이 규정의 필요성이 크다면 굳이 만 나이 적용을 하지 않겠다고 밝혔다.

① 연 나이 계산법 유지의 필요성
② 우리나라 나이 계산법의 문제점
③ 기존 나이 계산법 개정의 필요성
④ 나이 계산법 혼용에 따른 분쟁 해소 방안
⑤ 나이 계산법의 변화로 달라지는 행정서비스

02 다음 글의 내용으로 가장 적절한 것은?

미디어 플랫폼의 다변화로 콘텐츠 이용에 대한 선택권이 다양해졌지만, 장애인은 OTT(Over The Top)서비스로 콘텐츠 하나 보기가 어려운 현실이다.

지난 장애인 미디어 접근 콘퍼런스에서 한국시각장애인연합회 정책팀장은 "올해 한 기사를 보니 한 시각장애인 분이 OTT는 넷플릭스나 유튜브로 보고 있다고 돼 있었는데, 두 가지가 다 외국 플랫폼이었다는 것이 마음이 아팠다. 외국과 우리나라에서 장애인을 바라보는 시각의 차이가 바로 이런 것이구나 생각했다."라며 "장애인을 소비자로 보느냐 시혜대상으로 보느냐, 사업자가 어떤 생각을 갖고 있느냐에 따라 콘텐츠를 어떻게 제작할 것인가의 차이가 있다고 본다."라고 말했다.

실제 시각장애인은 OTT의 기본 기능도 이용하기 어렵다. 국내 OTT에서는 동영상 재생 버튼을 설명하는 대체 텍스트(문구)가 제공되지 않아 시각장애인들이 재생 버튼을 선택할 수 없었으며 동영상 시청 중에는 일시 정지할 수 있는 버튼, 음량 조정 버튼, 설정 버튼 등이 화면에서 사라졌다. 재생 버튼에 대한 설명이 제공되는 넷플릭스도 영상 재생 시점을 10초 앞으로 또는 뒤로 이동하는 버튼은 이용하기 어렵다.

이에 국내 OTT 업계의 경우 장애인 이용을 위한 기술을 개발 및 확대한다는 계획을 밝히며 정부 지원이 필요하다고 덧붙였다. 정부도 규제와 의무보다는 사업자의 자율적인 부분을 인정해주고 사업자 노력을 드라이브 걸 수 있는 지원책을 마련하여야 한다. 이는 OTT 시장이 철저한 자본에 의한 경쟁시장이며, 자본이 있는 만큼 서비스가 고도화되고 그 고도화를 통해 이용자 편의성을 높일 수 있기 때문이다.

① 외국 OTT 플랫폼은 장애인을 위한 서비스를 활발히 제공하고 있다.
② 국내 OTT 플랫폼은 장애인을 위한 서비스를 제공하고 있지 않다.
③ 외국 OTT 플랫폼은 국내 플랫폼보다 장애인을 시혜대상으로 바라보고 있다.
④ 우리나라 장애인의 경우 외국 장애인보다 상대적으로 OTT 플랫폼의 이용이 어렵다.
⑤ 정부는 OTT 플랫폼에 장애인 편의 기능을 마련할 것을 촉구했지만 지원책은 미비했다.

03 다음 문단을 논리적 순서대로 바르게 나열한 것은?

> (가) 물론 이전과 달리 노동 시장에서 여성이라서 채용하지 않는 식의 직접적 차별은 많이 감소했지만, 실질적으로 고학력 여성들이 면접 과정에서 많이 탈락하거나 회사에 들어간 후에도 승진을 잘 하지 못하고 있다. 이는 여성이 육아 휴직 등을 사용하는 경우가 많아 회사가 여성을 육아와 가사를 신경 써야 하는 존재로 간주해 여성의 생산성을 낮다고 판단하고 있기 때문이다.
>
> (나) 한국은 직종(Occupation), 직무(Job)와 사업장(Establishment)이 같은 남녀 사이의 임금 격차 또한 다른 국가들에 비해 큰 것으로 나타났는데, 영국의 한 보고서의 따르면 한국은 조사국 14개국 중 직종, 직무, 사업장별 남녀 임금 격차에서 상위권에 속했다. 즉, 한국의 경우 같은 직종에 종사하며 같은 직장에 다니면서 같은 업무를 수행하더라도 성별에 따른 임금 격차가 다른 국가들에 비해 상대적으로 높다는 이야기다.
>
> (다) OECD가 공개한 '성별 간 임금 격차(Gender Wage Gap)'에 따르면 지난해 기준 OECD 38개 회원국들의 평균 성별 임금 격차는 12%였다. 이 중 한국의 성별 임금 격차는 31.1%로 조사국들 중 가장 컸으며, 이는 남녀 근로자를 각각 연봉 순으로 줄 세울 때 정중앙인 중위 임금을 받는 남성이 여성보다 31.1%를 더 받았다는 뜻에 해당한다. 한국은 1996년 OECD 가입 이래 26년 동안 줄곧 회원국들 중 성별 임금 격차 1위를 차지해 왔다.
>
> (라) 이처럼 한국의 남녀 간 성별 임금 격차가 크게 유지되는 이유로 노동계와 여성계는 연공서열제와 여성 경력 단절을 꼽고 있다. 이에 대해 A교수는 노동 시장 문화에는 여성 경력 단절이 일어나도록 하는 여성 차별이 있어 여성이 중간에 떨어져 나가거나 승진을 못하는 것이 너무나 자연스러운 일처럼 보인다고 말했다.
>
> 이에 정부는 여성 차별적 노동 문화의 체질을 바꾸기 위해서는 정책적으로 여성에게만 혜택을 더 주는 것으로 보이는 시혜적 정책은 지양하되, 여성 정책이 여성한테 무언가를 해주기보다는 남녀 간 평등을 촉진하는 방향으로 나아갈 수 있도록 해야 할 것이다.

① (나) – (다) – (가) – (라)
② (나) – (다) – (라) – (가)
③ (나) – (가) – (다) – (라)
④ (다) – (나) – (가) – (라)
⑤ (다) – (나) – (라) – (가)

04 다음 글의 빈칸에 들어갈 내용으로 가장 적절한 것은?

> 제주 한라산 천연보호구역에 있는 한 조립식 건물에서 불이 나 3명의 사상자가 발생했다. 이 건물은 무속 신을 모시는 신당으로 수십 년 동안 운영된 곳이었으나, 실상은 허가 없이 지은 불법 건축물이다. 특히 해당 건물은 조립식 샌드위치 패널로 지어져 있기에 이번 화재는 자칫 대형 산불로 이어져 한라산까지 타버릴 아찔한 사고였지만, 행정당국은 불이 난 뒤에야 이 건축물의 존재를 파악했다. 해당 건물에서의 화재는 30여 분 만에 빠르게 진화되었지만, 이 불로 건물 안에 있던 40대 남성이 숨지고, 60대 여성 2명이 화상을 입어 병원으로 이송되었다. 이는 해당 건물이 _____ 불이 삽시간에 번져 나갔기 때문이었다.
>
> 행정당국은 서귀포시는 산림이 울창하고 인적이 드문 곳이어서 관련 신고가 접수되지 않는 등 단속에 한계가 있다고 밝히며 행정의 손이 미치지 않는 취약한 지역, 산지나 으슥한 지역은 관련 부서와 협의를 거쳐 점검할 필요가 있다고 말했다.

① 화재에 취약한 구조로 지어져 있어
② 산지에 위치해 기후가 건조했기 때문에
③ 안정성을 검증받지 못한 가건물에 해당되어
④ 소방시설과 거리가 있는 곳에 위치하고 있어
⑤ 인적이 드문 지역에 위치하여 발견이 쉽지 않아

05 세현이의 몸무게는 체지방량과 근육량을 합하여 65kg이었다. 세현이는 운동을 하여 체지방량은 20% 줄이고, 근육량은 25% 늘려서 전체적으로 몸무게를 4kg 줄였다. 이때 체지방량과 근육량을 각각 구하면?

① 36kg, 25kg
② 34kg, 25kg
③ 36kg, 23kg
④ 32kg, 25kg
⑤ 36kg, 22kg

06 가로의 길이가 140m, 세로의 길이가 100m인 직사각형 모양의 공터 둘레에 일정한 간격으로 꽃을 심기로 했다. 네 모퉁이에 반드시 꽃을 심고, 심는 꽃의 수를 최소로 하고자 할 때, 꽃은 몇 송이를 심어야 하는가?

① 21송이
② 22송이
③ 23송이
④ 24송이
⑤ 25송이

07 K공장에서 생산되는 제품은 50개 중 1개의 불량품이 발생한다고 한다. 이 공장에서 생산되는 제품 중 2개를 고른다고 할 때, 2개 모두 불량품일 확률은?

① $\dfrac{1}{25}$

② $\dfrac{1}{50}$

③ $\dfrac{1}{250}$

④ $\dfrac{1}{1,250}$

⑤ $\dfrac{1}{2,500}$

08 다음 중 RPS 제도에 대한 설명으로 옳지 않은 것은?

> 신·재생에너지 공급의무화 제도(RPS; Renewable Energy Portfolio Standard)는 일정 발전설비 규모 이상을 보유한 발전사업자(공급의무자)에게 일정 비율만큼 구체적인 수치의 신·재생에너지 공급 의무발전량을 할당하여 비용 효율적으로 신·재생에너지 보급을 확대하기 위해 2012년에 도입된 제도다. 2018년 기준 공급의무자는 한국전력공사(KEPCO)의 자회사 6개사 등 21개사이며, 공급의무자는 신·재생에너지 발전소를 스스로 건설하여 전력을 자체 생산하거나 기타 발전사업자들로부터 신·재생에너지 공급인증서(REC; Renewable Energy Certificate)를 구매하는 방법 등을 통해 할당받은 공급의무량을 충당할 수 있다.
>
> 이 제도를 통해 신·재생에너지를 이용한 발전량과 발전설비 용량이 지속적으로 증가하였고, 최근에는 목표 대비 의무 이행 비율 역시 90%를 상회하는 등 긍정적인 성과가 있었으나 다음과 같은 문제점들이 지적되고 있다. 첫째, 제도 도입취지와 달리 제도의 구조적 특징으로 신·재생에너지 공급 비용 절감 효과가 불확실한 면이 있다. 둘째, 단기간 내 사업 추진이 용이한 '폐기물 및 바이오매스 혼소 발전' 등의 에너지원에 대한 편중성이 나타나고 있다. 셋째, 발전 공기업 등 공급의무자에게 할당되는 공급의무량이 단계적으로 증가함에 따라 최종 전력소비자들인 국민들에게 전가되는 비용 부담 또한 지속적으로 증가할 가능성이 있다.
>
> 이에 다음과 같은 개선방안을 고려해볼 수 있다. 첫째, RPS 제도의 구조적 한계를 보완하고 신·재생에너지 공급 비용의 효과적 절감을 도모하기 위해, 제도화된 신·재생에너지 경매 시장을 도입하고 적용 범위를 확대하는 방안을 고려해볼 필요가 있다. 둘째, 신·재생에너지 공급인증서(REC) 지급 기준을 지속적으로 재정비할 필요가 있다. 셋째, 에너지 다소비 기업 및 탄소 다량 배출 산업분야의 기업 등 민간 에너지 소비 주체들이 직접 신·재생에너지를 통해 생산된 전력을 구매할 수 있거나, 민간 기업들이 직접 REC 구매를 가능하게 하는 등 관련 제도를 보완적으로 마련할 필요가 있다.

① 자체 설비만으로 RPS 비율을 채울 수 없을 경우 신·재생에너지 투자 등의 방법으로 대신할 수 있다.

② 발전 비용 증가로 전기료가 인상될 가능성이 있다.

③ 민간 기업은 직접 REC를 구매할 수 없다.

④ 다양한 종류의 신·재생에너지원 사업이 추진되었다.

⑤ 신·재생에너지 발전량이 증가하였다.

09 다음 문단을 논리적 순서대로 바르게 나열한 것은?

(가) 최초 전등 점화에 성공하기는 하였지만, 전등 사업은 예상처럼 순조롭게 진행되지는 못하였다. 설비비용, 발전 시설 운전에 소요되는 석탄 등 연료비용, 외국 기술자 초빙에 따른 비용이 너무 높았기 때문에 전기 점등에 반대하는 상소를 올리는 사람들도 등장하였다. 게다가 점등된 전등들이 얼마 지나지 않아 툭하면 고장이 나서 전기가 들어오지 않기 일쑤거나 소음도 심해서 사람들은 당시 전등을 '건달불'이라고 부르기도 했다. 더군다나 경복궁에 설치된 발전 설비를 담당하던 유일한 전기 기사 맥케이(William McKay)가 갑작스럽게 죽으면서 전기 점등이 몇 개월이나 지연되는 사태도 일어났다.

(나) 기록에 의하면 우리나라에 처음 전기가 도입된 때는 개항기였던 1884년쯤이다. 최초의 전기 소비자는 조선의 황실이었으며, 도입국은 미국이었다. 황실의 전기 도입은 '조미 수호 통상 조약' 체결에 대한 감사의 표시로 미국이 조선의 사절단을 맞아들인 것이 직접적인 계기가 되었다. 1883년 미국에 파견된 '보빙사절단'은 발전소와 전신국을 방문하면서 전기의 위력에 감탄해마지 않았고, 특히 에디슨(Edison, Thomas Alva)의 백열등이 발하는 밝은 빛에 매료되고 말았다. 밀초나 쇠기름의 희미한 촛불에 익숙해 있던 그들에게 백열등의 빛은 개화의 빛으로 보였던가 보다. 그들은 미국 방문 중에 에디슨 전기 회사로 찾아가 전기등에 대한 주문 상담까지 벌였고, 귀국 후에는 고종에게 자신들이 받은 강렬한 인상을 전달하였다. 외국 사신들과 서적을 통해 전기에 관해서는 이미 알고 있던 고종은 이들의 귀국 보고를 받고는 바로 전등 설치를 허가하였다. 그리고 3개월 후 공식적으로 에디슨 사에 전등 설비 도입을 발주하였다.

(다) 이런 우여곡절에도 불구하고 고종의 계속적인 지원으로 전등 사업은 계속되어, 1903년에는 경운궁에 자가 발전소가 설치되어 궁내에 약 900개의 에디슨의 백열등이 밝혀지게 되었다. 그 후 순종 황제의 거처가 된 창덕궁에는 45마력의 석유 발전기와 25kW 직류 발전기가 도입되어, 1908년 9월부터 발전에 들어가기도 했다. 전등은 이렇게 항시적으로 구중궁궐(九重宮闕)을 밝히는 조명 설비로 자리를 잡아 갔다.

(라) 갑신정변에 의해 잠시 중단되었던 이 전등 사업은 다시 속개되어, 마침내 1887년 3월 경복궁 내 건천궁에 처음으로 100촉짜리 전구 두 개가 점등될 수 있었다. 프레이자(Everett Frazar)가 총책임을 맡은 이 일은, 경복궁 전체에 750개의 16촉짜리 전등을 설치하고 이에 필요한 발전 설비를 갖추는 당시로서는 대형 사업이었다. 40마력의 전동기 한 대와 이 엔진에 연결할 25kW 직류 발전기가 발전 설비로 도입되었고, 경복궁 내에 있는 향원정의 물이 발전기를 돌리는 데 이용되었다.

① (가) - (나) - (다) - (라)
② (나) - (다) - (가) - (라)
③ (나) - (라) - (가) - (다)
④ (다) - (라) - (가) - (나)
⑤ (다) - (라) - (나) - (가)

10 A마켓에서는 4,000원의 물건이 한 달에 1,000개 팔린다. 물가상승으로 인해 가격을 x원 올렸을 때, 판매량은 $0.2x$ 감소하지만 한 달 매출액이 동일하다면, 인상한 가격은 얼마인가?

① 1,000원

② 1,100원

③ 1,200원

④ 1,300원

⑤ 1,400원

※ 다음은 K공사 S팀 직원의 월급 정보이다. 제시된 자료를 보고 이어지는 질문에 답하시오. [11~12]

〈기본급 외 임금수당〉

구분	금액	비고
식비	10만 원	전 직원 공통지급
교통비	10만 원	전 직원 공통지급
근속수당	10만 원	근속연수 1년부터 지급, 3년마다 10만 원씩 증가
자녀수당	10만 원	자녀 1명 당
자격증수당	전기기사 : 50만 원 전기산업기사 : 25만 원 전기기능사 : 15만 원	–

〈사원 정보〉

구분	근속연수	자녀의 수	보유 자격증
A부장	7년	2	–
B과장	2년	1	전기기사
C과장	6년	3	–
D대리	4년	1	전기기능사
E사원	1년	0	전기산업기사

〈사원별 기본급〉

구분	기본급
A부장	4,260,000원
B과장	3,280,000원
C과장	3,520,000원
D대리	2,910,000원
E사원	2,420,000원

※ (월급)=(기본급)+(기본급 외 임금수당)

11 다음 중 제시된 자료에 대한 설명으로 옳지 않은 것은?

① 근속연수가 높을수록 기본급 또한 높다.

② S팀의 자녀수당의 합보다 근속수당의 합이 더 높다.

③ A부장의 월급은 E사원의 기본급의 2배 이상이다.

④ C과장이 전기기능사에 합격하면 S팀 직원 중 가장 많은 기본급 외 임금수당을 받게 된다.

⑤ 자녀의 수가 가장 많은 직원은 근속연수가 가장 높은 직원보다 기본급 외 임금수당을 더 받는다.

12 제시된 자료를 바탕으로 월급이 높은 순서대로 바르게 나열한 것은?

① A부장 → B과장 → C과장 → D대리 → E사원

② A부장 → B과장 → C과장 → E사원 → D대리

③ A부장 → C과장 → B과장 → D대리 → E사원

④ C과장 → A부장 → B과장 → D대리 → E사원

⑤ C과장 → A부장 → B과장 → E사원 → D대리

13 다음은 S공사의 성과급 지급 기준에 대한 자료이다. 甲대리가 받은 성과평가 등급이 〈보기〉와 같을 때, 甲대리가 받게 될 성과급은 얼마인가?

〈S공사 성과급 지급 기준〉

■ 개인 성과평가 점수

(단위 : 점)

실적	난이도평가	중요도평가	신속성	합
30	20	30	20	100

■ 각 성과평가 항목에 대한 등급별 가중치

구분	실적	난이도평가	중요도평가	신속성
A등급(매우 우수)	1	1	1	1
B등급(우수)	0.8	0.8	0.8	0.8
C등급(보통)	0.6	0.6	0.6	0.6
D등급(미흡)	0.4	0.4	0.4	0.4

■ 성과평가 결과에 따른 성과급 지급액

구분	성과급 지급액
85점 이상	120만 원
75점 이상 85점 미만	100만 원
65점 이상 75점 미만	80만 원
55점 이상 65점 미만	60만 원
55점 미만	40만 원

보기

〈甲대리 성과평가 등급〉

실적	난이도평가	중요도평가	신속성
A등급	B등급	D등급	B등급

① 40만 원
② 60만 원
③ 80만 원
④ 100만 원
⑤ 120만 원

14 S공사의 K대리는 지사 4곳을 방문하여 재무건전성을 조사하려고 한다. 다음 〈조건〉에 따라 이동한다고 할 때, K대리가 방문할 지사를 순서대로 바르게 나열한 것은?

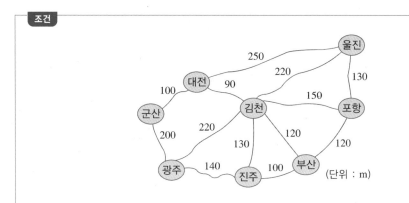

조건

- K대리는 방금 대전 지사에서 재무조사를 마쳤다.
- 대전을 포함하여 기 방문한 도시는 재방문하지 않는다.
- 이동 방법은 디스크 스케줄링 기법인 SSTF(Shortest Seek Time First)를 활용한다.
※ SSTF : 현 위치에서 가장 짧은 거리를 우선 탐색하는 기법

① 군산 – 광주 – 김천　　　　　　　② 군산 – 광주 – 진주
③ 김천 – 부산 – 진주　　　　　　　④ 김천 – 부산 – 포항
⑤ 울진 – 김천 – 광주

15 S공사는 유럽의 P회사와 체결한 수출계약 건으로 물품을 20ft 컨테이너의 내부에 가득 채워 보내려고 한다. 물품은 A와 B로 구성되어 있어 개별로 포장되며, 물품 A 2박스와 물품 B 1박스가 결합했을 때 완제품이 되는데, 이를 정확히 파악하기 위해서 컨테이너에는 한 세트를 이루도록 넣고자 한다. 20ft 컨테이너 내부 규격과 물품 A와 B의 포장규격이 다음과 같다면, 총 몇 박스의 제품이 실리겠는가?

- 20ft 컨테이너 내부 규격 : (L)6,000mm×(W)2,400mm×(H)2,400mm
- 물품 A의 포장규격 : (L)200mm×(W)200mm×(H)400mm
- 물품 B의 포장규격 : (L)400mm×(W)200mm×(H)400mm

① 1,440박스　　　　　　　② 1,470박스
③ 1,530박스　　　　　　　④ 1,580박스
⑤ 1,620박스

16 다음 중 리더와 관리자를 비교한 것으로 적절하지 않은 것은?

	리더	관리자
①	계산된 리스크(위험)를 수용한다.	리스크(위험)를 최대한 피한다.
②	'어떻게 할까'를 생각한다.	'무엇을 할까'를 생각한다.
③	사람을 중시한다.	체제·기구를 중시한다.
④	새로운 상황을 만든다.	현재 상황에 집중한다.
⑤	내일에 초점을 둔다.	오늘에 초점을 둔다.

17 다음 중 임파워먼트의 장애요인에 대한 내용으로 적절하지 않은 것은?

① 개인 차원 : 주어진 일을 해내는 역량의 결여, 대응성, 동기의 결여, 결의의 부족, 책임감 부족 등
② 대인 차원 : 다른 사람과의 성실성 결여, 약속 불이행, 성과를 제한하는 조직의 규범(Norm) 등
③ 관리 차원 : 효과적 리더십 발휘능력 결여, 경험 부족, 정책 및 기획의 실행능력 결여 등
④ 조직 차원 : 공감대 형성이 없는 구조와 시스템, 제한된 정책과 절차 등
⑤ 업무 차원 : 새로운 동기부여에 도움이 되는 시스템, 환경 변화에 따라 변화하는 업무 실적 등

18 다음 중 빈칸 ㉠, ㉡에 들어갈 접속어를 순서대로 바르게 연결한 것은?

> 도덕적 명분관은 인간의 모든 행위에 대해 인간의 본성에 근거하는 도덕적 정당성의 기준을 제시함
> 으로써 개인의 정의감이나 용기를 뒷받침한다. 즉, 불의에 대한 비판 의식이라든가 타협을 거부하는
> 선비의 강직한 정신 같은 것이 바로 그것인데, 이는 우리 사회를 도덕적으로 건전하게 이끌어 오는
> 데 기여하였다. 또한 사회적 행위에 적용되는 도덕적 명분은 공동체의 정당성을 확고하게 하여 사회
> 를 통합하는 데 기여해 왔다. ____㉠____ 자신의 정당성에 대한 신념이 지나친 나머지 경직된 비판
> 의식을 발휘하게 되면 사회적 긴장과 분열을 초래할 수도 있다. ____㉡____ 조선 후기의 당쟁(黨爭)
> 은 경직된 명분론의 대립으로 말미암아 심화한 측면이 있는 것이다.

① 게다가, 예컨대   ② 그리고, 왜냐하면
③ 하지만, 그리고   ④ 그러나, 예컨대

19 석훈이와 소영이는 운동장에 있는 달리기 트랙에서 같은 지점에서 출발해 반대방향으로 달리기 시작했다. 석훈이는 평균 6m/s의 속력으로, 소영이는 평균 4m/s의 속력으로 달렸는데 처음 만날 때를 제외하고 두 번째 만날 때까지 걸린 시간이 1분 15초일 때, 운동장 트랙의 길이는 얼마인가?

① 315m

② 325m

③ 355m

④ 375m

20 A휴게소의 물품 보관함에는 자물쇠로 잠긴 채 오랫동안 방치된 보관함 네 개가 있다. 휴게소 관리 직원인 L씨는 보관함을 정리하기 위해 1 ~ 6번까지의 열쇠로 네 개의 자물쇠를 모두 열어 보았다. 그 결과 〈조건〉과 같이 나왔을 때, 항상 참인 것은?(단, 하나의 자물쇠는 정해진 하나의 열쇠로만 열린다)

> **조건**
> • 첫 번째 자물쇠는 1번 또는 2번 열쇠로 열렸다.
> • 두 번째 자물쇠와 네 번째 자물쇠는 3번 열쇠로 열리지 않았다.
> • 6번 열쇠로는 어떤 자물쇠도 열지 못했다.
> • 두 번째 또는 세 번째 자물쇠는 4번 열쇠로 열렸다
> • 세 번째 자물쇠는 4번 또는 5번 열쇠로 열렸다.

① 첫 번째 자물쇠는 반드시 1번 열쇠로 열린다.

② 두 번째 자물쇠가 2번 열쇠로 열리면, 세 번째 자물쇠는 5번 열쇠로 열린다.

③ 세 번째 자물쇠가 5번 열쇠로 열리면, 네 번째 자물쇠는 2번 열쇠로 열린다.

④ 3번 열쇠로는 어떤 자물쇠도 열지 못한다.

21 다음은 S공단 자기소개서 가산점 기준표의 일부를 나타낸 자료이다. 이를 참고하여 〈보기〉의 가산점 계산 시 가산점이 5점, 4점, 2점인 경우는 각각 몇 가지인가?

〈S공단 자기소개서 가산점 기준표〉

분야		관련 자격증 및 가산점		
		5점	4점	2점
학위		박사학위	석사학위	학사학위
정보처리		• 정보관리기술사 • 전자계산기조직응용기술사	• 정보처리기사 • 전자계산기조직응용기사 • 정보보안기사	• 정보처리산업기사 • 사무자동화산업기사 • 컴퓨터활용능력 1 · 2급 • 워드프로세서 1급 • 정보보안산업기사
전자 · 통신		• 정보통신기술사 • 전자계산기기술사	• 무선설비 · 전파통신 · 전파전자 · 정보통신 · 전자 · 전자계산기기사 • 통신설비기능장	• 무선설비 · 전파통신 · 전파전자 · 정보통신 · 통신선로 · 전자 · 전자계산기산업기사
국어		• 한국실용글쓰기검정 750점 이상 • 한국어능력시험 770점 이상 • 국어능력인증시험 162점 이상	• 한국실용글쓰기검정 630점 이상 • 한국어능력시험 670점 이상 • 국어능력인증시험 147점 이상	• 한국실용글쓰기검정 550점 이상 • 한국어능력시험 570점 이상 • 국어능력인증시험 130점 이상
외국어	영어	• TOEIC 900점 이상 • TEPS 850점 이상 • IBT 102점 이상 • PBT 608점 이상 • TOSEL 880점 이상 • Flex 790점 이상 • PELT 446점 이상	• TOEIC 800점 이상 • TEPS 720점 이상 • IBT 88점 이상 • PBT 570점 이상 • TOSEL 780점 이상 • Flex 714점 이상 • PELT 304점 이상	• TOEIC 600점 이상 • TEPS 500점 이상 • IBT 57점 이상 • PBT 489점 이상 • TOSEL 580점 이상 • Flex 480점 이상 • PELT 242점 이상
	일어	• JLPT 1급 • JPT 850점 이상	• JLPT 2급 • JPT 650점 이상	• JLPT 3급 • JPT 550점 이상
	중국어	• HSK 9급 이상	• HSK 8급	• HSK 7급

※ 자격증 종류에 따라 5점, 4점, 2점으로 차등적으로 부여되며, 점수의 합산을 통해 최대 5점(5점이 넘는 경우도 5점으로 적용)까지만 받을 수 있다.
※ 같은 분야에 포함된 자격증에 대해서는 점수가 높은 자격증만 인정된다.

보기

(가) : 정보관리기술사, 사무자동화산업기사, TOEIC 750점, JLPT 2급
(나) : TOSEL 620점, 워드프로세서 1급, PELT 223점
(다) : 한국실용글쓰기검정 450점, HSK 6급, 정보보안산업기사
(라) : JPT 320점, 석사학위, TEPS 450점
(마) : 무선설비산업기사, JLPT 3급, ITQ OA 마스터
(바) : TOEIC 640점, 국어능력인증시험 180점, HSK 8급
(사) : JLPT 3급, HSK 5급, 한국어능력시험 530점
(아) : IBT 42점, 컴퓨터활용능력 2급, 에너지관리산업기사

	5점	4점	2점
①	2가지	3가지	3가지
②	2가지	4가지	2가지
③	3가지	2가지	3가지
④	3가지	4가지	1가지
⑤	2가지	5가지	1가지

22 S공단에서 근무하고 있는 김인턴은 경기본부로 파견 근무를 나가고자 한다. 다음 〈조건〉에 따라 파견일을 결정할 때, 김인턴이 경기본부로 파견 근무를 갈 수 있는 날짜는?

〈12월 달력〉

일	월	화	수	목	금	토
				1	2	3
4	5	6	7	8	9	10
11	12	13	14	15	16	17
18	19	20	21	22	23	24
25	26	27	28	29	30	31

조건

• 김인턴은 12월 중에 경기본부로 파견 근무를 나간다.
• 파견 근무는 2일 동안 진행되며, 이틀 동안 연이어 진행하여야 한다.
• 파견 근무는 주중에만 진행된다.
• 김인턴은 12월 1일부터 12월 7일까지 연수에 참석하므로 해당 기간에는 근무를 진행할 수 없다.
• 김인턴은 12월 27일부터는 부서이동을 하므로, 27일부터는 파견 근무를 포함한 모든 담당 업무를 후임자에게 인계하여야 한다.
• 김인턴은 목요일마다 H본부로 출장을 가며, 출장일에는 파견 근무를 수행할 수 없다.

① 12월 6 ~ 7일　　　　　　② 12월 11 ~ 12일
③ 12월 14 ~ 15일　　　　　④ 12월 20 ~ 21일
⑤ 12월 27 ~ 28일

23 다음은 S사 직무전결표의 일부분이다. 기안문 내용과 결제 권한이 있는 사람을 바르게 연결한 것은?

<표제목>〈직무전결표〉</표제목>

직무 내용	위임 시 전결권자			대표이사
	부서장	상무	부사장	
주식관리 – 명의개서 및 제신고		○		
기업공시에 관한 사항				○
주식관리에 관한 위탁계약 체결				○
문서이관 접수	○			
인장의 보관 및 관리	○			
4대 보험 관리		○		
직원 국내출장			○	
임원 국내출장				○

① 신입직원의 고용보험 가입신청을 위한 결재 : 대리 김철민 / 부장 전결 박경석 / 상무 후결 최석우

② 최병수 부장의 국내출장을 위한 결재 : 대리 서민우 / 부장 박경석 / 상무 대결 최석우 / 부사장 전결

③ 임원변경에 따른 기업공시를 위한 결재 : 부장 최병수 / 상무 임철진 / 부사장 대결 신은진 / 대표 이사 전결 김진수

④ 주식의 명의개서를 위한 결재 : 주임 신은현 / 부장 전결 최병수 / 상무 후결 임철진

⑤ 박경석 상무의 국내출장을 위한 결재 : 대리 서민우 / 부장 박경석 / 상무 대결 최석우 / 부사장 전결

24 다음 글을 읽고 추론한 내용으로 적절하지 않은 것은?

지난 1년간 한 번 이상 정신질환에 이환된 적이 있는 사람의 비율을 나타내는 일년유병률은 11.9%로, 지난 1년간 정신건강 문제를 경험한 사람은 470만 명으로 추산됐다.

주요 정신질환별 조사 결과를 살펴 보면, 기분장애의 대표 질환인 주요우울장애(우울증) 평생유병률은 5.0%로, 여성의 경우 남성보다 2배 이상 높았다. 일년유병률은 1.5%로, 지난 1년간 우울증을 경험한 사람은 61만 명으로 추산됐다. 또한 불안장애 평생유병률은 9.3%, 일년유병률 5.7%로, 지난 1년간 불안장애를 경험한 사람은 224만 명으로 추산됐다. 망상이나 환각, 현실에 대한 판단력 저하로 사회적, 직업적 또는 학업적 영역에서 적응에 상당한 문제를 겪는 상태인 조현병 스펙트럼장애 평생유병률은 0.5%로 나타났다. 지역사회에서 1년간 조현병 스펙트럼장애를 경험한 적이 있는 사람은 6만 3천 명, 입원·입소해 있는 조현병 스펙트럼장애 환자 수는 5만 명 등 총 11만 3천 명으로 추산된다.

C병원 H교수는 "전반적으로 정신질환 유병률은 감소 추세이다. 정신건강 서비스의 이용률 증가로 인한 정신질환 예방이나 조기치료의 효과 등이 작용했을 것으로 보인다."면서 "다만, 아직도 선진국에 비해서는 정신건강 서비스의 이용이 적어 정신질환에 대한 인식개선과 서비스 접근성 확보 등 정책적 노력이 계속 되어야 한다."라고 설명했다.

정신건강증진센터는 지역별로 위치해 있다. 센터를 이용하기 위해서는 우선 보건복지부 상담 전화 또는 24시간 정신건강상담 전화를 통해 자신이 거주하고 있는 지역에 있는 센터를 찾아야 한다. 거주지에 해당하는 센터에서만 상담과 치료를 받을 수 있다는 점을 유의하자. 서울 및 광역시의 정신건강증진센터는 구 단위로 설치·운영 중이며, 그 외 시·도의 경우에는 시, 군 단위로 설치돼 있다. 거주지 관할 센터를 알았다면 전화를 걸어 상담 예약을 해야 한다. 상시 대기 중인 정신보건 전문요원과 상담을 하고, 이후 진단 결과에 따라 내소·방문 상담 여부 및 치료 방향을 논의하게 된다. 정신건강증진센터에서 개인별 상황과 증상의 정도에 따른 치료 계획이 결정되면, 방문자는 정신건강 상태에 대한 기본 문진 및 치료와 지속적인 상담을 통해 마음과 생각을 치료받게 된다.

이외에도 정신건강증진센터에서는 자살 및 우울증 예방, 약물·PC 등 중독관리, 노인 대상 게이트키퍼 교육 등 센터별로 다양한 프로그램을 운영하고 있으므로 우울증이나 스트레스 증상이 의심될 때는 망설임 없이 상담 및 치료받을 것을 권장한다.

① 가장 빈번하게 나타나는 정신건강 문제 유형은 불안장애이다.

② 정신질환 예방과 조기치료는 정신질환 유병률 감소에 효과가 있다.

③ 상담과 치료를 원할 때는 24시간 정신건강상담 전화를 통해 현재 자신의 위치와 가장 가까운 센터로 가야 한다.

④ 개인별 상황과 증상에 대해 상담한 후에 치료 계획이 세워져 전문적이라고 할 수 있다.

⑤ 센터별로 다양한 프로그램이 운영되고 있으므로 우울증에 국한된 것이 아닌 여러 정신질환에 대해서 상담받을 수 있다.

25 다음은 아이돌봄서비스에 대한 글이다. 이에 대한 설명으로 적절하지 않은 것을 〈보기〉에서 모두 고르면?

아이돌봄서비스는 만 12세 이하 아동을 둔 맞벌이 가정 등에 아이돌보미가 직접 방문하여 아동을 안전하게 돌봐주는 서비스로, 정부 차원에서 취업 부모들을 대신하여 그들의 자녀에 대한 양육 및 이와 관련된 활동을 지원해 준다. 이는 가정의 아이돌봄을 지원하여 아이의 복지증진과 보호자의 일·가정 양립을 통한 가족구성원의 삶의 질 향상과 양육 친화적인 사회 환경을 조성하는 데 목적이 있다. 아동의 안전한 보호를 위해 영아 및 방과 후 아동에게 개별 가정의 특성과 아동발달을 고려하여 아동의 집에서 돌봄서비스를 제공하며, 취업 부모의 일·가정 양립을 위해 야간·주말 등 틈새 시간의 '일시 돌봄' 및 '영아 종일 돌봄' 등 수요자가 원하는 서비스를 제공한다.

서비스는 이용 구분에 따라 시간제돌봄서비스, 영아종일제돌봄서비스, 기관연계돌봄서비스, 질병 감염아동특별지원서비스로 나뉜다. 시간제돌봄서비스의 이용 대상은 만 3개월 이상 만 12세 이하의 아동이며, 주 양육자가 올 때까지 임시보육, 놀이 활동, 식사 및 간식 챙겨 주기, 보육시설이나 학교 등·하원 등의 서비스를 받을 수 있다. 영아종일제돌봄서비스의 이용 대상은 만 3개월 이상 만 24개월 이하의 영아이며, 이유식, 젖병 소독, 기저귀 갈기, 목욕 등 영아돌봄과 관련된 건강·영양·위생·교육 등의 서비스를 지원받을 수 있다. 기관연계돌봄서비스는 사회복지시설이나 학교, 유치원, 보육시설 등 만 0 ~ 12세 아동에 대한 돌봄서비스가 필요한 기관이 이용 대상이다. 돌보미 1인당 돌볼 수 있는 최대 아동수의 제한이 있으며, 한 명의 돌보미가 여러 연령대의 아동을 대상으로 동시에 서비스를 제공할 수는 없다. 질병감염아동특별지원서비스의 이용 대상은 수족구병 등 법정 전염성 및 유행성 질병에 감염되어 사회복지시설, 유치원, 보육시설 등을 이용하고 있는 만 12세 이하 아동으로, 다른 서비스에 반해 별도로 정부의 지원시간 제한이 없으며, 비용의 50%를 정부가 지원한다. 해당하는 아동은 병원 이용 동행 및 재가 돌봄서비스를 제공받을 수 있다.

보기

㉠ 만 12세를 초과한 아동은 아이돌봄서비스를 이용할 수 없다.
㉡ 장애 아동의 경우 질병감염아동특별지원서비스를 제공받을 수 있다.
㉢ 맞벌이 가정뿐만 아니라 학교·유치원·보육시설도 아이돌봄서비스를 이용할 수 있다.
㉣ 야간이나 주말에는 아이돌봄서비스를 이용할 수 없다.

① ㉠, ㉡   ② ㉠, ㉢
③ ㉡, ㉢   ④ ㉡, ㉣
⑤ ㉢, ㉣

26 다음은 각국 보험비교를 위해 게재한 독일의 산재보험에 대한 글이다. 이에 대한 설명으로 가장 적절한 것은?

〈독일의 산재보험〉

• 담당기구 : 업종별, 지역별로 별도의 산재보험조합(BG)이 조직되어 있으며, 각 산재보험조합은 자율권을 가지고 있는 독립적인 공공법인이고, 국가는 주요 업무사항에 대한 감독권만을 가지고 있다.

• 적용대상 : 산재보험 적용대상에는 근로자뿐만 아니라 학생 및 교육훈련생 집단, 기타 집단 등도 포함된다. 자영업자(같이 근무하는 배우자)는 의무 가입대상이 아닌 임의 가입대상이다.

• 징수 : 근로자 부담분은 없으며, 사업주는 위험등급에 따라 차등화된 보험료를 납부하는데 평균보험료율은 임금지급총액의 1.33%이다.

• 보상 : 보상의 경우 통근재해를 인정하고 있으며, 일일평균임금산정 시 휴업급여는 재해발생 직전 3개월간의 임금총액을 고려하지만, 연금으로 지급되는 급여(상병·장해·유족)는 상병이 발생한 날이 속하는 연도로부터 1년간을 고려한다.

• 요양급여 : 1일 이상의 모든 재해에 대하여 의약품, 물리치료, 그리고 보조도구의 구입을 위한 일체의 비용을 부담한다.

• 휴업급여 : 재해발생 이후 처음 6주간은 사업주가 임금 전액을 지급하고, 사업주의 임금지불의무가 없어지는 7주째부터 산재보험에서 휴업급여가 지급되며, 휴업급여는 1일 단위로 계산(1개월 단위로 계산하는 경우에는 1일 단위로 산출된 값에 30을 곱함)하여 기준소득의 80%를 지급하되, 세금 등을 공제한 순소득을 초과할 수 없다.

• 직업재활급여 : 새로운 일자리를 얻거나 요청하기 위해 소요되는 제반 경비, 장해로 인해 전직하는 경우에 교육훈련을 포함한 직업준비, 직업적응훈련·향상훈련·전직훈련 및 이를 위하여 필요한 경우 정규 학교교육, 불편 없이 학교교육을 받기 위한 보조·도움 및 이에 필요한 준비 또는 학교교육 시작 전에 정신적 및 육체적 기능을 발전·개발시키기 위한 지원, 장애인 전용 사업장에서의 직업훈련 등을 제공한다. 현금급여(전환급여)는 근로생활 복귀를 지원하고자 직업재활을 실행하는 과정에서 근로자에게 지급하는 금전으로, 가족관계에 따라 기준소득에 68 ~ 75%를 곱하여 산출한다.

• 장해급여 : 노동능력이 최소한 20% 이상 감소하고 장해가 26주 이상 지속될 경우, 이 두 가지 모두에 해당될 때만 지급된다. 지급액은 노동능력의 상실 정도와 전년도 소득 등 두 가지 기준을 이용하여 결정한다.

• 유족급여 : 유족은 배우자, 유자녀, 직계존속(부모) 등이 해당되고, 총 유족연금은 연간근로소득의 80%를 초과할 수 없다.

---

① 단기 계약직 근로자라도 교육훈련생의 지위를 가지고 있다면, 산재보험의 적용을 받을 수 없다.

② 예산의 효율적 활용을 위해 국가에 의해 통합적으로 운영된다.

③ 휴업급여와 연금식 급여의 일일평균임금산정 방식은 동일하다.

④ 1일을 기준으로 기준소득 대비 급여지급액 비율은 휴업급여의 경우가 직업재활급여 현금급여의 경우보다 높다.

⑤ 근로 중 장해를 당하여 노동능력이 33% 감소하였고, 장해가 24주간 지속되는 근로자는 장해급여를 지급받는다.

27 다음 기사를 읽고 보인 반응으로 적절하지 않은 것은?

> C공단은 지난 1일부터 노인돌봄전달체계 개편시범사업에 본격 착수했다고 밝혔다.
>
> 이는 저소득층 어르신을 대상으로 보건의료(ICT방문진료 등), 요양(수시방문형 재가서비스 등), 주거지원(주택개조 등), 생활지원(이동 등) 등 다양한 분야의 서비스를 제공한다. 사업대상 지역은 경기 화성시와 강원 춘천시이며, 행정안전부 및 보건복지부, 지자체 등과 협업한다. 해당 지역 내 권역별 통합돌봄본부를 설치하고 C공단 주거지원전문관, 지자체 보건·복지 담당자 등이 상주하며 업무를 수행한다. 그중 C공단은 기술 및 인력 지원을 통한 '고령자 맞춤형 주택 개조사업'을 추진하고 '맞춤형 임대주택' 또한 공급한다. 이를 통해 지역 어르신들은 기존 거주하던 지역을 벗어나지 않고도 안전하고 쾌적한 주거환경을 누릴 수 있게 될 전망이다.
>
> '고령자 맞춤형 주택 개조 사업'은 총 210호를 대상으로 하며, 지자체 예산을 활용해 호당 4백만 원 규모의 수선급여 방식으로 추진된다. 단순 개보수 외에도 낙상 예방을 위한 미끄럼 방지 장치 및 안전 손잡이를 설치하고, 보행에 장애가 되는 문턱도 제거한다. 또한, 돌봄 대상 저소득 어르신에게는 어르신 맞춤형 임대주택을 제공하며, 주택 물색 등이 필요한 경우에는 상담 등 정보도 지원한다.
>
> 한편, C공단은 임대주택 단지 내 유휴 공간을 활용해 주민 공유공간 및 생활 SOC시설을 설치하고, 공동생활 도우미 지원 등 다양한 주거 서비스를 제공해 주민들에게 쾌적한 주거환경이 구축될 수 있도록 지속적으로 노력하고 있다. C공단 본부장은 "기존의 돌봄서비스 등이 요양병원과 시설 중심이었다면 이번 시범사업은 기존 거주 지역을 중심으로 진행된다."라며 "돌봄이 필요한 어르신들이 양질의 주거환경과 함께 쾌적하고 안전한 삶을 누릴 수 있도록 최선을 다하겠다."라고 말했다.

① 이전의 노인돌봄 복지는 요양병원과 시설 중심이었어.

② 사업 대상에 특성을 맞춘 내용을 담은 복지를 제공해.

③ 이 사업을 통해 사회적 약자는 보다 나은 주거환경을 누릴 수 있어.

④ 현재 전국적으로 시행되고 있는 사업이야.

⑤ 다양한 기관과의 협업을 통해 추진되는 사업이야.

28 다음 글 뒤에 이어질 내용으로 가장 적절한 것은?

> "모든 사람이 건강보험 혜택을 받아야 한다." 이는 네덜란드 법에 명시된 '건강권' 조항의 내용이다. 취약계층을 비롯한 모든 국민이 차별 없이 건강 보호를 받아야 하고, 단순히 질병 치료만이 아니라 건강증진과 재활 등의 영역에 이르기까지 충분한 보건의료 서비스를 보장받아야 한다는 취지이다. GGD는 네덜란드 국민의 건강 형평성을 위해 설립된 기관으로, 네덜란드 모든 지역에 공공보건서비스를 제공하기 위해 이를 설립하여 운영하고 있다. 네덜란드 국민이라면 생애 한 번 이상은 GGD를 방문한다. 임신한 여성은 산부인과 병원이 아닌 GGD를 찾아 임신부 관리를 받고, 어린 자녀를 키우는 부모는 정기적으로 GGD 어린이 건강센터를 찾아 아이의 성장과 건강을 확인한다. 열대 지방을 여행하고 돌아온 사람은 GGD의 여행 클리닉에서 예방 접종을 받으며, 바퀴벌레나 쥐 때문에 골치 아픈 시민이라면 GGD에 해충 방제 서비스를 요청해 문제를 해결한다. 성병에 걸렸거나 알코올중독·마약중독으로 고통을 겪는 환자도 GGD에서 검사와 치료를 받을 수 있다. 가정폭력 피해자의 상담과 치료도 이곳에서 지원한다. 예방프로그램 제공, 의료환경 개선, 아동보건의료 제공, 전염성질환 관리가 모두 GGD에서 이뤄진다. 특히 경제적 취약계층을 위한 보건의료서비스를 GGD가 책임지고 있다.
>
> GGD는 한국의 보건의료원과 비슷한 역할을 하지만, 그보다 지원 대상과 영역이 방대하고 더 적극적으로 지원 대상을 발굴한다. 특히 전체 인력 중 의료진이 절반 이상으로 전문성을 갖췄다. GGD 암스테르담에 근무하는 약 1,100명의 직원 가운데 의사와 간호사는 600명이 넘는다. 이 중 의사는 100여 명으로, 감염, 법의학, 정신질환 등을 담당한다. 500여 명의 간호사는 의사들과 팀을 이뤄 활동하고 있다. 이곳 의사는 모두 GGD 소속 공무원이다. 반면, 한국의 보건소, 보건지소, 보건의료원 의사 대부분은 병역의무를 대신해 3년간 근무하는 공중보건의다. 하지만 공중보건의도 최근 7년 사이 1,500명 이상 줄어들면서 공공의료 공백 우려도 있다.
>
> '평등한 건강권'은 최근 국내에서 개헌 논의가 시작되면서 본격적으로 논의되기 시작한 개념이다. 기존 헌법에 '모든 국민은 보건에 관하여 국가의 보호를 받는다.'는 조항이 포함돼 있지만, 아직 건강권의 보장 범위가 협소하고 애매하다. 한국은 건강 불평등 격차가 큰 나라 중 하나이다. 국제구호개발기구가 2013년 발표한 전 세계 176개국의 '건강 불평등 격차'에서 우리나라는 33위를 차지했다. 건강 불평등 격차는 보건서비스에 접근이 쉬운 사람과 그렇지 않은 사람 사이의 격차가 얼마나 큰지를 나타내는 지수로, 격차가 클수록 가난한 사람들의 보건 교육, 예방, 치료 등이 보장되지 않음을 의미한다.

① 네덜란드의 보험 제도 또한 많은 문제점을 지니고 있다.

② 네덜란드의 보험 제도를 참고하여 우리나라의 건강 불평등 해소 방향을 생각해 볼 수 있다.

③ 한국의 건강보험공단은 네덜란드의 보험 제도 개혁에 있어 많은 도움을 줄 수 있을 것이다.

④ 우리나라의 건강 불평등 격차를 줄이기 위해서는 무엇보다도 개헌이 시급하다.

⑤ 우리나라 보건의료원의 수준은 네덜란드 GGD와 비교하였을 때 결코 뒤처지지 않는다.

29 다음은 근로복지공단에서 개최한 맞춤형통합서비스 발표회에 대한 보도자료이다. 이에 대한 추론으로 적절하지 않은 것은?

〈근로복지공단, 맞춤형통합서비스 우수사례 발표회 개최〉

근로복지공단은 올 한해 동안 산재노동자의 재활성공 사례에 대해 2018년도 맞춤형통합서비스 우수사례 발표회를 개최하여 내일찾기서비스 부문 12건, 일반서비스 부문 4건을 우수사례로 선정 후 시상했다.

맞춤형통합서비스는 산재노동자가 보다 원활하게 직업에 복귀할 수 있도록 지원하는 고객 중심의 산재보험 재활 업무 프로세스이다. 이는 요양초기단계부터 재활전문가인 잡코디네이터가 1 : 1 사례관리를 진행하는 내일찾기서비스, 요양서비스 과정에서 위기상황에 맞게 적절히 개입하는 일반서비스로 구분된다. 올해 일곱 번째를 맞이하는 우수사례 발표회는 한 해 동안의 재활사업 성과를 평가하고 우수사례 노하우를 공유·확산하는 장으로, 산재노동자의 직업복귀를 촉진시키고 재활사업의 발전방안을 모색하는 자리이기도 하다.

내일찾기서비스 부문 대상은 "서로에게 주는 기쁨"이라는 주제로 발표한 대구지역본부 과장이 수상의 영예를 안았다. 분쇄기에 손이 절단되는 재해를 입고 극심한 심리불안을 겪는 50대 여성 산재노동자 이씨에게 미술심리치료 11회 등 심리상담을 통하여 자존감을 회복하게 하였고, 재활스포츠지원을 통해 재활의욕을 고취하였으며, 사업주를 위한 직장복귀지원금 지급 등 공단의 다양한 재활서비스 지원을 통해 원직복귀에 성공한 사례이다.

일반서비스 부문 대상은 "캄보디아 외국인노동자의 '삶의 희망찾기' 프로젝트"라는 주제로 발표한 안산지사에서 수상했다. 캄보디아 산재노동자 핑씨가 프레스 기계에 손이 협착되었음에도 사업주와 의료진에 대한 불신 때문에 치료를 거부하자 주한 캄보디아 대사관, 외국인지원센터와 연계하여 현 상황을 정확히 설명하였고, 그로 인해 치료의 골든타임을 놓치지 않고 적기에 치료를 제공한 사례이며, 만약 치료를 거부하고 귀국했다면 생명까지 매우 위험한 상태였을 거라는 게 의학전문가의 공통된 소견이다.

근로복지공단 이사장은 "산재노동자의 눈높이에 맞는 맞춤형 서비스를 제공할 수 있도록 업무 프로세스를 더욱 보완·발전시켜 현장 중심의 고객감동 서비스로 산재노동자의 든든한 희망버팀목이 되겠다."라고 밝혔다.

---

① 맞춤형통합서비스는 각 요양단계 및 상황에 맞게 구분되어 제공된다.

② 맞춤형통합서비스 우수사례 발표회는 2012년부터 시행되었다.

③ 내일찾기서비스의 경우, 산재노동자가 처한 위기상황에 따라 잡코디네이터가 사례관리를 진행한다.

④ 신체적 상해를 입은 산재노동자의 근로현장 복귀를 위해서는 심리적 지원이 필요할 수 있다.

⑤ 근로자의 신체 및 생명을 보호하는 차원에서도 근로자와 사업주 간의 신뢰구축이 필요하다.

30 다음 글을 읽고 AMI에 대한 설명으로 적절하지 않은 것을 고르면?

> 스마트그리드 구축이라는 정부 정책과 신재생에너지 확대 등의 추세에 따라 AMI에 대한 관심이 높아지고 있다. C공단은 총 1조 7천억 원을 투입해 지난 2013년부터 현재까지 AMI를 보급하고 있다. AMI를 각 가정에 설치한 뒤 통신망을 구축하면 C공단에서 각 가정의 전력 사용량을 실시간으로 확인할 수 있는 방식이다. 검침원이 각 가정을 돌아다니며 전력 사용량을 확인하는 고전적인 검침 방식이 필요 없어 불필요한 인력소모를 줄일 수 있다는 장점이 있다. 최종 구축이 완료되면 보다 최적화된 발전계획을 수립하거나 시간대별로 전기요금을 차등 적용할 수 있어 전력 사용을 효율화시킬 수 있다.
>
> AMI는 지능형 전력계량시스템으로, 양방향 통신을 이용해 전력 사용량과 시간대별 요금 정보 등 전기 사용 정보를 고객에게 제공해 자발적인 전기 절약을 유도하는 계량시스템이다. 이번에 C공단이 도입한 AMI 장애진단시스템은 인공지능과 빅데이터 기술을 적용한 지능화된 프로그램이다. 실시간 장애로그 패턴분석과 업무규칙에 따른 장애분류 기능 등을 복합적으로 제공한다.
>
> 정확한 고장위치 판단을 위한 네트워크 토폴로지(네트워크 요소들인 링크나 노드 등의 물리·논리적 연결) 분석 기능도 지원한다. 기존 AMI의 경우 설비가 고장 나면 전문 인력이 현장에 출동해 각종 설비와 통신 상태를 직접 확인한 후 판단할 수밖에 없었다.
>
> 이러한 상황에서 AMI 구축 규모는 확대되고 있으며, 지능형 전력계량기 보급이 늘어날수록 데이터 집중장치와 모뎀, 스마트미터 등 현장 설비의 유지보수, 고장수리를 위한 인력 또한 증가될 것으로 예상되고 있는 실정이다. 이에 C공단은 그동안 AMI 설비 고장으로 전문 인력이 직접 나가 확인하는 구조 방식을 개선하기 위해 AMI 장애진단시스템을 개발했다.
>
> 무엇보다 AMI 장애진단시스템은 원격으로 검침정보 소스를 수집·저장하고, 이를 활용해 어떤 장애인지 장애진단웹에 전송해 AMI 운영 담당자가 확인할 수 있다. C공단은 지난 7월부터 시범적으로 제주지역을 대상으로 AMI 설비의 검침과 통신 데이터 3개월분(약 2테라바이트)의 빅데이터를 정밀 분석해본 결과 총 31종의 고장 유형을 분류했다. 인공지능 기술을 통해 설비 장애와 통신 불량에 따른 일시적 장애를 구분함으로써 불필요한 현장 출동을 최소화할 수 있도록 한 것이다.

① AMI는 가정에서 사용하는 전력의 양을 시간대별로 가정에서 직접 확인할 수 있도록 해주는 장치이다.
② AMI가 모든 가정에 도입되고 장애진단시스템도 활성화된다면 기존의 전기 계량기 검침원은 거의 사라질 것이다.
③ 기존의 AMI는 양방향 통신이 가능할 뿐만 아니라, 장애가 발생했을 경우 장애 정보를 스스로 C공단에 보낼 수 있다는 장점이 있었다.
④ AMI 장애진단시스템은 AMI 관련 문제가 발생하였을 때 원격 해결도 가능하도록 한다.
⑤ 기존 AMI의 단점을 보완한 장애진단시스템 도입을 위해 제주도의 고장 유형을 분석하였다.

31 다음 문단을 논리적 순서대로 바르게 나열한 것은?

(가) 고전주의 예술관에 따르면 진리는 예술 작품 속에 이미 완성된 형태로 존재한다. 독자는 작가가 담아 놓은 진리를 '원형 그대로' 밝혀내야 하고, 작품에 대한 독자의 감상은 언제나 작가의 의도와 일치해야 한다. 결국 고전주의 예술관에서 독자는 작품의 의미를 수동적으로 받아들이는 존재일 뿐이다. 하지만 작품의 의미를 해석하고 작가의 의도를 파악하는 존재는 결국 독자이다. 특히 현대 예술에서는 독자에 따라 작품에 대한 다양한 해석이 가능하다고 여긴다. 바로 여기서 수용미학이 등장한다.

(나) 이저는 텍스트 속에 독자의 역할이 들어 있다고 보았다. 그러나 독자가 어떠한 역할을 수행할지는 정해져 있지 않기 때문에 독자는 텍스트를 읽는 과정에서 텍스트의 내용과 형식에 끊임없이 반응한다. 이러한 상호작용 과정을 통해 독자는 작품을 재생산한다. 텍스트는 다양한 독자에 따라 다른 작품으로 태어날 수 있으며, 같은 독자라도 시간과 장소에 따라 다른 작품으로 생산될 수 있는 것이다. 이처럼 텍스트와 독자의 상호작용을 강조한 이저는 작품의 내재적 미학에서 탈피하여 작품에 대한 다양한 해석의 가능성을 열어주었다.

(다) 야우스에 의해 제기된 독자의 역할을 체계적으로 정리한 사람은 '이저'이다. 그는 독자의 능동적 역할을 밝히기 위해 '텍스트'와 '작품'을 구별했다. 텍스트는 독자와 만나기 전의 것을, 작품은 독자가 텍스트와의 상호작용을 통해 그 의미가 재생산된 것을 가리킨다. 그런데 이저는 텍스트에는 '빈틈'이 많다고 보았다. 이 빈틈으로 인해 텍스트는 '불명료성'을 가진다. 텍스트에 빈틈이 많다는 것은 부족하다는 의미가 아니라 독자의 개입에 의해 언제나 새롭게 해석될 수 있다는 것을 의미한다.

(라) 수용미학을 처음으로 제기한 사람은 야우스이다. 그는 "문학사는 작품과 독자 간의 대화의 역사로 쓰여야 한다."라고 주장했다. 이것은 작품의 의미는 작품 속에 갇혀 있는 것이 아니라 독자에 의해 재생산되는 것임을 의미한다. 이로부터 문학을 감상할 때 작품과 독자의 관계에서 독자의 능동성이 강조되었다.

① (가) – (다) – (라) – (나)

② (다) – (가) – (나) – (라)

③ (가) – (라) – (다) – (나)

④ (라) – (가) – (나) – (다)

⑤ (나) – (가) – (다) – (라)

32 다음은 C국가고시 현황에 대한 자료이다. 이를 그래프로 나타낸 것으로 적절하지 않은 것은?(단, 소수점 둘째 자리에서 반올림한다)

〈C국가고시 현황〉

(단위 : 명, %)

구분	2017년	2018년	2019년	2020년	2021년
접수자	3,540	3,380	3,120	2,810	2,990
응시자	2,810	2,660	2,580	2,110	2,220
응시율	79.4	78.7	82.7	75.1	74.2
합격자	1,310	1,190	1,210	1,010	1,180
합격률	46.6	44.7	46.9	47.9	53.2

※ [응시율(%)] $=\dfrac{(응시자 \ 수)}{(접수자 \ 수)}\times100$, [합격률(%)] $=\dfrac{(합격자 \ 수)}{(응시자 \ 수)}\times100$

① 연도별 미응시자 수 추이

(명)

2017년	730
2018년	720
2019년	540
2020년	700
2021년	770

② 연도별 응시자 중 불합격자 수 추이

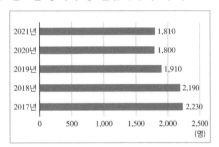

2021년	1,810
2020년	1,800
2019년	1,910
2018년	2,190
2017년	2,230

(명)

③ 2018 ~ 2021년 전년 대비 접수자 수 변화량

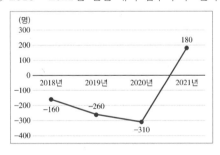

(명)

2018년	-160
2019년	-260
2020년	-310
2021년	180

④ 2018 ~ 2021년 전년 대비 합격자 수 변화량

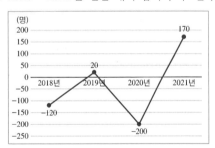

(명)

2018년	-120
2019년	20
2020년	-200
2021년	170

⑤ 2018 ~ 2021년 전년 대비 합격률 증감량

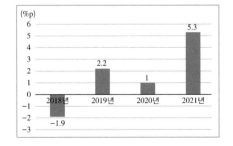

(%p)

2018년	-1.9
2019년	2.2
2020년	1
2021년	5.3

33 다음 글의 빈칸에 들어갈 내용으로 가장 적절한 것은?

최근 온라인 커뮤니티 등에서 '여드름약 이소티논 최저가로 처방받는 법'과 같은 게시물을 쉽게 찾아볼 수 있다. 지난 6월부터는 이소티논을 반드시 보험 적용 없이 비급여 항목으로만 처방이 가능하도록 바뀌었지만, 그 전까지 일부 비대면 의료 앱들이 보험을 적용해 저렴한 가격에 구매할 수 있다고 사회관계망서비스(SNS) 등을 통해 대대적으로 광고를 띄웠기 때문이다.

하지만 이소티논은 유산과 태아 기형을 일으킬 수 있어 임산부에게는 복용이 제한된 의약품으로, 안전하게 복용할 수 있도록 약사 지도가 필요하다. 실제로 약사들도 해당 약을 조제할 때 임신 계획이나 피임약 복용 여부 등을 확인 후 처방하고 있다.

이처럼 비대면 의료가 코로나19(COVID-19) 상황에서 한시적으로 허용된 가운데 허술한 규제를 틈타 일부 병원에서 비대면 의료 앱을 이용해 부작용 우려가 있는 전문 의약품을 부당하게 급여 처방해온 것이다. 이는 사실상 소비자에게 의약품 쇼핑을 부추기고 있는 것이나 마찬가지이다.

또한 현재 약사법은 오남용을 방지하기 위해 이소티논과 같은 전문 의약품의 대중매체 광고를 허용하지 않고 있다. 하지만 일부 의료 앱에서는 해당 광고 내에서 의약품의 이름을 교묘하게 바꿔 광고를 계속하고 있으며, 의료광고는 사전 자율심의를 받아야 하지만 비대면 진료 앱들은 현재 제도의 사각지대에 놓여 있기에 심의 없이도 광고를 할 수 있는 상황이다.

이에 일부에서는 "코로나19 이후 비대면 의료 앱과 이용자 모두 급증한 상황에서 전문 의약품 오남용 등 부작용이 우려되는 만큼 관련 규제 정비가 필요하다."라고 지적하였으며, A의원은 "온라인 플랫폼을 이용한 비대면 진료에서 가장 우려했던 나쁜 사례"라며, "건강보험 급여 기준을 무시하고 피부미용과 관련된 약물처방을 조장해 의료 상업화를 유도한 불법행위"라고 지적했다. 또한 "현 정부에서 비대면 진료의 무제한 허용을 방치하여 불법 사례들이 속출하고 있는 만큼, 이제는 _____하여 안전한 의료생태계로 갈 수 있도록 꼼꼼한 제도설계가 필요하다."라고 언급하였다.

① 의약품 판매처를 확대
② 재진 환자에 한정해 비대면 진료를 허용
③ 대면 진료 중심으로 전환
④ 비대면 의료 앱에서의 의료광고를 제한
⑤ 비대면 진료에서의 의약품 처방을 제한

34 다음 글을 읽고 판단한 내용으로 적절하지 않은 것은?

> 최근 의약품에 불순물이 함유되는 등 사유로 식품의약품안전처의 제조번호 단위 회수명령이 증가하고 있다. 국민이 의약품을 사용하기 전에 회수하거나 폐기하는 안전한 의약품 환경 조성이 중요해지고 있는 것이다.
>
> 이에 건강보험심사평가원은 국민이 안심하고 의약품을 사용할 수 있도록 '위해(危害)의약품 유통정보 알림서비스'를 확대 제공하기로 결정하였다. 이는 의약품관리종합정보센터가 의약품 공급정보를 기반으로 회수대상 의약품 정보 관련 출고 시 의약품 공급자에게 알리고, 입고 시 요양기관에 알려 해당 의약품이 조기 회수될 수 있도록 지원하는 방식으로 이루어진다.
>
> 이번 알림서비스 확대 내용은 회수대상 의약품뿐만 아니라 '유효기한 경과의약품'의 요양기관 입고 정보를 제공하는 것을 포함하며, 오는 8월부터는 '유효기한 임박의약품' 정보도 추가 제공해 위해의약품이 사용되지 않도록 하는 것을 목표로 한다. 해당 서비스는 요양기관업무포털에서 정보 제공에 동의하고 알림 신청을 한 요양기관에 한해 제공되며, 해당 요양기관은 위해의약품의 공급일자, 공급자 등에 대한 내용을 문자(MMS)로 제공받을 수 있다.
>
> 또한 의약품정보센터장은 요양기관뿐만 아니라 국민이 안심하고 의약품을 사용할 수 있도록 의약품의 제조번호, 제조일 등 상세 공급정보를 적극 활용해 모바일 앱 '약! 찍어보는 안심정보' 기능을 보완하였다고 밝혔다. 이는 앱을 통해 의약품 바코드를 모바일로 촬영할 경우, 해당 의약품이 위해의약품에 해당하면 즉시 '회수대상 또는 유효기한 경과 의약품' 문구를 팝업으로 알려주는 모바일 서비스를 말한다.

① 과거에 비해 의약품에 불순물 함유량이 늘어나 의약품 취급에 주의를 두어야 한다.
② 위해(危害)의약품 유통정보 알림서비스는 양방향으로 정보를 제공하는 서비스이다.
③ 이전에는 단순 유효기간이 만료된 의약품에 대해서는 별다른 조치가 없었다.
④ 위해(危害)의약품 유통정보 알림서비스는 사후 조치보다는 사전 예방에 목적을 두는 서비스이다.
⑤ 위해(危害)의약품 유통정보 알림서비스는 필수가 아닌 선택사항에 해당한다.

35 다음 글의 제목으로 가장 적절한 것은?

> 보건복지부는 지난 20일 건강보험정책심의위원회가 제16차 회의를 열어 졸겐스마를 포함한 의약품 5개(7개 품목)를 오는 8월부터 건강보험에 신규 적용하겠다는 내용의 '약제 급여 목록 및 급여 상한 금액표 개정안'을 의결했다고 밝혔다.
>
> 졸겐스마는 한국 건강보험 사상 가장 비싼 약으로 알려졌는데, 척수성 근위축증(SMA) 치료제로 유명하다. 척수성 근위축증은 SMN1 유전자가 돌연변이를 일으켜 운동 신경세포를 생성하지 못해 근육이 점차 위축되는 질환으로, 병이 진행될수록 근육이 약해지면서 스스로 호흡하지 못하게 되는 상황을 초래하는 질환이다.
>
> 이와 같은 질환의 치료제인 졸겐스마는 1회 투약만으로도 완치가 기대되는 약이었지만, 1회 투약 비용 상한 금액이 1억 8,000만 원에 해당하는 고가의 약인 탓에 투약 기회가 많지는 않았다. 하지만 이번 건강보험 적용의 결정으로 환자 부담 금액이 최대 598만 원으로 감소하게 되었다.
>
> 한국SMA환우회는 "이런 고가의 약에 건강보험이 적용되어 이미 태어난 아이뿐 아니라 태어날 아이들에게 투약 기회가 많아져 다행이다."라며, "졸겐스마는 조기에 맞을수록 효과가 높다 하니 신생아 선별검사에 SMA유전자 검사 항목을 꼭 넣어줬으면 좋겠다."라고 전했다.
>
> 보건복지부는 이번 건강보험 적용을 통해 5년간 주기적인 반응평가 등 장기추적조사에 대한 이행 동의서를 환자의 보호자가 작성해야 한다고 밝혔다. 환자는 투약 전 급여기준이 정하는 투여 대상 적합 여부에 대한 사전심사도 거치게 된다.

① 희귀질환, 이제 고칠 수 있어
② 희귀질환 치료 빠르면 빠를수록 좋아
③ 희귀질환 치료제의 건강보험 적용 확대
④ 희귀질환 조기치료를 위해 SMA유전자 검사 항목 도입 필요
⑤ 희귀질환 치료제의 개발로 많은 환자들이 완치될 것으로 예상

36 다음 글의 빈칸에 들어갈 내용으로 가장 적절한 것은?

> 최근 보건복지부와 한국건강증진개발원은 비의료 건강관리서비스 인증 시범사업 심의위원회 심의
> 를 거쳐 31개의 서비스 업체 중 12곳에 대해 시범 인증을 부여하기로 결정하였다.
> 비의료 건강관리서비스란 _____가 아닌, 건강 유지·증진 및 질
> 병의 사전예방·악화방지 등을 목적으로 제공되는 상담·교육·훈련·실천 프로그램 및 이와 관련
> 한 서비스이다. 만성질환관리형, 생활습관개선형, 건강정보제공형으로 구분하여 총 12개 업체 등에
> 대한 인증을 진행하였다.
> 특히 이번 인증은 정부가 지난달 초 '비의료 건강관리서비스 가이드라인 및 사례집'을 개정해 그동
> 안 원칙적으로 불가능했던 만성질환자 대상 비의료 건강관리서비스를 의료인이 의뢰한 경우를 전제
> 로 대폭 허용한 가운데 진행되었다. 이에 따라 비의료기관인 헬스케어 업체 등이 의료법을 어기지
> 않고도 만성질환자를 대상으로 하는 비의료 건강관리서비스의 제공이 가능하게 된 것이다.
> 하지만 이와 관련해 의료단체들은 사실상 의료 민영화 정책이라고 반발하고 있으며, 보건의료단체
> 연합은 해당 인증제도에 대해 "망가진 일차보건의료체계로 인한 공백을 기업 돈벌이로 채우려 하고
> 있다."며 "영리병원이 불허된 한국에서 제도를 우회하여 기업이 질환자를 대상으로 의료행위를 할
> 수 있도록 허용해주는 것"이라고 비판하였다.

① 환자를 대상으로 하는 치료 목적의 서비스
② 의사처럼 병명을 확인해 주거나 진단·처방·처치를 수반하는 서비스
③ 올바른 건강관리를 유도하기 위한 제공자의 판단이 개입된 서비스
④ 특정 증상에 대해 질환의 발생 유무·위험을 직접 확인해 주는 서비스
⑤ 면허와 자격을 갖춘 의료인이 행하는 검사·진단처방·처치·시술·수술·지도 등과 같은 서비스

37 다음은 의료급여진료비 통계에 대한 자료이다. 이를 토대로 상황에 맞는 2023년도 외래 의료급여 예상비용은 얼마인가?[단, 증감율(%)과 비용은 소수점 첫째 자리에서 반올림한다]

〈의료급여진료비 통계〉

구분		환자 수 (천 명)	청구건수 (천 건)	내원일수 (천 일)	의료급여비용 (억 원)
2017년	입원	424	2,267	37,970	28,576
	외래	1,618	71,804	71,472	24,465
2018년	입원	455	2,439	39,314	30,397
	외래	1,503	71,863	71,418	26,005
2019년	입원	421	2,427	40,078	32,333
	외래	1,550	72,037	71,672	27,534
2020년	입원	462	2,620	41,990	36,145
	외래	1,574	77,751	77,347	31,334
2021년	입원	459	2,785	42,019	38,356
	외래	1,543	77,686	77,258	33,003

〈상황〉

건강보험심사평가원의 A사원은 의료급여진료비에 대해 분석을 하고 있다. 표면적으로 2017년부터 매년 입원 환자 수보다 외래 환자 수가 많고, 청구건수와 내원일수도 외래가 더 많았다. 하지만 의료급여비용은 입원 환자에게 들어가는 비용이 여러 날의 입원비로 인해 더 많았다. 의료급여비용이 2022년에는 2018년도 전년 대비 증가율과 같았고, 입원 및 외래 진료비용이 매년 증가하여 A사원은 올해 예상비용을 2020년부터 2022년까지 전년 대비 평균 증가율로 계산하여 보고하려고 한다.

① 35,840억 원
② 37,425억 원
③ 38,799억 원
④ 39,678억 원
⑤ 40,021억 원

38 가로의 길이가 5m, 세로의 길이가 12m인 직사각형 모양의 농구코트가 있다. 철수는 농구코트의 모서리에서 서 있으며, 농구공은 농구코트 안에서 철수와 가장 멀리 떨어진 곳에 있다. 철수가 최단거리로 농구공을 가지러 간다면 얼마만큼 이동하게 되는가?

① 8m

② 10m

③ 12m

④ 13m

⑤ 15m

39 다음 〈조건〉에 따를 때, 1층에서 엘리베이터를 탄 갑이 20층에 도착할 때까지 걸린 시간은?

> **조건**
> • 정지 중이던 엘리베이터가 한 층을 올라갈 때 소요되는 시간은 3초이며, 이후 가속이 붙어 한 층을 올라갈 때마다 0.2초씩 단축되나, 1.4초보다 빠르지는 않다.
> • 정지 중이던 엘리베이터가 한 층을 내려갈 때 소요되는 시간은 2.5초이며, 이후 가속이 붙어 한 층을 내려갈 때마다 0.3초씩 단축되나, 1.3초보다 빠르지는 않다.
> • 1층에서 엘리베이터를 탄 갑은 20층을 눌러야 할 것을 잘못하여 30층을 눌러 30층에 도착하였으나, 다시 20층을 눌러 해당 층으로 이동하였다.
> • 갑이 타는 동안 엘리베이터는 1층, 30층, 20층 순으로 각 한 번씩만 정차하였으며, 각 층에 정차한 시간은 고려하지 않는다.

① 62.4초

② 63.8초

③ 65.1초

④ 65.2초

⑤ 66.5초

40 다음은 달리기 시합을 한 A ~ E 다섯 사람의 진술이다. 달리기 시합에서 두 번째로 도착할 수 있는 사람을 모두 고르면?

> A : 나는 D보다 빨리 달렸어.
> B : 나는 C와 E의 사이에서 달렸어.
> C : 나는 1등이 아니야.
> D : 나는 B보다 결승선에 먼저 도착했어.
> E : 나는 A보다 느리지만 마지막으로 도착하지는 않았어.

① A, B

② A, C

③ B, D

④ C, D

⑤ D, E

41 S공사에 근무하는 A사원은 다음 시트에서 생년월일이 표시된 [B2:B5] 영역을 이용하여 [C2:C5] 영역에 다음과 같이 팀원들의 나이를 표시하였다. [C2] 셀에 입력된 수식으로 적절한 것은?(단, 올해는 2022년이며, 1월 1일이 지나면 1살 더 먹은 것으로 가정한다)

	A	B	C
1	성명	생년월일	나이
2	유상철	19920627	31
3	이강인	19980712	25
4	서요셉	19950328	28
5	백승호	19960725	27

① $=2022-\text{LEFT}(B2,4)+1$

② $=2022-\text{LEFT}(B2,4)$

③ $=2022-\text{RIGHT}(B2,4)+1$

④ $=2022-\text{RIGHT}(B2,4)$

⑤ $=2022-\text{MID}(B2,4,2)+1$

42 다음은 한국인의 주요 사망원인에 대한 자료이다. 이를 참고하여 인구 10만 명당 사망원인별 인원 수를 나타낸 그래프로 옳은 것은?(단, 모든 그래프의 단위는 '명'이다)

> 한국인 10만 명 중 무려 185명이나 암으로 사망한다는 통계를 바탕으로 암이 한국인의 사망원인 1위로 알려진 가운데, 그 밖의 순위에 대한 관심도 뜨겁다. 2위와 3위는 각각 심장과 뇌 관련 질환으로 알려졌으며, 1위와의 차이는 20명 미만으로 큰 차이를 보이지 않아 한국인의 주요 3대 사망원인으로 손꼽아진다. 특히 4위는 자살로 알려져 큰 충격을 더하고 있는데, 우리나라의 경우 20대·30대 사망원인 1위가 자살이며, 인구 10만 명당 50명이나 이로 인해 사망한다고 한다. 그 다음으로는 당뇨, 치매, 고혈압의 순서이다.

①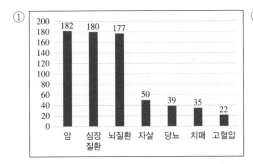

②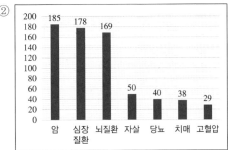

③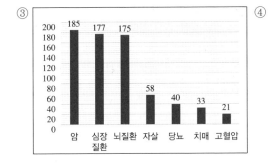

④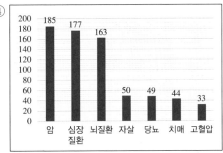

43 다음은 C은행 금융통화위원회의 구성 및 운영에 대한 규정이다. 이에 대한 설명으로 적절하지 않은 것은?

• 금융통화위원회의 구성

금융통화위원회는 C은행의 통화신용정책에 관한 주요 사항을 심의·의결하는 정책결정기구로서 C은행 총재 및 부총재를 포함하여 총 7인의 위원으로 구성된다.

C은행 총재는 금융통화위원회 의장을 겸임하며, 국무회의 심의를 거쳐 대통령이 임명한다. 부총재는 총재의 추천에 의해 대통령이 임명하며, 다른 5인의 위원은 각각 기획재정부 장관, C은행 총재, 금융위원회 위원장, 대한상공회의소 회장, 전국은행연합회 회장 등의 추천을 받아 대통령이 임명한다.

총재의 임기는 4년이고 부총재는 3년으로 각각 1차에 한하여 연임할 수 있으며, 나머지 금통위원의 임기는 4년으로 연임할 수 있다.

• 금융통화위원회의 운영

C은행 총재는 금융통화위원회를 대표하는 의장으로서 회의를 주재한다. 금융통화위원회의 본회의는 의장이 필요하다고 인정하는 때 또는 위원 2인 이상의 요구가 있을 때 의장이 소집할 수 있는데, 현재는 매월 둘째 주, 넷째 주 목요일에 정기회의가 개최되고 있다. 본회의에 상정되는 안건을 심의·의결하기 위해서는 통상 7인의 금통위원 중 5인 이상의 출석과 출석위원 과반수의 찬성이 필요하며 금융통화위원회가 의결을 한 때에는 의결서를 작성한다. 한편, 본회의의 논의내용에 대해서는 의사록을 작성하고 의사록 내용 중 통화신용정책에 관한 사항에 대해서는 외부에 공개한다. 본회의 이외의 회의로는 상정 안건과 관련한 논의 등을 위한 간담회, 금융경제동향 등에 관하여 관련 부서의 보고를 듣고 서로 의견을 교환하기 위한 협의회 등이 있다. 한편, 대국회 보고를 위한 통화신용정책보고서나 연차보고서, 금융안정보고서, C은행의 예산 등과 같은 중요 사안에 대해서는 별도로 심의위원회를 구성하여 보다 면밀한 검토가 이루어지도록 하고 있다.

---

① 면밀한 검토가 필요한 사안에 대해서는 본회의 외에 별도로 위원회가 구성되기도 한다.

② 금융통화위원회 의장은 C은행 총재이다.

③ 총재와 부총재를 제외한 금융통화위원은 총재가 임명한다.

④ 정기회의 개최를 위해서는 의장을 제외한 금융통화위원 최소 2인의 요구가 필요하다.

44　다음 글의 제목으로 가장 적절한 것은?

시장경제는 국민 모두가 잘살기 위한 목적을 달성하기 위한 수단으로서 선택한 나라 살림의 운영 방식이다. 그러나 최근에 재계, 정계, 그리고 경제 관료 사이에 벌어지고 있는 시장경제에 대한 논쟁은 마치 시장경제 그 자체가 목적인 것처럼 왜곡되고 있다. 국민들이 잘살기 위해서는 경제가 성장해야 한다. 그러나 경제가 성장했는데도 다수의 국민들이 잘사는 결과를 가져오지 못하고 경제적 강자들의 기득권을 확대 생산하는 결과만을 가져온다면 국민들은 시장경제를 버리고 대안적 경제 체제를 찾을 것이다. 그렇기에 시장경제를 유지하기 위해서는 성장과 분배의 균형이 중요하다.

시장경제는 경쟁을 통해서 효율성을 높이고 성장을 달성한다. 경쟁의 동기는 사적인 이익을 추구하는 인간의 이기적 속성에 기인한다. 국민 각자는 모두가 함께 잘살기 위해서가 아니라 내가 잘살기 위해서 경쟁을 한다. 모두가 함께 잘살기 위해 공동의 목적을 달성하기 위한 수단으로 시장경제를 선택한 것이지만, 개개인은 이기적인 동기로 시장에 참여하는 것이다. 이와 같이 시장경제는 개인과 공동의 목적이 서로 상반되는 모순을 갖는 것이 그 본질이다. 그래서 시장경제가 제대로 운영되기 위해서는 국가의 소임이 중요하다.

시장경제에서 국가가 할 일을 크게 세 가지로 나누어 볼 수 있다. 첫째는 경쟁을 유도하는 시장 체제를 만드는 것이고, 둘째는 공정한 경쟁이 이루어지도록 시장 질서를 세우는 것이며, 셋째는 경쟁의 결과로 얻은 성과가 모두에게 공평하게 분배되도록 조정하는 것이다. 최근에 벌어지고 있는 시장경제의 논쟁은 국가의 세 가지 역할 중에서 논쟁의 주체들이 자신의 이해관계에 따라 선택적으로 시장경제를 왜곡하고 있다. 경쟁에서 강자의 위치를 확보한 재벌들은 경쟁 촉진을 주장하면서 공정 경쟁이나 분배를 말하는 것은 반시장적이라고 매도한다. 정치권은 인기 영합의 수단으로, 일부 노동계는 이기적 동기에서 분배를 주장하면서 분배의 전제가 되는 성장을 위해서 필요한 경쟁을 훼손하는 모순된 주장을 한다. 경제 관료들은 자신의 권력을 강화하기 위한 부처의 이기적인 관점에서 경쟁 촉진과 공정 경쟁 사이에서 줄타기 곡예를 하며 분배에 대해서 말하는 것을 금기시한다. 모두가 자신들의 기득권을 위해서 선택적으로 왜곡하고 있는 것이다.

경쟁은 원천적으로 공정성을 보장하지 못한다. 서로 다른 능력이 주어진 천부적인 차이는 물론이고, 물려받는 재산과 환경의 차이로 인하여 출발선에서부터 불공정한 경쟁이 시작된다. 그럼에도 불구하고 경쟁은 창의력을 가지고 노력하는 사람에게 성공을 가져다주는 체제이다. 그래서 출발점이 다를지라도 노력과 능력에 따라 성공의 기회가 제공되도록 보장하기 위해서 공정 경쟁이 중요하다. 경쟁은 또한 분배의 공평성을 보장하지 못한다. 경쟁의 결과는 경쟁에 참여한 모든 사람의 노력의 결과로 이루어진 것이지, 승자만의 노력으로 이루어진 것은 아니다. 경쟁의 결과가 승자에 의해서 독점된다면 국민들은 경쟁으로의 참여를 거부할 수밖에 없다. 그래서 경쟁에 참여한 모두에게 공평한 분배가 이루어지는 것이 중요하다.

① 시장경제에서의 개인과 경쟁의 상호 관계
② 시장경제에서의 국가의 역할
③ 시장경제에서의 개인 상호 간의 경쟁
④ 시장경제에서의 경쟁의 양면성과 그 한계

45 다음 글을 읽고 노와이(Know-Why)의 사례로 가장 적절한 것을 고르면?

> 기술은 노하우(Know-How)와 노와이(Know-Why)로 구분할 수 있다. 노하우는 특허권을 수반하지 않는 과학자, 엔지니어 등이 가지고 있는 체계화된 기술을 의미하며, 노와이는 어떻게 기술이 성립하고 작용하는가에 대한 원리적 측면에 중심을 둔 개념이다.
>
> 이 두 가지는 획득과 전수방법에 차이가 있다. 노하우는 경험적이고 반복적인 행위에 의해 얻어지는 것이며, 이러한 성격의 지식을 흔히 Technique 혹은 Art라고 부른다. 반면, 노와이는 이론적인 지식으로서 과학적인 탐구에 의해 얻어진다. 오늘날 모든 기술과 경험이 공유되는 시대에서 노하우는 점점 경쟁력을 잃어가고 있으며, 노와이가 점차 각광받고 있다. 즉, 노하우가 구성하고 있는 환경, 행동, 능력을 벗어나 신념과 정체성, 영성 부분도 관심받기 시작한 것이다. 과거에는 기술에 대한 공급이 부족하고 공유가 잘 되지 않았기 때문에 노하우가 각광받았지만, 현재는 기술에 대한 원인과 결과 간의 관계를 파악하고, 그것을 통해 목적과 동기를 새로 설정하는 노와이의 가치가 높아졌다. 노와이가 말하고자 하는 핵심은 왜 이 기술이 필요한지를 알아야 기술의 가치가 무너지지 않는다는 것이다.

① 요식업에 종사 중인 S씨는 영업시간 후 자신의 초밥 만드는 비법을 아들인 B군에게 전수하고 있다.

② 자판기 사업을 운영하고 있는 K씨는 이용자들의 화상을 염려하여 화상 방지 시스템을 개발하였다.

③ J사에 근무 중인 C씨는 은퇴 후 중장비학원에서 중장비 운영 기술을 열심히 공부하고 있다.

④ H병원에서 근무 중인 의사 G씨는 방글라데시의 의료진에게 자신이 가지고 있는 선진의술을 전수하기 위해 다음 주에 출국할 예정이다.

⑤ D사는 최근에 제조 관련 분야에서 최소 20년 이상 근무해 제조 기술에 있어 장인 수준의 숙련도를 가진 직원 4명을 D사 명장으로 선정하여 수상하였다.

46 다음 중 기술에 대한 설명으로 적절하지 않은 것은?

① Know-How란 흔히 특허권을 수반하지 않는 과학자, 엔지니어 등이 가지고 있는 체계화된 기술이다.

② Know-Why는 어떻게 기술이 성립하고 작용하는가에 대한 원리적 측면에 중심을 둔 개념이다.

③ 시대가 지남에 따라 Know-How의 중요성이 커지고 있다.

④ 현대의 기술은 주로 과학을 기반으로 하는 기술이 되었다.

⑤ Know-How는 경험적이고 반복적인 행위에 의해 얻어진다.

47 다음은 신재생에너지 산업에 대한 자료이다. 이에 대한 설명으로 옳은 것은?

<신재생에너지원별 산업 현황>

구분	기업체 수 (개)	고용인원 (명)	매출액 (억 원)	내수 (억 원)	수출액 (억 원)	해외공장 매출 (억 원)	투자액 (억 원)
태양광	127	8,698	75,637	22,975	33,892	18,770	5,324
태양열	21	228	290	290	0	0	1
풍력	37	2,369	14,571	5,123	5,639	3,809	583
연료전지	15	802	2,837	2,143	693	0	47
지열	26	541	1,430	1,430	0	0	251
수열	3	46	29	29	0	0	0
수력	4	83	129	116	13	0	0
바이오	128	1,511	12,390	11,884	506	0	221
폐기물	132	1,899	5,763	5,763	0	0	1,539
합계	493	16,177	113,076	49,753	40,743	22,579	7,966

① 태양광에너지 분야의 기업체 수가 가장 많다.

② 태양광에너지 분야의 고용인원이 전체 고용인원의 반 이상을 차지한다.

③ 전체 매출액 중 풍력에너지 분야의 매출액이 차지하는 비율은 15% 이상이다.

④ 바이오에너지 분야의 수출액은 전체 수출액의 1% 미만이다.

48 다음 기사를 이해한 내용으로 적절하지 않은 것은?

정부가 탈(脫)원전 이후 태양광·풍력을 중심으로 신재생에너지 발전을 20%까지 늘리겠다는 방침을 밝히자 에너지업계와 학계에선 "현실화하기 쉽지 않다."는 반응이 나오고 있다. 우리나라는 태양광 발전을 늘리기엔 국토 면적이나 일사량, 발전단가 등에서 상대적으로 조건이 열등하기 때문이다. 한 전문가는 "우리는 신재생에너지 발전 환경이 좋지 않기 때문에 태양광·풍력 등 순수 신재생에너지가 차지할 수 있는 비중은 10%가 최대치"라면서 "그 이상 끌어올리려 하면 자연 훼손과 전기요금 상승 등 부작용이 따를 수밖에 없다."고 말했다.

이처럼 일사량이 부족하니 태양광 발전소 이용률도 낮다. 평균 설비 이용률(24시간 가동했을 때 최대 설계 전력량 대비 실제 전력량)은 15%로, 미국(21%)과 중국(17%)에 미치지 못한다. 2008년에 10% 밑으로 떨어졌다가 2011년엔 15%를 웃도는 등 수치를 가늠할 수 없어 안심할 수도 없다. 영월 발전소는 그나마 태양 위치에 따라 태양광 패널이 움직이는 최신 '추적식' 시스템을 적용하여 효율이 국내 최고지만 17%를 넘지 못한다. 영월발전소 관계자는 "보통 7월은 하루 평균 4.6시간을 발전하는데, 올해는 장마 등의 영향으로 3.2시간밖에 돌리지 못했다."라고 말했다. 또한 "일사량을 바꿀 수 없으니 효율을 높여야 하는데 기술적으로 상당한 어려움이 있다."라고 말했다.

좁은 땅덩이도 걸림돌이다. 태양광은 통상 원전 1기 정도 발전량인 1GW 전력을 만드는 데 축구장 1,300개 넓이인 10km²에 태양광 패널을 깔아야 한다. 정부 구상대로 태양광 설비를 29GW로 늘리려면 서울 면적 절반가량인 290km²가 필요한 것이다. 국토의 70%가 산인 우리나라에선 만만치 않다. 영월 태양광 발전소를 만들 때도 야산 3개를 깎아야 했다. 에너지 전공 교수는 "원전이 '자본 집약적' 발전이라면, 태양광 등 신재생에너지는 '토지 집약적'"이라며 "기술 발전으로 효율을 높이더라도 국토 여건상 빠르게 확대하긴 무리"라고 말했다.

사정이 이렇다 보니 발전 단가도 비싸다. 땅값과 일사량 등을 고려한 태양광 발전 단가는 한국이 MWh당 101.86달러로, 미국(53.5달러)이나 중국(54.84달러)의 2배이며, 스페인(87.33달러)이나 독일(92.02달러)보다도 비싸다.

땅이 좁다 보니 건설 과정에서 지역 주민과의 마찰도 통과 의례이다. 인근에 태양광 발전소 건설이 추진 중인 충북 음성군 소이면 비산리의 이장은 "태양광 발전 시설로 주변 온도가 2~3℃ 올라간다는데 복숭아 농사에 치명적이다."라고 말했다. 일부 유휴지나 도로, 건물 옥상, 농지 등을 활용하는 방안도 나왔지만 도시 미관 등 다양한 문제가 발생한다. 건물 옥상 같은 경우 발전 단가가 평지일 때보다 20~50% 비싸다는 것도 문제이다.

태양광 발전은 설비만 확충했다고 끝나는 게 아니다. 발전 단가가 비싸다 보니 시장에서 외면받을 수밖에 없어 태양광 발전 비율을 높이기 위해서는 정부가 보조금 지원이나 세액 공제 등 혜택을 줘야 한다. 태양광 발전 사업자에게 보조금을 주는 발전 차액 보조금(FIT)이 대표적인데, 이는 정부 재정에 부담으로 작용한다는 게 문제이다. 과거 우리도 FIT를 운영하다 매년 3,000억 원 이상씩 지출이 불어나자 2011년 이를 폐지했다. 독일과 일본, 중국 등도 FIT 제도를 도입하며 태양광 설비를 늘렸지만, 나중에 재정 압박과 전기 요금 인상으로 이어지면서 이를 축소하거나 폐지하고 있다. 국내 태양광 관련 업계에서는 여전히 "FIT를 부활해야 한다."라고 주장한다. 그러나 에너지경제연구원 선임 연구위원은 "정부가 태양광을 키우기 위해 사업자에 대해 보조금 등 혜택을 너무 많이 주게 되면 결국 '모럴 해저드'를 유발할 수 있다."라며 "자칫 국민 세금으로 자생력 없는 신재생에너지 사업자들에게 돈만 쥐여주는 꼴이 될 수 있다."고 말했다.

① 발전 차액 보조금 FIT는 국민 세금 낭비로 이어질 수 있다.

② 태양광 발전의 단가가 싸다 보니 시장에서 외면받고 있다.

③ 우리나라는 태양광 발전소를 운영하기에 일사량이 부족한 상황이다.

④ 태양광 발전은 토지 집약적이기 때문에 우리나라의 국토 특성상 빠르게 확대되기에는 무리가 있다.

49 다음 글의 빈칸에 들어갈 수 있는 단어로 적절하지 않은 것은?

> 원상복구는 도배, 장판 등 임대주택 전용 부분에 기본적으로 제공된 시설물을 퇴거 시 입주 당시의 상태로 유지하는 것과 별도설치 품목 및 해당 품목 설치를 위한 천공, 변형 등 부수행위에 대해 입주 당시의 상태로 복원하는 것을 말한다. 따라서 임차인은 _____된 부분에 대한 원상복구의 의무를 지닌다.

① 오손(汚損) 　　　　　② 박리(剝離)

③ 망실(亡失) 　　　　　④ 고의(故意)

⑤ 손모(損耗)

50 다음 글의 내용으로 적절하지 않은 것은?

파리기후변화협약은 2020년 만료 예정인 교토의정서를 대체하여 2021년부터의 기후변화 대응을 담은 국제협약으로, 2015년 12월 프랑스 파리에서 열린 제21차 유엔기후변화협약(UNFCCC) 당사 국총회(COP21)에서 채택되었다.

파리기후변화협약에서는 산업화 이전 대비 지구의 평균기온 상승을 2℃보다 상당히 낮은 수준으로 유지하고, 1.5℃ 이하로 제한하기 위한 노력을 추구하기로 하였다. 또 국가별 온실가스 감축량은 각국이 제출한 자발적 감축 목표를 인정하되, 5년마다 상향된 목표를 제출하도록 하였다. 차별적인 책임 원칙에 따라 선진국의 감축 목표 유형은 절대량 방식을 유지하며, 개발도상국은 자국 여건을 고려해 절대량 방식과 배출 전망치 대비 방식 중 채택하도록 하였다. 미국은 2030년까지 온실가스 배출량을 2005년 대비 26 ~ 65%까지 감축하겠다고 약속했고, 우리나라도 2030년 배출 전망치 대 비 37%를 줄이겠다는 내용의 감축 목표를 제출했다. 이 밖에도 온실가스 배출량을 꾸준히 감소시켜 21세기 후반에는 이산화탄소의 순 배출량을 0으로 만든다는 내용에 합의하고, 선진국들은 2020년 부터 개발도상국 등의 기후변화 대처를 돕는 데 매년 최소 1,000억 달러(약 118조 원)를 지원하기 로 했다.

파리기후변화협약은 사실상 거의 모든 국가가 서명했을 뿐 아니라 환경 보존에 대한 의무를 전 세계 의 국가들이 함께 부담하도록 하였다. 즉, 온실가스 감축 의무가 선진국에만 있었던 교토의정서와 달리 195개의 당사국 모두에게 구속력 있는 보편적인 첫 기후 합의인 것이다.

그런데 2017년 6월, 미국의 트럼프 대통령은 환경 보호를 위한 미국의 부담을 언급하며 파리기후변 화협약 탈퇴를 유엔에 공식 통보하였다. 그러나 발효된 협약은 3년간 탈퇴를 금지하고 있어 2019년 11월 3일까지는 탈퇴 통보가 불가능하였다. 이에 따라 미국은 다음날인 11월 4일 유엔에 협약 탈퇴 를 통보했으며, 통보일로부터 1년이 지난 뒤인 2020년 11월 4일 파리기후변화협약에서 공식 탈퇴 했다. 서명국 중에서 탈퇴한 국가는 미국이 유일하다.

① 교토의정서는 2020년 12월에 만료된다.

② 파리기후변화협약은 2015년 12월 3일 발효되었다.

③ 파리기후변화협약에서 우리나라는 개발도상국에 해당한다.

④ 현재 미국을 제외한 194개국이 파리기후변화협약에 합의한 상태이다.

⑤ 파리기후변화협약에 따라 선진국과 개발도상국 모두에게 온실가스 감축 의무가 발생하였다.

PART 1

한국중부발전 기출복원문제

※ 다음 글과 관련 있는 사자성어를 고르시오. [1~3]

01

> 설 연휴마다 기차표를 예매하기 위해 아침 일찍 서울역에 갔던 아버지는 집에서도 인터넷을 통해 표를 예매할 수 있다는 아들의 말을 듣고 깜짝 놀랐다.

① 건목수생   ② 견강부회
③ 격세지감   ④ 독불장군

02

> 이제 막 성인이 되어 직장생활을 시작한 철수는 학창시절 선생님의 농담 같았던 이야기들이 사회에서 꼭 필요한 것들이었음을 깨달았다.

① 오비이락   ② 중언부언
③ 탁상공론   ④ 언중유골

03

> 선물이 진솔한 정감을 실어 보내거나 잔잔한 애정을 표현하는 마음의 일단이면 얼마나 좋으랴. 그런데 _____이라는 말도 잊었는지 요즘 사람들은 너도나도 형식화하는 물량 위주로 치닫는 경향이다.

① 과유불급(過猶不及)
② 소탐대실(小貪大失)
③ 안하무인(眼下無人)
④ 위풍당당(威風堂堂)

※ 다음 글의 주제로 적절한 것을 고르시오. [4~5]

04

서양에서는 아리스토텔레스가 중용을 강조했다. 하지만 우리의 중용과는 다르다. 아리스토텔레스가 말하는 중용은 균형을 중시하는 서양인의 수학적 의식에 기초했으며 또한 우주와 천체의 운동을 완벽한 원과 원운동으로 이해한 우주관에 기초한 것이다. 그러므로 그것은 명백한 대칭과 균형의 의미를 갖는다. 팔씨름에 비유해 보면 아리스토텔레스는 똑바로 두 팔이 서 있을 때 중용이라고 본 데 비해 우리는 팔이 한 쪽으로 완전히 기울었다 해도 아직 승부가 나지 않았으면 중용이라고 보는 것이다. 그러므로 비대칭도 균형을 이루면 중용을 이룰 수 있다는 생각은 분명 서양의 중용관과는 다르다.

이러한 정신은 병을 다스리고 약을 쓰는 방법에도 나타난다. 서양의 의학은 병원체와의 전쟁이고 그 대상을 완전히 제압하는 데 반해, 우리 의학은 각 장기간의 균형을 중시한다. 만약 어떤 이가 간장이 나쁘다면 서양 의학은 그 간장의 능력을 회생시키는 방향으로만 애를 쓴다. 그런데 우리는 만약 더 이상 간장 기능을 강화할 수 없다고 할 때 간장과 대치되는 심장의 기능을 약하게 만드는 방법을 쓰는 것이다. 한쪽의 기능이 치우치면 병이 심해진다고 보기 때문이다. 우리는 의학 처방에 있어서조차 중용관에 기초해서 서양의 그것과는 다른 가치관과 세계관을 적용하면서 살아온 것이다.

① 아리스토텔레스의 중용의 의미
② 서양 의학과 우리 의학의 차이
③ 서양과 우리의 가치관
④ 서양 중용관과 우리 중용관의 차이

05

멸균이란 곰팡이, 세균, 박테리아, 바이러스 등 모든 미생물을 사멸시켜 무균 상태로 만드는 것을 의미한다. 멸균 방법에는 물리적, 화학적 방법이 있으며, 멸균 대상의 특성에 따라 적절한 멸균 방법을 선택하여 실시할 수 있다. 먼저 물리적 멸균법에는 열이나 화학약품을 사용하지 않고 여과기를 이용하여 세균을 제거하는 여과법, 병원체를 불에 태워 없애는 소각법, 100℃에서 10~20분간 물품을 끓이는 자비소독법, 미생물을 자외선에 직접 노출시키는 자외선 소독법, 160~170℃의 열에서 1~2시간 동안 건열 멸균기를 사용하는 건열법, 포화된 고압증기 형태의 습열로 미생물을 파괴시키는 고압증기 멸균법 등이 있다. 다음으로 화학적 멸균법은 화학약품이나 가스를 사용하여 미생물을 파괴하거나 성장을 억제하는 방법을 말한다. 여기에는 E.O 가스, 알코올, 염소 등 여러 가지 화학약품이 사용된다.

① 멸균의 중요성
② 뛰어난 멸균 효과
③ 다양한 멸균 방법
④ 멸균 시 발생할 수 있는 부작용

06 다음은 주요 대상국별 김치 수출액에 관한 자료이다. 기타를 제외하고 2022년 수출액이 3번째로 많은 국가의 2021년 대비 2022년 김치 수출액의 증감률은?(단, 소수점 셋째 자리에서 반올림한다)

<주요 대상국별 김치 수출액>

(단위 : 천 달러, %)

구분	2021년		2022년	
	수출액	점유율	수출액	점유율
일본	44,548	60.6	47,076	59.7
미국	5,340	7.3	6,248	7.9
호주	2,273	3.1	2,059	2.6
대만	3,540	4.8	3,832	4.9
캐나다	1,346	1.8	1,152	1.5
영국	1,919	2.6	2,117	2.7
뉴질랜드	773	1.0	1,208	1.5
싱가포르	1,371	1.9	1,510	1.9
네덜란드	1,801	2.4	2,173	2.7
홍콩	4,543	6.2	4,285	5.4
기타	6,093	8.3	7,240	9.2
합계	73,547	100	78,900	100

① 약 −5.06%
② 약 −5.68%
③ 약 −6.24%
④ 약 −6.82%

07 다음은 폐기물협회에서 제공하는 전국 폐기물 발생 현황에 대한 자료이다. 자료의 빈칸에 해당하는 수를 바르게 짝지은 것은?(단, 소수점 둘째 자리에서 반올림한다)

〈전국 폐기물 발생 현황〉

구분		2017년	2018년	2019년	2020년	2021년	2022년
총계	발생량	359,296	357,861	365,154	373,312	382,009	382,081
	증감율	6.6	−0.4	2.0	2.2	2.3	0.02
의료 폐기물	발생량	52,072	50,906	49,159	48,934	48,990	48,728
	증감율	3.4	−2.2	−3.4	(ㄱ)	0.1	−0.5
사업장 배출시설계 폐기물	발생량	130,777	123,604	137,875	137,961	146,390	149,815
	증감율	13.9	(ㄴ)	11.5	0.1	6.1	2.3
건설 폐기물	발생량	176,447	183,351	178,120	186,417	186,629	183,538
	증감율	2.6	3.9	−2.9	4.7	0.1	−1.7

	(ㄱ)	(ㄴ)
①	약 −0.5	약 −5.5
②	약 −0.5	약 −4.5
③	약 −0.6	약 −5.5
④	약 −0.6	약 −4.5

08 다음은 우리나라의 주요 수출 품목의 수출액 및 증감을 나타낸 자료이다. 경공업제품의 2018년 대비 2021년의 수출액 증감률은 얼마인가?(단, 소수점 둘째 자리에서 반올림한다)

〈주요 수출 품목의 수출액 및 증감〉

(단위 : 백만 달러, %)

품목명	2018년		2019년		2020년		2021년		2022년	
	수출액	증감률	수출액	증감률	수출액	증감률	수출액	증감률	수출액	증감률
중화학제품	425,490	28.8	505,289	18.8	497,882	−1.5	510,687	2.6	523,189	2.4
반도체	50,707	63.4	50,146	−1.1	50,430	0.6	57,143	13.3	62,647	9.6
자동차	35,411	39.4	45,312	28.0	47,201	4.2	48,635	3.0	48,924	0.6
일반기계	36,103	34.5	45,817	26.9	47,914	4.6	46,415	−3.1	48,403	4.3
무선통신	27,621	−10.9	27,325	−1.1	22,751	−16.7	27,578	21.2	29,573	7.2
석유화학	35,715	30.0	45,587	27.6	45,882	0.6	48,377	5.4	48,214	−0.3
선박	49,112	8.8	56,588	15.2	39,753	−29.8	37,168	−6.5	39,886	7.3
철강제품	28,875	25.4	38,484	33.3	36,971	−3.9	32,497	−12.1	35,543	9.4
컴퓨터	9,116	13.8	9,156	0.4	8,462	−7.6	7,763	−8.3	7,714	−0.6
가정용전자	12,816	27.4	13,328	4.0	12,635	−5.2	14,884	17.8	14,839	−0.3
경공업제품	29,397	23.5	34,200	16.3	35,311	3.2	36,829	4.3	36,631	−0.5
섬유직물	8,464	18.9	9,683	14.4	9,292	−4.0	9,369	0.8	9,262	−1.1
섬유제품	2,747	7.8	3,025	10.2	3,173	4.9	3,428	8.0	3,617	5.5
타이어	3,335	28.4	4,206	26.1	4,573	8.7	4,198	−8.2	4,063	−3.2

① 약 25.3%
② 약 24.7%
③ 약 24.1%
④ 약 23.4%

09 다음은 주요 선진국과 BRICs의 고령화율을 나타낸 표이다. 다음 중 2040년의 고령화율이 2010년 대비 2배 이상이 되는 나라를 모두 고르면?

〈주요 선진국과 BRICs 고령화율〉

(단위 : %)

구분	한국	미국	프랑스	영국	독일	일본	브라질	러시아	인도	중국
1990년	5.1	12.5	14.1	15.7	15.0	11.9	4.5	10.2	3.9	5.8
2000년	7.2	12.4	16.0	15.8	16.3	17.2	5.5	12.4	4.4	6.9
2010년	11.0	13.1	16.8	16.6	20.8	23.0	7.0	13.1	5.1	8.4
2020년	15.7	16.6	20.3	18.9	23.1	28.6	9.5	14.8	6.3	11.7
2030년	24.3	20.1	23.2	21.7	28.2	30.7	13.6	18.1	8.2	16.2
2040년	33.0	21.2	25.4	24.0	31.8	34.5	17.6	18.3	10.2	22.1
2010년 대비 2040년	–	–	1.5	1.4	1.5	–	–	1.4	–	2.6

① 한국, 미국, 일본
② 한국, 브라질, 인도
③ 미국, 일본, 브라질
④ 미국, 브라질, 인도

10 다음은 난민 통계 현황에 대한 자료이다. 이에 대한 그래프로 옳지 않은 것은?

〈난민 신청자 현황〉

(단위 : 명)

구분		2019년	2020년	2021년	2022년
성별	남자	1,039	1,366	2,403	4,814
	여자	104	208	493	897
국적	파키스탄	242	275	396	1,143
	나이지리아	102	207	201	264
	이집트	43	97	568	812
	시리아	146	295	204	404
	중국	3	45	360	401
	기타	178	471	784	2,687

〈난민 인정자 현황〉

(단위 : 명)

구분		2019년	2020년	2021년	2022년
성별	남자	39	35	62	54
	여자	21	22	32	51
국적	미얀마	18	19	4	32
	방글라데시	16	10	2	12
	콩고DR	4	1	3	1
	에티오피아	4	3	43	11
	기타	18	24	42	49

① 난민 신청자 연도·국적별 현황

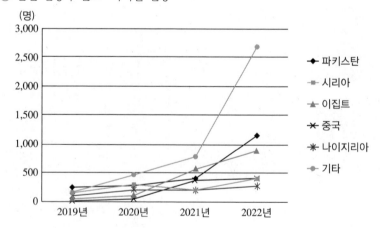

② 전년 대비 난민 인정자 증감률(2020 ~ 2022년)

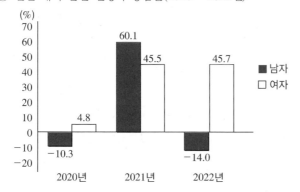

③ 난민 신청자 현황

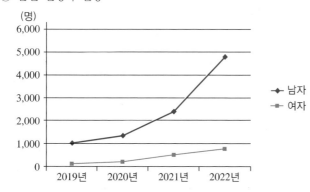

④ 난민 인정자 비율

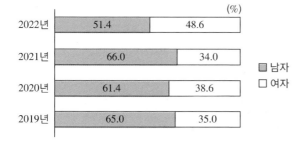

11 다음은 1980년 이후 주요 작물의 재배면적의 비중에 관한 자료이다. 1985년에 비해 2022년 전체 경지이용면적이 25% 증가했다고 했을 때, 1985년에 비해 2022년 과실류의 재배면적은 얼마나 증가했는가?

〈주요 작물의 재배면적 변화〉

(단위 : %)

구분	식량작물			채소류			과실류		
	전체	미곡	맥류	전체	배추	양파	전체	사과	감귤
1985	82.9	44.6	30.9	7.8	27.5	1.6	1.8	35.0	10.0
1990	80.2	48.3	30.2	7.8	15.6	1.7	2.4	41.9	12.2
1995	71.7	62.2	18.2	13.0	12.7	2.0	3.6	46.5	12.1
2000	68.7	69.5	14.4	13.0	11.2	2.4	4.2	34.9	14.7
2005	69.3	74.5	9.6	11.5	13.9	2.5	5.5	36.8	14.3
2010	61.3	78.5	6.7	14.7	9.9	3.1	7.8	28.7	13.8
2015	62.7	81.3	5.2	14.1	11.9	4.1	8.1	16.8	15.6
2016	64.1	79.4	4.9	12.5	11.4	5.2	7.2	17.4	14.2
2017	63.3	80.9	4.9	12.6	13.0	5.6	7.9	18.4	13.8
2018	62.6	81.7	4.8	12.0	11.2	6.4	8.0	18.8	13.6
2019	62.3	81.7	4.9	12.2	12.4	6.8	8.1	19.5	13.6
2020	60.1	82.0	4.8	11.5	11.8	7.1	8.1	19.7	13.4
2021	61.3	82.5	3.9	11.1	9.9	9.2	8.4	19.4	12.7
2022	60.1	82.0	3.6	11.3	10.2	9.0	8.6	19.1	13.0

• 식량작물, 채소류, 과실류 항목의 수치는 전체 경지이용면적 대비 각 작물의 재배면적 비중을 의미함
• 미곡, 맥류 등 세부품목의 수치는 식량작물, 채소류, 과실류의 재배면적 대비 각 품목의 재배면적 비중을 의미함

① 약 440% ② 약 460%
③ 약 480% ④ 약 500%

12 마케팅 1 · 2 · 3팀과 영업 1 · 2 · 3팀, 총무팀, 개발팀 총 8팀의 사무실을 다음 〈조건〉에 따라 배치하려고 한다. 다음 중 항상 옳지 않은 것은?

> **조건**
> - 1층과 2층에 각각 5개의 사무실이 일렬로 위치해 있으며, 사무실 크기는 모두 같다.
> - 1개의 사무실에 1개의 팀이 들어간다.
> - 영업2팀은 총무팀의 바로 왼쪽에 있다.
> - 개발팀은 1층이며, 한쪽 옆은 빈 사무실이다.
> - 마케팅3팀과 영업1팀은 위 · 아래로 인접해 있다.
> - 영업3팀의 양옆에 사무실이 있으며, 모두 비어있지 않다.
> - 영업팀은 모두 같은 층에 위치해 있다.
> - 마케팅2팀 양옆 중 한쪽은 벽이고, 다른 한쪽은 비어있다.
> - 마케팅1팀의 양옆 중 어느 쪽도 벽이 아니다.

① 총무팀과 영업3팀은 서로 인접한다.
② 모든 영업팀은 2층이다.
③ 개발팀은 마케팅1팀과 서로 인접한다.
④ 1층과 2층에 사무실이 각각 1개씩 비어있다.

13 J사의 ㄱ팀은 강팀장, 김대리, 이대리, 박사원, 유사원으로 이루어져 있었으나 최근 인사이동으로 인해 팀원 구성에 변화가 일어났고, 이로 인해 자리를 새롭게 배치하려고 한다. 주어진 〈조건〉이 아래와 같을 때, 다음 중 항상 옳은 것은?

> **조건**
> - ㄱ팀의 김대리는 ㄴ팀의 팀장으로 승진하였다.
> - 이번 달 ㄱ팀에 김사원과 이사원이 새로 입사하였다.
> - 자리는 일렬로 위치해 있으며, ㄱ팀은 ㄴ팀과 마주하고 있다.
> - 자리의 가장 안 쪽 옆은 벽이며, 반대편 끝자리의 옆은 복도이다.
> - 각 팀의 팀장은 가장 안 쪽인 왼쪽 끝에 앉는다.
> - 이대리는 ㄴ팀 김팀장의 대각선에 앉는다.
> - 박사원의 양 옆은 신입사원이 앉는다.
> - 김사원의 자리는 이사원의 자리보다 왼쪽에 있다.

① 유사원과 이대리는 서로 인접한다.
② 박사원의 자리는 유사원의 자리보다 왼쪽에 있다.
③ 이사원의 양 옆 중 한쪽은 복도이다.
④ 이대리는 강팀장과 서로 인접한다.

14 J사의 신입직원인 A ~ F는 해외취업국과 외국인력국에 배치된다. 〈조건〉이 다음과 같을 때, 옳은 것을 〈보기〉에서 모두 고르면?

> **조건**
>
> 1. 각 인력국에는 2개의 부서가 있다.
> 2. 해외취업국의 1개 부서에는 최소 2명이 배치된다.
> 3. 각 부서에 반드시 1명 이상이 배치된다.
> 4. B, C, F는 같은 해외취업국이나 외국인력국에 배치된다.
> 5. D는 외국인력국에 배치되지 않는다.
> 6. E는 해외취업국에 배치되지 않는다.

> **보기**
>
> ㄱ. B는 외국인력국에 배치된다.
> ㄴ. A와 D는 같은 해외취업국이나 외국인력국에 배치된다.
> ㄷ. A는 외국인력국에 배치된다.

① ㄱ
③ ㄷ
② ㄴ, ㄷ
④ ㄱ, ㄴ

15 기계적 성질이 탄소강과 비슷하며 하중에 강하고 강도가 큰 것을 요구하는 항공기, 자동차, 유람선 등에 쓰이는 알루미늄 합금으로 알려진 두랄루민의 주요 성분은?

① Al-Cu-Ni
② Al-Cu-Cr
③ Al-Cu-Mg-Mn
④ Al-Si-Ni

16 흙이나 모래 등의 무기질재료를 높은 온도로 가열하여 만든 것으로 특수 타일, 인공 뼈, 자동차엔진 등에 사용하며 내열성 및 내마멸성이 큰 소재는?

① 파인세라믹
③ 초전도합금
② 형상기억합금
④ 초경합금

17 다음의 업적을 남긴 왕에 대한 설명으로 옳은 것은?

> • 탕평책을 추진하여 소외되었던 남인 등을 등용하였다.
> • 왕권과 정책을 뒷받침하기 위해 규장각을 설치하였다.
> • 대전통편, 무예도보통지 등의 편찬사업을 하였다.
> • 왕권 강화를 위해 화성을 건립하였다.

① 사형수에 대해 삼심제를 시행하였다.
② 속대전 등의 편찬사업을 하였다.
③ 신문고 제도를 부활시켰다.
④ 초계문신제를 시행하였다.

18 다음에서 설명하는 군대 이름은?

> • 신식 군대로 신식 무기로 무장했다.
> • 일본인 교관을 초빙하여 신식 훈련을 받았다.

① 삼별초   ② 별색군
③ 별기군   ④ 속오군

19 일제의 식민 통치 방식이 다음과 같이 전환된 계기가 되었던 사건은?

> • 헌병 경찰 제도 → 보통 경찰 제도
> • 군인 출신 총독 → 문관 총독 임명 가능
> • 기본권 박탈 → 기본권의 형식적 허용

① 3 · 1 운동   ② 만주 사변
③ 6 · 10 만세 운동   ④ 중 · 일 전쟁

20 다음 활동을 펼친 인물로 옳은 것은?

> 1915년에는 국혼을 강조한 『한국통사』를, 1920년에는 전세계 민중의 힘에 의한 일본의 패망을 예견한 『한국독립운동지혈사』를 지었다.

① 정인보 ② 박은식
③ 안재홍 ④ 신채호

21 다음 의거를 일으킨 단체에 대한 설명으로 옳은 것을 〈보기〉에서 고르면?

> • 김상옥 : 종로 경찰서 폭탄 투척 사건
> • 나석주 : 동양 척식 주식회사와 식산 은행 폭탄 투척 사건

보기
> ㄱ. 6 · 10 만세 운동을 계획하였다.
> ㄴ. 기관지인 「만세보」를 발행하였다.
> ㄷ. 김원봉이 만주에서 조직하였다.
> ㄹ. 조선 혁명 선언을 활동 지침으로 삼았다.

① ㄱ, ㄴ ② ㄴ, ㄷ
③ ㄴ, ㄹ ④ ㄷ, ㄹ

22 다음과 같은 말을 남긴 인물은 누구인가?

> 내가 한국독립을 회복하고 동양평화를 유지하기 위하여 3년 동안을 해외에서 풍찬노숙하다가 마침내 그 목적을 달성하지 못하고 이곳에서 죽노니, 우리들 2천만 형제자매는 각각 스스로 분발하여 학문을 힘쓰고 실업을 진흥하며, 나의 끼친 뜻을 이어 자유 독립을 회복하면 죽는 여한이 없겠노라.

① 홍범도 ② 안중근
③ 손병희 ④ 신채호

02 | 2022년 상반기 시행 기출복원문제

정답 및 해설 p.017

01 다음 지문을 읽고 추론할 수 있는 내용으로 적절하지 않은 것은?

> 탄소 중립은 우리 사회를 살아가는 데 중요한 사안 중 하나로 꼽힌다. 탄소 중립부터 RE100, CF100은 현재 우리나라뿐 아니라 국가적으로 중요한 환경 쟁점 중 하나라 해도 과언이 아니다. 탄소 중립이란 배출한 이산화탄소를 흡수하는 대책을 세워 실질적인 배출량을 '0'으로 만든다는 개념이다. 일명 '탄소 제로'라고도 불린다. 한국에서 탄소 중립의 실행 방안으로 모색되는 정책으로는 이산화탄소 배출량에 상응하는 만큼의 숲 조성, 화석 연료를 대체할 재생에너지 분야에 투자, 이산화탄소 배출량에 상응하는 탄소배출권 구매 등이 있다. 정부는 2020년 12월 7일 발표한 방안인 '2050 탄소 중립 추진전략'을 밝힌 바가 있다.
>
> RE100은 'Renewable Energy 100%'의 약자로, 기업이 사용하는 전력량의 100%를 2050년까지 풍력·태양광 등 재생에너지 전력으로 충당하겠다는 목표의 국제 캠페인이다. 2014년 영국 런던의 다국적 비영리 기구인 '더 클라이밋 그룹'에서 처음 시작됐다. 재생에너지는 석유 화석 연료를 대체하는 태양열, 태양광, 바이오, 풍력, 수력, 지열 등에서 발생하는 에너지를 말한다. RE100은 정책이 아닌 '자발적 캠페인'으로 시작했다는 점에서 의의가 있다. 이처럼 RE100은 현재 우리나라뿐 아니라 전 세계 탄소 중립과 연결된 경제 이슈라 볼 수 있다. 하지만 전문가들 사이에서 RE100의 효율성을 둘러싼 논쟁이 일고 있기도 하다. 실질적인 탄소 중립을 위해서는 RE100을 넘어 CF100을 목표로 삼아야 한다는 주장이 제기된다는 점이다. CF100은 'Carbon Free 100%'의 약자로, 사용 전력의 전부를 무탄소 에너지로 공급한다는 뜻이다.
>
> RE100은 정부가 강제한 것이 아닌 글로벌 기업의 자발적인 참여로 진행되는 일종의 캠페인이라는 점에서 의미가 깊다는 평가를 받고 있다. RE100 캠페인에 참여 기업으로는 2022년 2월 6일 기준 구글, 애플, GM 등 총 349곳이 있다. 국내 기업 중에서는 SK그룹 계열사 8곳(SK㈜, SK텔레콤, SK하이닉스, SKC, SK실트론, SK머티리얼즈, SK브로드밴드, SK아이이테크놀로지)이 2020년 11월 초 한국 RE100 위원회에 가입신청서를 제출한 바 있다. 한편, 국내 기업 중 삼성은 참여하고 있지 않다.
>
> 탄소 중립은 국가뿐 아니라 개인의 노력도 요구된다. 가정에서는 실내 적정 온도를 유지하고, 사용하지 않는 제품의 콘센트를 제거하거나 고효율 가전제품을 사용하는 방법이 있다. 더불어 대중교통 혹은 자전거 이용하기, 텀블러 이용하기, 페트병 등 올바른 분리수거 잘하기 등 일상생활 속 탄소 중립을 위한 실천 방안이 된다.
>
> ⓒ사이언스타임즈

① 탄소 중립을 이루기 위한 방안으로 탄소배출권 제도나 재생에너지 개발 등이 있다.

② RE100은 기업과 국민들이 사용하는 에너지를 모두 재생에너지로 충당하고자 하는 캠페인이다.

③ 탄소 중립을 위해서는 국가 차원, 기업 차원, 개인 차원의 노력이 모두 필요하다.

④ 실질적인 탄소 중립에 도움이 되는 것은 RE100이 아닌 CF100이라는 주장도 있다.

02 다음 문단을 논리적 순서대로 바르게 나열한 것은?

지적재산에 부여되는 권리를 지적재산권이라고 한다. 지적재산권은 크게 산업 활동과 관련되어 있는 산업재산권과 문학, 학술, 예술 등의 지적재산에 대해 부여되는 권리인 저작권으로 구분된다. 저작권은 인간의 사상이나 감정을 창작적으로 표현한 저작물을 보호하기 위해 그 저작자에게 부여한 권리이다. 저작권법에서는 저작물을 다른 사람이 이용할 때는 저작권자의 허락을 필요로 하며, 그러한 허락을 얻지 않고 이용하는 행위를 위법으로 규정하고 있다.

(가) 먼저 정당한 범위는, 다른 저작물을 자기가 작성하는 저작물에 인용해야만 하는 필연성이 인정되어야 하며, 또한 자기 저작물의 내용과 인용 부분 사이에는 일종의 주종 관계가 성립되어야 한다는 것으로 해석할 수 있다. 즉, 자기가 창작하여 작성한 부분이 주(主)를 이루고, 그것에 담겨 있는 주제를 좀 더 부각시키거나 주장의 타당성을 입증할 목적으로 다른 저작물의 일부를 종(從)으로서 인용했을 때에 비로소 정당한 범위 안에서의 인용이 성립된다.

(나) 또한 "공표된 저작물은 보도·비평·교육·연구 등을 위해서는 정당한 범위 안에서 공정한 관행에 합치되게 이를 인용할 수 있다."라는 규정을 통해 저작재산권 침해 여부를 다루고 있다. 타인의 저작물을 인용할 때는 정당한 범위 안에서, 공정한 관행에 합치되는 방법으로 이루어져야 한다는 것이다. 그런데 문제는 '정당한 범위' 또는 '공정한 관행'에 관한 해석에 있다.

(다) 그리고 공정한 관행이란, 인용 부분이 어떤 의도에서 이용되고 있으며, 어떤 이용 가치를 지니는가에 따라 결정될 문제이다. 즉, 사회적인 통념에 비추어보아 타당하다고 여겨지는 인용만이 공정한 관행에 합치되는 것이라고 볼 수 있는데, 그것은 인용되는 부분을 자기 저작물과는 명확하게 구별되는 방법으로 처리해야 한다는 의미까지도 포함한다. 예를 들어, 보도의 자료로 저작물을 인용할 수밖에 없는 경우, 자기나 다른 사람의 학설 또는 주장을 논평하거나 입증할 목적으로 인하는 경우 등은 공정한 관행에 합치되는 것으로 볼 수 있다.

① (가) - (나) - (다)　　　　　　② (나) - (가) - (다)

③ (나) - (다) - (가)　　　　　　④ (다) - (나) - (가)

03 다음의 문장이 모두 참이라고 할 때, 항상 참이 아닌 것은?

• 고양이를 좋아하는 사람은 토끼를 좋아한다.
• 강아지를 선호하는 사람은 토끼를 선호하지 않는다.
• ─────────────────

① 토끼를 선호하지 않는 사람은 고양이를 선호하지 않는다.
② 강아지를 선호하는 사람은 고양이를 선호하지 않는다.
③ 토끼를 선호하는 사람은 강아지를 선호하지 않는다.
④ 토끼를 선호하는 사람은 강아지도 선호한다.

04 A와 B가 원형인 호수에서 운동을 하고 있다. 두 사람은 같은 장소에서 준비운동을 하다가 9시 정각 A가 먼저 4km/h의 속도로 호수를 돌기 시작했다. 30분 후, B가 A가 떠난 반대방향으로 출발하여 10km/h의 속도로 달리기 시작했고, 두 사람은 30분 뒤에 만났다. 이 원형 호수의 지름은 얼마인가?(단, 원주율은 3이라고 가정한다)

① 2.4km
② 2.7km
③ 3.0km
④ 3.3km

05 다음은 J사 총무팀에서 정리한 4월과 5월의 회사 지출 내역이다. 다음 자료를 참고할 때, J사의 4월 대비 5월 직접비용의 증감액은 얼마인가?

	4월			5월	
번호	항목	금액(원)	번호	항목	금액(원)
1	원료비	680,000	1	원료비	720,000
2	재료비	2,550,000	2	재료비	2,120,000
3	사무비품비	220,000	3	사무비품비	175,000
4	장비 대여비	11,800,000	4	장비 대여비	21,500,000
5	건물 관리비	1,240,000	5	건물 관리비	1,150,000
6	통신비	720,000	6	통신비	820,000
7	가스·수도·전기세	1,800,000	7	가스·수도·전기세	1,650,000
8	사내 인건비	75,000,000	8	사내 인건비	55,000,000
9	광고비	33,000,000	9	외부 용역비	28,000,000
10	−	−	10	광고비	42,000,000

① 17,160,000원 증액
② 17,310,000원 증액
③ 29,110,000원 증액
④ 10,690,000원 감액

06 다음 중 보안 공격 용어에 대한 설명으로 옳지 않은 것은?

① 워터링 홀(Watering Hole) : 공격 대상이 자주 방문하는 웹 사이트를 미리 감염시킨 뒤 잠복하였다가 접속하면 감염시키는 공격 방식

② 토르 네트워크 : 디지털 콘텐츠에 저작권 정보와 구매한 사용자 정보를 삽입해 콘텐츠 불법 배포자에 대한 추적이 가능한 기술

③ 디렉토리 리스팅(Directory Listing) 취약점 : 공격자가 서버 내의 모든 디렉토리 및 파일 목록을 열람 및 다운로드할 수 있는 취약점

④ 부 채널 공격(Side Channel Attack) : 암호와 알고리즘의 실행시기의 전력 소비 등의 특성을 측정해 내부 비밀 정보를 부채널에서 획득하는 공격 방식

07 다음 글은 어떤 소프트웨어 디자인 패턴에 대한 설명인가?

> 전역 변수를 사용하지 않고 객체를 하나만 생성하도록 하며, 생성된 객체를 프로그램 어디에서나 접근하여 사용할 수 있도록 하는 패턴

① 커맨드 패턴
② 스테이트 패턴
③ 옵저버 패턴
④ 싱글톤 패턴

08 다음 중 디피헬먼 키 교환에 대한 설명으로 옳지 않은 것은?

① 디피헬먼 알고리즘은 대칭키를 설정하기 위해 사용한다.

② 두 사용자가 사전에 어떤 비밀 교환 없이도 공통키를 교환하게 해주는 알고리즘이다.

③ 대칭키 암호 시스템이다.

④ 취약점으로는 디피헬만 프로토콜을 사용하는 TLS 연결에 로그잼(Logjam)이라는 TLS 취약점이 있다.

09 다음 시트에서 최소 실적 수당을 구하려 할 때 [D8]에 들어갈 수식으로 옳은 것은?

	A	B	C	D
1	이름	실적	실적 수당	
2	장민호	15	150000	
3	이진수	7	70000	
4	윤채민	11	110000	
5	서지호	6	60000	
6	김우재	12	120000	
7	석재연	21	210000	
8			최소실적	

① =MIN(C2)

② =MIN(C2:C7)

③ =AVERAGE(C2:C7)

④ =MAX(C2,C7)

10 다음 중 태종무열왕의 업적이 아닌 것을 〈보기〉에서 모두 고르면?

> **보기**
>
> ㄱ. 사정부를 설치하여 대신들의 행동을 관리·감독하여 살피었다.
> ㄴ. 왕권의 강화와 안정화를 위해 직계 자손 왕위 세습을 수립하였다.
> ㄷ. 당과 연합하여 백제와 고구려를 멸망시키고 삼국통일을 이룩하였다.
> ㄹ. 상대등이 권력을 자유롭게 행지 못하도록 집사부와 중시의 기능을 강화하였다.
> ㅁ. 15세 이상 남성에게 정전을 나누어 주어 안정적인 재정을 마련하였다.

① ㄷ, ㄹ

② ㄱ, ㄴ

③ ㄴ, ㄷ

④ ㄷ, ㅁ

03 | 2021년 시행
기출복원문제

정답 및 해설 p.019

※ 다음 글을 읽고 이어지는 질문에 답하시오. [1~2]

A공사는 전기와 소금을 동시에 만들어낼 수 있는 염전 태양광 발전 기술을 개발했다. 이에 따라 우리나라와 비슷한 방식으로 소금을 만들어내는 중국, 인도 등에 기술을 이전해 수익을 낼 수 있을 것으로 기대된다. A공사는 녹색에너지연구원, SM소프트웨어와 공동으로 10kW급 염전 태양광 발전시스템을 개발했다고 7일 밝혔다. 이번에 개발한 발전시스템은 수심 5cm 내외의 염전 증발지 바닥에 수중 태양광 모듈을 설치해 소금과 전력을 동시에 생산할 수 있는 ___ ㉠ ___ 시스템이다.

국내 염전 중 85%는 전라남도에 밀집해 있다. 연구진은 2018년 3월부터 전남 무안에 염전 태양광 6kW 설비를 시범 설치한 뒤 이번에 10kW급으로 용량을 늘렸다.

A공사는 염전 내부에 태양광 설치를 위해 수압에 잘 견디는 태양광 모듈을 설계하고, 태양광-염전 통합운영 시스템을 개발했다. 그 결과 여름철에는 염수(소금물)에 의한 냉각으로 일반 지상 태양광과 비교해 발전량이 5% 개선되었다. 또한, 태양광 모듈에서 발생하는 복사열로 염수 증발 시간도 줄어 소금 생산량도 늘었다. 발전시스템 상부에 염수가 항상 접촉해 있지만, 전기 안전과 태양광 모듈 성능 저하 등 운영 결함은 없는 것이 특징이다.

한편, 국내 염전 증발지 40km²에 이 기술을 적용하면 최대 4GW 발전 부지 확보가 가능하다. 특히 국내와 유사한 천일염 방식으로 소금을 생산하는 중국, 인도, 프랑스, 이탈리아 등에 기술 이전도 가능해 해외 수익도 창출할 수 있을 것으로 A공사는 기대했다.

A공사 관계자는 "추가적인 부지 확보 없이 염전에서 태양광 전력을 생산할 수 있어 일석이조이며, 열악한 염전산업계를 지원해 주민들의 소득증대에도 기여할 것이다."고 말했다.

01 다음 중 윗글의 내용으로 적절하지 않은 것은?

① 우리나라 과반수 이상의 염전은 전라남도에 위치해 있다.

② 태양광 발전은 모듈 성능 저하 기능이 있다.

③ 이탈리아는 천일염 방식으로 소금을 생산한다.

④ 염전 태양광 발전 기술은 추가적인의 부지 확보가 필요 없는 기술이다.

02 다음 중 ㉠에 들어갈 사자성어로 가장 적절한 것은?

① 아전인수(我田引水)　　　　② 일거양득(一擧兩得)

③ 토사구팽(兎死狗烹)　　　　④ 백척간두(百尺竿頭)

※ 다음 글을 읽고 이어지는 질문에 답하시오. [3~4]

무공해 에너지의 공급원으로 널리 알려진 수력발전소가 실제로는 기후 변화에 악영향을 미친다는 주장이 제기되었다고 영국의 옵서버 인터넷판이 보도했다.

프랑스와 브라질 과학자들은 이번주 프랑스 파리에서 열리는 유네스코(UNESCO) 회의에서 수력발전을 위해 건설된 댐과 발전소에서 많은 양의 메탄이 배출돼 지구온난화를 야기한다는 내용을 발표할 것으로 알려졌다.

메탄이 지구온난화에 미치는 영향은 이산화탄소의 20배에 달한다. 이들은 댐이 건설되면서 저수지에 갇힌 유기물들이 부패 과정에서 이산화탄소는 물론 메탄을 생성한다며 이러한 현상은 특히 열대 지방에서 극심하게 나타난다고 주장했다.

필립 펀사이드 아마존 국립연구소(NIRA)을 포함한 과학자들은 이번주 영국 과학전문지 네이처를 통해 수력발전소가 가동 후 첫 10년 동안 화력발전소의 4배에 달하는 이산화탄소를 배출한다는 견해를 밝힐 예정이다.

그러나 이들의 주장에 반대하는 의견을 표명하는 과학자들도 있다. 반론을 제기한 학자들은 메탄 배출은 댐 운영 첫해에만 발생하는 현상으로, 수력발전소가 안정적으로 운영되면 상대적으로 적은 양의 메탄과 이산화탄소만 나오게 된다고 지적했다.

03 다음 중 윗글과 가장 관련이 깊은 사자성어는?

① 고식지계(姑息之計)
② 결자해지(結者解之)
③ 일장일단(一長一短)
④ 과유불급(過猶不及)

04 다음 중 윗글의 내용으로 적절하지 않은 것은?

① 이산화탄소보다 메탄이 환경에 더 큰 악영향을 끼친다.
② 수력발전은 이산화탄소를 배출한다.
③ 유기물들이 부패하면 유해물질이 생성된다.
④ 일부 과학자들은 수력발전소 운영 초기에만 유해 물질이 생성된다고 주장한다.

05 다음 글의 내용으로 적절하지 않은 것은?

일상 속에서 고된 노동과 함께 친절을 베풀고 있는 아르바이트생들을 흔히 볼 수 있다. 아르바이트생은 돈을 벌기 위해 손님이라는 이유만으로 자신을 낮추며 손님의 요구를 충족시켜야 한다. 공휴일도 없이, 자신의 여가를 포기하면서까지 그들은 돈을 벌기 위해 열심히 노동하고 있다.

하지만 아르바이트생이라는 이유만으로 겪어야 하는 서러움이 많다. 아르바이트생 대부분은 20대 청년이며, 10대 미성년자도 많다. 우리 사회는 과연 이들을 어떤 태도로 대하고 있을까?

대학을 입학하고 부모님의 노고를 덜기 위해 아르바이트를 시작한 한 대학생 A씨는 유명 프랜차이즈점 카페에서 일을 시작했다. 어느 날 급한 사정으로 인해 가게 사장에게 하루 전날 일을 뺄 수 있냐고 물어봤는데 그 이유만으로 갑작스러운 해고 통지를 받았다. 하지만 일을 그만둔 후 통장잔고를 확인했더니 일한 횟수에 비해 10만 원이나 적은 돈을 받았다. 그래서 사장에게 정당하게 돈을 요구했더니 "아르바이트 주제에 버르장머리가 없다."며 "더러워서 돈은 주지만 다시는 카페 계열에서 일을 못 할 줄 알아라."라며 협박하고 인격적으로 모독했다.

최근 치킨집에서 서빙을 하고 있는 대학생 B씨는 손님에게 성희롱을 당해 가게에 경찰까지 오게 되는 소동을 겪었다. 50대 남성 2명이 가게에서 술을 마시다가 취해 B씨에게 "이리 와서 술을 따라 봐라. 맛있는 거 사줄 테니 사귀자."라고 하며 얼굴을 만졌다는 것이다. 이런 일을 당한 후 B씨는 남자에게 혐오감이 들 정도로 스트레스를 받았다고 한다.

이처럼 아르바이트생들은 고된 노동과 감정 노동을 함께 겪고 있다. 최근 한 음식점에서 손님들의 갑질을 줄이기 위해 알바생들에게 '남의 집 귀한 딸', '남의 집 귀한 아들'이라는 글자가 박힌 티셔츠를 입고 일을 하라고 했다. 그랬더니 놀랍게도 손님들의 태도가 훨씬 친절해졌다고 한다. 이처럼 이들도 누군가에겐 정말로 소중한 사람들일 것이다.

열심히 일하고 있는 그들에게 말 한마디라도 "감사합니다.", "수고하세요."라는 따뜻한 말을 건넨다면 우리 사회는 더욱 행복해질 것이다.

① 갑질 손님으로부터 아르바이트생을 구해야 한다.
② 감정 노동자들의 권리를 보호해야 한다.
③ 소비자들은 자신의 모습을 되돌아 봐야 한다.
④ 청년 아르바이트생에 대한 갑질을 개선하기 위한 캠페인을 벌일 필요가 있다.

06 다음 글의 내용을 우리나라에 적용할 때, 적절하지 않은 것은?

> 지난 2005년 11월, 프랑스에서는 자동차와 상점이 불에 타고 거리에 화염병이 날아다녔다. 소요 사태를 일으킨 이들은 프랑스 내 이민자들. 주로 아프리카계 또는 이슬람계의 이민 2~3세 젊은이들 이었다. 폭동에 불씨를 던진 것은 10대 소년 2명의 죽음이었다. 파리시 외곽 지역에서 경찰의 불심 검문을 피해 변압지 주변에 숨어들어간 이민 3세대 소년 2명이 감전사하는 사고가 발생한 것이다. 프랑스 방리유(Banlieue : 도시 외곽 지역)의 청년들은 그동안의 차별에 분노하며 화염병과 돌을 들고 거리로 나왔다.
>
> 프랑스는 저출산 등으로 산업 노동력이 부족해지면서 이민 수용 정책을 펼친 바 있다. 그러나 '똘레 랑스(Tolerance : 관용)'의 나라에서 발생한 이 사건은 프랑스에서 태어나 시민권까지 받은 이민자 2~3세대조차 보이지 않는 차별로 인해 쌓였던 설움이 폭발한 것으로 해석되었다.
>
> 이는 다문화가정의 자녀 등 이주민 2세대들이 뿌리를 내리기 시작한 우리나라에 시사하는 바가 크 다. 이주노동자와 결혼이민자 등 1세대 이주민들이 국내에 정착하면서 그 자녀들이 우리 사회에서 엄연한 일원으로 자리 잡고 있다. 이들을 향한 사회 인식과 정책이 변화하지 않는다면 우리나라 역 시 이민자들에 의한 소요 사태가 일어날 수 있다고 전문가들은 말한다.
>
> 고려대 사회학과 교수는 "외국인에 대한 차별이 심화되고 무시와 혐오가 깊어지면 우리나라도 외국 인들에 의한 소요사태가 일어날 수 있다."고 말했다. 교수는 "최근 여성가족부가 발표한 국민 다문 화 수용성 조사에 따르면 다양한 인종·종교·문화의 공존에 대해 한국인은 36%만이 긍정적으로 응답해 유럽 18개국의 찬성 비율 74%에 비해 절반 수준으로 나타났다."며 "연령이 낮고 교육수준이 높을수록 개방성이 높은 점으로 볼 때 외국 문화를 많이 접하고 다문화교육을 받는 것이 영향을 주 는 것 같다."고 분석했다.
>
> 이에 따라 다문화사회에 대한 시민 인식 개선과 다문화교육이 실시돼야 한다는 의견이 지배적이다. 한국이주민건강협회의 상임이사는 "이번 정부에서 다문화정책에 예산을 많이 투입했지만, 그에 비 해 인식개선은 여전히 미미하다."며 "학교·직장 내 성희롱교육을 강화해 효과를 얻었듯 일반 시민 을 대상으로 한 다문화교육도 필요하다."고 말했다. 그는 "우리나라는 이미 산업구조가 변화했기 때 문에 이주민들 없이 사회 유지가 어렵다."며 "이들이 진정한 '주민'으로 받아들여지고 주민공동체 안에서 어우러질 수 있도록 지자체가 고민해야 한다."고 지적했다.

① 외국인에게 자국의 문화를 강요하지 않는 자세가 필요하다.
② 증가하고 있는 다문화가정을 위한 정책을 마련해야 한다.
③ 우리나라는 단일문화를 지향해야 한다.
④ 이주민들에 대한 인식의 변화를 위해서는 교육을 시행해야 한다.

07 다음 중 제시된 글의 내용으로 적절한 것은?

초고속 네트워크와 스마트기기의 발달은 콘텐츠 소비문화에 많은 변화를 가져왔다. 이제 우리는 시간과 장소의 제약 없이 음악이나 사진, 동영상 등 다채로운 문화 콘텐츠들을 만날 수 있다. 특히 1인 방송의 보편화로 동영상 콘텐츠의 생산과 공유는 더욱 자유로워져 1인 크리에이터라는 새로운 직업이 탄생하고 사회적인 이슈로 떠오르고 있다.

틱톡은 현재 전 세계에서 가장 주목받고 있는 영상 플랫폼 중에 하나이다. 2017년 정식으로 출시된 이래 2년이 채 되지 않은 짧은 기간 동안 수억 명의 유저들을 끌어 모아 유튜브, 인스타그램, 스냅챗 등 글로벌 서비스들과 경쟁하는 인기 플랫폼으로 성장했다. 특히 작년에는 왓츠앱, 페이스북 메신저, 페이스북에 이어 전세계에서 4번째로 많이 다운로드된 비게임 어플로 기록되어 많은 콘텐츠 크리에이터들을 놀라게 했다. 틱톡이 이토록 빠른 성장세를 보인 비결은 무엇일까? 그 답은 15초로 영상의 러닝타임을 제한한 독특한 아이디어에 있다.

최근 현대인들의 여가시간이 줄어들면서 짧은 시간 동안 간편하게 문화 콘텐츠를 즐기는 스낵컬처가 각광받고 있다. 틱톡이 보여주는 '15초 영상'이라는 극단적인 형태는 이러한 트렌드를 반영한 것이다. 하지만 틱톡의 폭발적인 인기의 근본은 스낵컬처 콘텐츠의 수요를 공략했다는 데 국한되지 않는다. 틱톡은 1인 미디어 시대가 도래하면서 보다 많은 이들이 자신을 표현하고 싶어 한다는 점을 주목해 누구나 부담 없이 영상을 제작할 수 있는 형태의 솔루션을 개발해냈다. 정형화된 동영상 플랫폼의 틀을 깨고 새로운 장르를 개척했다고도 할 수 있다. 누구나 크리에이터가 될 수 있는 동영상 플랫폼, 틱톡이 탄생함으로서 앞으로의 콘텐츠 시장은 더욱 다채로워질 것이라는 것이 필자의 소견이다.

① 1인 미디어의 등장으로 새로운 플랫폼이 생겨나고 있다.
② 많은 1인 크리에이터들이 동영상 플랫폼을 통해 돈을 벌어들이고 있다.
③ 1인 미디어가 인기를 끄는 이유는 양질의 정보를 전달하기 때문이다.
④ 1인 미디어는 문제가 많기 때문에 적절한 규제가 필요하다.

08 다음과 같이 1 ~ 15챕터가 있는 책이 있다. 월요일을 제외하고 평일에 한 챕터씩 읽는다고 할 때, 현재 책갈피가 1챕터의 시작인 12p와 13p 사이에 꽂혀 있다면 6챕터를 읽는 요일과 책갈피가 꽂힌 페이지 수는?(단, 책갈피는 챕터 시작 페이지와 다음 페이지 사이에 꽂는다)

챕터	1	2	3	4	5	6	...	15
페이지 수	3	4	5	3	4	5	...	5

① 목요일, 28 ~ 29p 　　　　　② 화요일, 29 ~ 30p
③ 수요일, 30 ~ 31p 　　　　　④ 수요일, 31 ~ 32p

09 다음 대화의 내용을 파악한 것으로 적절하지 않은 것은?

> A부장 : 이번 주는 회사의 단합대회가 있습니다. 모든 사원들은 참석을 할 수 있도록 해 주시길 바랍니다.
> B팀장 : 원래 단합대회는 각 부서별로 일정을 조율해서 정하지 않았나요? 이번에는 왜 회의도 없이 단합대회가 갑자기 정해졌나요?
> C사원 : 다 같이 의견을 모아서 단합대회 날짜를 정했으면 좋았겠네요.
> A부장 : 이번 달은 국외 프로젝트에 참여하는 직원들이 많아서 일정을 조율하기가 힘들었습니다. 그래서 이번에는 이렇게 단합대회 날짜를 정하게 되었습니다.
> B팀장 : 그렇군요. 그렇다면 일정을 조율해 보겠습니다.

① C사원은 A부장의 의견이 마음에 들지 않는다.
② B팀장은 단합대회가 갑자기 정해진 이유를 알게 되었다.
③ B팀장은 참석하지 않는 의사를 표시했다.
④ A부장은 자신의 의견을 근거를 가지고 설명하였다.

10 다음 중 벤치마킹(Benchmarking)에 대한 설명으로 적절한 것은?

① 외부로부터 기술만 받아들이는 것이다.
② 뛰어난 기술 등을 비합법적으로 응용하는 것이다.
③ 모방과 달리 받아들인 것들을 환경에 맞추어 재창조한다.
④ 직접적 벤치마킹은 인터넷 등에서 자료를 모아 하는 것이다.

11   다음 중 우선순위가 붙은 가장 기본적인 대기 행렬에 대한 서비스 방법의 하나로, 서비스 창구에 도착한 순서로 처리되는 것을 지칭하는 말은?

① First-come, First-served

② Last-in First-out

③ Round Robin

④ Shortest Job First Scheduling

12   다음 중 자료에서 설명하고 있는 나라는 어디인가?

> 이 나라는 수도를 중심으로 동·서·남·북으로 경계를 나누어 사출도라고 하였으며, 사출도는 부족장인 제가(諸加)가 관리하였고, 이 나라의 큰 부족은 가축의 이름을 하였다. 제가는 시간이 지나면서 이 나라의 귀족화되었고, 이들은 수천의 가(家)를 지배하고 있었다.

① 마가 ② 우가
③ 저가 ④ 부여

13   다음 (가)에 해당하는 지역에 대한 설명으로 옳지 않은 것은?

> _____(가)_____ **지역**
> • 426 ~ 668년까지 고구려의 수도였다.
> • 고려 때 북진 정책의 기지로 이용되었다.

① 장수왕이 이 지역으로 수도를 이전하였다.

② 몽골침략 때, 최씨 무신 정권은 이곳으로 수도를 이전하였다.

③ 묘청은 이 곳으로 수도를 이전해야 한다고 주장하였다.

④ 고려 시대 이 지역은 서경으로 승격되었다.

14 다음 자료와 관련된 시기의 내용으로 옳지 않은 것은?

> 혜공왕은 8세에 즉위를 해서 왕태후가 섭정을 하였다. 이전까지 왕권의 힘으로 정치가 이루어 졌지만, 왕권이 약해진 틈을 타 귀족들이 정권쟁탈전을 벌였으며, 크고 작은 반란 사건이 많이 일어났다. 이후 김지정이 반란을 일으켰는데 이 과정에서 혜공왕과 왕비가 살해되었고, 당시 상대등이 있었던 김양상이 선덕왕으로 즉위하였다. 이후 155년 동안 20명이 왕이 교체되는 등 국가는 귀족들의 반란 등으로 인해 혼란스러워졌고, 백성들의 삶은 점점 어려워졌다. 중앙 정권이 약해지자 지방 곳곳에서 농민이 봉기를 일으키고, 성주라 칭하는 사람들이 등장해 독자적인 세력을 만들었고, 중앙 정권은 이들을 통제할 수 없었다.

① 장보고는 해상권을 장악하였다.
② 지방에서 호족이 등장하였다.
③ 김흠돌이 반란을 일으켰다.
④ 견훤이 후백제를 세웠다.

15 다음 중 (가)에 대한 내용으로 옳은 것은?

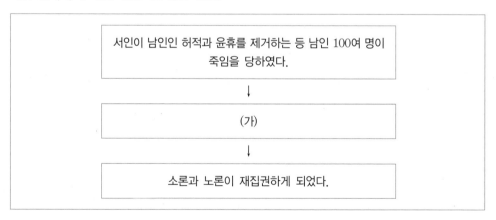

① 원자 책봉에 반대하던 서인이 축출되었다.
② 인조의 계비인 조대비의 상례 문제를 둘러싸고 남인과 서인이 대립하였다.
③ 인현왕후 복위에 남인이 반대하였다.
④ 탕평책이 시행되었다.

16 다음 중 (가)와 관련된 사건으로 옳은 것은?

> 조선왕조의궤는 _____(가)_____ 사건 때, 약탈을 당했다. 조선왕조의궤는 조선의 중요한 행사를 글과 그림으로 기록한 것으로 왕실의 행사를 의궤 형식으로 남긴 것은 조선이 유일하였다. 그 가치를 인정받아 2007년 세계 기록 유산으로 등재되었으며, 우리나라 보물로 지정되어 있다.

① 흥선대원군이 프랑스 선교사들을 박해하였다.
② 상선인 제너럴셔먼호가 불에 탔다.
③ 군함 운요호가 함포사격을 하였다.
④ 오페르트가 남연군묘를 도굴하려 하였다.

17 다음 자료와 관련된 운동으로 옳은 것은?

> • 조선 사람 조선 사람 것
> • 우리 것으로만 살기
> • 내 살림은 내 것으로

① 일본의 황무지 개간권 요구를 반대하였다.
② 민족의 자본을 보존하기 위해 노력한 운동이었다.
③ 국민들이 성금을 모아 국채를 해결하려 하였다.
④ 고등교육기관인 민립대학을 설립하려 하였다.

18 다음 자료와 관련된 시기에 대한 내용으로 옳은 것은?

> 새벽종이 울렸네 새아침이 밝았네
> 너도나도 일어나 새마을을 가꾸세
> 살기 좋은 내 마을
> 우리 힘으로 만드세
>
> – 새마을 노래

① 베트남 전쟁의 특수를 누렸다.
② 저유가, 저금리, 저달러의 호황기를 누렸다.
③ 삼백산업이 한국 산업의 중추역할을 맡았다.
④ 1차 경제개발 5개년을 시행하였다.

01 다음 중 〈보기〉에서 설명하는 사자성어로 옳은 것은?

> **보기**
>
> 도의에 근거하여 굽히지 않고 흔들리지 않는 바르고 큰 마음

① 소탐대실   ② 일장춘몽
③ 선견지명   ④ 호연지기

02 다음 중 밑줄 친 단어의 띄어쓰기가 바른 것은?

① 어찌나 금방 품절되던지 나도 <u>열 번만에</u> 겨우 주문했어.
② 둘째 아들이 벌써 <u>아빠 만큼</u> 자랐구나.
③ 이번 일은 직접 나서는 <u>수밖에</u> 없다.
④ <u>너 뿐만</u> 아니라 우리 모두 노력해야 한다.

03 다음 중 밑줄 친 한자어의 순우리말의 기본형으로 가장 적절한 것은?

> 전쟁 직후 국가가 나아갈 방향에 대해 다양한 사상과 이념이 <u>각축</u>하고 있었다.

① 얽히다   ② 대들다
③ 붐비다   ④ 겨루다

04 편의점에서 근무하는 A씨는 물품 창고를 정리할 때 인기 있는 상품을 출입구와 가장 가까운 곳에 둔다. 다음 중 A씨의 물품 관리 과정에 적용된 보관의 원칙으로 가장 적절한 것은?

① 네트워크 보관의 원칙

② 형상 특성의 원칙

③ 통로 대면의 원칙

④ 회전 대응 보관의 원칙

05 한국중부발전은 조직을 개편함에 따라 기획 1 ~ 8팀의 사무실 위치를 변경하려 한다. 다음 〈조건〉 에 따라 변경한다고 할 때, 변경된 사무실 위치에 대한 설명으로 옳은 것은?

창고	입구	계단
1호실		5호실
2호실	복도	6호실
3호실		7호실
4호실		8호실

조건
- 외근이 잦은 1팀과 7팀은 입구와 가장 가깝게 위치한다.
- 2팀과 5팀은 업무 특성상 같은 라인에 인접해 나란히 위치한다.
- 3팀은 팀명과 동일한 호실에 위치한다.
- 8팀은 입구에서 가장 먼 쪽에 위치하며, 복도 맞은편에는 2팀이 위치한다.
- 4팀은 1팀과 5팀 사이에 위치한다.

① 기획 1팀의 사무실은 창고 뒤에 위치한다.

② 기획 2팀은 입구와 멀리 떨어진 4호실에 위치한다.

③ 기획 3팀은 기획 5팀과 앞뒤로 나란히 위치한다.

④ 기획 4팀과 기획 6팀은 복도를 사이에 두고 마주한다.

06 다음 중 국제매너와 관련한 식사예절로 적절하지 않은 것은?

① 생선 요리는 뒤집어 먹지 않는다.

② 수프를 먹을 때는 숟가락을 몸쪽에서 바깥쪽으로 사용한다.

③ 빵은 칼이나 치아로 자르지 않고 손으로 떼어 먹는다.

④ 식사 시 포크와 나이프는 안쪽에 놓인 것부터 순서대로 사용한다.

07 다음 중 금관가야에 대한 설명으로 옳지 않은 것은?

① 김해를 중심으로 형성되어 있다.

② 신라의 침입으로 멸망하였다.

③ 후기 가야 연맹의 중심이었다.

④ 수로왕이 건국하였다.

08 다음 중 조선시대의 과거제도에 대한 설명으로 옳지 않은 것은?

① 문과, 무과, 잡과 등의 시험이 있었다.

② 법적으로 양인 신분이면 모두 응시할 수 있었다.

③ 별시는 나라에 경사가 있을 때 시행되었다.

④ 식년시는 4년마다 정기적으로 시행되었다.

05 | 2019년 시행
기출복원문제

정답 및 해설 p.024

※ 다음 글을 읽고 이어지는 질문에 답하시오. [1~2]

(가) 스마트폰 한 대에 들어가는 탄탈럼의 양은 0.02g으로, 22g가량 쓰이는 알루미늄의 1,100분의 1 수준이다. 전 세계 콜럼바이트 – 탄탈라이트(콜탄)의 70 ~ 80%가 매장돼 있는 콩고민주공화국(이하 민주콩고)에서는 이 소량의 자원 때문에 전쟁이 그치지 않는다. 콜탄은 처리 과정을 거쳐 탄탈럼이 되는데, 이 탄탈럼은 합금하면 강도가 세지고 전하량도 높아 광학용 분산 유리와 TV·절삭공구·항공기 재료 등에 쓰이며 휴대폰에도 사용된다. 지난해 콜탄 1, 2위 생산국은 민주콩고와 르완다로, 두 나라가 전 세계 콜탄 생산량의 66%를 차지하고 있다. 미국 지질조사국에 의하면 콜탄은 미국에서만 1년 새 소비량이 27% 늘었고, 지난해 9월 1kg의 가격은 224달러로 1월의 193달러에서 16%가 올랐다. 스마트폰이 나오기 직전인 2006년 1kg당 70달러였던 가격에 비하면 300% 이상 오른 것이다.

(나) 이 콜탄이 민주콩고의 내전 장기화에 한몫했다는 주장이 곳곳에서 나오고 있다. 휴대폰 이용자들이 기기를 바꿀 때마다 콩고 주민 수십 명이 죽는다는 말도 있다. '피 서린 휴대폰(Bloody Mobile)'이란 표현이 나올 정도다. 1996년 시작된 콩고 내전은 2003년 공식 종료되면서 500만 명을 희생시켰으나, 이후로도 크고 작은 분쟁이 그치질 않고 있다. 국립외교원 교수는 "민주콩고의 우간다·르완다 접경에서는 아직 분쟁이 일어나고 있으며, 콜탄이 많이 나오는 동북부 지역도 그중 하나"라고 말했다.

(다) 민주콩고 정부는 반군인 콩고민주회의를 제압하기 위해 앙골라, 짐바브웨 등에 자원 채굴권을 건네주고 군사 지원을 받았으며, 반군은 민주콩고 동북부 키부 지역을 거점으로 삼고 콜탄을 자금줄로 사용했다. 반군에게 끌려간 주민들은 하루 한 끼 식사조차 제대로 하지 못한 채 노예처럼 광산에서 혹사당했다. 이들은 맨손으로 강바닥 흙을 넓적한 통에 담은 뒤 무거운 콜탄이 가라앉을 때까지 기다리는 방식으로 콜탄을 채취했다. 미국 ABC방송은 이를 "전형적인 19세기식, 원시적 채취 방법"이라고 보도했다.

(라) 영화 '블러드 다이아몬드'에 나온 시에라리온 내전처럼 자원이 전쟁의 수단과 목적이 되었다. 콩고 내전에 참여한 우간다와 부룬디는 반군을 통해 받은 콜탄으로 큰돈을 벌었고, 콜탄이 생산되지도 않는 르완다는 민주콩고에서 빼돌린 콜탄으로 최대 수출국이란 영예를 누리기도 했다. 전문가들은 주변국들이 돈을 확보하기 위해 내전을 이끌게 되었다고 분석하면서 "르완다, 우간다 등이 콩고의 통치력이 약한 동부지역에서 내전을 확대시켰고, 콩고는 언제든지 주변국의 정치 상황에 따라 내전의 소용돌이에 다시 휘말릴 수 있다."고 지적했다.

콩고 내전이 자원 때문이 아니라는 반론도 있다. 한 자원경제학자는 콩고 내전을 "지역 세력 간의 정치적 우위와 경작지를 점하기 위한 투쟁, 종족 갈등 그리고 자원 획득 경쟁이 맞물린 결과"라고 분석했다. 실제 UN의 조사 결과 2000년 초 콩고의 지역 분쟁 1,500건 중 자원과 관련된 것은 8%에 그쳤다. 그런데도 콜탄은 반군의 주요 수입원으로 자리매김했다. 무장 세력은 광산이나 채굴기업에서 약탈하거나 직접 콜탄 채취에 관여하여 콜탄 유통에 세금을 부과하고, 기업들과 교류하며 콜탄 수출에 직접 손을 대는 방법 등을 사용했다. 현재도 동부 키부 지역에는 동맹민주군(ADF)이라는 무장단체가 활동하고 있다.

01 다음 글을 바탕으로 기사를 작성한다고 할 때 독자들의 관심을 끌기 위한 자극적인 표제로 가장 적절한 것은?

① 선진국 싸움에 콩고 등 터진다.
② 내전의 소용돌이에 휘말린 콩고
③ 콩고 주민, 르완다의 노예로 전락하다.
④ 스마트폰 변경할 때마다 콩고 주민 죽는다.

02 글의 내용을 효과적으로 전달하기 위해 자료를 제공하고자 한다. 다음 자료는 (가) ~ (라) 문단 중 어떤 문단에 해당하는가?

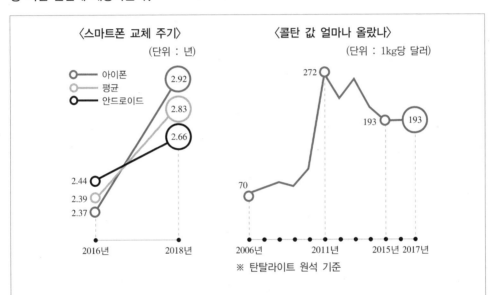

〈스마트폰 교체 주기〉
(단위 : 년)

아이폰
평균
안드로이드

2.92
2.83
2.66

2.44
2.39
2.37

2016년   2018년

〈콜탄 값 얼마나 올랐나〉
(단위 : 1kg당 달러)

272
193   193
70

2006년   2011년   2015년 2017년
※ 탄탈라이트 원석 기준

〈주요국 5년간 콜탄 채굴 현황〉

구분	2014년	2015년	2016년	2017년	2018년(추정)
호주	50	50	–	83	90
브라질	150	115	103	110	100
중국	60	60	94	110	120
콩고	200	350	370	760	710
르완다	600	410	350	441	500
나이지리아	–	–	192	153	–
기타	140	117	108	148	320

① (가)
③ (다)

② (나)
④ (라)

다음은 J사의 청렴마일리지 운영지침의 일부 내용이다. 청렴마일리지 제도를 잘못 이해한 사람은?

〈청렴마일리지 운영지침〉

제1조(목적)
이 지침은 청렴마일리지 제도 운영에 관한 기준을 정하여 전 직원이 반부패 청렴활동에 자발적·능동적으로 참여하고 깨끗하고 투명한 기업문화를 조성하는 것을 그 목적으로 한다.

제2조(용어의 정의)
이 지침에서 사용하는 용어의 정의는 다음과 같다.
1. "청렴마일리지"라 함은 개인 및 부서의 반부패 청렴활동실적에 대한 평가수단으로써 청렴활동을 하는 개인에게 부여하는 점수를 말한다.
2. "청렴마일리지 제도"라 함은 개인 및 부서의 실적에 따라 일정한 청렴마일리지를 부여한 후 그 점수를 기준으로 평가·보상하는 제도를 말한다.
3. "반부패 청렴활동"이라 함은 부패방지 및 청렴도 향상에 기여한다고 인정되는 제반 활동을 말한다.
4. "운영부서"라 함은 주관부서 요청 및 자체계획에 의해 청렴 활동에 참여·시행하는 부서를 말한다.
5. "주관부서"라 함은 청렴 활동 사실 여부를 확인하고 마일리지를 부여하는 감사부서를 말한다.

제3조(적용 범위)
이 지침은 1직급 이하 직원에게 적용한다.

제4조(부여기준)
청렴마일리지는 다음 각호에 열거된 반부패 청렴활동에 대하여 부여하며 세부기준은 별표와 같다.
1. 금품수수 자진신고
2. 부패행위, 행동강령 위반행위 내부신고
3. 청렴 우수사례 대내외 수상
4. 반부패·청렴 교육 이수
5. 기타 반부패 청렴활동 참여 및 기여도

제5조(관리기준)
청렴마일리지 평가기간은 전년도 1월 1일부터 12월 31일까지 1년간으로 한다.
1. 운영부서는 청렴 활동 후 증빙자료 등을 첨부하여 마일리지 적립현황을 분기마다 주관부서에 제출한다.
2. 주관부서는 운영부서에서 제출한 마일리지 현황을 확인하여 매년 12월 31일까지 감사실로 제출한다.

제6조(신고 및 확인)
① 직원이 반부패 청렴활동을 하였을 경우 해당 내용을 문서 또는 사내 인트라넷 등을 통하여 감사실장에게 신고하여야 하며, 감사실장은 신고된 내용에 대하여 사실 여부를 확인하여 청렴마일리지를 부여하여야 한다.
② 직원은 자신의 청렴마일리지에 대하여 이의가 있을 경우 감사실장에게 이의신청할 수 있으며, 감사실장은 직원의 이의신청을 검토한 후 타당하다고 판단되는 경우에는 해당 마일리지를 부여하여야 한다.

제7조(포상)
① 적립된 마일리지는 개인 및 부서별 포상에 활용할 수 있다.
② 누적마일리지 우수 직원 및 당해연도 청렴마일리지 적립실적이 우수한 직원에 대하여는 연말에 예산 범위 내에서 포상할 수 있다. 다만, 전년도에 수상한 직원은 연속하여 수상할 수 없으며, 이 경우 차순위자에게 포상한다.

① A사원 : 저는 저번에 사내 청렴윤리 관련 교육을 이수하여 증빙자료를 제출했음에도 불구하고 청렴마일리지를 받지 못해 감사실에 이의신청을 하려고 합니다.

② B사원 : 맞습니다. 적립된 청렴마일리지는 개인뿐만 아니라 부서별 포상에도 활용될 수 있기 때문에 놓치지 않고 받아야 합니다.

③ C주임 : 매년 12월 31일까지 운영부서가 증빙자료와 함께 마일리지 적립현황을 주관부서에 제출한다고 하니, 혹시 이 과정에서 자료가 누락된 것은 아닌지 운영부서에 확인해 보는 것도 좋을 것 같아요.

④ D주임 : 저는 얼마 전 사내 인트라넷을 통해 다른 직원의 부패행위를 신고하였는데, 감사실에서 아직 사건의 사실 여부가 확인되지 않았다고 하여 청렴마일리지를 받지 못했어요.

04 다음 중 ㉠~㉫에 들어갈 말을 바르게 짝지은 것은?

〈경청의 5단계〉

단계	경청 정도	내용
㉠	0%	상대방은 이야기를 하지만, 듣는 사람에게 전달되는 내용은 하나도 없는 단계이다.
㉡	30%	상대방의 이야기를 듣는 태도는 취하고 있지만, 자기 생각 속에 빠져 있어 이야기의 내용이 전달되지 않는 단계이다.
㉢	50%	상대방의 이야기를 듣기는 하나, 자신이 듣고 싶은 내용을 선택적으로 듣는 단계이다.
㉣	70%	상대방이 어떤 이야기를 하는지 내용에 집중하면서 듣는 단계이다.
㉤	100%	상대방의 이야기에 집중하면서 의도와 목적을 추측하고, 이해한 내용을 상대방에게 확인하면서 듣는 단계이다.

	㉠	㉡	㉢	㉣	㉤
①	선택적 듣기	무시	듣는 척하기	공감적 듣기	적극적 듣기
②	듣는 척하기	무시	선택적 듣기	적극적 듣기	공감적 듣기
③	듣는 척하기	무시	선택적 듣기	공감적 듣기	적극적 듣기
④	무시	듣는 척하기	선택적 듣기	적극적 듣기	공감적 듣기

05 다음 자료를 참고할 때 대·중소기업 동반녹색성장에 대한 설명으로 옳지 않은 것은?

⟨대·중소기업 동반녹색성장⟩

- 대·중소기업 동반녹색성장 협력사업(Green Growth Partnership)이란?
  기술과 인력이 부족한 중소기업에 대기업의 선진에너지관리 기법을 공유하여 중소기업의 에너지절약기술 향상 및 기업 경쟁력 강화를 하는 것
- 사업대상
  - (대기업) 동반성장의지가 있으며, 유틸리티 등 우수에너지 절약기술을 보유한 에너지 다소비 사업장
  - (중소기업) 평소 에너지절약 추진에 관심이 있거나, 에너지관리기법 등에 대한 정보를 습득하고자 하는 중소 산업체
- 추진절차

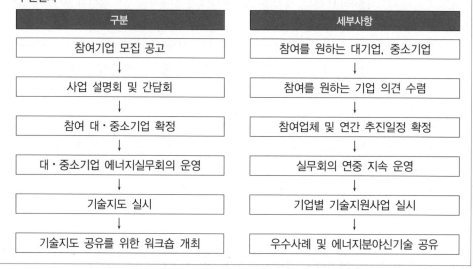

구분	세부사항
참여기업 모집 공고	참여를 원하는 대기업, 중소기업
사업 설명회 및 간담회	참여를 원하는 기업 의견 수렴
참여 대·중소기업 확정	참여업체 및 연간 추진일정 확정
대·중소기업 에너지실무회의 운영	실무회의 연중 지속 운영
기술지도 실시	기업별 기술지원사업 실시
기술지도 공유를 위한 워크숍 개최	우수사례 및 에너지분야신기술 공유

---

① 중소기업의 에너지절약기술 향상 및 기업 경쟁력 강화를 위한 사업이다.

② 먼저 사업 공고를 통해 참여를 희망하는 대기업 또는 중소기업을 모집한다.

③ 참여기업이 확정되면 참여기업 간 의견을 공유하는 사업 설명회를 개최한다.

④ 참여기업의 에너지실무회의는 연중 지속적으로 운영된다.

우리의 눈을 카메라에 비유했을 때 렌즈에 해당하는 부분을 수정체라고 한다. 수정체는 먼 거리를 볼 때 두께가 얇아지고 가까운 거리를 볼 때 두께가 두꺼워지는데, 이러한 과정을 조절이라고 한다. 노화가 시작되어 수정체의 탄력이 떨어지면 조절 능력이 저하되고 이로 인해 가까운 거리의 글씨가 잘 안 보이는 노안이 발생한다.

노안은 주로 40대 중반부터 시작되는데 나이가 들수록 조절력은 감소하게 된다. 최근에는 30·40대가 노안 환자의 절반가량을 차지하고 있으며, 빠르면 20대부터 노안이 발생하기도 한다.

노안이 발생하면 가까운 거리의 시야가 흐리게 보이는 증세가 나타나며, 책을 읽거나 컴퓨터 작업을 할 때 눈이 쉽게 피로하고 두통이 있을 수 있다. 젊은 연령대에서는 이러한 증상을 시력 저하로 생각하고 병원을 찾았다가 노안으로 진단받아 당황하는 경우가 종종 있다.

가장 활발하게 사회생활을 하는 젊은 직장인들의 경우 스마트폰과 PC를 이용한 근거리 작업이 수정체의 조절 능력을 떨어뜨리면서 눈의 노화를 발생시킨다. 또한, 전자 기기에서 나오는 블루라이트(모니터, 스마트폰, TV 등에서 나오는 380~500 나노미터 사이의 파란색 계열의 광원) 불빛이 눈을 쉽게 피로하게 만들어 노안 발생 연령을 앞당기기도 한다.

최근에는 주위에서 디지털 노안을 방지하기 위한 블루라이트 차단 안경이나 필름 등을 어렵지 않게 찾아볼 수 있다. 기업에서도 블루라이트를 최소화한 전자 기기를 출시하는 등 젊은이들에게도 노안은 더 이상 먼 이야기가 아니다. '몸이 천 냥이면 눈이 구백 냥'이라는 말이 있듯이 삶의 질을 유지하는 데 있어 눈은 매우 중요한 기관이다. 몸이 피로하고 지칠 때 편안하게 쉬듯이 눈에도 충분한 휴식을 주어 눈에 부담을 덜어주는 것이 필요하다.

06 다음 중 노안 예방 방법으로 옳지 않은 것은?

① 눈에 충분한 휴식을 준다.
② 전자 기기 사용을 줄인다.
③ 눈 운동을 한다.
④ 블루라이트 차단 제품을 사용한다.

07 다음 중 노안 테스트를 위한 질문으로 적절한 것을 〈보기〉에서 모두 고르면?

> **보기**
> ㄱ. 항상 안경을 착용한다.
> ㄴ. 하루에 세 시간 이상 스마트폰을 사용한다.
> ㄷ. 갑작스럽게 두통이나 어지럼증을 느낀다.
> ㄹ. 최신 스마트폰을 사용한다.
> ㅁ. 먼 곳을 보다가 가까운 곳을 보면 눈이 침침하다.
> ㅂ. 조금만 책을 읽어도 눈이 쉽게 피로해진다.

① ㄱ, ㄴ, ㄹ   ② ㄱ, ㄷ, ㅂ
③ ㄴ, ㄷ, ㅁ   ④ ㄴ, ㅁ, ㅂ

08 다음 중 맞춤법이 올바른 것은?

① 직장인 5명 중 3명은 이직 후 <u>텃새</u>에 시달린 경험이 있는 것으로 조사되었다.
② 부산스러웠던 교실이 <u>금새</u> 조용해졌다.
③ 봄이 되자 나무에서 새 <u>잎아리</u>가 자라났다.
④ 방문 너머 <u>다듬</u>이질 소리가 들려왔다.

09 다음 상황에서 A씨가 침해받았다고 주장하는 권리는 무엇인가?

> 심의위원회는 A씨가 의뢰한 TV광고를 검토하였고, 심의 결과 광고 내용이 방송에 부적합하다고 판단하여 A씨에게 방송 불가를 통보하였다. A씨는 심의 결과에 강력하게 반발하며, 광고를 사전에 심의하는 것은 자신의 권리를 침해하는 행위라고 주장하였다.

① 자유권   ② 평등권
③ 참정권   ④ 청구권

10 다음 〈보기〉에서 범하고 있는 논리적 오류는 무엇인가?

> **보기**
> "여러분, 분열은 우리의 화합으로 극복할 수 있습니다. 화합한 사회에서는 분열이 일어나지 않습니다."

① 순환논증의 오류   ② 무지의 오류
③ 논점 일탈의 오류   ④ 대중에 호소하는 오류

11 한국중부발전의 A ~ G직원은 인사팀 또는 회계팀에서 근무하고 있다. 인사팀 직원이 4명, 회계팀 직원이 3명일 때, 항상 옳은 것은?

> **조건**
> • B는 E에게 결재를 받는다.
> • A는 G에게 결재를 받는다.
> • C는 D와 다른 팀이며, F에게 결재를 받는다.

① A - 인사팀   ② B - 회계팀
③ C - 인사팀   ④ E - 인사팀

12 다음 중 BCG 매트릭스와 GE & 맥킨지 매트릭스에 대한 설명으로 옳은 것을 〈보기〉에서 모두 고르면?

> **보기**
>
> ㄱ. BCG 매트릭스는 미국의 컨설팅업체인 맥킨지에서 개발한 사업포트폴리오 분석 기법이다.
> ㄴ. BCG 매트릭스는 시장성장율과 상대적 시장점유율을 고려하여 사업의 형태를 4개 영역으로 나타낸다.
> ㄷ. GE & 맥킨지 매트릭스는 산업매력도와 사업경쟁력을 고려하여 사업의 형태를 6개 영역으로 나타낸다.
> ㄹ. GE & 맥킨지 매트릭스에서의 산업매력도는 시장규모, 경쟁구조, 시장 잠재력 등의 요인에 의해 결정된다.
> ㅁ. GE & 맥킨지 매트릭스는 BCG 매트릭스의 단점을 보완해 준다.

① ㄱ, ㄴ
② ㄱ, ㄴ, ㄷ
③ ㄴ, ㄷ, ㅁ
④ ㄴ, ㄹ, ㅁ

13 다음은 한국중부발전 신입사원 채용인원에 관한 자료이다. 2016년부터 2018년까지 여성 신입사원은 매년 30명씩 증가하였고 2018년의 신입사원 총원이 500명일 때, 남녀의 성비는?(단, 남녀 성비는 여성 100명당 남성 수이고, 소수점 둘째 자리에서 반올림한다)

(단위 : 명)

구분	2016년	2017년	2018년
남성	210	200	
여성	230	260	
전체	440	460	500

① 약 71.0%
② 약 72.4%
③ 약 72.8%
④ 약 73.1%

14 J연구소에서 자동차 사고직전속력에 대한 공식을 다음과 같이 정의하였다. 스키드마크가 50m, 마찰계수가 0.5일 때, 사고직전속력은 얼마인가?

$$(사고직전속력) = \sqrt{256 \times [스키드마크(m)] \times (마찰계수)}$$

① 75km/h
② 78km/h
③ 80km/h
④ 82km/h

15 A씨는 이번 달에 350kWh의 전기를 사용하였으며, B씨는 A씨가 내야 할 요금의 2배만큼 사용하였다. 이때 B씨가 이번 달에 사용한 전기량은 몇 kWh인가?

〈전기 사용량 구간별 요금〉

구분	요금
200kWh 이하	100원/kWh
200kWh 초과 400kWh 이하	200원/kWh
400kWh 초과	400원/kWh

① 350kWh ② 400kWh
③ 450kWh ④ 500kWh

16 다음 자료에서 설명하고 있는 부여의 제천행사는?

- 정월 보름에 하늘에 제사를 지내며, 먹고 마시고 춤춘다.
- 감옥을 열고 죄인을 풀어 준다.

① 영고 ② 동맹
③ 무천 ④ 계절제

17 다음 중 빈칸에 들어갈 수 있는 내용으로 적절하지 않은 것은?

〈법흥왕의 업적〉

- 병부 설치
- 불교 공인
- _____

- 연호 사용
- 골품 제도 정비

① 율령 반포 ② 영토 확장
③ 공복 제정 ④ 순장 금지

18 다음 중 빈칸에 들어갈 인물의 업적으로 옳은 것은?

> _____은/는 상주 사람으로 본래 성은 이씨이다. …… 서쪽으로 공략하여 완상에 이르자 말하기를 '내가 삼국의 시원을 따져보니 마한이 먼저 일어났다. 그리고 백제가 개국하여 6백 년을 전하였다가 신라에게 멸망되었으니 내가 의자왕의 묵은 원한을 설욕하고자 한다.'라고 하였다. 마침내 완산에 도읍을 정하고 후백제를 건국했다.

① 신라의 항복을 받아 신라를 흡수하였다.
② 고려를 정복하고 삼국을 통일하였다.
③ 경애왕을 죽이고 경순왕을 즉위시켰다.
④ 양길의 수하로 들어가 강원도 지역을 공격하였다.

19 다음 중 (가) 시기에 있었던 일로 옳은 것은?

				(가)		
…	고려 건국	귀주대첩	무신의 난	강화 천도	개경 환도	…

① 이자겸의 난　　　　　　　② 처인성 전투
③ 만적의 난　　　　　　　　④ 삼별초 항쟁

20 다음 중 조선 시대의 왕과 업적이 바르게 연결된 것은?

① 태종 – 『조선경국전』 편찬
② 세종 – 사간원 독립
③ 세조 – 집현전 설치, 경연 강화
④ 성종 – 『경국대전』 완성

21 다음 전쟁이 일어난 시기의 사회상을 〈보기〉에서 모두 고르면?

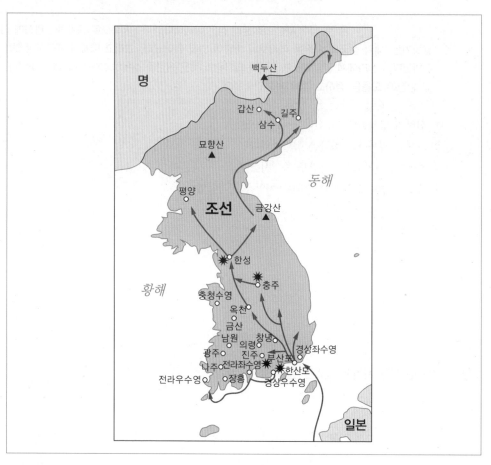

ㄱ. 붕당정치 붕괴   ㄴ. 비변사 강화
ㄷ. 세도정치의 성행   ㄹ. 신분제의 동요

① ㄱ, ㄴ   ② ㄴ, ㄷ
③ ㄷ, ㄹ   ④ ㄴ, ㄹ

22 다음 중 조선 중기 이후 학문연구와 선현제향을 위하여 사림이 설립한 교육기관으로 그 지역의
자치운영기구 역할도 했던 것은 무엇인가?

① 서원   ② 향교
③ 성균관   ④ 서당

23 다음 정책이 시행된 배경으로 옳은 것은?

일본에서는 한반도 남부지방에는 목화와 누에고치를, 북부지방에는 양을 기르게 하여 한반도를 일제의 공업원료 공급지로 활용할 정책을 시행하였다.

① 대공황이 발생했다.
② 윌슨이 민족 자결주의를 주창하였다.
③ 3·1운동이 전개되었다.
④ 봉오동·청산리 전투가 발발하였다.

24 다음 중 강화도 조약에 대한 내용으로 옳지 않은 것은?

① 정식 명칭은 조일수호조규이며, 병자수호조약이라고도 한다.
② 일본 상인에 대한 최혜국 대우가 체결되었다.
③ 무관세 무역이 체결되었다.
④ 부산, 원산, 인천 항구를 20개월 안에 개항한다는 내용의 조약이 체결되었다.

25 다음 중 제시된 개헌의 공통점으로 옳은 것은?

- 발췌개헌(1952)
- 사사오입개헌(1954)
- 3선개헌(1969)

① 장기집권의 획득
② 대통령 간선제 체택
③ 대통령 직선제 체택
④ 의원 내각제 체택

26 다음 사료에서 알 수 있는 시대의 생활상에 대한 설명으로 옳은 것은?

> 강원도 고성군 죽왕면 문암리에서는 기원전 3600년 ~ 기원전 3000년의 동아시아 최초의 밭유적이 발견되었는데, 움집, 짧은 빗살무늬토기, 돌화살촉 등이 함께 출토되었다.

① 식량 채집경제 생활이 시작되었으며, 토기가 제작되었다.
② 움집은 주로 원형이나 모둥근 방형으로, 중앙에 화덕을 설치하고 남쪽에 출입문을 내었다.
③ 원시적 평등 사회로 지배 – 피지배의 계급은 나뉘지 않고, 원시 신앙도 발생하지 않았다.
④ 돌보습, 굴지구와 더불어 반달돌칼, 홈자귀 등 간석기가 사용되었고, 원시적 수공업이 이루어졌다.

27 다음 중 밑줄에 해당하는 섬에 대한 일본 측 주장을 반박하기 위한 탐구 활동으로 옳지 않은 것은?

> 다른 나라가 이 무인도를 점유했다고 인정할 만한 증거가 없다. 기록에 따르면 1903년 이래 나카이란 자가 이 섬에 이주하여 어업에 종사한 바, 국제법상 점령한 사실이 있는 것으로 인정되므로 이 섬을 본국 소속으로 하고 시마네현에서 관할하도록 한다.

① 일본이 만주의 이권 확보를 위해 청과 체결한 협약 내용을 검토한다.
② 일본의 무주지 선점 주장의 국제법상 문제점을 살펴본다.
③ 일본의 침탈에 대응한 대한제국 정부의 활동을 조사해 본다.
④ 우리 영토임을 확인해 주는 1905년 이전의 일본 문서를 찾아본다.

28 다음 중 삼한에 대한 설명으로 옳지 않은 것은?

① 저수지가 축조되고 벼농사가 발달하였다.
② 제정 분리의 사회였다.
③ 삼한은 후에 백제, 신라, 가야로 발전하게 되었다.
④ 마한은 철이 풍부하게 생산되어 철을 화폐처럼 이용하였다.

29 다음 중 제시된 사건 직후에 전개한 개혁으로 옳은 것을 〈보기〉에서 모두 고르면?

- 삼국간섭
- 친러내각인 제3차 김홍집 내각의 성립
- 을미사변

> **보기**
> ㄱ. 건양이라는 연호를 제정하였다.
> ㄴ. 조일무역규칙을 개정하였다.
> ㄷ. 서울에 친위대를, 지방에 진위대를 두었다.
> ㄹ. 은 본위 화폐 제도를 실시하였다.

① ㄱ, ㄴ ② ㄱ, ㄷ
③ ㄴ, ㄹ ④ ㄷ, ㄹ

30 다음 제도에 대한 설명으로 옳은 것을 〈보기〉에서 모두 고르면?

경기는 사방의 근본이니 마땅히 _____을/를 설치하여 사대부를 우대한다. 무릇 수조권자가 죽은 후, 자식이 있는 아내가 수신하면 남편이 받은 토지를 모두 물려 받고, 자식이 없으면 그 절반을 물려 받으며, 수신하지 않는 경우는 물려 받지 못한다. 부모가 사망하고 자식들이 어리면 휼양하여야 하니 그 토지를 모두 물려 받는다.

> **보기**
> ㄱ. 전·현직 관리에게 전지와 시지를 지급하였다.
> ㄴ. 수조권을 받은 자가 농민에게 직접 조세를 거두었다.
> ㄷ. 조의 부과는 사전의 전주가 매년 농사의 작황을 실제로 답사해 정하는 답험손실법(踏驗損實法)이었다.
> ㄹ. 토지를 지급받은 관리는 조세를 징수하고 노동력을 징발할 수 있었다.

① ㄱ, ㄴ ② ㄱ, ㄷ
③ ㄴ, ㄷ ④ ㄴ, ㄹ

06 | 2018년 시행
기출복원문제

정답 및 해설 p.028

01 다음 중 스마트미터에 대한 내용으로 옳지 않은 것은?

> 스마트미터는 소비자가 사용한 전력량을 일방적으로 보고하는 것이 아니라, 발전사로부터 전력 공급 현황을 받을 수 있는 양방향 통신, AMI(Ambient Intelligence)로 나아간다. 때문에 부가적인 설비를 더하지 않고 소프트웨어 설치만으로 집안의 통신이 가능한 각종 전자기기를 제어하는 기능까지 더할 수 있어 에너지를 더욱 효율적으로 관리하게 해 주는 전력 시스템이다.
>
> 스마트미터는 신재생에너지가 보급되기 위해 필요한 스마트그리드의 기초가 되는 부분으로 그 시작은 자원 고갈에 대한 걱정과 환경 보호 협약 때문이었다. 하지만 스마트미터가 촉구되었던 더 큰 이유는 안정적으로 전기를 이용할 수 있느냐 하는 두려움 때문이었다. 사회는 끊임없는 발전을 이뤄 왔지만 천재지변으로 인한 시설 훼손이나 전력 과부하로 인한 블랙아웃 앞에서는 어쩔 도리가 없었다. 태풍과 홍수, 산사태 등으로 막대한 피해를 보았던 2000년대 초반 미국을 기점으로, 전력 정보의 신뢰도를 위해 스마트미터 산업은 크게 주목받기 시작했다. 대중은 비상시 전력 보급 현황을 알기 원했고, 미 정부는 전력 사용 현황을 파악함은 물론, 소비자가 전력 사용량을 확인 할 수 있도록 제공하여 소비자 스스로 전력 사용을 줄이길 바랐다.
>
> 한편, 스마트미터는 기존의 전력 계량기를 교체해야 하는 수고와 비용이 들지만, 실시간으로 에너지 사용량을 알 수 있기 때문에 이용하는 순간부터 공급자인 발전사와 소비자 모두가 전력 정보를 편리하게 접할 수 있을 뿐만 아니라 효율적으로 관리가 가능해진다. 앞으로는 소비처로부터 멀리 떨어진 대규모 발전 시설에서 생산하는 전기뿐만 아니라, 스마트 그린시티에 설치된 발전설비를 통한 소량의 전기들까지 전기 가격을 하나의 정보로 규합하여 소비자가 필요에 맞게 전기를 소비할 수 있게 하였다. 또한, 소형 설비로 생산하거나 에너지 저장 시스템에 사용하다 남은 소량의 전기는 전력시장에 역으로 제공해 보상을 받을 수도 있게 된다.
>
> 미래 에너지는 신재생에너지로의 완전한 전환이 중요하지만, 산업체는 물론 개개인이 에너지를 절약하는 것 역시 중요하다. 앞서 미국이 의도했던 것처럼 스마트미터를 보급하면 일상에서 쉽게 에너지 운용을 파악할 수 있게 되고, 에너지 절약을 습관화하는 데 도움이 될 것이다.

① 소비자가 사용한 전력량뿐만 아니라 발전사로부터 공급 현황도 받을 수 있다.

② 에너지 공급자와 사용자를 양방향 통신으로 연결해 정보제공 역할을 한다.

③ 공급자로부터 받은 전력 사용량을 바탕으로 소비자 스스로 전력 사용을 제어할 수 있다.

④ 스마트미터는 자원 고갈과 환경보호를 대체할 수 있는 발전효율이 높은 신재생에너지 자원이다.

02 다음은 한국중부발전의 사업장에 관한 내용이다. 각 사업장을 상징할 수 있는 문구로 적절하지 않은 것은?

총 설비용량 9,553MW를 보유, 국내 전력 공급의 8.2%를 담당하며, 고품질의 안정적인 전력 공급을 책임지는 한국중부발전은 총 7개의 발전소를 운영하고 있다.

(가) 보령발전본부의 1984년 준공된 보령 1·2호기는 2010년에 성능 개선 공사를 통해 발전소 수명을 15년가량 연장하였고, 국내 최초의 표준 석탄화력으로 국내 석탄화력발전소 운영 기술의 효시가 된 3호기는 2018년 3월 6,500일 장기 무고장 운전이라는 세계 유례없는 기록을 달성하며, 철저한 설비관리 능력과 운영 기술력의 우수성을 대내외에 널리 알리고 있다.

(나) 신보령발전본부는 고효율의 USC(Ultra Super Critical)발전소로 발전효율은 높이고 온실가스 배출을 줄이는 동시에 최신의 질소산화물 저감설비, 배기가스 탈황설비 등을 갖춘 친환경 발전소로, 신보령 1·2호기 완공을 통해 국민에게 더욱 저렴하고 친환경적인 전기를 공급할 수 있게 되고, 최초 국산화 초초임계압 발전소의 건설 및 운영 기술력의 해외 수출을 통한 글로벌시장 판로 개척도 기대하고 있다.

(다) 우리나라 전력산업의 살아있는 역사인 서울건설본부(구 당인리발전소)는 1930년 1호기가 우리나라 최초의 화력발전소로 준공되었다. 국내 최초의 화력발전소였던 서울건설본부는 또 한 번의 대변신을 준비하고 있다. 세계 최초로 도심 지하에 800MW급 대규모 복합화력발전소를 건설하고 있으며, 발전소의 지상 부지는 서울시민의 쉼터가 될 한강변과 연계된 도시재생 공원을 조성하게 된다.

(라) 인천발전본부는 우리나라 최대 전력수요지인 수도권에 위치하여, 안정적인 전력 공급을 위해 2005년 복합1호기(503.5MW)를 준공한 이후 고효율의 최신식 복합발전설비의 건설을 지속적으로 추진하여, 2009년에는 복합2호기(509MW)를 준공하였으며, 2012년 12월에는 복합3호기(450MW)가 준공되어 운영 중이다. 최신식 설비로의 교체 운영으로 인천발전본부는 고효율 복합발전설비의 안정적 운영을 통해 수도권의 전력 수급 안정에 큰 역할을 담당하고 있다.

세종발전본부는 행정중심복합도시 개발계획에 따라 2011년 10월에 착공, 2013년 11월 30일 준공하여 2013년 12월부터 530MW의 전력과 391Gcal/hr의 난방열을 생산하여 세종시 약 10만 세대의 공동주택, 정부청사 등에 난방열과 전기를 공급하고 있다. 세종특별자치시의 도시계획과 조화된 친환경 설계로 최신의 환경시설을 운영하여 세종시민의 쾌적한 생활환경 조성에 기여하고 있다.

① (가) : 국내 최초의 표준 석탄화력발전소
② (나) : 고효율 USC의 미래형 친환경 발전소
③ (다) : 글로벌 에너지 리더
④ (라) : 수도권 전력 공급의 핵심

03 다음 에코팜 사업에 대한 기사문의 내용과 일치하는 것은?

> 한국중부발전은 중부발전 관계자, 보령시 관내 기관장 10여 명이 참석한 가운데 에코팜(Eco Farm) 사업으로 처음 수확한 애플망고 시식행사를 보령발전본부에서 개최하였다.
>
> 에코팜 사업은 국책 연구과제로 한국중부발전, 전자부품연구원 등 14개 기관이 참여하였으며 34개 월간 총 연구비 82억 원을 투자하여 발전소의 온배수와 이산화탄소를 활용한 스마트 시스템 온실을 개발하는 사업이다. 2014년 12월 착수하여 2015년 4월 300평 규모의 비닐하우스를 설치하고 2015년 7월 애플망고 100주를 식재하여 2017년 7월 첫 수확을 하게 되었다.
>
> 한국중부발전에서는 애플망고를 수확하기 위해 발전소 부산물인 온배수, 이산화탄소, 석탄재를 에코팜에 활용하였다. 온배수의 열을 이용하여 에너지를 86%까지 절감하였고 발전소 CCS설비에서 포집한 이산화탄소를 온실에 주입하여 작물의 광합성 촉진 및 생장속도를 가속화하였다. 또한, 발전소 석탄재(Bottom Ash)는 비닐하우스 부지정리에 사용해 이산화탄소 배출 절감과 폐기물의 유용한 자원화에 기여하고, 농가의 고수익 창출을 이루어 내고 있다. 덧붙여, 비닐하우스에는 4차 산업혁명의 필수인 사물인터넷(IoT) 융합 스마트 생육관리 시스템을 구축하여 애플망고, 파프리카 등 고부가가치 작물의 안정적 재배가 가능하도록 하였다.
>
> 한국중부발전은 "온배수를 비롯한 발전소 부산물을 신재생에너지원이자 새로운 산업 자원으로 재탄생시키기 위해 지속적인 추가 사업 발굴·확대를 추진할 것이며 새로운 부가가치를 창출하는 에너지 신산업 모델을 구현하고자 지속 노력할 것"이라고 전했다.
>
> 한편, 한국중부발전은 발전부산물이자 폐자원인 온배수열을 다양한 산업분야에 활용하고 있다. 2015년부터 온배수를 활용한 수산종묘배양장을 운영 중으로 2016년 5월에는 광어, 점농어 80만 미, 2017년 7월에는 대하 치어 23만 미를 방류하여 지역사회 수산자원 증대와 어민의 소득 향상에 기여하고 있으며, 발전소 인근 LNG 인수기지에 LNG 기화·공급을 위한 열원으로 온배수를 활용하여 기화효율을 높이고 냉·온배수를 상호 절감함으로써 해양 환경영향을 최소화하는 친환경사업도 추진 중이다.

① 에코팜 사업은 발전소의 냉각수와 이산화탄소를 활용한 스마트 시스템 온실을 개발하는 사업이다.

② 발전소에서 생산한 온배수, 석탄재, 이산화탄소를 에코팜에서 활용하여 애플망고를 식재하였고 첫 수확을 맺었다.

③ 온배수의 열을 이용하여 비닐하우스 부지정리에 활용함으로써 폐기물의 자원화에 기여하였다.

④ 발전소 CCS설비에서 포집한 이산화탄소를 온실에 활용함으로써 이산화탄소의 배출 절감에 기여하였다.

※ 다음은 일정한 규칙으로 배열한 수열이다. 빈칸에 들어갈 수로 옳은 것을 고르시오. [4~6]

04

864   432   216   (   )   54

① 108   ② 105
③ 102   ④ 98

05

1   3   (   )   7   9

① 4   ② 5
③ 6   ④ 7

06

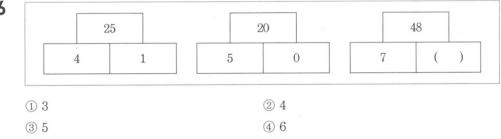

① 3   ② 4
③ 5   ④ 6

07 J사에서는 창립 10주년을 맞아 전 직원이 참여하는 야유회 행사를 개최했다. 야유회 프로그램 중 축구를 하는 데, 1골 넣을 때마다 남직원과 여직원은 각각 1점과 3점을 얻는다고 한다. 남직원과 여직원 모두 전체 12골을 넣었고 획득한 점수가 20점일 때, 여직원이 넣은 골의 수는?

① 4골   ② 5골
③ 6골   ④ 7골

※ 다음은 2011 ~ 2017년 SMP에 대한 자료이다. 이어지는 질문에 답하시오. **[8~9]**

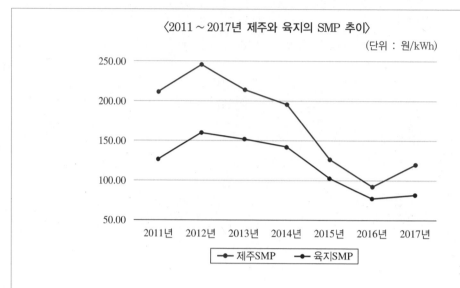

〈2011 ~ 2017년 제주와 육지의 SMP 추이〉

(단위 : 원/kWh)

범례: ●─● 제주SMP ●─● 육지SMP

〈2011 ~ 2017년 SMP 추이〉

(단위 : 원/kWh)

구분	2011년	2012년	2013년	2014년	2015년	2016년	2017년
통합SMP	126.63	160.83	152.10	142.26	101.76	77.06	81.77
육지SMP	125.93	160.12	151.56	141.78	101.54	76.91	81.39
제주SMP	211.18	245.94	213.86	195.87	125.83	91.77	119.72

※ SMP(System Marginal Price : 계통한계가격) : 거래시간별로 적용되는 전력량에 대한 전력시장가격이다.
※ 연도별 SMP는 연간 시간대별 SMP를 연간 시간대별 전력수요예측량으로 가중평균한 것이다.

08 한국중부발전에서 근무하는 K사원이 자료를 참고해 다음과 같은 보고서를 작성했다. 수정이 필요한 부분을 모두 고르면?

연간 SMP 통계 정보에 따르면 ㉠ <u>2017년 통합SMP는 88.77원/kWh를 기록, 전년보다 4.31원 상승했다.</u> 연간 SMP가 상승곡선을 그린 것은 2012년 이후 5년만이다. 통합SMP는 2011년 9.15 순환정전 이후 전력부족문제로 급상승했으며, ㉡ <u>2012년 160.83원/kWh로 최고점을 찍은 뒤 2016년까지 계속 하락했다.</u> 이는 순환정전 이후 수급안정을 위해 신규 발전설비를 다수 건설한 결과다. 2017년 SMP 가격반등은 지난해 10여 기에 달하는 원전이 일제히 정비에 들어간 이유가 크다. 기저발전 역할을 하며 가격하락을 주도한 원전이 가동을 정지하면서 상대적으로 가격이 상승했다. 한편, 제주의 SMP는 2012년부터 2016년까지 빠른 속도로 하락했다. 특히 ㉢ <u>2014년 대비 2015년 제주의 SMP는 같은 기간 육지SMP보다 큰 폭으로 하락했다.</u> 이는 2014년부터 이어진 유가하락의 영향이 큰 것으로 알려졌다. ㉣ <u>2017년 제주의 SMP는 전년 대비 33% 이상 상승했으며, 2018년에도 상승할 것으로 전망된다.</u>

① ㉠, ㉡

② ㉠, ㉣

③ ㉡, ㉢

④ ㉢, ㉣

09 2018년 육지와 제주의 SMP는 2017년 대비 각각 12%, 25% 상승할 것이라고 예상할 때, 2018년 육지SMP와 제주SMP의 예상값을 올바르게 나열한 것은?(단, 소수점 셋째 자리에서 버림한다)

	육지SMP	제주SMP
①	89.65원/kWh	123.75원/kWh
②	89.65원/kWh	149.65원/kWh
③	91.15원/kWh	123.75원/kWh
④	91.15원/kWh	149.65원/kWh

10 K사 총무부에서 비품관리를 맡은 L대리는 복사용지박스를 각 팀에 나눠줘야 한다. 1팀당 3박스씩 나눠주면 5박스가 남고, 5박스씩 나눠주면 1팀은 못 받고 1팀은 3박스를 받는다면 K사 전체 팀 수와 복사용지박스 개수의 합은?

① 29 　　　　　　　　　② 32

③ 35 　　　　　　　　　④ 38

11 어떤 직사각형의 세로 길이는 120cm이다. 이 직사각형 둘레의 길이가 330cm 이상 440cm 이하일 때, 가로의 길이가 될 수 있는 것은?

① 135cm 　　　　　　　② 120cm

③ 105cm 　　　　　　　④ 90cm

12 K씨는 지난 영국출장 때 사용하고 남은 1,400파운드를 주거래 은행인 A은행에서 환전해 이번 독일출장 때 가지고 가려고 한다. A은행에서 고시한 환율은 1파운드당 1,500원, 1유로당 1,200원 일 때, K씨가 환전한 유로화는 얼마인가?(단, 파운드화에서 유로화로 환전 시 이중환전을 해야 하며, 환전 수수료는 고려하지 않는다)

① 1,700유로 　　　　　② 1,750유로

③ 1,800유로 　　　　　④ 1,850유로

지구온난화로 인한 기후변화로 인해 자연재해가 급증하고 있다. 그중 물을 통한 자연재해는 집중호우 형태의 홍수와 물 부족이 원인인 가뭄으로 구분할 수 있다. 홍수에 비해 가뭄은, 시작되면 그 피해가 시작되는 시점을 일정 부분 파악할 수 있고, 사회경제적 영향에 의해 선택적으로 피해를 발생시키는 특징이 있다. 이러한 이유로 홍수보다 가뭄은 그 피해를 보는 계층 간의 불평등이 더욱 심하다고 할 수 있다. 쉬운 예로 심각한 가뭄 중에도 도시민의 생활용수 공급이 중단되는 사례는 극히 드물다. 또한 가뭄이 발생하여 비가 오지 않게 되면 곡물 재배가 어려워지고 식량공급에 차질을 가져오는 경우가 종종 발생하기도 하는데, 이러한 식량공급의 차질은 상대적으로 사회적 약자의 피해로 고스란히 전가되는 경향이 크다. 따라서, 최소한의 경제적 여유가 있는 대다수 국민들 입장에서 가뭄은 홍수에 비해 드물게 발생하는 것처럼 느껴진다. 또한, 대부분의 사람은 가뭄 발생지역을 가뭄 피해지역으로 인식하고 있다. 그러나 심각한 가뭄 피해지역이라 할지라도 경제적 능력이 있으면 충분히 그 피해를 타 지역으로 전가시킬 수 있다. 가뭄은 홍수와 같이 발생주기가 비교적 불규칙하다고 알고 있으나, 문헌에 의하면 가뭄은 일정한 주기를 가지고 반복되는 현상으로 알려져 있다. 이렇듯 가뭄은 재해로 인한 피해 계층의 불평등과 반복성을 지닌 현상으로, 관심과 고통분담의 원칙을 생각한다면 쉽게 극복할 수 있는 자연재해이기도 하다. 어떠한 의미에서 홍수는 '확률에 의한 재해'이고, 가뭄은 '선택에 의한 재해'라고 정의할 수 있을 것이다.

13 윗글을 읽고 유추한 사실로 옳지 않은 것은?

① 도시인들은 가뭄으로 인한 재해에 비교적 무감각할 것이다.

② 가뭄은 홍수에 비해 예측 가능성이 높은 재해라고 할 수 있을 것이다.

③ 기득권층은 가뭄으로 인한 피해를 타 계층에 의도적으로 전가하고 있다.

④ 홍수로 인한 재해는 가뭄에 비해 급작스럽게 발생하는 경우가 많을 것이다.

14 다음 중 윗글의 주제로 가장 적절한 것은?

① 재해와 그로 인한 불평등

② 가뭄으로 인한 재해의 특성

③ 지구온난화로 인한 재해의 종류

④ 홍수와 가뭄으로 인한 피해의 원인과 경과

※ 다음은 서로 경쟁관계에 있는 멀티플렉스 체인 영화관인 L영화관과 C영화관이 상영하는 영화장르에 따라 얻는 월 수익을 정리한 자료이다. 이어지는 질문에 답하시오. [15~16]

〈영화장르별 월 수익〉

(단위 : 억 원)

구분		C영화관			
		SF	공포	코미디	로맨스
L영화관	SF	(3, 5)	(4, −2)	(−1, 6)	(0, 2)
	공포	(−1, 6)	(2, 3)	(7, 4)	(−4, 0)
	코미디	(6, 4)	(8, −4)	(2, −1)	(5, 3)
	로맨스	(3, −7)	(5, 1)	(−4, 8)	(2, 1)

※ 괄호 안의 숫자는 L영화관과 C영화관이 영화 상영으로 얻는 월 수익을 의미한다(L영화관의 월 수익, C영화관의 월 수익).

예 L영화관이 공포물을 상영하고 C영화관이 코미디물을 상영했을 때, L영화관의 월 수익은 7억 원이고 C영화관의 월 수익은 4억 원이다.

〈분기별 소비자 선호 장르〉

구분	1분기	2분기	3분기	4분기
선호 장르	SF	공포	코미디	로맨스

※ 소비자가 선호하는 장르를 상영하면 월 수익은 50% 증가하고, 월 손해는 50% 감소한다.

15 L영화관의 2분기 상영영화 정보를 알 수 없다고 할 때, C영화관이 2분기 기대수익의 평균을 가장 크게 하려면 어떤 장르의 영화를 상영해야 하는가?

① SF
② 공포
③ 코미디
④ 로맨스

16 소비자의 선호 장르를 재조사한 결과 3분기에 소비자들은 코미디와 로맨스 둘 다 선호하는 것으로 나타났다면 L영화관과 C영화관의 3분기 기대수익 차이가 가장 큰 경우는 언제인가?

	L영화관	C영화관
①	로맨스	SF
②	로맨스	코미디
③	코미디	공포
④	코미디	로맨스

07 | 2017년 시행
기출복원문제

정답 및 해설 p.032

01 한국중부발전 기획전략처 문화홍보부 A대리는 부서 출장 일정에 맞춰 업무 시 사용할 렌터카를 대여하려고 한다. 제시된 자료를 참고하여 A대리가 일정에 사용할 렌터카를 모두 고르면?

〈문화홍보부 출장 일정〉

일자	내용	인원	짐 무게
2018. 01. 08(월)	보령화력 3부두 방문	2명	6kg
2018. 01. 09(화)	임금피크제 도입 관련 세미나 참여	3명	3kg
2018. 01. 10(수)	신서천화력 건설사업	5명	–
2018. 01. 11(목)	햇빛새싹발전소(학교태양광) 발전사업 대상지 방문	3명	3kg
2018. 01. 12(금)	제주 LNG복합 건설사업 관련 좌담회	8명	2kg
2018. 01. 15(월)	H그린파워 제철 부생가스 발전사업 관련 미팅	10명	3kg
2018. 01. 16(화)	방만경영 개선 이행실적 발표회	4명	1kg
2018. 01. 17(수)	보령항로 준설공사현장 방문	3명	2kg
2018. 01. 18(목)	보령 본사 방문	4명	6kg

※ 짐 무게 3kg당 탑승인원 1명으로 취급한다.

〈렌터카 요금 안내〉

구분	요금	유류	최대 탑승인원
A렌터카	45,000원	경유	4명
B렌터카	60,000원	휘발유	5명
C렌터카	55,000원	LPG	8명
D렌터카	55,000원	경유	6명

※ 렌터카 선정 시 요금을 가장 우선으로 하고, 최대 탑승인원을 다음으로 한다.
※ 1 ~ 11일까지는 신년할인행사로 휘발유 차량을 30% 할인한다.

보내는 이 : A대리
안녕하십니까, 문화홍보부 A대리입니다.
금주 문화홍보부에서 참여하는 햇빛새싹발전소 발전사업 대상지 방문과 차주 보령 본사 방문에 관련된 정보를 첨부합니다. 해당 사항을 확인해 주시기 바랍니다. 감사합니다.

받는 이 : 문화홍보부

① A렌터카, B렌터카

② A렌터카, D렌터카

③ B렌터카, C렌터카

④ B렌터카, D렌터카

02 다음 글의 내용과 일치하지 않는 것은?

비트코인은 지폐나 동전과 달리 물리적인 형태가 없는 온라인 가상화폐(디지털 통화)로, 디지털 단위인 '비트(Bit)'와 '동전(Coin)'을 합친 용어이다. 나카모토 사토시라는 가명의 프로그래머가 빠르게 진전되는 온라인 추세에 맞춰 갈수록 기능이 떨어지는 달러화, 엔화, 원화 등과 같은 기존의 법화(Legal Tender)를 대신할 새로운 화폐를 만들겠다는 발상에서 2009년 비트코인을 처음 개발했다. 특히 2009년은 미국발(發) 금융위기가 한창이던 시기여서 미연방준비제도(Fed)가 막대한 양의 달러를 찍어내 시장에 공급하는 양적완화가 시작된 해로, 달러화 가치 하락 우려가 겹치면서 비트코인이 대안 화폐로 주목받기 시작했다.

비트코인의 핵심은 정부나 중앙은행, 금융회사 등 어떤 중앙집중적 권력의 개입 없이 작동하는 새로운 화폐를 창출하는 데 있다. 그는 인터넷에 남긴 글에서 "국가 화폐의 역사는 (화폐의 가치를 떨어뜨리지 않을 것이란) 믿음을 저버리는 사례로 충만하다."고 비판했다.

비트코인은 은행을 거치지 않고 개인과 개인이 직접 돈을 주고받을 수 있도록 '분산화된 거래장부' 방식을 도입했다. 시스템상에서 거래가 이뤄질 때마다 공개된 장부에는 새로운 기록이 추가된다. 이를 '블록체인'이라고 한다. 블록체인에 저장된 거래기록이 맞는지 확인해 거래를 승인하는 역할을 맡은 사람을 '채굴자'라고 한다. 컴퓨팅 파워와 전기를 소모해 어려운 수학 문제를 풀어야 하는 채굴자의 참여를 독려하기 위해 비트코인 시스템은 채굴자에게 새로 만들어진 비트코인을 주는 것으로 보상한다. 채굴자는 비트코인을 팔아 이익을 남길 수 있지만, 채굴자 간 경쟁이 치열해지거나 비트코인 가격이 폭락하면 어려움에 처한다.

비트코인은 완전한 익명으로 거래된다. 컴퓨터와 인터넷만 되면 누구나 비트코인 계좌를 개설할 수 있다. 이 때문에 비트코인은 돈세탁이나 마약거래에 사용되는 문제점도 드러나고 있다. 또 다른 특징은 통화 공급량이 엄격히 제한된다는 점이다. 현재 10분마다 25개의 새 비트코인이 시스템에 추가되지만 21만 개가 발행될 때마다 반감돼 앞으로 10분당 추가되는 비트코인은 12.5개, 6.25개로 줄다가 0으로 수렴한다. 비트코인의 총발행량은 2,100만 개로 정해져 있다. 이는 중앙은행이 재량적으로 통화공급량을 조절하면 안 된다는 미국의 경제학자 밀턴 프리드먼의 주장과 연결돼있다. 다만 비트코인은 소수점 여덟 번째 자리까지 분할할 수 있어 필요에 따라 통화량을 늘릴 수 있는 여지를 남겨놨다.

가상화폐 지갑회사 블록체인인포에 따르면 2017년 12월 7일까지 채굴된 비트코인은 1,671만 개 정도로 채굴 한도 2,100만 개의 80%가 채굴된 셈이다.

사용자들은 인터넷에서 내려받은 '지갑' 프로그램을 통해 인터넷뱅킹으로 계좌이체 하듯 비트코인을 주고받을 수 있다. 또한, 인터넷 환전사이트에서 비트코인을 구매하거나 현금화할 수 있으며 비트코인은 소수점 여덟 번째 자리까지 단위를 표시해 사고팔 수 있다.

① 비트코인은 희소성을 가지고 있다.
② 비트코인은 가상화폐로 온라인상에서만 사용 가능하다.
③ 비트코인을 얻기 위해서는 시간과 노력이 필요하다.
④ 비트코인과 기존 화폐의 큰 차이점 중 하나는 통화발행주체의 존재 여부이다.

※ 다음 글을 읽고 이어지는 질문에 답하시오. [3~4]

그리드 패리티(Grid Parity)라는 용어를 들어 보았는가? 신재생에너지 발전단가와 화석연료 발전단가가 같아지는 시기를 '그리드 패리티'라고 한다. 이전에는 신재생에너지로 불리는 태양광·풍력·조력 등의 발전소가 활성화되지 않아, 석유·석탄과 같은 화석연료에 비해 비경제적이었지만, 기술 개발에 힘입어 현재는 신재생에너지 발전이 경제성을 갖추는 시점이 가까워지고 있다.

2020년 이후로, 신재생에너지 시대가 열린다.

경제협력개발기구(OECD) 산하조직인 원자력기구(NEA)에 따르면 2020년 기준, 전 세계적으로 그리드 패리티가 도래할 것이라고 한다. 3 ~ 4년 내에 본격적인 신재생에너지 시대가 열리는 것이다. 신재생에너지가 상용화된다면 어떤 미래가 펼쳐질까?

대표적인 예로 전기차를 들 수 있다. '에너지 혁명 2030'의 저자 토니 세바는 "2017년부터 태양광발전이 기존 발전 방식을 압도하고 2030년엔 전기차가 내연기관 자동차를 대체할 것이다."라고 했다. 또한, 중국의 전기차 생산업체 '하너지'는 별도의 충전 없이 온전히 태양광만으로 움직일 수 있는 전기차를 곧 상용화하겠다고 공언했다. 해마다 30만 대의 태양광 전기차가 판매될 경우 그에 따른 온실가스배출량 감축 효과는 나무 3천만 그루를 심는 것과 같은 효과를 볼 수 있다.

주요 선진국과 우리나라는 얼마나 '그리드 패리티'에 도달했을까?

그리드 패리티 달성은 정부 정책, 설치비용, 신재생 자원 및 전기요금 등 다양한 요인에 의해 결정된다. 여러 종류의 신재생 에너지 중 가장 큰 비중을 차지하는 것은 바로 태양광에너지이다.

미국·독일·호주·일본 등 여러 선진국에서는 이미 태양광에너지 그리드 패리티에 도달했는데 실제, 전기요금이 비싸거나 일사량이 높은 미국의 14개 주는 2015년에 이미 그리드 패리티를 달성했다. 또한, 독일은 낮은 일사량에도 불구하고 신재생 보조금 및 높은 전기요금의 영향으로 그리드 패리티를 달성한 국가이다. 태양광과 풍력이 충분한 자생력과 경쟁력을 갖춘 상태로, 모든 원전의 가동을 2022년까지 전면 중단하기로 선포하기도 했다. 이외에도 호주는 높은 일사량, 일본은 태양광 발전 지원정책과 높은 전기요금이 국가 그리드 패리티 달성의 주요 요인으로 작용했다.

그렇다면 우리나라의 그리드 패리티 달성 현황은 어떨까? 한국은 화석연료 등 기본 발전원이 저렴하고 신재생에너지가 비싼 편으로 나타났다. 2016년 한국의 신재생에너지 정산단가(kWh당)는 풍력 82.8원, 태양광 200.8원, 수력 84.2원 등 신재생 평균 101.1원이다. 이에 반해 기존 발전원은 원전 67.9원, 석탄 73.9원, 천연가스 99.4원을 기록해 신재생보다 훨씬 저렴한 것으로 나타났다. 이를 통해 한국은 세계적인 그리드 패리티 현상에 주요 선진국들보다 뒤처지고 있음을 알 수 있다.

-------------------- (A) --------------------

신재생에너지는 기후변화 대응 청정에너지로서 장점도 있지만, 시장성과 고용효과 등 경제적인 측면에서도 상당한 영향을 끼친다. 특히, 태양광은 같은 규모의 천연가스나 석탄 발전보다 2배의 고용인원 창출 효과가 나타나고 있는 것으로 분석되었다.

반면, 국토면적이 작고 일사량이 높지 않은 국내에서 기존 연료보다 신재생에너지에 투자와 개발을 집중하는 것은 아직 적절치 않다는 지적도 있다. 그러나 주에너지원을 신재생에너지로만 보급하는 날이 언젠가 오게 될 것이다. 신재생에너지가 우리 경제에 끼치는 영향은 지금보다 더 큰 영역으로 확장될 것이며 중요한 역할을 할 것임은 틀림없다. 이를 위해 제도적 기반을 토대로 신재생에너지 기술 개발과 보급이 원활히 이루어져야 할 것이다.

03 〈보기〉에서 각국의 그리드 패리티 달성의 주요 원인을 짝지은 것으로 옳지 않은 것은?

> **보기**
> ㉠ 비싼 전기요금   ㉡ 높은 일사량
> ㉢ 신재생 보조금   ㉣ 태양광발전 지원정책

① 미국 : ㉠, ㉡
② 독일 : ㉠, ㉡, ㉢
③ 호주 : ㉡
④ 일본 : ㉠, ㉣

04 다음 중 (A)에 들어갈 주제로 가장 적절한 것은?

① 신재생에너지 산업의 제도적 기반
② 신재생에너지, 주에너지원으로 전면 도입
③ 주요 선진국의 신재생에너지 지원정책 현황
④ 신재생에너지 산업이 우리 사회 전반에 미치는 영향과 전망

05 다음은 국내 금융그룹 SWOT 분석 결과이다. 자료를 참고할 때, 가장 적절한 전략은?

<국내 금융그룹 SWOT 분석>

강점(Strength)	약점(Weakness)
• 탄탄한 국내 시장 지배력 • 뛰어난 위기관리 역량 • 우수한 자산건전성 지표 • 수준 높은 금융 서비스	• 은행과 이자수익에 편중된 수익구조 • 취약한 해외 비즈니스와 글로벌 경쟁력 • 낙하산식 경영진 교체와 관치금융 우려 • 외화 자금 조달 리스크
기회(Opportunity)	**위협(Threat)**
• 해외 금융시장 진출 확대 • 기술 발달에 따른 핀테크의 등장 • IT 인프라를 활용한 새로운 수익 창출 • 계열사 간 협업을 통한 금융 서비스	• 새로운 금융 서비스의 등장 • 은행의 영향력 약화 가속화 • 글로벌 금융사와의 경쟁 심화 • 비용 합리화에 따른 고객 신뢰 저하

① SO전략 : 해외 비즈니스TF팀 신설로 상반기 해외 금융시장 진출 대비
② ST전략 : 금융 서비스를 다방면으로 확대해 글로벌 경쟁사와의 경쟁에서 우위 차지
③ WO전략 : 국내의 탄탄한 시장 지배력을 기반으로 핀테크 사업 진출
④ WT전략 : 국내 금융사의 우수한 자산건전성 지표를 홍보하여 고객 신뢰 회복

※ 다음은 일정한 규칙으로 배열한 수열이다. 빈칸에 들어갈 수로 옳은 것을 고르시오. **[6~8]**

06

121	144	169	( )	225	256

① 182   ② 186

③ 192   ④ 196

07

19	38	( )	82	107	134

① 58   ② 59

③ 60   ④ 61

08

9	37
35	8

12	46
38	7

13	55
( )	8

① 47   ② 49

③ 51   ④ 53

09 다음은 J미용실에 관한 SWOT 분석 결과이다. 자료를 참고할 때, 가장 적절한 전략은?

S(강점)	W(약점)
• 뛰어난 실력으로 미용대회에서 여러 번 우승한 경험이 있다. • 인건비가 들지 않아 비교적 저렴한 가격에 서비스를 제공한다.	• 한 명이 운영하는 가게라 동시에 많은 손님을 받을 수 없다. • 홍보가 미흡하다.
O(기회)	T(위협)
• 바로 옆에 유명한 프랜차이즈 레스토랑이 생겼다. • 미용실을 위한 소셜 네트워크 예약 서비스가 등장했다.	• 소셜 커머스를 활용하여 주변 미용실들이 열띤 가격경쟁을 펼치고 있다. • 대규모 프랜차이즈 미용실들이 잇따라 등장하고 있다.

① ST전략 : 여러 번 대회에서 우승한 경험을 가지고 가맹점을 낸다.

② WT전략 : 여러 명의 직원을 고용해 오히려 가격을 올리는 고급화 전략을 펼친다.

③ SO전략 : 소셜 네트워크 예약 서비스를 이용해 방문한 사람들에게만 저렴한 가격에 서비스를 제공한다.

④ WO전략 : 유명한 프랜차이즈 레스토랑과 연계하여 홍보물을 비치한다.

10 다음은 J분식점에 관한 SWOT 분석 결과이다. 자료를 참고할 때, 가장 적절한 전략은?

S(강점)	W(약점)
• 좋은 품질의 재료만 사용 • 청결하고 차별화된 이미지	• 타 분식점에 비해 한정된 메뉴 • 배달서비스를 제공하지 않음
O(기회)	T(위협)
• 분식점 앞에 곧 학교가 들어설 예정 • 최근 TV프로그램 섭외 요청을 받음	• 프랜차이즈 분식점들로 포화상태 • 상대적으로 저렴한 길거리 음식으로 취급하는 경향이 있음

① ST전략 : 비싼 재료들을 사용하여 가격을 올려 저렴한 길거리 음식이라는 인식을 바꾼다.

② WT전략 : 다른 분식점들과 차별화된 전략을 유지하기 위해 배달서비스를 시작한다.

③ SO전략 : TV프로그램에 출연해 좋은 품질의 재료만 사용한다는 점을 부각시킨다.

④ WO전략 : TV프로그램 출연용으로 다양한 메뉴를 일시적으로 개발한다.

※ 다음 여섯 개의 자판은 일정한 규칙으로 도형의 위치, 색상을 변환시킨다. 이어지는 질문에 답하시오.
  [11~13]

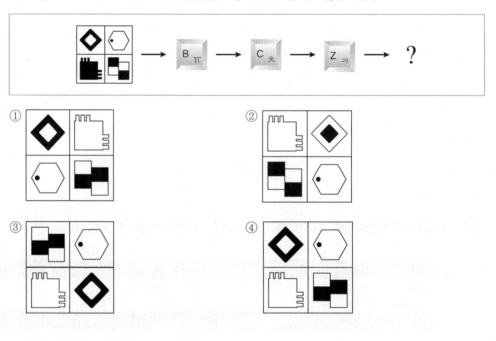

11 처음 상태에서 다음과 같이 자판을 눌렀을 때, 변환된 결과로 옳은 것은?

12 처음 상태에서 다음과 같이 자판을 눌렀을 때, 변환된 결과로 옳은 것은?

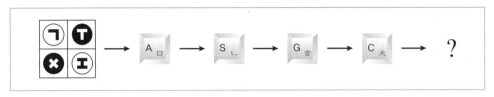

①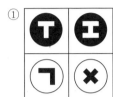

②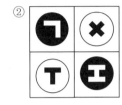

③

④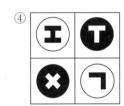

13 다음 중 (가) ~ (다)에 해당하는 자판을 바르게 나열한 것은?

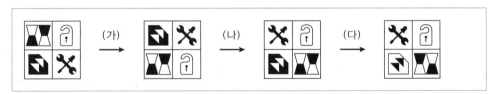

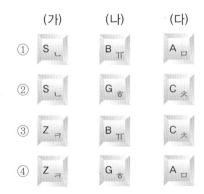

14 A대리 혼자서 프로젝트를 진행하면 16일이 걸리고 B사원 혼자 진행하면 48일이 걸릴 때, 두 사람이 함께 프로젝트를 진행하는 데 소요되는 기간은?

① 12일
② 13일
③ 14일
④ 15일

15 다음 기사를 읽고 직원들이 나눈 대화로 옳지 않은 것은?

숙련인력 붙잡기 궁여지책… 조선소 '무급휴직' 확산

'조선 불황'에 시달리는 경남 거제 · 통영지역 대형 및 중형 조선소에 '무급휴직' 한파가 몰아치고 있다. 지난해 극심했던 수주난이 올해도 이어질 것으로 예상되면서 조선소들이 중 · 대형 가릴 것 없이 임금을 주지 않고 일정기간 쉬도록 하는 무급휴직으로 버텨가고 있다. 8일 조선업계에 따르면 거제 대우조선해양에선 지난달에 이어 이달에도 200여 명이 무급휴직에 들어갔다. 대우조선은 구조조정 차원에서 인건비 절감을 위해 지난달 창사 이래 처음으로 200여 명에 대해 무급휴직을 시행했다. 지난달 첫 무급휴직자 대상자들은 이달부터 전원 업무에 복귀했다. 대우조선은 수주난에 따른 경영위기가 해소될 때까지 무급휴직제를 지속적으로 시행한다는 방침이다. 대우조선의 경우 현대중공업과 삼성중공업과는 달리 올해 들어 이렇다 할 수주 소식이 없는 상황이다. 삼성중공업은 아직 무급휴직을 검토하지 않고 있다. 다만 자구안에 무급휴직이 포함된 만큼 수주난이 장기간 해소되지 않으면 무급휴직에 나설 가능성은 남아 있다. 통영의 중형 조선소인 성동조선해양은 다음 달부터 무급휴직에 들어갈 것으로 보인다. 무급휴직 대상자는 전체 근로자지만 일부 부서 근로자들이 먼저 무급휴직에 들어간다. 이에 따라 이 회사 생산직의 경우 한 차례 100명 정도가 무급휴직에 들어갈 것으로 알려졌다. 성동조선 관계자는 "전 사원을 대상으로 하되, 업무 부담이 상대적으로 적은 직원들을 대상으로 먼저 무급휴직을 시행한다는 방침"이라고 말했다. 성동조선은 추가 수주가 이뤄지지 않으면 하반기 일감이 모두 떨어지게 돼 강도 높은 구조조정을 피할 수 없을 것으로 예상된다.

---

① A사원 : 대우조선은 인건비 절감을 위해 지난달에 이어 이달에도 200여 명이 무급휴직에 들어가니 총 400여 명이 쉬게 되겠어.

② B사원 : 대우조선은 경영위기가 해소될 때까지 무급휴직제를 지속적으로 실시한다는군.

③ C사원 : 삼성중공업은 아직 무급휴직을 검토하고 있진 않지만 수주난에 따라 무급휴직에 나설 가능성이 있어.

④ D사원 : 성동조선해양은 다음 달부터 일부 부서 근로자들이 먼저 무급휴직에 들어갈 거야.

※ 다음 자료를 보고 이어지는 질문에 답하시오. **[16~17]**

〈온실가스 총배출량〉

(단위 : 백만 톤CO₂eq.)

구분	2009년	2010년	2011년	2012년	2013년	2014년	2015년
총배출량	592.1	596.6	681.8	685.9	695.2	689.2	690.2
순 배출량	534.8	542.0	633.3	641.2	652.5	646.7	645.0
에너지	505.3	512.2	593.4	596.1	605.1	597.7	601.0
산업공정	50.1	47.2	51.7	52.6	52.8	55.2	52.2
농업	21.2	21.7	21.2	21.5	21.4	20.8	20.6
LULUCF	−57.3	−54.5	−48.5	−44.7	−42.7	−42.4	−44.4
폐기물	15.5	15.4	15.5	15.7	15.9	15.4	16.4
총배출량 증감률(%)	2.3	0.8	3.9	0.6	1.4	−0.9	0.2

※ CO₂eq. : 이산화탄소 등가를 뜻하는 단위로써 온실가스 종류별 지구온난화 기여도를 수치로 표현한 지구온난화지수 (GWP; Global Warming Potential)를 곱한 이산화탄소 환산량
※ LULUCF(Land Use, Land Use Change, Forestry) : 인간이 토지 이용에 따라 변화하게 되는 온실가스의 증감

16 다음 중 자료에 대한 설명으로 옳지 않은 것은?

① 온실가스 순 배출량은 2013년까지 지속해서 증가하다가 2014년부터 감소하였다.

② 2010 ~ 2015년 중 온실가스 총배출량이 전년보다 감소한 해에는 산업공정 온실가스 배출량이 가장 많았다.

③ 2015년 농업 온실가스 배출량은 2009년 대비 3% 이상 감소하였다.

④ 2014년 온실가스 순 배출량에서 에너지 온실가스 배출량이 차지하는 비중은 90% 이상이다.

17 2014년 대비 2015년 폐기물 온실가스 배출량의 증가율과 에너지 온실가스 배출량의 증가율의 차를 올바르게 구한 것은?(단, 소수점 둘째 자리에서 반올림한다)

① 약 5.9%p
② 약 6.5%p
③ 약 7.1%p
④ 약 7.7%p

※ J사는 업무의 효율적인 관리를 위해 새롭게 부서를 통합하고 사무실을 옮기려고 한다. 〈조건〉을 참고하여 이어지는 질문에 답하시오. [18~19]

- 팀 조직도

디자인	경영 관리	경영 기획	인사	총무	VM	법무	영업 기획	영업 관리	콘텐츠 개발	마케팅	전산

※ VM(Visual Marketing)팀

- 사무실 배치도

1	2
3	4

4F

1	2
3	4

5F

1	2
3	4

6F

조건

- 4층은 디자인과 마케팅뿐만 아니라 영업까지 전부 담당하기 위해 영업홍보부서로 개편한다.
- 경영기획관리부서는 새로운 콘텐츠 발굴부터 매장의 비주얼까지 전부 관리할 것이다.
- 6층에서는 회사의 인사, 급여, 전산관리와 같은 전반적인 일들을 관리할 것이다.
- 팀명에 따라 가나다 순서로 1 ~ 4팀에 배치되며 영어일 경우 한글로 변환하여 가나다 순서로 배치한다.

18 부서마다 4개의 팀이 배정된다고 할 때, 영업홍보부서에 포함될 팀으로 옳지 않은 것은?

디자인팀	2
3	4

4F

① VM팀
② 마케팅팀
③ 영업관리팀
④ 영업기획팀

19 A회사는 팀 배정을 끝마치고 각자 내선번호를 부여하기로 했다. 〈조건〉이 다음과 같을 때, (가), (나)에 들어갈 내선번호를 바르게 짝지은 것은?

> **조건**
>
> 내선번호는 3자리 숫자이다.
> - 첫 번째 자리는 층 번호이다.
> - 두 번째 자리는 각 층의 팀 이름 순번으로 1 ~ 4까지 부여한다.
> - 세 번째 자리는 직급으로 부장, 과장, 대리, 사원 순서로 1 ~ 4까지 부여한다.

[받는 이] H대리(VM팀)
[내　용] 안녕하십니까? 부서 개편으로 인해 내선번호가 새롭게 부여되었음을 안내드립니다. H대리님의 번호는 00 - __(가)__ (이)며 이에 대한 궁금한 점이 있으시다면 00 - __(나)__ (으)로 연락해 주시기 바랍니다.
[보낸 이] A사원(총무팀)

　　　(가)　　　(나)
① 321　　　622
② 422　　　544
③ 533　　　644
④ 513　　　632

20 L씨는 사업차 1월 5일 중국 상하이로 출장갔다가 2월 5일에 귀국하였다. L씨는 출국 전날 출장여비로 사용할 150만 원을 위안화로 환전했고, 출장기간 동안 7,800위안을 사용했다. 귀국한 다음 날 은행에 들러 남은 여비를 원화로 환전했을 때, L씨의 남은 여비는 원화로 얼마인가?(단, 위안화로 환전 시 소수점은 절사하고, 원화로 환전 시 십 원 단위 미만은 버림한다)

날짜	매매기준율(원/¥)	현찰(원/¥)		송금(원/¥)	
		살 때	팔 때	보낼 때	받을 때
1월 4일	163.92	172.11	155.73	165.55	162.29
1월 5일	164.25	172.46	156.04	165.89	162.61
2월 5일	173.32	181.98	164.66	175.05	171.59
2월 6일	172.91	181.55	164.27	174.63	171.19

① 120,780원
② 139,600원
③ 150,300원
④ 167,450원

21 다음 글을 읽고 복제 순서를 바르게 나열한 것은?

6년생 암양의 DNA 유전자를 다른 양의 난자와 결합시켜 성교나 수컷의 정액 없이 태어난 양이 바로 복제양 돌리이다. 돌리는 체세포 복제 기술에 의해 1972년 탄생하였고 그 이후로 생쥐·소 등의 체세포 복제가 이어졌다.

체세포 복제는 난자의 핵을 제거한 뒤 그 대신 본인 체세포의 핵을 투입하여 자신과 똑같은 복제생물을 만드는 것을 말한다. 본래 체세포는 난자와 정자가 결합하는 생식을 통해 유전정보를 다음 세대로 전달하는 생식세포와 달리, 유전정보를 전달하지 못한다. 그러나 체세포 복제는 난자와 정자가 결합하는 수정 과정 없이도 생명체를 탄생시킬 수 있다.

복제 대상에게서 체세포를 떼어내고, 유전 물질인 DNA가 담겨있는 핵만 따로 분리한다. 그리고 암컷에게서 난자를 채취한 뒤 난자의 핵을 제거한 후 체세포의 핵을 전기 충격으로 융합시켜 '복제 수정란'을 만드는 것이다. 수정란이 어느 정도 자란 배자를 자궁에 이식, 임신기간이 끝나면 새끼가 태어난다. 따라서 체세포 복제는 난자와 정자가 결합하는 수정과정 없이도 생명체를 탄생시킬 수 있다. 체세포를 이용해 만든 복제 수정란에 있는 세포의 유전정보가 체세포를 제공한 사람의 유전정보와 같다는 점에서 복제라는 용어를 쓰는데, 난자만 있다면 몸에서 떨어진 작은 세포 하나로도 자신과 유전형질이 똑같은 복제인간을 만들 수 있다는 것이다.

① 복제 대상자의 체세포 분리 – 체세포를 제거한 난자 준비 – 복제 수정란 – 이식 – 출산
② 복제 대상자의 핵 분리 – 핵을 제거한 난자 준비 – 전기 충격 – 수정란 이식 – 출산
③ 복제 대상자의 핵 제거 – 암컷의 난자 채취 – 융합 – 수정란 이식 – 출산
④ 핵을 제거한 난자 준비 – 복제 대상자의 핵 제거 – 전기 충격 – 수정란 이식 – 출산

22 다음 글의 주제로 적절한 것은?

반사회적 인격장애(Antisocial Personality Disorder), 일명 사이코패스(Psychopath)는 타인의 권리를 대수롭지 않게 여기고 침해하며, 반복적인 범법행위나 거짓말, 사기성, 공격성, 무책임함 등을 보이는 인격장애이다. 사이코패스는 1920년대 독일의 쿠르트 슈나이더(Kurt Schneider)가 처음 소개한 개념으로 이들은 타인의 권리를 무시하는 무책임한 행동을 반복적, 지속적으로 보이며 다른 사람의 감정에 관심이나 걱정이 없고, 죄책감을 느끼지 못한다. 따라서 정직, 성실, 신뢰와 거리가 멀다. 반사회적 사람들 중 일부는 달변가인 경우도 있다. 다른 사람을 꾀어내기도 하고 착취하기도 한다. 대개 다른 사람이 느끼는 감정에는 관심이 없지만, 타인의 고통에서 즐거움을 얻는 가학적인 사람들도 있다.

① 사이코패스의 원인
② 사이코패스의 예방법
③ 사이코패스의 진단법
④ 사이코패스의 정의와 특성

23 다음 글을 읽고 이해한 것으로 옳지 않은 것은?

> 데미스 하사비스(Demis Hassabis)는 영국의 인공지능 과학자이자 구글 딥마인드의 대표이다. 최근 이세돌 9단과 바둑대결로 유명해진 알파고를 개발한 개발자로, 그는 어릴 때부터 남달랐다. 10대 초반 체스 최고 등급인 체스마스터가 됐을 뿐만 아니라 세계랭킹 2위까지 올랐고, 게임 개발사에 들어가 게임 프로그래머로 명성을 얻었으며 이후 케임브리지대 컴퓨터과학과에 진학했다. 그리고 대학원에서 인지신경과학 박사학위를 받은 이듬해인 2010년 딥마인드를 세웠다. 창업한지 4년 만에 구글에서 4억 유로를 주고 딥마인드를 인수했으며 그때부터 '구글 딥마인드(Google DeepMind)'가 된다. 그가 밝힌 현재 진행 중인 딥마인드의 임무는 학습 알고리즘을 통해 사람처럼 여러 가지 문제를 해결하는 범용 인공지능을 개발하는 것이다. 범용 인공지능이란 백지상태에서 출발하여 학습을 통해 다양한 분야에서 문제 해결 능력을 갖춘 인공지능이다. 결국 그의 최종 목표는 인간의 뇌와 비슷하게 작동하는 프로그램을 만들어 내는 것이다.

① 알파고의 다음 상대는 체스가 되겠네.
② 알파고는 사람처럼 스스로 학습할 수 있게 설계되었군.
③ 데미스 하사비스가 알파고를 만든 배경에는 컴퓨터과학과 인지신경과학이 모두 작용했겠어.
④ 구글이 딥마인드를 인수하기 위해 큰 비용을 들였군.

24 한국중부발전의 에너지 신사업단 직원들은 회의에 앞서 다음과 같은 기사를 접하게 되었다. 기사를 읽은 직원들의 대화 주제로 가장 적절한 것은?

> 신기후체제와 여러 환경적인 영향으로 친환경 에너지로의 전환이 불가피해졌다. 우리나라는 파리협정에서 2030년 배출전망치 대비 37%를 줄이겠다는 내용의 감축목표를 제출했다. 따라서 국가 전력의 대부분을 책임지고 있는 전력 공기업의 역할이 중요해졌다. 신재생에너지 공급 의무화제도(RPS)가 처음 도입됐을 때만 해도 전력 공기업들은 울며 겨자 먹기로 신재생에너지 사업을 진행할 수밖에 없었으나 현재는 완전히 달라진 분위기이다. 공기업의 신재생에너지 사업 참여에 불만이 많던 기존 사업자들과는 특수목적법인(SPC)을 설립해 갈등을 해소해 나가고 있으며 RPS 의무 불이행 과징금도 크게 줄어 제도 시행 3년 만에 이행률이 78%에 달하는 등 빠른 성장을 보였다. 신재생 사업 규모가 커지면서 정부도 환경규제 철폐와 함께 주민참여 활성화 및 태양광 인센티브 강화 등 다양한 지원책을 전개하고 있다.

① A사원 : 신재생에너지 시장 기업들의 경쟁이 더욱 심화되겠어요.
② B대리 : RPS를 성공적으로 이행하기 위해 지속적으로 신규사업을 개발해야 해.
③ C대리 : 정부가 갈수록 신재생에너지 사업에 대한 규제를 강화하고 있군.
④ D과장 : 주민들의 신재생에너지 설비 설치에 대한 반발이 거세니 해결방안을 고민해 봐야겠어.

우리 인생의 가장 큰 영광은
결코 넘어지지 않는 데 있는 것이 아니라
넘어질 때마다 일어서는 데 있다.

– 넬슨 만델라 –

PART **2**

직업기초능력평가

CHAPTER 01
의사소통능력

합격 CHEAT KEY

의사소통능력은 평가하지 않는 공사·공단이 없을 만큼 필기시험에서 중요도가 높은 영역이다. 또한, 의사소통능력의 문제 출제 비중이 가장 높은 편이다. 이러한 점을 볼 때, 의사소통능력은 NCS를 준비하는 수험생이라면 반드시 정복해야 하는 과목이다.

국가직무능력표준에 따르면 의사소통능력의 세부 유형은 문서이해, 문서작성, 의사표현, 경청, 기초외국어로 나눌 수 있다. 문서이해·문서작성과 같은 제시문에 대한 주제, 일치 문제의 출제 비중이 높으며, 공문서·기획서·보고서·설명서 등 문서의 특성을 파악하는 문제도 출제되고 있다. 따라서 이러한 분석을 바탕으로 전략을 세우는 것이 매우 중요하다.

01 문제에서 요구하는 바를 먼저 파악하라!

의사소통능력에서 가장 중요한 것은 제한된 시간 안에 빠르고 정확하게 답을 찾아내는 것이다. 그러기 위해서는 우리가 의사소통능력을 공부하는 이유를 잊지 말아야 한다. 우리는 지식을 쌓기 위해 의사소통능력 지문을 보는 것이 아니다. 의사소통능력에서는 지문이 아니라 문제가 주인공이다! 지문을 보기 전에 문제를 먼저 파악해야 한다. 주제찾기 문제라면 첫 문장과 마지막 문장 또는 접속어를 주목하자! 내용일치 문제라면 지문과 문항의 일치 / 불일치 여부만 파악한 뒤 빠져나오자! 지문에 빠져드는 순간 소중한 시험 시간은 속절없이 흘러 버린다!

02 잠재되어 있는 언어능력을 발휘하라!

의사소통능력에는 끝이 없다! 의사소통의 방대함에 포기한 적이 있는가? 세상에 글은 많고 우리가 학습할 수 있는 시간은 한정적이다. 이를 극복할 수 있는 방법은 다양한 글을 접하는 것이다. 실제 시험장에서 어떤 내용의 지문이 나올지 아무도 예측할 수 없다. 따라서 평소에 신문, 소설, 보고서 등 여러 글을 접하는 것이 필요하다. 잠재되어 있는 글에 대한 안목이 시험장에서 빛을 발할 것이다.

03 상황을 가정하라!

업무 수행에 있어 상황에 따른 언어 표현은 중요하다. 같은 말이라도 상황에 따라 다르게 해석될 수 있기 때문이다. 그런 의미에서 자신의 의견을 효과적으로 전달할 수 있는 능력을 평가하는 것은 당연하다. 따라서 다양한 상황에서의 언어표현능력을 함양하기 위한 연습의 과정이 요구된다. 업무를 수행하면서 발생할 수 있는 여러 상황을 가정하고 그에 따른 올바른 언어표현을 정리하는 것이 필요하다. 의사표현 영역의 경우 출제 빈도가 높지는 않지만 상황에 따른 판단력을 평가하는 문항인 만큼 대비하는 것이 필요하다.

04 말하는 이의 입장에서 생각하라!

잘 듣는 것 또한 하나의 능력이다. 상대방의 이야기에 귀 기울이고 공감하는 태도는 업무를 수행하는 관계 속에서 필요한 요소이다. 그런 의미에서 다양한 상황에서의 듣는 능력을 평가하는 것이다. 말하는 이가 요구하는 듣는 이의 태도를 파악하고, 이에 따른 판단을 할 수 있도록 언제나 말하는 사람의 입장이 되는 연습이 필요하다.

05 반복만이 살길이다!

학창 시절 외국어를 공부하던 때를 떠올려 보자! 셀 수 없이 많은 표현들을 익히기 위해 얼마나 많은 반복의 과정을 거쳤는가? 의사소통능력 역시 그러하다. 하나의 문제 유형을 마스터하기 위해 가장 중요한 것은 바로 여러 번, 많이 풀어 보는 것이다.

01 | 문서이해 ①

다음 중 글의 내용을 잘못 이해한 것은?

풀이순서

1) 질문의도
   지문 이해

우리 은하에서 가장 가까이 위치한 은하인 안드로메다은하까지의 거리는 220만 광년이다. 이처럼 엄청난 거리로 떨어져 있는 천체까지의 거리는 어떻게 측정한 것인가?

첫 번째 측정 방법은 삼각 측량법이다. 그러나 피사체가 매우 멀리 있는 경우라면 삼각형의 밑변이 충분히 길 필요가 있다. 지구는 1년에 한 바퀴씩 태양 주변을 공전하는데 우리는 이 공전 궤도 반경을 알고 있기 때문에 이를 밑변으로 삼아 별까지의 거리를 측정할 수 있다. ❸ 그러나 가까이 있는 별까지의 거리도 지구 궤도 반지름에 비하면 엄청나게 커서 연주 시차는 아주 작은 값이 되므로 측정하기가 쉽지 않다. 두 번째 측정 방법은 주기적으로 별의 밝기가 변하는 변광성의 주기와 밝기를 연구하는 과정에서 얻어졌다. 보통 별의 밝기는 거리의 제곱에 반비례해서 어두워지는데, 1등급과 6등급의 별은 100배의 밝기 차이가 있다. ❷ 그러나 밝은 별이 반드시 어두운 별보다 가까이 있는 것은 아니다. ❹ 별의 거리는 밝기의 절대 등급과 겉보기 등급의 비교를 통해 확정되기 때문이다. ❶·❹ 즉, 모든 별이 같은 거리에 놓여 있다고 가정하고, 밝기 등급을 매긴 것을 절대 등급이라 하는데, 만약 이 등급이 낮은(밝은) 별이 겉보기에 어둡다면 이 별은 매우 멀리 있는 것으로 볼 수 있다.

2) 선택지 키워드 찾기

① 절대 등급과 겉보기 등급은 다를 수 있다.
② 별은 항상 같은 밝기를 가지고 있지 않다.
③ 삼각 측량법은 지구의 궤도 반경을 알아야 측정이 가능하다.
☑ 어두운 별은 밝은 별보다 항상 멀리 있기 때문에 밝기에 의해 거리의 차가 있다.

3) 지문독해
   선택지와 비교

4) 정답도출

유형 분석
- 주어진 지문을 읽고 일치하는 선택지를 고르는 전형적인 독해 문제이다.
- 지문은 주로 신문기사(보도자료 등), 업무 보고서, 시사 등이 제시된다.
- 대체로 지문이 긴 경우가 많아 푸는 시간이 많이 소요된다.

응용문제 : 지문의 주제를 찾는 문제나, 지문의 핵심내용을 근거로 추론하는 문제가 출제된다.

풀이 전략
먼저 선택지의 키워드를 체크한 후, 지문의 내용과 비교하며 내용의 일치유무를 신속히 판단한다.

02 | 문서이해 ②

다음 글을 바탕으로 한 추론으로 옳은 것을 고르면?

> 예술의 각 사조는 특정한 역사적 현실 위에서, 특정한 이데올로기를 표현하기 위하여 등장한다. 따라서 특정한 예술 사조를 받아들일 때, 그 예술의 형식 뒤에 숨은 이데올로기를 충분히 소화하고 있느냐가 문제가 된다. 그렇지 못한 모방행위는 형식 미학 또는 관념 미학이 갖는 오류에서 벗어나지 못한다. 가령 어느 예술가가 인상파의 영향을 받았다면, 동시에 그는 그것의 시대적 한계와 약점까지 추적해야 한다. 그리고 그것을 자신이 사는 시대에 접목하였을 경우 현실의 문화적 풍토 위에서 성장할 수 있는가를 가늠해야 한다.

① 모방행위는 예술 사조에 포함되지 않는다.
☑ 예술 사조는 역사적 현실과 불가분의 관계이다.
③ 예술 사조는 현실적 가치만을 반영한다.
④ 예술 사조는 예술가가 현실과 조율한 타협점이다.
⑤ 모든 예술 사조는 오류를 피하고 완벽을 추구한다.

풀이순서

1) 질문의도
   내용추론 → 적용

2) 지문파악

4) 지문독해
   선택지와 비교

3) 선택지 키워드 찾기

5) 정답도출

PART 2

유형 분석	• 주어진 지문에 대한 이해를 바탕으로 유추할 수 있는 내용을 고르는 문제이다. • 지문은 주로 업무 보고서, 기획서, 보도자료 등이 제시된다. • 일반적인 독해 문제와는 달리 선택지의 내용이 애매모호한 경우가 많으므로 꼼꼼히 살펴보아야 한다.
풀이 전략	주어진 지문이 어떠한 내용을 다루고 있는지 파악한 후 선택지의 키워드를 체크한다. 그리고 나서 지문의 내용에서 도출할 수 있는 내용을 선택지에서 찾아야 한다.

03 | 문서작성 ①

다음 밑줄 친 단어와 유사한 의미를 가진 단어로 적절한 것은?

> 같은 극의 자석이 지니는 동일한 자기적 <u>속성</u>과 그로 인해 발생하는 척력

✓ 성질 : 사람이 지닌 본바탕
② 성급 : 성질이 급함
③ 성찰 : 자신의 마음을 반성하고 살핌
④ 종속 : 자주성이 없이 주가 되는 것에 딸려 붙음
⑤ 예속 : 다른 사람의 지배 아래 매임

풀이순서

1) 질문의도
   유의어

2) 지문파악
   문맥을 보고 단어의
   뜻 유추

3) 정답도출

유형 분석
- 주어진 지문에서 밑줄 친 단어의 유의어를 찾는 문제이다.
- 자료는 지문, 보고서, 약관, 공지 사항 등 다양하게 제시된다.
- 다른 문제들에 비해 쉬운 편에 속하지만 실수를 하기 쉽다.
- 응용문제 : 틀린 단어를 올바르게 고치는 등 맞춤법과 관련된 문제가 출제된다.

풀이 전략
앞뒤 문장을 읽어 문맥을 파악하여 밑줄 친 단어의 의미를 찾는다.

04 | 문서작성 ②

기획안을 작성할 때 유의할 점에 대해 김대리가 조언했을 말로 가장 적절하지 않은 것은?

> 발신인 : 김口口
> 수신인 : 이〇〇
> 〇〇씨, 김口口 대리입니다. 기획안 잘 받아봤어요. 검토가 더 필요해서 결과는 시간이 좀 걸릴 것 같고요, 기왕 메일을 드리는 김에 기획안을 쓸 때 지켜야 할 점들에 대해서 말씀드리려고요. 문서는 내용 못지않게 형식을 지키는 것도 매우 중요하니까 다음 기획안을 쓸 때 참고하시면 도움이 될 겁니다.

① 표나 그래프를 활용하는 경우에는 내용이 잘 드러나는지 꼭 점검하세요.

☑ 마지막엔 반드시 '끝'을 붙여 문서의 마지막임을 확실하게 전달해야 해요.

   → 문서의 마지막에 꼭 '끝'을 써야하는 것은 공문서이다.

③ 전체적으로 내용이 많은 만큼 구성에 특히 신경을 써야 합니다.

④ 완벽해야 하기 때문에 꼭 여러 번 검토를 하세요.

⑤ 내용 준비 이전에 상대가 요구하는 것이 무엇인지 고려하는 것부터 해야 합니다.

풀이순서

1) 질문의도
   문서작성 방법

3) 정답도출

2) 선택지 확인
   기획안 작성법

유형 분석	• 실무에서 적용할 수 있는 공문서 작성 방법의 개념을 익히고 있는지 평가하는 문제이다. • 지문은 실제 문서 형식, 조언하는 말하기, 조언하는 대화가 주로 제시된다. 응용문제 : 문서 유형별 문서작성 방법에 대한 내용이 출제된다. 맞고 틀리고의 문제가 아니라 적합한 방법을 묻는 것이기 때문에 구분이 안 되어 있으면 틀리기 쉽다.
풀이 전략	각 문서의 작성법을 익히고 해당 내용이 올바르게 적용되었는지 파악한다.

05 | 경청

대화 상황에서 바람직한 경청의 방법으로 가장 적절한 것은?

① 상대의 말에 대한 원활한 대답을 위해 상대의 말을 들으면서 미리 대답할 말을 준비한다.

② 대화내용에서 상대방의 잘못이 드러나는 경우, 교정을 위해 즉시 비판적인 조언을 해준다.

☑ 상대의 말을 모두 들은 후에 적절한 행동을 하도록 한다.

④ 상대가 전달할 내용에 대해 미리 짐작하여 대비한다.

⑤ 대화내용이 지나치게 사적이다 싶으면 다른 대화주제를 꺼내 화제를 옮긴다.

풀이순서

1) 질문의도
   경청 방법

2) 선택지 확인
   적절한 경청 방법

3) 정답도출

유형 분석	• 경청 방법에 대해 이해하고 있는지를 묻는 문제이다.
	• 경청 방법에 대한 지식이 있어도 대화 상황이나 예가 제시되었을 때 그 자료를 해석하지 못하면 소용이 없다. 지식과 예를 연결 지어 학습해야 한다.
	응용문제 : 경청하는 태도와 방법에 대한 질문, 경청을 방해하는 요인 등의 지식을 묻는 문제들이 출제된다.
풀이 전략	경청에 대한 지식을 익히고 문제에 적용한다.

06 | 의사표현

다음 중 김대리의 의사소통을 저해하는 요인으로 가장 적절한 것은?

> 김대리는 업무를 처리할 때 담당자들과 별도의 상의를 하지 않고 스스로 판단해서 업무를 지시한다. 담당자들은 김대리의 지시 내용이 실제 업무 상황에 적합하지 않다고 생각하지만, 김대리는 자신의 판단에 확신을 가지고 자신의 지시 내용에 변화를 주지 않는다.

✓① 의사소통 기법의 미숙
② 잠재적 의도
③ 선입견과 고정관념
④ 평가적이며 판단적인 태도
⑤ 과거의 경험

풀이순서

1) 질문의도
   의사소통 저해요인

2) 지문파악
   '일방적으로 말하고',
   '일방적으로 듣는' 무책임한 마음
   → 의사소통 기법의 미숙

3) 정답도출

PART 2

유형 분석	• 상황에 적합한 의사표현법에 대한 이해를 묻는 문제이다.
	• 의사표현 방법에 대한 지식이 있어도 대화 상황이나 예가 제시되었을 때 그 자료를 해석하지 못하면 소용이 없다. 지식과 예를 연결지어 학습해야 한다.
	응용문제 : 의사표현방법, 의사표현을 방해하는 요인 등의 지식을 묻는 문제들이 출제된다.
풀이 전략	의사소통의 저해요인에 대한 지식을 익히고 문제에 적용한다.

01 기출예상문제

정답 및 해설 p.038

01 다음 글의 제목으로 가장 적절한 것은?

'100세 시대' 노인의 큰 고민거리 중 하나가 바로 주변의 도움 없이도 긴 세월을 잘 버텨낼 주거 공간에 대한 것이다. 이미 많은 언론에서 보도되었듯이 우리나라는 '노인이 살기 불편한 나라'인 것이 사실이다. 일본이 고령화 시대의 도시 모델로 의(醫)·직(職)·주(住) 일체형 주거 단지를 도입하고 있는 데 비해 우리나라는 아직 노인을 위한 공용 주택도 변변한 게 없는 실정이다.

일본은 우리보다 30년 빠르게 고령화 사회에 직면했다. 일본 정부는 개인 주택을 노인 친화적 구조로 개조하도록 전문 컨설턴트를 붙이고 보조금까지 주고 있다. 또한 사회 전반에는 장애 없는 '유니버설 디자인'을 보편화하도록 노력해 왔다. 그 결과 실내에 휠체어 작동 공간이 확보되고, 바닥에는 턱이 없으며, 손잡이와 미끄럼 방지 장치도 기본적으로 설치되었다. 이 같은 준비는 노쇠해 거동이 불편해져도 익숙한 집, 익숙한 마을에서 끝까지 살고 싶다는 노인들의 바람을 존중했기 때문이다. 그러나 이 정책의 이면에는 기하급수적으로 증가하는 사회 복지 비용을 절감하자는 목적도 있었다. 고령자 입주 시설을 설치하고 운영하는 비용이 재가 복지 비용보다 몇 배나 더 들기 때문이다.

우리나라의 경우 공동 주택인 아파트를 잘 활용하면 의외로 문제를 쉽게 풀 수 있을 것이다. 대규모 주거 단지의 일부를 고령 친화형으로 설계해서 노인 공유 동(棟)을 의무적으로 공급하는 것이다. 그곳에 식당, 욕실, 스포츠센터, 독서실, 오락실, 세탁실, 요양실, 게스트하우스, 육아 시설 등 노인들이 선호하는 시설을 넣으면 된다. 이러한 공유 공간은 가구당 전용 면적을 줄이고 공유 면적을 넓히면 해결된다. 이런 공유 경제가 확산되면 모든 공동 주택이 작은 공동체로 바뀌어갈 것이다. 공유 공간에서의 삶은 노인들만 모여 사는 실버타운과 달리 전체적인 활력도 높아질 것이다.

① 더욱더 빨라지는 고령화 속도를 줄이는 방법
② '유니버설 디자인'의 노인 친화적 주택
③ 노인 주거 문제, 소유에서 공유로 바꿔 해결하자.
④ 증가하는 사회 복지 비용, 그 해결 방안은?

02 다음 글에서 〈보기〉의 문장이 들어갈 위치로 가장 적절한 곳은?

(가) 1783년 영국 자연철학자 존 미첼은 빛은 입자라는 생각과 뉴턴의 중력이론을 결합한 이론을 제시하였다. 그는 우선 별들이 어떻게 보일 것인지 사고 실험을 통해 예측하였다.

별의 표면에서 얼마간의 초기 속도로 입자를 쏘아 올려 아무런 방해 없이 위로 올라간다고 가정해보자. (나) 만약에 초기 속도가 충분히 빠르지 않으면 별의 중력은 입자의 속도를 점점 느리게 할 것이며, 결국 그 입자를 별의 표면으로 되돌아가게 할 것이다. 만약 초기 속도가 충분히 빠르면 입자는 중력을 극복하고 별을 탈출할 수 있을 것이다. 이렇게 입자가 별을 탈출할 수 있는 최소한의 초기 속도는 '탈출 속도'라고 불린다.

(다) 이를 바탕으로 미첼은 '임계 둘레'라는 것도 추론해냈다. 임계 둘레란 탈출 속도와 빛의 속도를 같게 만드는 별의 둘레를 말한다. 빛 입자는 다른 입자들처럼 중력의 영향을 받는다. 그로 인해 빛은 임계 둘레보다 작은 둘레를 가진 별에서는 탈출할 수 없다. 그런 별에서 약 30만 km/s의 초기 속도로 빛 입자를 쏘아 올렸을 때 입자는 우선 위로 날아갈 것이다. (라) 그런 다음 멈출 때까지 느려지다가, 결국 별의 표면으로 되돌아갈 것이다. 미첼은 임계 둘레를 쉽게 계산할 수 있었다. 태양과 동일한 질량을 가진 별의 임계 둘레는 약 19 km로 계산되었다. 이러한 사고 실험을 통해 미첼은 임계 둘레보다 작은 둘레를 가진 암흑의 별들이 무척 많을 테고, 그 별들에선 빛 입자가 빠져나올 수 없기에 지구에서는 볼 수 없을 것으로 추측했다.

보기

미첼은 뉴턴의 중력이론을 이용해서 탈출 속도를 계산할 수 있었으며, 그 속도가 별 질량을 별의 둘레로 나눈 값의 제곱근에 비례한다는 것을 유도하였다.

① (가)　　　　　　　　　② (나)
③ (다)　　　　　　　　　④ (라)

03 다음 문단을 논리적 순서대로 바르게 나열한 것은?

> (가) 본성 대 양육 논쟁은 앞으로 치열하게 전개될 소지가 많다. 하지만 유전과 환경이 인간의 행동에 어느 정도 영향을 미치는가를 따지는 일은 멀리서 들려오는 북소리가 북에 의한 것인지, 아니면 연주자에 의한 것인지를 분석하는 것처럼 부질없는 것일지도 모른다. 본성과 양육 다 인간 행동에 필수적인 요인이므로.
>
> (나) 20세기 들어 공산주의와 나치주의의 출현으로 본성 대 양육 논쟁이 극단으로 치달았다. 공산주의의 사회 개조론은 양육을, 나치즘의 생물학적 결정론은 본성을 옹호하는 이데올로기이기 때문이다. 히틀러의 유대인 대량 학살에 충격을 받은 과학자들은 환경 결정론에 손을 들어 줄 수밖에 없었다. 본성과 양육 논쟁에서 양육 쪽이 일방적인 승리를 거두게 된 것이다.
>
> (다) 이러한 추세는 1958년 미국 언어학자 노엄 촘스키에 의해 극적으로 반전되기 시작했다. 촘스키가 치켜든 선천론의 깃발은 진화 심리학자들이 승계했다. 진화 심리학은 사람의 마음을 생물학적 적응의 산물로 간주한다. 1992년 심리학자인 레다 코스미데스와 인류학자인 존 투비 부부가 함께 저술한 「적응하는 마음」이 출간된 것을 계기로 진화 심리학은 하나의 독립된 연구 분야가 됐다. 말하자면 윌리엄 제임스의 본능에 대한 개념이 1세기 만에 새 모습으로 부활한 셈이다.
>
> (라) 더욱이 1990년부터 인간 게놈 프로젝트가 시작됨에 따라 본성과 양육 논쟁에서 저울추가 본성 쪽으로 기울면서 생물학적 결정론이 더욱 강화되었다. 그러나 2001년 유전자 수가 예상보다 적은 3만여 개로 밝혀지면서 본성보다는 양육이 중요하다는 목소리가 커지기 시작했다. 이를 계기로 본성 대 양육 논쟁이 재연되기에 이르렀다.

① (가) – (나) – (다) – (라)
② (가) – (나) – (라) – (다)
③ (가) – (다) – (나) – (라)
④ (나) – (다) – (라) – (가)

04 다음 글의 내용이 비판하는 주장으로 가장 적절한 것은?

'모래언덕'이나 '바람'같은 개념은 매우 모호해 보인다. 작은 모래 무더기가 모래언덕이라고 불리려면 얼마나 높이 쌓여야 하는가? 바람이 되려면 공기는 얼마나 빨리 움직여야 하는가?

그러나 지질학자들이 관심이 있는 대부분의 문제 상황에서 이런 개념들은 아무 문제없이 작동한다. 더 높은 수준의 세분화가 요구될 만한 맥락에서는 그때마다 '30m에서 40m 사이의 높이를 가진 모래언덕'이나 '시속 20km와 시속 40km 사이의 바람'처럼 수식어구가 달린 표현이 과학적 용어의 객관적인 사용을 뒷받침한다.

물리학 같은 정밀과학에서도 사정은 비슷하다. 물리학의 한 연구 분야인 저온물리학은 저온현상, 즉 초전도 현상을 비롯하여 절대온도 0K인 −273.16℃ 부근의 저온에서 나타나는 흥미로운 현상들을 연구한다. 그렇다면 정확히 몇 도부터 저온인가? 물리학자들은 이 문제를 놓고 다투지 않는다. 때로는 이 말이 헬륨의 끓는점(−268.6℃) 같은 극저온 근방을 가리키는가 하면, 질소의 끓는점(−195.8℃)이 기준이 되기도 한다.

과학자들은 모호한 것을 싫어한다. 모호성은 과학의 정밀성을 훼손할 뿐만 아니라 궁극적으로 과학의 객관성을 약화하기 때문이다. 그러나 모호성에 대응하는 길은 모든 측정의 오차를 0으로 만드는 데 있는 것이 아니라 대화를 통해 그 상황에 적절한 합의를 하는 데 있다.

① 과학의 정확성은 측정기술의 정확성에 달려 있다.

② 물리학 같은 정밀과학에서도 오차는 발생하기 마련이다.

③ 과학의 발달은 과학적 용어체계의 변화를 유발할 수 있다.

④ 과학적 언어의 객관성은 용어의 엄밀하고 보편적인 정의에 의해서만 보장된다.

05 다음 중 밑줄 친 ㉠에 대해 제기할 수 있는 반론으로 가장 적절한 것은?

> 기업은 상품의 사회적 마모를 촉진시키는 주체이다. 생산과 소비가 지속되어야 이윤을 남길 수 있기 때문에, 하나의 상품을 생산해서 그 상품의 물리적 마모가 끝날 때까지를 기다렸다가는 그 기업은 망하기 십상이다. 이러한 상황에서 늘 수요에 비해서 과잉 생산을 하는 기업이 살아남을 수 있는 길은 상품의 사회적 마모를 짧게 해서 사람들로 하여금 계속 소비하게 만드는 것이다.
>
> 그래서 ㉠ 기업들은 더 많은 이익을 내기 위해서는 상품의 성능을 향상시키기보다는 디자인을 변화시키는 것이 더 바람직하다고 생각한다. 산업이 발달하여 상품의 성능이나 기능, 내구성이 이전보다 더욱 향상되었는데도 불구하고 상품의 생명이 이전보다 더 짧아지는 것은 어떻게 생각하면 자본주의 상품이 지닌 모순이라고 할 수 있다. 섬유의 질은 점점 좋아지지만 그 옷을 입는 기간은 이에 비해서 점점 짧아지게 되는 것이 바로 자본주의 상품이 지니고 있는 모순이다. 산업이 계속 발달하여 상품의 성능이 향상되는데도 상품의 사회적인 마모 기간이 누군가에 의해서 엄청나게 짧아지고 있다. 상품의 질은 향상되고 내가 버는 돈은 늘어가는 것 같은데 늘 무엇인가 부족한 듯한 느낌이 드는 것도 이것과 관련이 있다.

① 상품의 성능은 그대로 두어도 향상될 수 있는가?

② 디자인에 관한 소비자들의 취향이 바뀌는 것을 막을 방안은 있는가?

③ 상품의 성능 향상을 등한시하며 디자인만 바꾼다고 소비가 증가할 것인가?

④ 사회적 마모 기간이 점차 짧아지면 디자인을 개발하는 것이 기업에 도움이 되겠는가?

06 다음 글을 바탕으로 할 때, 비판의 대상으로 적절하지 않은 것은?

> 우리나라를 비롯한 아시아의 대만, 홍콩, 싱가포르 등의 신흥 강대국들은 1960년대 이후 수출주도형 성장전략을 국가의 주요한 성장전략으로 활용하면서 눈부신 경제성장을 이루어 왔다. 이러한 수출주도형 성장전략은 신흥 강대국들의 부상을 이끌면서, 전 세계적인 전략으로 자리매김을 하였으며, 이의 전략을 활용하고자 하는 국가가 나타나면서 그 효과에 대한 인정을 받아온 측면이 존재하였다.
> 기본적으로 수출주도형 성장전략은 수요가 외부에 존재한다는 측면에서 공급중시 경제학적 관점을 띠고 있다고 볼 수 있다. 이는 수출주도형 국가는 물품을 생산하여 수출하면, 타 국가에서 이를 소비한다는 측면에서 공급이 수요를 창출한다고 하는 '세이의 법칙(Say's Law)'과 같은 맥락으로 설명될 수 있다. 고전학파 – 신고전학파로 이어지는 주류경제학에서의 공급중시 경제학에서는 기업부분의 역할을 강조하면서 이를 위해 민간 부문의 지속적인 투자의식 고취를 위한 세율인하 등 규제완화에 주력하여 왔던 측면이 있다.

① 외부의 수요에 의존하기 때문에 국가 경제가 변동하는 영향이 너무 커요.
② 외부 의존성을 낮추고 국내의 수요에 기반한 안정적 정책마련이 필요해요.
③ 내부의 수요를 증대시키는 것이 결국 기업의 투자활동으로 촉진될 수 있어요.
④ 내부의 수요를 증대시키기 위해 물품을 생산하여 공급하는 것이 중요해요.

07 다음 빈칸에 들어갈 말로 적절한 것은?

> 만약 어떤 사람에게 다가온 신비적 경험이 그가 살아갈 수 있는 힘으로 밝혀진다면, 그가 다른 방식으로 살아야 한다고 다수인 우리가 주장할 근거는 어디에도 없다. 사실상 신비적 경험은 우리의 모든 노력을 조롱할 뿐 아니라, 논리라는 관점에서 볼 때 우리의 관할 구역을 절대적으로 벗어나 있다. 우리 자신의 더 합리적인 신념은 신비주의자가 자신의 신념을 위해서 제시하는 증거와 그 본성에 있어서 유사한 증거에 기초해 있다. 우리의 감각이 우리의 신념에 강력한 증거가 되는 것과 마찬가지로, 신비적 경험도 그것을 겪은 사람의 신념에 강력한 증거가 된다. 우리가 지닌 합리적 신념의 증거와 유사한 증거에 해당되는 경험은, 그러한 경험을 한 사람에게 살아갈 힘을 제공해줄 것이다. 신비적 경험은 신비주의자들에게는 살아갈 힘이 되는 것이다. 따라서 _____

① 신비주의가 가져다주는 긍정적인 면에 대한 심도 있는 연구가 필요하다.
② 신비주의자들의 삶의 방식이 수정되어야 할 불합리한 것이라고 주장할 수는 없다.
③ 논리적 사고와 신비주의적 사고를 상반된 개념으로 보는 견해는 수정되어야 한다.
④ 신비주의자들은 그렇지 않은 사람들보다 더 나은 삶을 살아간다고 할 수 있다.

※ 다음 글의 빈칸에 들어갈 말을 〈보기〉에서 골라 순서대로 바르게 나열한 것을 고르시오. [8~9]

08

언젠가부터 우리 바다 속에 해파리나 불가사리와 같이 특정한 종들만이 크게 번창하고 있다는 우려의 말이 들린다. 한마디로 다양성이 크게 줄었다는 이야기다. 척박한 환경에서는 몇몇 특별한 종들만이 득세한다는 점에서 자연 생태계와 우리 사회는 닮은 것 같다. 어떤 특정 집단이나 개인들에게 앞으로 어려워질 경제 상황은 새로운 기회가 될지도 모른다.

___(가)___ 왜냐하면 자원과 에너지 측면에서 보더라도 이들 몇몇 집단들만 존재하는 세계에서는 이들이 쓰다 남은 물자와 이용하지 못한 에너지는 고스란히 버려질 수밖에 없고 따라서 효율성이 극히 낮기 때문이다.

다양성 확보는 사회 집단의 생존과도 무관하지 않다. 조류 독감이 발생할 때마다 해당 양계장은 물론 그 주변 양계장의 닭까지 모조리 폐사시켜야 하는 참혹한 현실을 본다. 단 한 마리의 닭이 조류 독감에 걸려도 그렇게 많은 닭들을 죽여야 하는 이유는 인공적인 교배로 인해 이들 모두가 똑같은 유전자를 가졌기 때문이다. ___(나)___

이처럼 다양성의 확보는 자원의 효율적 사용과 사회 안정에 중요하지만 많은 비용이 들기도 한다. 예를 들어 출산 휴가를 주고, 노약자를 배려하고, 장애인에게 보조 공학 기기와 접근성을 제공하는 것을 비롯해 다문화 가정, 외국인 노동자를 위한 행정 제도 개선 등은 결코 공짜가 아니다. ___(다)___

보기

㉠ 따라서 다양한 유전 형질을 확보하는 길만이 재앙의 확산을 막고 피해를 줄이는 길이다.

㉡ 하지만 이는 사회 전체로 볼 때 그다지 바람직한 현상이 아니다.

㉢ 그럼에도 불구하고 다양성 확보가 중요한 이유는 우리가 미처 깨닫고 있지 못하는 넓은 이해와 사랑에 대한 기회를 사회 구성원 모두에게 제공하기 때문이다.

	(가)	(나)	(다)
①	㉠	㉡	㉢
②	㉠	㉢	㉡
③	㉡	㉢	㉠
④	㉡	㉠	㉢

『정의론』을 통해 현대 영미 윤리학계에 정의에 대한 화두를 던진 사회철학자 '롤스'는 전형적인 절차주의적 정의론자이다. 그는 정의로운 사회 체제에 대한 논의를 주도해온 공리주의가 소수자 및 개인의 권리를 고려하지 못한다는 점에 주목하여 사회계약론적 토대하에 대안적 정의론을 정립하고자 하였다.

롤스는 개인이 정의로운 제도하에서 자유롭게 자신들의 욕구를 추구하기 위해서는 __(가)__ 등이 필요하며 이는 사회의 기본 구조를 통해서 최대한 공정하게 분배되어야 한다고 생각했다. 그리고 이를 실현할 수 있는 사회 체제에 대한 논의가, 자유롭고 평등하며 합리적인 개인들이 모두 동의할 수 있는 원리들을 탐구하는 데에서 출발해야 한다고 보고 '원초적 상황'의 개념을 제시하였다.

'원초적 상황'은 정의로운 사회 체제의 기본 원칙들을 선택하는 합의 당사자들로 구성된 가설적 상황으로, 이들은 향후 헌법과 하위 규범들이 따라야 하는 가장 근본적인 원리들을 합의한다. '원초적 상황'에서 합의 당사자들은 __(나)__ 등에 대한 정보를 모르는 상태에 놓이게 되는데 이를 '무지의 베일'이라고 한다. 단, 합의 당사자들은 __(다)__ 와/과 같은 사회에 대한 일반적 지식을 알고 있으며, 공적으로 합의된 규칙을 준수하고, 합리적인 욕구를 추구할 수 있는 존재로 간주된다. 롤스는 이러한 '무지의 베일' 상태에서 사회 체제의 기본 원칙들에 만장일치로 합의하는 것이 보장된다고 생각하였다. 또한 무지의 베일을 벗은 후에 겪을지 모를 피해를 우려하여 합의 당사자들이 자신의 피해를 최소화할 수 있는 내용을 계약에 포함시킬 것으로 보았다.

위와 같은 원초적 상황을 전제로 합의 당사자들은 정의의 원칙들을 선택하게 된다. 제1원칙은 모든 사람이 다른 개인들의 자유와 양립 가능한 한도 내에서 '기본적 자유'에 대한 평등한 권리를 갖는다는 것인데, 이를 '자유의 원칙'이라고 한다. 여기서 롤스가 말하는 '기본적 자유'는 양심과 사고 표현의 자유, 정치적 자유 등을 포함한다.

보기

㉠ 자신들의 사회적 계층, 성, 인종, 타고난 재능, 취향
㉡ 자유와 권리, 임금과 재산, 권한과 기회
㉢ 인간의 본성, 제도의 영향력

	(가)	(나)	(다)
①	㉠	㉡	㉢
②	㉠	㉢	㉡
③	㉡	㉠	㉢
④	㉢	㉠	㉡

10   다음 글에서 〈보기〉가 들어갈 위치로 가장 적절한 곳은?

> (가) 휴대폰은 어린이들이 자신의 속마음을 고백하기도 하고, 그가 하는 말을 들어주기도 하며, 또 자신의 호주머니나 입 속에 다 쑤셔 넣기도 하는 곰돌이 인형과 유사하다. 다른 점이 있다면, 곰돌이 인형은 휴대폰과는 달리 말하는 사람에게 주의 깊게 귀를 기울여 준다는 것이다.
>
> (나) 휴대폰이 제기하는 핵심 문제는 바로 이러한 모순 가운데 있다. 곰돌이 인형과 달리 휴대폰을 통해 듣는 목소리는 우리가 듣기를 바라는 것과는 다른 대답을 자주 한다. 그것은 특히 우리가 대화 상대자와 다른 시간과 다른 장소 그리고 다른 정신상태에 처해 있기 때문이다.
>
> (다) 그리 오래 전 일도 아니지만, 우리가 시·공간적으로 떨어져 있는 상대와 대화를 나누고 싶을 때 할 수 있는 일이란 기껏해야 독백을 하거나 글쓰기에 호소하는 것밖에 없었다. 하지만 글을 써본 사람이라면 펜을 가지고 구어(口語)적 사고를 진행시킨다는 것이 얼마나 어려운 일인지 잘 안다.
>
> (라) 반면 우리가 머릿속에 떠오르는 말들에 따라, 그때그때 우리가 취하는 어조와 몸짓들은 얼마나 다양한가! 휴대폰으로 말미암아 우리는 혼자 말하는 행복을 되찾게 되었다. 더 이상 독백의 기쁨을 만끽하기 위해서 혼자 숨어들 필요가 없는 것이다.
>
> 어린이에게 자신이 보호받고 있다는 느낌을 주기 위해 발명된 곰돌이 인형을 어린이는 가장 좋은 대화 상대자로 이용한다. 마찬가지로 통신 수단으로 발명된 휴대폰은 고독 속에서 우리를 안도시키는 절대적 수단이 될 것이다.

보기

곰돌이 인형에게 이야기하는 어린이가 곰돌이 인형이 자기 말을 듣고 있다고 믿는 이유는 곰돌이 인형이 결코 대답하는 법이 없기 때문이다. 만일 곰돌이 인형이 대답을 한다면 그것은 어린이가 자신의 마음속에서 듣는 말일 것이다.

① (가) 문단의 뒤   ② (나) 문단의 뒤
③ (다) 문단의 뒤   ④ (라) 문단의 뒤

11 다음 글의 내용으로 적절하지 않은 것은?

> 한 사회의 소득 분배가 얼마나 불평등한지는 일반적으로 '10분위 분배율'과 '로렌츠 곡선' 등의 척도로 측정된다. 10분위 분배율이란 하위 소득 계층 40%의 소득 점유율을 상위 소득 계층 20%의 소득 점유율로 나눈 비율을 말한다. 이 값은 한 사회의 소득 분배가 얼마나 불평등한지를 나타내는 지표가 되는데, 10분위 분배율의 값이 낮을수록 분배가 불평등함을 의미한다.
>
> 계층별 소득 분배를 측정하는 다른 지표로는 로렌츠 곡선을 들 수 있다. 로렌츠 곡선은 정사각형의 상자 안에 가로축에는 저소득 계층부터 고소득 계층까지를 차례대로 누적한 인구 비율을, 세로축에는 해당 계층 소득의 누적 점유율을 나타낸 그림이다. 만약 모든 사람들이 똑같은 소득을 얻고 있다면 로렌츠 곡선은 대각선과 일치하게 된다. 그러나 대부분의 경우 로렌츠 곡선은 대각선보다 오른쪽 아래에 있는 것이 보통이다. 일반적으로 로렌츠 곡선이 평평하여 대각선에 가까울수록 평등한 소득 분배를, 그리고 많이 구부러져 직각에 가까울수록 불평등한 소득 분배를 나타낸다.

① 10분위 분배율은 하위 소득 계층 40%와 상위 소득 계층 20%의 소득 점유율을 알아야 계산할 수 있다.

② 하위 소득 계층 40%의 소득 점유율이 작을수록, 상위 소득 계층 20%의 소득 점유율이 클수록 분배가 불평등하다.

③ 로렌츠 곡선의 가로축을 보면 소득 누적 점유율을, 세로축을 보면 누적 인구 비율을 알 수 있다.

④ 로렌츠 곡선과 대각선의 관계를 통해 소득 분배를 알 수 있다.

12 한국중부발전에서는 2023년을 맞아 중소기업을 대상으로 열린 강좌를 실시할 예정이다. 담당자인 G대리는 열린 강좌 소개를 위한 안내문을 작성해 A차장의 결재를 기다리는 중이다. 다음 중 안내문을 본 A차장이 할 수 있는 말로 적절하지 않은 것은?

〈2023년 중소기업 대상 열린 강좌 교육 시행〉

중소기업 직원의 역량강화를 위한 무상교육을 다음과 같이 시행하오니 관심 있는 중소기업 임직원 여러분의 많은 참여 바랍니다.

1. 교육과정 및 강사

일자	교육명	강사
1월 26일(목)	대중문화에서 배우는 경영 전략과 마케팅	E대표

2. 교육 장소 : 한국중부발전 본사 1층 소강당

3. 신청기간 및 신청방법
　　가. 신청기간 : 2023년 1월 16일(월) ~ 20일(금)
　　나. 신청방법 : 신청서 작성 후 E-mail(SDgosi@komipo.co.kr)로 신청

4. 기타사항 : 교육 대상 인원 선착순 선발 후 안내 메일 발송

5. 담당자 : 한국중부발전 계약팀 A대리
　　　　　　　(E-mail : SDgosi@komipo.co.kr/ Tel : 051-123-1234)

---

① 해당 강좌가 몇 시간 동안 진행되는지도 적어주는 것이 좋겠군.
② 강사에 대한 정보가 부족하군, 대략적인 경력사항을 첨부하도록 하게.
③ 본사에 오는 방법을 지도를 첨부해, 교통편을 안내하는 것이 좋을 것 같네.
④ 만약 궁금한 점이 있으면 누구에게 연락해야 하는지 담당자 연락처를 적어두게.

13 다음 기사문의 제목으로 적절한 것은?

> 경기도가 시간과 장소의 제약 없이 전자책을 이용할 수 있도록 경기도사이버도서관 전자책 전용 앱을 출시한다.
>
> 도는 최근 스마트폰 보급 확대로 도서관 이용 및 도서대출 감소 등 독서방식의 변화에 따라 기존 홈페이지(www.library.kr) 중심의 전자책서비스를 모바일 중심으로 전환했다. 전자책 추천 서비스와 별점주기, 서평 쓰기 서비스도 새롭게 추가됐다.
>
> 경기도민 누구나 구글 플레이스토어(안드로이드)나 앱스토어(애플)에서 경기도사이버도서관 전용앱을 다운로드받으면 2만여 권의 최신 전자책을 무료로 이용할 수 있다. 회원가입은 카카오톡이나 페이스북, 트위터, 경기도 온라인 평생교육 학습서비스인 '지식(GSEEK)' 계정으로도 가능하다.
>
> 경기도사이버도서관은 도내 모든 공공도서관에서 소장하고 있는 3천 4백만여 권의 도서에 대한 통합 검색과 택배를 통한 장애인 및 임산부 대상 책 배달 서비스를 지원하고 있으며, 경기도의 역사, 문화에 관한 도서, 사진 등 5만 점의 디지털 자료도 온라인으로 서비스하고 있다.
>
>

① 경기도사이버도서관 홈페이지 리뉴얼
② 2만여 권의 최신 전자책 무료 이용 가능
③ SNS, GSEEK 회원과 연동시스템 구축으로 이용 편의성 증대
④ 전자책 전용 앱 도입 모바일 중심으로 개편 오픈

14 다음 글을 바탕으로 세미나를 개최하고자 한다. 세미나의 안내장에 들어갈 표제와 부제로 적절하지 않은 것은?

인간은 자연 속에서 태어나 살다가 자연으로 돌아간다. 이처럼 자연은 인간 삶의 무대요 안식처이다. 그러므로 자연과 인간의 관계는 불가분의 관계이다. 유교는 바로 이 점에 주목하여 인간과 자연의 원만한 관계를 추구하였다. 이는 자연이 인간을 위한 수단이 아니라 인간과 공존해야 할 대상이라는 것을 뜻한다.

유교는 자연을 인간의 부모로 생각하고 인간은 자연의 자식이라고 여겨왔다. 그러므로 유교에서는 인간의 본질적 근원을 천(天)에 두었다. 하늘이 명한 것을 성(性)이라 하고, 하늘이 인간에게 덕(德)을 낳아 주었다고 하였다. 이는 인간에게 주어진 본성과 인간에 내재한 덕이 하늘에서 비롯한 것임을 밝힌 것이다. 이와 관련하여 이이는 "사람이란 천지의 이(理)를 부여받아 성(性)을 삼고, 천지의 기(氣)를 나누어 형(形)을 삼았다."라고 하였다. 이는 인간 존재를 이기론(理氣論)으로 설명한 것이다. 인간은 천지의 소산자(所産者)이며 이 인간 생성의 모태는 자연이다. 그러므로 천지 만물이 본래 나와 한몸이라고 할 수 있는 것이다.

유교에서는 천지를 인간의 모범 혹은 완전자(完全者)로 이해하였다. 유교 사상에 많은 영향을 미친 『주역』에 의하면 성인(聖人)은 천지와 더불어 그 덕을 합한 자이며, 해와 달과 함께 그 밝음을 합한 자이며, 사시(四時)와 더불어 그 질서를 합한 자이다. 이에 대하여 이이는 '천지란 성인의 준칙이요 성인이란 중인의 준칙'이라 하여 천지를 성인의 표준으로 이해하였다. 따라서 성인의 덕은 하늘과 더불어 하나가 되므로 신묘하여 헤아릴 수 없다고 하였다. 이와 같이 천지는 인간의 모범으로 일컬어졌고, 인간은 그 천지의 본성을 부여받은 존재로 규정되었다. 그러므로 『중용』에서는 성(誠)은 하늘의 도(道)요, 성(誠)이 되고자 노력하는 것이 인간의 도리라고 하였다. 즉, 참된 것은 우주 자연의 법칙이며, 그 진실한 자연의 법칙을 좇아 살아가는 것은 인간의 도리라는 것이다. 이처럼 유교는 인간 삶의 도리를 자연의 법칙에서 찾았고, 자연의 질서에 맞는 인간의 도리를 이상으로 여겼다. 이렇게 볼 때, 유교에서는 인간과 자연을 하나로 알고 상호 의존하고 있는 유기적 존재로 인식함으로써 천인합일(天人合一)을 추구하였음을 알 수 있다. 이러한 바탕 위에서 유교는 자존과 공존의 자연관을 말하였다. 만물은 저마다 자기 생을 꾸려나간다. 즉, 인간은 인간대로, 동물은 동물대로, 식물은 식물대로 각기 자기 삶을 살아가지만 서로 해치지 않는다. 약육강식의 먹이 사슬로 보면 이러한 설명은 타당하지 않은 듯하다. 그러나 생태계의 질서를 살펴보면 먹고 먹히면서도 전체적으로는 평등하다는 것을 알 수 있다. 또한, 만물의 도는 함께 운행되고 있지만 전체적으로 보면 하나의 조화를 이루어 서로 어긋나지 않는다. 이것이야말로 자존과 공존의 질서가 서로 어긋나지 않으면서 하나의 위대한 조화를 이루고 있는 것이다. 나도 살고 너도 살지만, 서로 해치지 않는 조화의 질서가 바로 유교의 자연관인 것이다.

① 유교와 현대 철학 – 환경 파괴 문제에 관하여
② 우주를 지배하는 자연의 질서 – 자연이 보여준 놀라운 복원력
③ 유교에서 바라본 자연관 – 자연과 인간의 공존을 찾아서
④ 유교의 현대적인 의미 – 자연에서 발견하는 삶의 지혜

15 다음 글이 비판의 대상으로 삼는 주장으로 가장 적절한 것은?

경제 문제는 대개 해결이 가능하다. 대부분의 경제 문제에는 몇 개의 해결책이 있다. 그러나 모든 해결책은 누군가가 상당한 손실을 반드시 감수해야 한다는 특징을 갖고 있다. 하지만 누구도 이 손실을 자발적으로 감수하고자 하지 않으며, 우리의 정치제도는 누구에게도 이 짐을 짊어지라고 강요할 수 없다. 우리의 정치적·경제적 구조로는 실질적으로 제로섬(Zero-sum)적인 요소를 지니는 경제 문제에 전혀 대처할 수 없기 때문이다.

대개의 경제적 해결책은 대규모의 제로섬적인 요소를 갖기 때문에 큰 손실을 수반한다. 모든 제로섬 게임에는 승자가 있다면 반드시 패자가 있으며, 패자가 존재해야만 승자가 존재할 수 있다. 경제적 이득이 경제적 손실을 초과할 수도 있지만, 손실의 주체에게 손실의 의미란 상당한 크기의 경제적 이득을 부정할 수 있을 만큼 매우 중요하다. 어떤 해결책으로 인해 평균적으로 사회는 더 잘살게 될 수도 있지만, 이 평균이 훨씬 더 잘살게 된 수많은 사람과 훨씬 더 못살게 된 수많은 사람을 감춘다. 만약 당신이 더 못살게 된 사람 중 하나라면 내 수입이 줄어든 것보다 다른 누군가의 수입이 더 많이 늘었다고 해서 위안을 얻지는 않을 것이다. 결국 우리는 우리 자신의 수입을 보호하기 위해 경제적 변화가 일어나는 것을 막거나 혹은 사회가 우리에게 손해를 입히는 공공정책이 강제로 시행되는 것을 막기 위해 싸울 것이다.

① 빈부격차를 해소하는 것만큼 중요한 정책은 없다.
② 사회의 총생산량이 많아지게 하는 정책이 좋은 정책이다.
③ 경제문제에서 모두가 만족하는 해결책은 존재하지 않는다.
④ 경제적 변화에 대응하는 정치제도의 기능에는 한계가 존재한다.

16 다음 중 글의 내용과 일치하지 않는 것은?

「도로법」에 따르면 국가가 관리하는 간선도로는 고속도로와 일반국도이다. 「도로의 구조·시설 기준에 관한 규칙」에서는 주간선도로를 고속도로, 일반국도, 특별시도·광역시도로 분류하고 있다. 「도로법」, 「도로의 구조·시설 기준에 관한 규칙」에서 제시한 간선도로의 범주에는 고속도로, 자동차전용도로, 일반국도, 특별시도·광역시도가 포함된다.

간선도로는 접근성에 비해 이동성이 강조되며 국가도로망에서 중심적 역할을 하고 있어 통과교통량이 많고, 장거리통행의 비율이 높아 차량당 평균 통행거리가 긴 특성을 가진다. 또한 자동차전용도로 등 고규격 도로설계를 통한 빠른 통행속도를 지향한다.

미국의 사례를 보면 도로의 기능을 이동성과 접근성으로 구분하고 간선도로는 이동성이 중요하다고 제시하고 있다. 높은 수준의 이동성을 제공하는 도로를 '간선도로', 높은 수준의 접근성을 제공하는 도로를 '국지도로'로 분류하고 두 가지 기능이 적절히 섞인 도로를 '집산도로'로 구분하고 있다.

이동성과 접근성 이외에도 간선도로의 중요한 요인으로 통행 효율성, 접근지점, 제한속도, 노선간격, 교통량, 주행거리 등을 꼽고 있다. 통행 효율성 측면에서 사람들이 경로를 선택할 때 우선적으로 고려하는 도로는 가장 적게 막히면서 최단 시간에 갈 수 있는 도로이며, 간선도로는 이러한 서비스를 제공한다. 접근지점 측면에서 간선도로는 완전 또는 부분적으로 접근이 제한된 형태로 나타나거나, 교통의 흐름을 방해하는 진출입을 최소한으로 한다. 따라서 장거리 통행은 주로 간선도로상에서 이루어진다. 속도 측면에서 간선도로는 이동성을 높이기 위해 제한속도가 높으며 평면 교차로의 수가 적거나 거의 없다. 노선 간격은 집산도로보다는 넓은 간격을 두고 설치된다.

또 다른 간선도로의 중요한 특징은 교통량이 많고 차량주행거리가 긴 장거리 통행이 많이 발생하고, 이에 따라 일별 차량통행거리가 높다는 점이다. 공간적으로 봤을 때 간선도로는 주 전체를 가로지르며 인구가 많은 지역을 연결한다.

① 간선도로란 국가도로망에서 중심적인 역할을 하는 중요한 기능을 수행하는 도로이다.

② 간선도로는 차량당 평균 통행거리가 긴 특성을 가지고 있어 이동성이 강조된다.

③ 간선도로는 가장 적게 막히면서 최단 시간에 갈 수 있어 경로를 선택할 때 우선적으로 고려하는 도로이다.

④ 간선도로는 평면 교차로의 수를 최소화하여 접근성을 높이고, 인구가 많은 지역들을 연결한다.

17 다음 기사문의 제목으로 가장 적절한 것은?

'좌석예약제'는 모바일 전용 어플리케이션 '굿모닝 미리'를 통해 사전에 좌석을 예약한 후, 예약한 날짜와 시간에 해당 좌석에 탑승하는 방식의 O2O서비스(Online to Offline, 온라인과 오프라인을 연결하는 서비스)이다.

광역버스(8100, G6000)와 M버스 2개 노선(M6117, M4403)을 대상으로 지난 2017년 7월부터 좌석예약제 시범사업을 실시 중이다. 특히, 이 서비스는 만차로 인한 중간정류소 무정차 통과, 정류소별 대기시간 증가, 기점으로의 역류현상 등 각종 불편을 해소하고, 출퇴근 시간 단축에 큰 기여를 하고 있는 것으로 나타났다.

실제로 지난해 10월 실시한 '좌석예약제 만족도 조사'에 따르면, 응답자의 70.1%가 5 ~ 20분 이상 출근시간이 단축되었다고 답변했고, 이에 대해 만족한다는 응답이 75.1%로 높게 나타났다. 아울러 61% 이상이 예약제 버스를 증차해야 한다고 요구했으며, 21%가 적용 노선을 확대해야 한다고 응답했다.

이를 바탕으로 수원, 용인, 고양, 남양주, 파주시 등과 함께 올해부터 좌석예약제 적용노선을 기존 4개 노선에서 9개 노선을 추가 도입, 13개 노선까지 확대하기로 결정했다. 확대 대상 노선은 이용 수요ㆍ운행대수ㆍ정류소별 탑승객 비율 등을 고려해 광역버스 3개 노선(8201, G7426, 8002)과 M버스 6개 노선(M4101, M2323, M7412, M7106, M5107, M7119)을 선정했다.

이 중 M버스 6개 노선과 8201번은 6월 25일부터 순차 도입하고, 나머지 G7426과 8002 등 2개 노선은 올 하반기 중 도입을 추진할 계획이다.

좌석예약은 탑승일 일주일 전부터 모바일 앱 '굿모닝 미리'를 통해 가능하다. 해당 앱은 플레이스토어ㆍ앱스토어에서 다운로드할 수 있으며, 회원등록을 해야 한다. 요금은 등록된 교통카드로 현장에서 지불하면 된다.

H교통국장은 "이번 좌석예약제 확대 실시로 버스 탑승 대기시간이 단축되고, 기점 역류 현상이 감소해 수도권 출퇴근 이용객들의 탑승불편이 감소할 것으로 기대된다."고 밝혔다.

① '좌석예약제'로 출퇴근 시간 단축
② '광역버스 좌석예약제' 도입
③ '광역버스 좌석예약제' 적용노선 확대
④ '굿모닝 미리'로 좌석버스 예약 가능

18 다음 중 〈보기〉의 글이 들어갈 위치로 가장 적절한 곳은?

'아무리 퍼내도 쌀이 자꾸자꾸 차오르는 항아리가 있다면 얼마나 좋을까…' 가난한 사람들에게는 이런 소망이 있을 것이다. 신화의 세계에는 그런 쌀독이 얼마든지 있다. 세계 어느 나라 신화를 들추어 보아도 이런 항아리가 등장하지 않는 신화는 없다. (가) 신화에는 사람들의 원망(願望)이 투사(投射)되어 있다.

신화란 신(神)이나 신 같은 존재에 대한 신비롭고 환상적인 이야기, 우주나 민족의 시작에 대한 초인적(超人的)인 내용, 그리고 많은 사람이 믿는, 창작되거나 전해지는 이야기를 의미한다. 다시 말해 모든 신화는 상상력에 바탕을 둔 우주와 자연에 대한 이해이다. (나) 이처럼 신화는 상상력을 발휘하여 얻은 것이지만 그 결과는 우리 인류에게 유익한 생산력으로 나타나고 있다.

그런데 신화는 단순한 상상력으로 이루어지는 것이 아니라 창조적 상상력으로 이루어지는 것이며, 이 상상력은 또 생산적 창조력으로 이어졌다. 오늘날 우리 인류의 삶을 풍족하게 만든 모든 문명의 이기(利器)들은, 그것의 근본을 규명해 보면 신화적 상상력의 결과임을 알 수 있다. (다) 결국, 그것들은 인류가 부단한 노력을 통해 신화를 현실화한 것이다. 또한 신화는 고대인들의 우주 만물에 대한 이해로 끝나지 않고 현재까지도 끊임없이 창조되고 있고, 나아가 신화 자체가 문학적 상상력의 재료로 사용되는 경우도 있다.

신화적 사유의 근간은 환상성(幻想性)이지만, 이것을 잘못 이해하면 현실성을 무시한 황당무계한 것으로 오해하기 쉽다. (라) 그러나 이 환상성은 곧 상상력이고 이것이 바로 창조력이라는 점을 우리는 이해하지 않으면 안 된다. 그래서 인류 역사에서 풍부한 신화적 유산을 계승한 민족이 찬란한 문화를 이룬 예를 서양에서는 그리스, 동양에서는 중국에서 찾아볼 수 있다. 우리나라에도 규모는 작지만 단군·주몽·박혁거세 신화 등이 있었기에 우리 민족 역시 오늘날 이 작은 한반도에서 나름대로 민족 국가를 형성하여 사는 것이다. 왜냐하면 민족이나 국가에 대한 이야기, 곧 신화가 그 민족과 국가의 정체성을 확보해 주기 때문이다.

신화는 물론 인류의 보편적 속성에 기반을 두어 형성되고 발전되어 왔지만 그 구체적인 내용은 민족마다 다르게 나타난다. 즉, 나라마다 각각 다른 지리·기후·풍습 등의 특성이 반영되어 각 민족 특유의 신화가 만들어지는 것이다. 그래서 고대 그리스의 신화와 중국의 신화는 신화적 발상과 사유에 있어서는 비슷하지만 내용은 전혀 다르게 전개되고 있다. 예를 들어 그리스 신화에서 태양은 침범 불가능한 아폴론 신의 영역이지만 중국 신화에서는 후예가 태양을 쏜 신화에서 볼 수 있듯이 떨어뜨려야 할 대상으로 나타나기도 하는 것이다.

보기

오늘날 인류 최고의 교통수단이 되고 있는 비행기도 우주와 창공을 마음껏 날아보려는 신화적 사유의 소산이며, 바다를 마음대로 항해해 보고자 했던 인간의 신화적 사유가 만들어낸 것이 여객선이다. 이러한 것들은 바로 『장자(莊子)』에 나오는, 물길을 차고 높이 날아올라 순식간에 먼 거리를 이동한 곤붕(鯤鵬)의 신화가 오늘의 모습으로 나타난 것이라고 볼 수 있다.

① (가)　　　　　　　　　　　　② (나)
③ (다)　　　　　　　　　　　　④ (라)

※ 다음은 J사의 해외출장 보고서의 일부 내용이다. 이어지는 질문에 답하시오. [19~20]

<해외출장 보고서>

Ⅰ. 해외출장 개요
  1. 목적 : J사 호주 연구개발 정책 및 기술현황 조사
  2. 기간 : 2023년 ○○월 ○○일 ~ 2023년 ○○월 ○○일(10일간)
  3. 국가 : 호주(멜버른, 시드니)
  4. 출장자 인적사항

소속		직위	성명	비고
사업실	사업기획부	1급	김영훈	단장
	사업관리부	2급	김중민	단원
	품질관리부	4급	최고진	단원
	자산관리부	4급	이기현	단원
	수수료관리부	3급	정유민	단원
인사실	인사관리부	2급	서가람	단원

:

Ⅱ. 주요업무 수행 사항
  1. 출장의 배경 및 세부 일정
    가. 출장 배경
      ㄱ. J사는 호주 기관과 2019년 2월 양자협력 양해각서(MOU)를 체결하여 2년 주기로 양 기관 간 협력 회의 개최
      ㄴ. 연구개발 주요 정책 및 중장기 핵심 정책 조사
      ㄷ. 지역특화 연구개발 서비스 현황 조사

19 다음 중 제시된 보고서에 반드시 포함되어야 할 내용으로만 바르게 짝지어진 것은?

① 대상이 되는 사람들의 나이와 성별 정보, 시간 단위별로 제시된 자세한 일정 관련 정보
② 출장지에서 특별히 주의해야 할 사항, 과거 협력 회의 시 다루었던 내용 요약
③ 시간 단위별로 제시된 자세한 일정 관련 정보, 과거 협력 회의 시 다루었던 내용 요약
④ 과거 협력 회의 시 다루었던 내용 요약, 대상이 되는 사람들의 나이와 성별 정보

20 다음 중 전체 보고서의 흐름으로 가장 적절한 것은?

① 해외 출장 개요 – 주요 수행내용 – 첨부 자료 – 결과보고서 양식 – 수행 내용별 세부사항
② 해외 출장 개요 – 주요 수행내용 – 결과보고서 양식 – 수행 내용별 세부사항 – 첨부 자료
③ 해외 출장 개요 – 주요 수행내용 – 결과보고서 양식 – 첨부 자료 – 수행 내용별 세부사항
④ 해외 출장 개요 – 주요 수행내용 – 수행 내용별 세부사항 – 결과보고서 양식 – 첨부 자료

CHAPTER 02
문제해결능력

합격 CHEAT KEY

문제해결능력은 업무를 수행하면서 여러 가지 문제 상황이 발생하였을 때, 창의적이고 논리적인 사고를 통하여 이를 올바르게 인식하고 적절히 해결하는 능력을 말한다. 하위능력으로는 사고력과 문제처리능력이 있다.

문제해결능력은 NCS 기반 채용을 진행하는 대다수의 공사·공단에서 채택하고 있으며, 문항 수는 평균 24% 정도로 상당히 많이 출제되고 있다. 하지만 많은 수험생들은 더 많이 출제되는 다른 영역에 몰입하고 문제해결능력은 집중하지 않는 실수를 하고 있다. 다른 영역보다 더 많은 노력이 필요할 수는 있지만 그렇기에 차별화를 할 수 있는 득점 영역이므로 포기하지 말고 꾸준하게 노력해야 한다.

01 질문의 의도를 정확하게 파악하라!

문제해결능력은 문제에서 무엇을 묻고 있는지 정확하게 파악하여 먼저 풀이 방향을 설정하는 것이 가장 효율적인 방법이다. 특히, 조건이 주어지고 답을 찾는 창의적·분석적인 문제가 주로 출제되고 있기 때문에 처음에 정확한 풀이 방향이 설정되지 않는다면 시간만 허비하고 결국 문제도 풀지 못하게 되므로 첫 번째로 출제의도 파악에 집중해야 한다.

02 중요한 정보는 반드시 표시하라!

위에서 말한 출제의도를 정확히 파악하기 위해서는 문제의 중요한 정보는 반드시 표시나 메모를 하여 하나의 조건, 단서도 잊고 넘어가는 일이 없도록 해야 한다. 실제 시험에서는 시간의 압박과 긴장감으로 정보를 잘못 적용하거나 잊어버리는 실수가 많이 발생하므로 사전에 충분한 연습이 필요하다.

가령 명제 문제의 경우 주어진 명제와 그 명제의 대우를 본인이 한눈에 파악할 수 있도록 기호화, 도식화하여 메모하면 흐름을 이해하기가 더 수월하다. 이를 통해 자신만의 풀이 순서와 방향, 기준 또한 생길 것이다.

03 반복 풀이를 통해 취약 유형을 파악하라!

길지 않은 한정된 시간 동안 모든 문제를 다 푸는 것은 조금은 어려울 수도 있다. 따라서 고득점을 할 수 있는 효율적인 문제 풀이 방법을 찾아야 한다. 이때, 반복적인 문제 풀이를 통해 자신이 취약한 유형을 파악하는 것이 중요하다. 취약 유형 파악은 종료 시간이 임박했을 때 빛을 발할 것이다. 풀 수 있는 문제부터 빠르게 풀고 취약한 유형은 나중에 푸는 효율적인 문제 풀이를 통해 최대한의 고득점을 하는 것이 중요하다. 그러므로 본인의 취약 유형을 파악하기 위해서는 많은 문제를 풀어 봐야 한다.

04 타고나는 것이 아니므로 열심히 노력하라!

대부분의 수험생들이 문제해결능력은 공부해도 실력이 늘지 않는 영역이라고 생각한다. 하지만 그렇지 않다. 문제해결능력이야말로 노력을 통해 충분히 고득점이 가능한 영역이다. 정확한 질문 의도 파악, 취약한 유형의 반복적인 풀이, 빈출유형 파악 등의 방법으로 충분히 실력을 향상시킬 수 있다. 자신감을 갖고 공부하기 바란다.

01 | 사고력 ① - 창의적 사고

다음 〈보기〉 중 창의적 사고에 대한 설명으로 적절하지 않은 것을 모두 고르면?

풀이순서

1) 질문의도
창의적 사고 이해

2) 보기(㉠ ~ ㉺) 확인

3) 정답도출

> **보기**
>
> ㉠ 창의적 사고는 아무것도 없는 무에서 유를 만들어 내는 것이다.
>
>   └▸ 창의적 사고는 끊임없이 참신하고 새로운 아이디어를 만들어 내는 것
>
> ㉡ 창의적 사고는 끊임없이 참신한 아이디어를 산출하는 힘이다.
>
> ㉢ 우리는 매일 끊임없이 창의적 사고를 계속하고 있다.
>
> ㉣ 필요한 물건을 싸게 사기 위해서 하는 많은 생각들은 창의적 사고에 해당하지 않는다.
>
>   └▸ 창의적 사고는 일상생활의 작은 것부터 위대한 것까지 포함되며, 우리는 매일 창의적 사고를 하고 있음
>
> ㉺ 창의적 사고를 대단하게 여기는 사람들의 편견과 달리 창의적 사고는 누구에게나 존재한다.

① ㉠, ㉢   ✓② ㉠, ㉣

③ ㉡, ㉣   ④ ㉢, ㉺

⑤ ㉣, ㉺

유형 분석	• 주어진 설명을 통해 이론이나 개념을 활용하여 풀어가는 문제이다. 응용 문제 : 주로 빠른 시간 안에 정답을 도출하는 문제가 출제된다.
풀이 전략	모듈이론에 대한 전반적인 학습을 미리 해 두어야 하며, 이를 토대로 주어진 문제에 적용하여 문제를 해결해 나가도록 한다.

02 | 사고력 ② - 명제

게임 동호회 회장인 귀하는 주말에 진행되는 게임 행사에 동호회 회원인 A ~ E의 참여 가능 여부를 조사하려고 한다. 다음을 참고하여 E가 행사에 참여하지 않는다고 할 때, 행사에 참여 가능한 사람 은 모두 몇 명인가?   ~e

- A가 행사에 참여하지 않으면, B가 행사에 참여한다.   ~a → b의 대우
  ~a   b   : ~b → a
- A가 행사에 참여하면, C는 행사에 참여하지 않는다.
  a   ~c
- B가 행사에 참여하면, D는 행사에 참여하지 않는다.   b → ~d의 대우
  b   ~d   : d → ~b
- D가 행사에 참여하지 않으면, E가 행사에 참여한다.   ~d → e의 대우
  ~d   e   : ~e → d

① 0명
② 1명
☑ 2명
④ 3명
⑤ 4명

풀이순서

1) 질문의도
   명제 추리

2) 문장분석
   기호화

3) 정답도출
   ~e → d
   d → ~b
   ~b → a
   a → ~c
   ∴ 2명

PART 2

유형 분석	• 주어진 문장을 토대로 논리적으로 추론하여 참 또는 거짓을 구분하는 문제이다. • 대체로 연역추론을 활용한 명제 문제가 출제된다. 응용문제 : 자료를 제시하고 새로운 결과나 자료에 주어지지 않은 내용을 추론해 가는 형식의 문제가 출제된다.
풀이 전략	명제와 관련한 기본적인 논법에 대해서는 미리 학습해 두며, 이를 바탕으로 각 문장에 있는 핵심단어 또는 문구를 기호화하여 정리한 후, 선택지와 비교하여 참 또는 거짓을 판단한다.

03 | 문제처리 ① - SWOT 분석

다음은 분식점에 대한 SWOT 분석 결과이다. 이에 대한 대응 방안으로 가장 적절한 것은?

S(강점)	W(약점)
• 좋은 품질의 재료만 사용 • 청결하고 차별화된 이미지	• 타 분식점에 비해 한정된 메뉴 • 배달서비스를 제공하지 않음
O(기회)	T(위협)
• 분식점 앞에 곧 학교가 들어설 예정 • 최근 TV프로그램 섭외 요청을 받음	• 프랜차이즈 분식점들로 포화 상태 • 저렴한 길거리 음식으로 취급하는 경향이 있음

① ST전략 : 비싼 재료들을 사용하여 가격을 올려 저렴한 길거리 음식이라는 인식을 바꾼다.

② WT전략 : 다른 분식점들과 차별화된 전략을 유지하기 위해 배달서비스를 시작한다.

✔ SO전략 : TV프로그램에 출연해 좋은 품질의 재료만 사용한다는 점을 부각시킨다.
              O   S

④ WO전략 : TV프로그램 출연용으로 다양한 메뉴를 일시적으로 개발한다.

⑤ WT전략 : 포화 상태의 시장에서 살아남기 위해 다른 가게보다 저렴한 가격으로 판매한다.

풀이순서

1) 질문의도
   SWOT 분석

2) SWOT 분석

3) 정답도출

유형 분석	• 상황에 대한 환경 분석 결과를 통해 주요 과제를 도출하는 문제이다. • 주로 3C 분석 또는 SWOT 분석을 활용한 문제들이 출제되고 있으므로 해당 분석도구에 대한 사전 학습이 요구된다.
풀이 전략	문제에 제시된 분석도구를 확인한 후, 분석 결과를 종합적으로 판단하여 각 선택지의 전략 과제와 일치 여부를 판단한다.

04 | 문제처리 ② - 공정 관리

다음은 제품 생산에 소요되는 작업 시간을 정리한 자료이다. 〈조건〉이 다음과 같을 때, 이에 대한 설명으로 가장 적절한 것은?

풀이순서

1) 질문의도
   공정 관리 이해

3) 정답도출

〈제품 생산에 소요되는 작업 시간〉

(단위 : 시간)

제품 \ 작업 구분	절삭 작업	용접 작업
a	2	1
b	1	2
c	3	3

2) 조건확인

조건

• a, b, c제품을 각 1개씩 생산한다.
• 주어진 기계는 절삭기 1대, 용접기 1대이다.
• 각 제품은 절삭 작업을 마친 후 용접 작업을 해야 한다.
• 총 작업 시간을 최소화하기 위해 제품의 제작 순서는 관계없다.

☑ 가장 적게 소요되는 총 작업 시간은 8시간이다.
— b → c → a의 순서
② 가장 많이 소요되는 총 작업 시간은 12시간이다.
   a → c → b의 순서 : 총 10시간
③ 총 작업 시간을 최소화하기 위해 제품 b를 가장 늦게 만든다.
④ 총 작업 시간을 최소화하기 위해 제품 a를 가장 먼저 만든다.
⑤ b → c → a의 순서로 작업할 때, b 작업 후 1시간 동안 용접을 더 하면 작업
   시간이 늘어난다.
   b 작업 후 1시간의 유휴 시간이 있으므로 작업 시간 변함 없음

유형 분석	• 주어진 상황과 정보를 종합적으로 활용하여 풀어가는 문제이다. • 비용, 시간, 순서, 해석 등 다양한 주제를 다루고 있어 유형을 한 가지로 단일화하기 어렵다.
풀이 전략	문제에서 묻는 것을 정확히 파악한 후, 필요한 상황과 정보를 찾아 이를 활용하여 문제를 풀어간다.

01 안전본부 사고분석 개선처에 근무하는 B대리는 혁신우수 연구대회에 출전하여 첨단장비를 활용한 차종별 보행자사고 모형개발 자료를 발표했다. 연구 추진방향을 도출하기 위해 SWOT 분석을 한 결과가 다음과 같을 때, 분석 결과에 대응하는 전략과 그 내용이 적절하지 않게 짝지어진 것은?

강점(Strength)	약점(Weakness)
10년 이상 지속적인 교육과 연구로 신기술 개발을 위한 인프라 구축	보행자사고 모형개발을 위한 예산 및 실차 실험을 위한 연구소 부재
기회(Opportunity)	위협(Threat)
첨단 과학장비(3D스캐너, MADYMO) 도입으로 정밀 시뮬레이션 분석 가능	교통사고에 대한 국민의 관심과 분석수준 향상으로 공단의 사고분석 질적 제고 필요

① SO전략 : 과학장비를 통한 정밀 시뮬레이션 분석을 토대로 국내 차량의 전면부 형상을 취득하고 보행자사고를 분석해 신기술 개발에 도움
② WO전략 : 실차 실험 대신 과학장비를 통한 시뮬레이션 연구로 모형개발
③ ST전략 : 지속적 교육과 연구로 쌓아온 데이터를 바탕으로 사고분석 프로그램 신기술 개발을 통해 사고분석 질적 향상에 기여
④ WT전략 : 신기술 개발을 위한 연구대회를 개최해 인프라를 더욱 탄탄히 구축

02 J공사의 기획팀은 A팀장, B과장, C대리, D주임, E사원으로 구성되어 있다. 각자 다음 규칙과 같이 출근한다고 할 때, 기획팀 구성원 중 먼저 출근한 사람부터 순서대로 나열한 것은?

〈규칙〉

- E사원은 항상 A팀장보다 먼저 출근한다.
- B과장보다 일찍 출근하는 팀원은 한 명뿐이다.
- D주임보다 늦게 출근하는 직원은 두 명 있다.
- C대리는 팀원 중 가장 일찍 출근한다.

① C대리 – B과장 – D주임 – E사원 – A팀장
② C대리 – B과장 – E사원 – D주임 – A팀장
③ E사원 – A팀장 – B과장 – D주임 – C대리
④ E사원 – B과장 – D주임 – C대리 – A팀장

03 다음은 부품별 한 개당 가격, 마우스 부품 조립 시 소요시간과 필요 개수에 대한 자료이고, 마우스는 A ~ F부품 중 3가지 부품으로 구성된다. 마우스를 최대한 비용과 시간을 절약하여 완성할 경우 A ~ F부품 중 〈조건〉에 부합하는 부품 구성으로 적절한 것은?

〈부품 한 개당 가격 및 시간〉

부품	가격	시간	필요개수	부품	가격	시간	필요개수
A	20원	6분	3개	D	50원	11분 30초	2개
B	35원	7분	5개	E	80원	8분 30초	1개
C	33원	5분 30초	2개	F	90원	10분	2개

※ 시간은 필요개수 모두를 사용한 시간이다.

조건
- 완제품을 만들 때 부품의 총 가격이 가장 저렴해야 한다.
- 완제품을 만들 때 부품의 총 개수는 상관없다.
- 완제품을 만들 때 총소요시간이 25분 미만으로 한다.
- 총 가격 차액이 100원 미만일 경우 총 소요시간이 가장 짧은 구성을 택한다.

① A, B, E
② A, C, D
③ B, C, E
④ B, D, F

04 직원 A ~ J 10명은 교육을 받기 위해 지역본부로 이동해야 한다. 다음의 〈조건〉에 따라 여러 대의 차량으로 나누어 탑승할 때, 차량 배치로 적절한 것은?

조건
- 이용할 수 있는 차량은 총 3대이다.
- A와 B는 함께 탑승할 수 없다.
- C와 H는 함께 탑승해야 한다.
- B가 탑승하는 차량에는 총 4명이 탑승한다.
- F와 I가 함께 한 차에 탑승하면, H와 D도 또 다른 한 차에 함께 탑승한다.
- G나 J는 A와 함께 탑승한다.
- 3명, 3명, 4명으로 나누어 탑승한다.

① (C, E, H), (A, F, I), (B, D, G, J)
② (A, E, J), (B, C, D, H), (F, G, I)
③ (A, F, H, J), (C, D, I), (B, E, G)
④ (C, D, H), (F, I, J), (A, B, E, G)

05 한국중부발전 직원 A ~ E가 〈조건〉에 따라 상여금을 받았다고 할 때, 다음 설명 중 옳지 않은 것은?

> **조건**
> - 지급된 상여금은 25만 원, 50만 원, 75만 원, 100만 원, 125만 원이다.
> - A, B, C, D, E는 서로 다른 상여금을 받았다.
> - A의 상여금은 다섯 사람 상여금의 평균이다.
> - B의 상여금은 C, D보다 적다.
> - C의 상여금은 어떤 이 상여금의 두 배이다.
> - D의 상여금은 E보다 적다.

① A의 상여금은 A를 제외한 나머지 네 명의 평균과 같다.
② A의 상여금은 반드시 B보다 많다.
③ C의 상여금은 두 번째로 많거나 두 번째로 적다.
④ C의 상여금이 A보다 많다면, B의 상여금은 C의 50%일 것이다.

06 A대리는 자신의 자리를 정리하는 중에 언제 사용했는지 모르는 달력을 발견하였다. 중요한 날에 동그라미를 많이 그린 탓에 구멍이 뚫려서 그 다음 장 혹은 그 이후에 있는 숫자가 보이게 되었다. 다음 중 이 달력과 관련하여 판단한 것으로 옳지 않은 것은?

> - 달력은 용수철로 묶여진 것으로 앞뒤로 자유롭게 넘길 수 있으며, 12월 달력에서 다음 장으로 넘기면 고정 받침대가 있다.
> - 현재 펼쳐진 장에는 일요일에 해당하는 날과 6일(국경일)이 빨간색으로 표시되어 있다.
> - 달력에 표시된 공휴일은 삼일절, 어린이날, 현충일, 광복절, 개천절, 크리스마스뿐이다.
> - 달력의 해당 연도는 윤년이 아니다.
>
> | 일요일 | 월요일 | 화요일 | 수요일 | 목요일 | 금요일 | 토요일 |
> |---|---|---|---|---|---|---|
> | 1 | 2 | 3 | 4 | 5 | 6 | 7 |
> | 8 | 9 | 10 | 11 | ⑦ | 13 | 14 |
> | 15 | 16 | ⑮ | 18 | 19 | ⑲ | 21 |
> | 22 | 23 | 24 | ㉒ | 26 | 27 | 28 |
> | 29 | 30 | | | | | |

① 현재 펼쳐진 달은 5월이 아니다.
② ⑮가 원래 속해 있는 달은 7월이다.
③ ⑦이 원래 속해 있는 달은 현재 펼쳐진 달의 2개월 후이다.
④ ⑲가 원래 속해 있는 달은 홀수 달뿐이다.

07 A ~ D 4명이 다음 〈조건〉에 따라 구두를 샀다고 할 때, A는 주황색 구두를 포함하여 어떤 색의 구두를 샀는가?(단, 빨간색 – 초록색, 주황색 – 파란색, 노란색 – 남색은 보색 관계이다)

> **조건**
> • 세일하는 품목은 빨간색, 주황색, 노란색, 초록색, 파란색, 남색, 보라색으로 각 한 켤레씩 남았다.
> • A는 주황색을 포함하여 두 켤레를 샀다.
> • C는 빨간색 구두를 샀다.
> • B, D는 파란색을 좋아하지 않는다.
> • C, D는 같은 수의 구두를 샀다.
> • B는 C가 산 구두와 보색 관계인 구두를 샀다.
> • D는 B가 산 구두와 보색 관계인 구두를 샀다.
> • 모두 한 켤레 이상씩 샀으며, 네 사람은 세일품목을 모두 샀다.

① 노란색   ② 초록색

③ 파란색   ④ 남색

08 J공사는 5층짜리 선반에 사무용품을 정리해 두고 있다. 선반의 각 층에는 서로 다른 두 종류의 사무용품이 놓여 있다고 할 때, 다음 〈조건〉을 바탕으로 바르게 추론한 것은?

> **조건**
> • 선반의 가장 아래층에는 인덱스 바인더가 지우개와 함께 놓여 있다.
> • 서류정리함은 보드마카와 스템플러보다 아래에 놓여 있다.
> • 보드마카와 접착 메모지는 같은 층에 놓여 있다.
> • 2공 펀치는 스템플러보다는 아래에 놓여있지만, 서류정리함보다는 위에 놓여 있다.
> • 접착 메모지는 스템플러와 볼펜보다 위에 놓여 있다.
> • 볼펜은 2공 펀치보다 위에 놓여있지만, 스템플러보다 위에 놓여 있는 것은 아니다.
> • 북엔드는 선반의 두 번째 층에 놓여 있다.
> • 형광펜은 선반의 가운데 층에 놓여 있다.

① 스템플러는 보드마카보다 위에 놓여 있다.

② 서류정리함은 북엔드보다 위에 놓여 있다.

③ 볼펜은 3층 선반에 놓여 있다.

④ 보드마카와 접착 메모지가 가장 높은 층에 놓여 있다.

※ 다음은 J아동병원의 8월 진료스케줄을 안내한 일부 자료이다. 이를 보고 이어지는 질문에 답하시오.
[9~10]

〈J아동병원 8월 진료스케줄〉

(◎ : 휴진, ● : 진료, ★ : 당직)

〈진료시간〉
평일 : 오전 9시 ~ 오후 8시
공휴일(토, 일) : 오전 9시 ~ 오후 5시
점심시간 : 오후 12:30 ~ 오후 2시

구분	일요일	월요일			화요일			수요일			목요일			금요일			토요일	
		오전	오후	야간	오전	오후	야간	오전	오후	야간	오전	오후	야간	오전	오후	야간	오전	오후
1주 차								1			2			3			4	
의사 A								●	●		●	●		●	●		●	●
의사 B								◎	◎	◎	◎	◎	◎	◎	◎	◎	◎	◎
의사 C								●	●		●	●			●	★	●	●
의사 D								●			◎	◎	◎	◎	◎	◎	◎	◎
의사 E									●	★	●	●	★	●	●		●	●
2주 차	5	6			7			8			9			10			11	
의사 A			●	★	●	●			●	★	●	●		●			●	●
의사 B	●	●	●		●		★	●							●		●	●
의사 C	●	●	●		●	●		●			◎	◎	◎		●	★	●	●
의사 D	◎	◎	◎	◎	◎	◎	◎	◎	◎	◎	◎	◎	◎	◎	◎	◎	◎	◎
의사 E	●	●	●		●	●		●	●							★	●	●
3주 차	12	13			14			15(광복절)			16			17			18	
의사 A	●		●	★	●	●		◎	◎	◎	●	●		●			●	●
의사 B			●	●	●	●		◎	◎	◎	●	●			●	★	●	●
의사 C	●		●	●	●	●		●	●	★	●				●		●	●
의사 D			●	●		●	★	●	●			●	★	●			●	●
의사 E		◎	◎	◎	◎	◎	◎	◎	◎	◎	◎	◎	◎	◎	◎	◎	◎	◎

09 다음 중 위의 진료스케줄을 보고 이해한 것으로 옳지 않은 것은?

① 2~3주 차에 당직을 가장 많이 하는 의사는 A이다.

② 의사 D는 8월 2일부터 11일까지 휴진이다.

③ 2주 차 월~토요일 오전에 근무하는 의사는 요일마다 3명 이상이다.

④ 1~3주 차 동안 가장 많은 의사가 휴진하는 날은 광복절이다.

10 직장인 S씨는 아들의 예방접종을 위해 진료를 예약하려고 한다. 오후에 출근하는 S씨는 8월 2~3주 차 중, 평일 오전에 하루 시간을 내려고 하며, 아들이 평소에 좋아하는 의사 A에게 진료를 받고자 할 때, 가장 적절한 예약날짜는?

① 8월 3일

② 8월 8일

③ 8월 9일

④ 8월 13일

11 다음은 불만고객 응대를 위한 8단계 프로세스이다. 이를 참고하여 고객 상담을 하고 있는 상담사가 '감사와 공감 표시' 단계에서 언급해야 할 발언으로 적절한 것은?

> **〈불만고객 응대를 위한 8단계 프로세스〉**
>
> 경청 → 감사와 공감 표시 → 사과 → 해결약속 → 정보파악 → 신속처리 → 처리확인과 사과 → 피드백

① 고객님, 혹시 어떤 부분이 불편하셨는지 구체적으로 말씀해 주시면 감사하겠습니다.

② 이렇게 전화 주셔서 너무 감사합니다. 비도 오고 날도 추운데 고생 많으셨겠습니다.

③ 고객님이 말씀하신 내용이 어떤 내용인지 정확히 확인한 후 바로 도움을 드리도록 하겠습니다.

④ 내용을 확인하는 데 약 1분 정도 시간이 소요될 수 있는 점 양해 부탁드립니다.

PART 2

12 논리적인 사고를 하기 위해서는 생각하는 습관, 상대 논리의 구조화, 구체적인 생각, 타인에 대한 이해, 설득의 5가지 요소가 필요하다. 다음 글에서 설명하는 설득에 해당하는 내용은?

> 논리적 사고의 구성요소 중 설득은 자신의 사상을 강요하지 않고, 자신이 함께 일을 진행하는 상대와 의논하기도 하고 설득해 나가는 가운데 자신이 깨닫지 못했던 새로운 가치를 발견하고 발견한 가치에 대해 생각해 내는 과정을 의미한다.

① 아, 네가 아까 했던 말이 이거였구나. 그래, 지금 해보니 아까 했던 이야기가 무슨 말인지 이해가 될 것 같아.

② 네가 왜 그런 생각을 하게 됐는지 이해가 됐어. 그래, 너와 같은 경험을 했다면 나도 그렇게 생각했을 것 같아.

③ 네가 하는 말이 이해가 잘 안 되는데, 내가 이해한 게 맞는지 구체적인 사례를 들어서 한번 얘기해볼게.

④ 너는 지금처럼 불안정한 시장 상황에서 무리하게 사업을 확장할 경우 리스크가 너무 크게 발생할 수 있다는 거지?

13 J항공사는 현재 신입사원을 모집하고 있으며, 지원자격은 다음과 같다. 〈보기〉의 지원자 중 J항공사 지원자격에 부합하는 사람은 모두 몇 명인가?

〈J항공사 대졸공채 신입사원 지원자격〉

- 4년제 정규대학 모집대상 전공 중 학사학위 이상 소지한 자(졸업예정자 지원 불가)
- TOEIC 750점 이상인 자(국내 응시 시험에 한함)
- 병역필 또는 면제자로 학업성적이 우수하고, 해외여행에 결격사유가 없는 자
  ※ 공인회계사, 외국어 능통자, 통계 전문가, 전공 관련 자격 보유자 및 장교 출신 지원자 우대

모집분야		대상 전공
일반직	일반관리	• 상경, 법정 계열 • 통계/수학, 산업공학, 신문방송, 식품공학(식품 관련 학과) • 중국어, 러시아어, 영어, 일어, 불어, 독어, 서반아어, 포르투갈어, 아랍어
	운항관리	• 항공교통, 천문기상 등 기상 관련 학과 　– 운항관리사, 항공교통관제사 등 관련 자격증 소지자 우대
전산직		• 컴퓨터공학, 전산학 등 IT 관련 학과
시설직		• 전기부문 : 전기공학 등 관련 전공 　– 전기기사, 전기공사기사, 소방설비기사(전기) 관련 자격증 소지자 우대 • 기계부문 : 기계학과, 건축설비학과 등 관련 전공 　– 소방설비기사(기계), 전산응용기계제도기사, 건축설비기사, 공조냉동기사, 건설기계기사, 일반기계기사 등 관련 자격증 소지자 우대 • 건축부문 : 건축공학 관련 전공(현장 경력자 우대)

보기

지원자	지원분야	학력	전공	병역사항	TOEIC점수	참고사항
A	전산직	대졸	컴퓨터공학	병역필	820점	• 중국어, 일본어 능통자이다. • 해외 비자가 발급되지 않는 상태이다.
B	시설직 (건축부문)	대졸	식품공학	면제	930점	• 건축현장 경력이 있다. • 전기기사 자격증을 소지하고 있다.
C	일반직 (운항관리)	대재	항공교통학	병역필	810점	• 전기공사기사 자격증을 소지하고 있다. • 학업 성적이 우수하다.
D	시설직 (기계부문)	대졸	기계공학	병역필	745점	• 건축설비기사 자격증을 소지하고 있다. • 장교 출신 지원자이다.
E	일반직 (일반관리)	대졸	신문방송학	미필	830점	• 소방설비기사 자격증을 소지하고 있다. • 포르투갈어 능통자이다.

① 1명　　　　　　　　　　　② 2명
③ 3명　　　　　　　　　　　④ 없음

14 다음은 J기술원 소속 인턴들의 직업선호 유형 및 책임자의 관찰 사항에 대한 자료이다. 이를 참고할 때, 소비자들의 불만을 접수해서 처리하는 업무를 맡기기에 가장 적절한 인턴은 누구인가?

<직업선호 유형 및 책임자의 관찰 사항>

구분	유형	유관 직종	책임자의 관찰 사항
A인턴	RI	DB개발, 요리사, 철도기관사, 항공기 조종사, 직업군인, 운동선수, 자동차 정비원	부서 내 기기 사용에 문제가 생겼을 때 해결방법을 잘 찾아냄
B인턴	AS	배우, 메이크업 아티스트, 레크리에이션 강사, 광고기획자, 디자이너, 미술교사, 사회복지사	자기주장이 강하고 아이디어가 참신한 경우가 종종 있었음
C인턴	CR	회계사, 세무사, 공무원, 비서, 통역가, 영양사, 사서, 물류전문가	무뚝뚝하나 잘 흥분하지 않으며, 일처리가 신속하고 정확함
D인턴	SE	사회사업가, 여행안내원, 교사, 한의사, 응급구조 요원, 스튜어디스, 헤드헌터, 국회의원	부서 내 사원들에게 인기 있으나 일처리는 조금 늦은 편임

① A인턴
② B인턴
③ C인턴
④ D인턴

15 J사는 최근 새로운 건물로 이사하면서 팀별 층 배치를 변경하기로 하였다. 층 배치 변경 사항과 현재 층 배치가 다음과 같을 때 이사 후 층 배치에 대한 설명으로 적절하지 않은 것은?

〈층 배치 변경 사항〉

- 인사팀과 생산팀이 위치한 층 사이에 한 팀을 배치합니다.
- 연구팀과 영업팀은 기존 층보다 아래층으로 배치합니다.
- 총무팀은 6층에 배치합니다.
- 탕비실은 4층에 배치합니다.
- 생산팀은 연구팀보다 높은 층에 배치합니다.
- 전산팀은 2층에 배치합니다.

〈현재 층 배치도〉

층수	부서
7층	전산팀
6층	영업팀
5층	연구팀
4층	탕비실
3층	생산팀
2층	인사팀
1층	총무팀

① 생산팀은 7층에 배치될 수 있다.

② 인사팀은 5층에 배치될 수 있다.

③ 영업팀은 3층에 배치될 수 있다.

④ 생산팀은 3층에 배치될 수 있다.

16 다음은 SWOT 분석에 대한 설명과 유전자 관련 업무를 수행 중인 J사의 SWOT 분석 자료이다.
이를 참고하여 〈보기〉의 ㉠ ~ ㉣ 중 빈칸 A, B에 들어갈 내용으로 가장 적절한 것은?

SWOT 분석은 기업의 내부환경과 외부환경을 분석하여 강점(Strength), 약점(Weakness), 기회(Opportunity), 위협(Threat) 요인을 규정하고 이를 토대로 경영전략을 수립하는 기법으로, 미국의 경영컨설턴트인 앨버트 험프리(Albert Humphrey)에 의해 고안되었다.
- 강점(Strength) : 내부환경(자사 경영자원)의 강점
- 약점(Weakness) : 내부환경(자사 경영자원)의 약점
- 기회(Opportunity) : 외부환경(경쟁, 고객, 거시적 환경)에서 비롯된 기회
- 위협(Threat) : 외부환경(경쟁, 고객, 거시적 환경)에서 비롯된 위협

〈A사 SWOT 분석 결과〉

S(강점)	W(약점)
• 유전자 분야에 뛰어난 전문가로 구성 • (A)	• 유전자 실험의 장기화
O(기회)	**T(위협)**
• 유전자 관련 업체 수가 적음 • (B)	• 고객들의 실험 부작용에 대한 두려움 인식

보기
㉠ 투자 유치의 어려움
㉡ 특허를 통한 기술 독점 가능
㉢ 점점 증가하는 유전자 의뢰
㉣ 높은 실험 비용

	A	B
①	㉠	㉣
②	㉡	㉠
③	㉠	㉢
④	㉡	㉢

※ 다음은 하수처리시설 평가 기준 및 결과에 관한 자료이다. 이를 보고 이어지는 질문에 답하시오.
   [17~18]

〈하수처리시설 평가 기준〉

구분	정상	주의	심각
생물화학적 산소요구량	5 미만	5 이상	15 이상
화학적 산소요구량	20 미만	20 이상	30 이상
부유물질	10 미만	10 이상	20 이상
질소 총량	20 미만	20 이상	40 이상
인 총량	0.2 미만	0.2 이상	1.0 이상

〈A ~ C처리시설의 평가 결과〉

구분	생물화학적 산소요구량	화학적 산소요구량	부유물질	질소 총량	인 총량
A처리시설	4	10	15	10	0.1
B처리시설	9	25	25	22	0.5
C처리시설	18	33	15	41	1.2

※ '정상' 지표 4개 이상 : 우수
※ '주의' 지표 2개 이상 또는 '심각' 지표 2개 이하 : 보통
※ '심각' 지표 3개 이상 : 개선필요

17 다음 중 평가 기준으로 보았을 때, 하수처리시설에 대한 평가가 바르게 연결된 것은?

① A처리시설 – 우수, B처리시설 – 보통
② A처리시설 – 보통, C처리시설 – 보통
③ B처리시설 – 개선필요, C처리시설 – 개선필요
④ B처리시설 – 보통, C처리시설 – 보통

18 다음 제시문을 읽고 B처리시설의 문제점 및 개선방향을 바르게 지적한 것은?

B처리시설은 C처리시설에 비해 좋은 평가를 받았지만, '정상' 지표는 없었다. 그렇기 때문에 관련된 시설분야에 대한 조사와 개선이 필요하다. 지적사항으로 '심각' 지표를 가장 우선으로 개선하고, 최종적으로 '우수' 단계로 개선해야 한다.

① 생물화학적 산소요구량은 4로 '정상' 지표이기 때문에 개선할 필요가 없다.
② 화학적 산소요구량은 25로 '주의' 지표이기 때문에 가장 먼저 개선해야 한다.
③ 질소 총량과 인 총량을 개선한다면 평가결과 '우수' 지표를 받을 수 있다.
④ 부유물질은 가장 먼저 개선해야 하는 '심각' 지표이다.

※ 한국중부발전 인사팀 팀원 6명이 회식을 하기 위해 이탈리안 레스토랑에 갔다. 주문한 결과를 바탕으로 이어지는 질문에 답하시오. [19~20]

- 인사팀은 토마토 파스타 2개, 크림 파스타 1개, 토마토 리소토 1개, 크림 리소토 2개, 콜라 2잔, 사이다 2잔, 주스 2잔을 주문했다.
- 인사팀은 K팀장, L과장, M대리, S대리, H사원, J사원으로 구성되어 있는데, 같은 직급끼리는 같은 소스가 들어가는 요리를 주문하지 않았고, 같은 음료도 주문하지 않았다.
- 각자 좋아하는 요리가 있으면 그 요리를 주문하고, 싫어하는 요리나 재료가 있으면 주문하지 않았다.
- K팀장은 토마토 파스타를 좋아하고, S대리는 크림 리소토를 좋아한다.
- L과장과 H사원은 파스타면을 싫어한다.
- 대리들 중에 콜라를 주문한 사람은 없다.
- 크림 파스타를 주문한 사람은 사이다도 주문했다.
- 토마토 파스타나 토마토 리소토와 주스는 궁합이 안 맞는다고 하여 함께 주문하지 않았다.

---

19 다음 중 주문한 결과로 적절하지 않은 것은?

① 사원들 중 한 사람은 주스를 주문했다.

② L과장은 크림 리소토를 주문했다.

③ K팀장은 콜라를 주문했다.

④ 토마토 리소토를 주문한 사람은 콜라를 주문했다.

20 다음 중 같은 요리와 음료를 주문한 사람을 바르게 짝지어진 것은?

① J사원, S대리

② H사원, L과장

③ S대리, L과장

④ M대리, H사원

CHAPTER 03
수리능력

합격 CHEAT KEY

수리능력은 사칙연산·통계·확률의 의미를 정확하게 이해하고 이를 업무에 적용하는 능력으로, 기초연산과 기초통계, 도표분석 및 작성의 문제 유형으로 출제된다. 수리능력 역시 채택하지 않는 공사·공단이 거의 없을 만큼 필기시험에서 중요도가 높은 영역이다.

수리능력은 NCS 기반 채용을 진행한 거의 모든 기업에서 다루었으며, 문항 수는 전체의 평균 16% 정도로 많이 출제되었다. 특히, 난이도가 높은 공사·공단의 시험에서는 도표분석, 즉 자료해석 유형의 문제가 많이 출제되고 있고, 응용수리 역시 꾸준히 출제하는 공사·공단이 많기 때문에 기초연산과 기초통계에 대한 공식의 암기와 자료해석능력을 기를 수 있는 꾸준한 연습이 필요하다.

01 응용수리능력의 공식은 반드시 암기하라!

응용수리능력은 지문이 짧지만, 풀이 과정은 긴 문제도 자주 볼 수 있다. 그렇기 때문에 응용수리능력의 공식을 반드시 암기하여 문제의 상황에 맞는 공식을 적절하게 적용하여 답을 도출해야 한다. 따라서 문제에서 묻는 것을 정확하게 파악하여 그에 맞는 공식을 적절하게 적용하는 꾸준한 노력과 공식을 암기하는 연습이 필요하다.

02 통계에서의 사건이 동시에 발생하는지 개별적으로 발생하는지 구분하라!

통계에서는 사건이 개별적으로 발생했을 때, 경우의 수는 합의 법칙, 확률은 덧셈정리를 활용하여 계산하며, 사건이 동시에 발생했을 때, 경우의 수는 곱의 법칙, 확률은 곱셈정리를 활용하여 계산한다. 특히, 기초통계능력에서 출제되는 문제 중 순열과 조합의 계산 방법이 필요한 문제도 다수이므로 순열(순서대로 나열)과 조합(순서에 상관없이 나열)의 차이점을 숙지하는 것 또한 중요하다. 통계 문제에서의 사건 발생 여부만 잘 판단하여도 계산과 공식을 적용하기가 수월하므로 문제의 의도를 잘 파악하는 것이 중요하다.

03 자료의 해석은 자료에서 즉시 확인할 수 있는 지문부터 확인하라!

대부분의 취업준비생들이 어려워 하는 영역이 수리영역 중 도표분석, 즉 자료해석능력이다. 자료는 표 또는 그래프로 제시되고, 쉬운 지문은 증가 혹은 감소 추이, 간단한 사칙연산으로 풀이가 가능한 문제 등이 있고, 자료의 조사기간 동안 전년 대비 증가율 혹은 감소율이 가장 높은 기간을 찾는 문제들도 있다. 따라서 일단 증가·감소 추이와 같이 눈으로 확인이 가능한 지문을 먼저 확인한 후 복잡한 계산이 필요한 지문을 확인하는 방법으로 문제를 풀이한다면, 시간을 조금이라도 아낄 수 있다. 특히, 그래프와 같은 경우에는 그래프에 대한 특징을 알고 있다면, 그래프의 길이 혹은 높낮이 등으로 대강의 수치를 빠르게 확인이 가능하므로 이에 대한 숙지도 필요하다. 또한, 여러 가지 보기가 주어진 문제 역시 지문을 잘 확인하고 문제를 풀이한다면 불필요한 계산을 생략할 수 있으므로 항상 지문부터 확인하는 습관을 들여야 한다.

04 도표작성능력에서 지문에 작성된 도표의 제목을 반드시 확인하라!

도표작성은 하나의 자료 혹은 보고서와 같은 수치가 표현된 자료를 도표로 작성하는 형식으로 출제되는데, 대체로 표보다는 그래프를 작성하는 형태로 많이 출제된다. 지문을 살펴보면 각 지문에서 주어진 도표에도 소제목이 있는 경우가 대부분이다. 이때, 자료의 수치와 도표의 제목이 일치하지 않는 경우 함정이 존재하는 문제일 가능성이 높으므로 도표의 제목을 반드시 확인하는 것이 중요하다. 도표작성의 경우 대부분 비율 계산이 많이 출제되는데, 도표의 제목과는 다른 수치로 작성된 도표가 존재하는 경우가 있다. 그렇기 때문에 지문에서 작성된 도표의 소제목을 먼저 확인하는 연습을 하여 간단하지 않은 비율 계산을 두 번 하는 일이 없도록 해야 한다.

01 | 기초연산 ①

S출판사는 어떤 창고에 도서를 보관하기로 하였다. **창고 A에 보관 작업 시 작업자 3명이 5시간 동안 10,300권의 책을 보관ⓐ할 수 있다. 창고 B에는 작업자 5명을 투입ⓑ시킨다면 몇 시간 후에 일을 끝마치게 되며, 몇 권까지 보관이 되겠는가?**(단, 〈보기〉에 주어진 조건을 고려한다)

풀이순서

1) 질문의도
   보관 도서 수 및 작업 시간

2) 조건확인
   ⓐ~ⓕ

〈창고 A〉

사이즈 : 가로 10m×세로 5m×높이 3mⓒ → $150m^3$: 10,300권

↓ 2배

〈창고 B〉

사이즈 : 가로 15m×세로 10m×높이 2mⓓ → $300m^3$: 20,600권

보기

1. 도서가 창고공간을 모두 차지한다고 가정ⓔ한다.
2. 작업자의 작업능력은 동일ⓕ하다.

보관 도서 수	시간
① 약 10,300권	약 5시간
② 약 10,300권	약 6시간
③ 약 20,600권	약 5시간
✓④ 약 20,600권	약 6시간
⑤ 약 25,100권	약 5시간

ⓐ 1시간 당 1명이 작업한 도서 수
$10,300÷5÷3=686.67$권

ⓑ 1시간 당 보관 도서 수
$686.67×5=3,433.35$권

∴ $20,600÷3,433.35 ≒ 6$시간

3) 계산

4) 정답도출

유형 분석
- 문제에서 제공하는 정보를 파악한 뒤 사칙연산을 활용하여 계산하는 응용수리 문제이다.
- 제시된 문제 안에 풀이를 위한 정보가 산재되어 있는 경우가 많으므로 문제 속 조건이나 보기 등을 꼼꼼히 읽어야 한다.
  응용문제 : 최소공배수 등 수학 이론을 활용하여 계산하는 문제도 자주 출제된다.

풀이 전략
문제에서 요구하는 답을 정확히 이해하고, 주어진 상황과 조건을 식으로 치환하여 신속하게 계산한다.

02 | 기초연산 ②

둘레의 길이가 10km@인 원형의 공원이 있다. 어느 지점에서 민수와 민희는 서로 반대 방향ⓑ으로 걷기 시작했다. 민수의 속력이 시속 3kmⓒ, 민희의 속력이 시속 2kmⓓ일 때, 둘은 몇 시간 후에 만나는가?

① 1시간
✓ 2시간
③ 2시간 30분
④ 2시간 50분
⑤ 3시간 20분

ⓒ 민수의 속력 : 3km/h
ⓓ 민희의 속력 : 2km/h
민수와 민희가 걸은 시간은 x시간으로 같다.

$3x + 2x = 10 \rightarrow 5x = 10$
$\therefore \ x = 2$시간

풀이순서

1) 질문의도
   만나는 데 걸린 시간

2) 조건확인
   ⓐ ~ ⓓ

3) 계산

4) 정답도출

PART 2

유형 분석	• 문제에서 제공하는 정보를 파악한 뒤 방정식을 세워 계산하는 응용수리 문제이다.
	• 거리, 속력, 시간의 상관관계를 이해하고 이를 바탕으로 원하는 값을 도출할 수 있는지를 확인하므로 기본적인 공식은 알고 있어야 한다.
	응용문제 : 농도, 확률 등 방정식 및 수학 공식을 활용하여 계산하는 문제도 자주 출제된다.
풀이 전략	문제에서 요구하는 답을 미지수로 하여 방정식을 세우고, (거리)=(속력)×(시간) 공식을 통해 필요한 값을 계산한다.

03 | 통계분석

다음은 2019 ~ 2021년의 행정구역별 인구에 관한 자료이다. 전년 대비 2021년의 대구 지역의 인구 증가율을 구하면?(단, 소수점 둘째 자리에서 반올림한다)

풀이순서

1) 질문의도
   2021년 대구의 전년
   대비 인구 증가율

2) 조건확인
   ⓐ 대구의 2020년
      인구 수 : 982명
   ⓑ 대구의 2021년
      인구 수 : 994명

〈행정구역별 인구〉

(단위 : 천 명)

구분	2019년	2020년	2021년
전국	20,726	21,012	21,291
서울	4,194	4,190	4,189
부산	1,423	1,438	1,451
대구	971	982	994
(중략)			
경북	1,154	1,170	1,181
경남	1,344	1,367	1,386
제주	247	257	267

① 약 1.1%   ☑ 약 1.2%
③ 약 1.3%   ④ 약 1.4%
⑤ 약 1.5%

- 2020년 대구의 인구 수 : 982명
- 2021년 대구의 인구 수 : 994명
- 2021년 대구의 전년 대비 인구 수 증가율 : $\dfrac{994-982}{994} \times 100 ≒ 1.2\%$

3) 계산

4) 정답도출

유형 분석
- 표를 통해 제시된 자료를 해석하고 계산하는 자료계산 문제이다.
- 주어진 자료를 통해 증가율이나 감소율 등의 정보를 구할 수 있는지 확인하는 문제이다.

응용문제 : 주어진 자료에 대한 해석을 묻는 문제도 자주 출제된다.

풀이 전략
제시되는 자료의 양이 많지만 문제를 푸는 데 반드시 필요한 정보는 적은 경우가 많으므로 질문을 빠르게 이해하고, 필요한 정보를 먼저 체크하면 풀이 시간을 줄일 수 있다.

04 | 도표분석

다음은 2009 ~ 2021년 축산물 수입 추이를 나타낸 그래프이다. 이에 대한 설명으로 옳지 않은 것은?

풀이순서

1) 질문의도
   도표분석

3) 도표분석
   축산물 수입량 / 수입
   액 추이

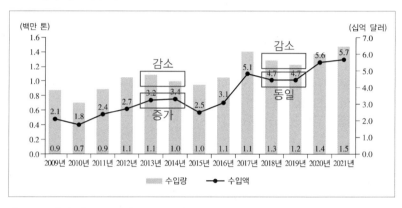

① 2021년 축산물 수입량은 2011년 대비 약 67% 증가하였다.
② 처음으로 2009년 축산물 수입액의 두 배 이상 수입한 해는 2017년이다.
③ 전년 대비 축산물 수입액의 증가율이 가장 높았던 해는 2017년이다.
✓ 축산물 수입량과 수입액의 변화 추세는 동일하다.
⑤ 2011년부터 2014년까지 축산물 수입액은 전년 대비 증가했다.

2) 선택지 키워드 찾기

4) 정답도출

유형 분석	• 제시된 도표를 분석하여 각 선택지의 정답 유무를 판단하는 자료해석 문제이다. • 막대 그래프, 꺾은선 그래프 등 다양한 형태의 그래프가 제시되며, 증감률·비율·추세 등을 확인하는 문제이다. • 경영·경제·산업 등 최신 이슈를 많이 다룬다. 응용문제 : 표의 형식으로 자료를 제시하고 그래프로 변환하는 등의 문제도 자주 출제된다.
풀이 전략	각 선택지의 진위 여부를 파악하는 문제이므로 선택지 별로 필요한 정보가 무엇인지 빠르게 파악하고, 필요한 부분을 체크하여 혼동하지 않도록 한다.

03 | 기출예상문제

정답 및 해설 p.046

01 J공사에서 체육대회를 위해 버스를 타고 이동하고 있다. 다음 〈조건〉과 같이 이동했을 때, 45인승 버스는 몇 대를 이용하였는가?

> **조건**
> • 임직원은 총 268명이 이동한다.
> • 버스는 45인승, 25인승이 있다.
> • 버스 45인승, 25인승은 운전기사까지 포함된 인원이다.
> • 버스 이용금액은 45인승이 45만 원, 25인승이 30만 원이다.
> • 총 버스 이용대금으로 지불한 금액은 285만 원이다.

① 2대　　　　　　　　　　　　② 3대
③ 4대　　　　　　　　　　　　④ 5대

02 한 도로에 신호등이 연속으로 2개가 있다. 첫 번째 신호등은 6초 동안 불이 켜져 있다가 10초 동안 꺼진다. 두 번째 신호등은 8초 동안 불이 켜져 있다가 4초 동안 꺼져 있다. 두 신호등이 동시에 불이 들어왔을 때, 다시 동시에 불이 켜지는 순간은 몇 초 후인가?

① 50초 후　　　　　　　　　　② 48초 후
③ 46초 후　　　　　　　　　　④ 44초 후

03 다음은 마트별 비닐봉투·종이봉투·에코백 사용률을 조사한 자료이다. 이에 대한 설명으로 옳은 것을 〈보기〉에서 모두 고르면?

〈마트별 비닐봉투·종이봉투·에코백 사용률〉

구분	대형마트 (2,000명 대상)	중형마트 (800명 대상)	개인마트 (300명 대상)	편의점 (200명 대상)
비닐봉투	7%	18%	21%	78%
종량제봉투	28%	37%	43%	13%
종이봉투	5%	2%	1%	0%
에코백	16%	7%	6%	0%
개인 장바구니	44%	36%	29%	9%

※ 마트별 전체 조사자 수는 상이하다.

보기

ㄱ. 대형마트의 종이봉투 사용자 수는 중형마트의 6배 이상이다.
ㄴ. 대형마트의 종량제봉투 사용자 수는 전체 종량제봉투 사용자 수의 절반 이하이다.
ㄷ. 비닐봉투 사용률이 가장 높은 곳과 비닐봉투 사용자 수가 가장 많은 곳은 동일하다.
ㄹ. 편의점을 제외한 마트의 규모가 커질수록 개인장바구니의 사용률은 증가한다.

① ㄱ, ㄹ
② ㄱ, ㄴ, ㄷ
③ ㄱ, ㄷ, ㄹ
④ ㄴ, ㄷ, ㄹ

04 다음 표는 통계청에서 집계한 장래인구추계에 대한 자료이다. 이에 대한 설명으로 옳은 것은?

〈장래인구추계〉

(단위 : 천억 원, %)

연도	노년부양비	노령화지수
1980년	6.1	11.2
1990년	7.4	20.0
2000년	10.1	34.3
2010년	15.0	67.7
2020년	18.2	100.7
2030년	21.7	125.9
2040년	37.7	213.8
2050년	56.7	314.8

※ [노령화지수(%)]=[(65세 이상 인구)/(0 ~ 14세 인구)]×100

보기
ㄱ. 1980년부터 2040년까지 노년부양비와 노령화지수는 계속 증가한다.
ㄴ. 2020년부터 2040년까지 0 ~ 14세 인구가 65세 이상 인구보다 늘어나고 있다.
ㄷ. 65세 이상 인구가 1,000만, 0 ~ 14세 인구가 900만일 때 노령화지수는 약 111%이다.
ㄹ. 1980년 대비 2050년의 노령화지수 증가율이 노년부양비 증가율보다 낮다.

① ㄱ, ㄴ
② ㄱ, ㄷ
③ ㄴ, ㄷ
④ ㄴ, ㄹ

※ A씨는 올해 퇴직금 4,000만 원을 받아 S은행에 예금을 넣고자 한다. 다음 S은행에서 제공하는 예금상품을 보고 이어지는 질문에 답하시오. [5~6]

구분	기간	기본이율(연)	앱 이용 가입 시 이율(연)
단리예금상품	3년	7%	9%
복리예금상품	3년	10%	12%

05 예금을 복리로 넣을 때와 단리로 넣을 때의 만기 시 받는 금액의 차이는?(단, 기본이율로 계산한다)

① 489만 원

② 464만 원

③ 468만 원

④ 484만 원

06 A씨가 단리예금상품에 퇴직금을 예치하고자 한다. 앱을 이용해 가입할 경우, 기본이율과 비교하여 만기 시 얼마의 이득을 더 얻을 수 있는가?

① 200만 원

② 220만 원

③ 240만 원

④ 260만 원

07 다음은 국내 도착 외국인 국적 및 내국인 해외 여행객에 대한 자료이다. 이에 대한 설명으로 옳지 않은 것은?(단, 소수점 둘째 자리에서 반올림한다)

<국내 도착 외국인 국적 및 내국인 해외 여행객>

(단위 : 명)

구분	국내 도착 외국인 국적		내국인 해외 여행객	
	2022년 10월	2021년 10월	2022년 10월	2021년 10월
총계	574,690	475,442	757,538	648,385
아시아	428,368	346,303	553,875	454,102
일본	256,813	179,212	122,777	126,283
중국	59,730	58,477	232,885	164,603
홍콩	11,337	12,276	28,068	20,576
대만	29,415	26,881	10,975	8,137
필리핀	19,098	19,148	30,789	28,554
태국	10,398	8,978	68,309	55,416
싱가포르	7,094	7,572	14,477	13,316
말레이시아	7,847	10,356	5,449	5,204
인도네시아	4,654	5,092	8,247	9,511
인도	5,344	4,489	2,257	1,499
오세아니아	7,149	6,066	31,347	28,165
호주	5,345	4,610	14,740	15,902
뉴질랜드	1,445	1,137	7,169	5,865
북아메리카	59,133	50,285	52,372	54,973
미국	49,225	42,159	42,392	45,332
캐나다	7,404	6,253	8,620	8,383
유럽	49,320	43,376	46,460	42,160
아프리카	1,738	2,142	1,831	1,830
기타*	28,982	27,270	71,653	67,155

※ 기타 : 교포, 승무원 등

① 전년 동월 대비 2022년 10월 외국인 국내 방문객 수가 감소한 아시아 국가는 5개국이다.
② 2022년 10월 뉴질랜드의 국내 방문객과 내국인의 뉴질랜드 방문객 수는 전년 동월 대비 모두 증가했다.
③ 아시아 국가 중 2021년 10월과 2022년 10월 내국인 해외 방문객 수가 많은 순으로 나열하면 상위 5개국의 순서는 동일하다.
④ 전년 동월 대비 유럽의 2022년 10월 국내 방문객 증가율은 내국인의 유럽 방문객 증가율보다 낮다.

08 다음은 주요 온실가스의 연평균 농도 변화 추이를 나타낸 자료이다. 이에 대한 설명으로 옳지 않은 것은?

〈주요 온실가스 연평균 농도 변화 추이〉

구분	2016년	2017년	2018년	2019년	2020년	2021년	2022년
이산화탄소 농도(ppm)	387.2	388.7	389.9	391.4	392.5	394.5	395.7
오존전량(DU)	331	330	328	325	329	343	335

① 이산화탄소의 농도는 계속해서 증가하고 있다.
② 오존전량은 계속해서 증가하고 있다.
③ 2022년 오존전량은 2016년 대비 4DU 증가했다.
④ 2022년 이산화탄소의 농도는 2017년 대비 7ppm 증가했다.

09 다음은 2017 ~ 2022년 소유자별 국토면적을 나타낸 자료이다. 이에 대한 설명으로 옳지 않은 것은?

〈소유자별 국토면적〉

(단위 : km²)

구분	2017년	2018년	2019년	2020년	2021년	2022년
전체	99,646	99,679	99,720	99,828	99,897	100,033
민유지	56,457	55,789	54,991	54,217	53,767	53,357
국유지	23,033	23,275	23,460	23,705	23,891	24,087
도유지	2,451	2,479	2,534	2,580	2,618	2,631
군유지	4,741	4,788	4,799	4,838	4,917	4,971
법인	5,207	5,464	5,734	5,926	6,105	6,287
비법인	7,377	7,495	7,828	8,197	8,251	8,283
기타	380	389	374	365	348	417

① 국유지 면적은 매년 증가하였고, 민유지 면적은 매년 감소하였다.
② 전년 대비 2018 ~ 2022년 군유지 면적의 증가량은 2021년에 가장 많다.
③ 2017년과 2022년을 비교했을 때, 법인보다 국유지 면적의 차이가 크다.
④ 전체 국토면적은 매년 조금씩 증가하고 있다.

10 다음은 A국 여행자들이 자주 방문하는 공항 주변 S편의점의 월별 매출액을 나타낸 표이다. 전체 해외 여행자 수와 A국 여행자 수의 2021년도부터 2022년도의 추세를 아래의 도표와 같이 나타내었을 때, 이에 대한 설명으로 옳지 않은 것은?

〈S편의점 월별 매출액(만 원)〉

2021년(상)	1월	2월	3월	4월	5월	6월
매출액	1,020	1,350	1,230	1,550	1,602	1,450
2021년(하)	7월	8월	9월	10월	11월	12월
매출액	1,520	950	890	750	730	680
2022년(상)	1월	2월	3월	4월	5월	6월
매출액	650	600	550	530	605	670
2022년(하)	7월	8월	9월	10월	11월	12월
매출액	700	680	630	540	550	510

〈전체 여행자 수 및 A국 여행자 수(명)〉

① S편의점의 매출액은 해외 여행자 수에 영향을 받고 있다.

② 2021년 7월을 정점으로 A국 여행자들이 줄어드는 추세이다.

③ 전체 해외 여행자 수에서 A국의 영향력이 매우 높은 편이다.

④ S편의점의 매출액은 2021년 7월부터 2022년 12월까지 평균적으로 매달 30만 원씩 감소하였다.

11 다음은 지역별 컴퓨터 업체들의 컴퓨터 종류별 보유 비율에 대한 자료이다. 이에 대한 설명으로 옳지 않은 것은?(단, 대수는 소수점 첫째 자리에서, 비율은 소수점 둘째 자리에서 반올림한다)

〈컴퓨터 종류별 보유 비율〉

(단위 : %)

구분		전체 컴퓨터 대수(대)	데스크톱	노트북	태블릿 PC	PDA	스마트폰	기타
지역별	서울	605,296	54.5	22.4	3.7	3.2	10.0	6.2
	부산	154,105	52.3	23.7	3.8	1.7	5.2	13.3
	대구	138,753	56.2	26.4	3.0	5.1	5.2	4.1
	인천	124,848	62.3	21.6	1.0	1.0	12.1	2.0
	광주	91,720	75.2	16.1	2.5	0.6	5.6	–
	대전	68,270	66.2	20.4	0.8	1.0	4.5	7.1
	울산	42,788	67.5	20.5	0.6	–	3.8	7.6
	세종	3,430	91.5	7.0	1.3	–	–	0.2
	경기	559,683	53.7	27.2	3.3	1.1	10.0	4.7
	강원	97,164	59.2	12.3	4.0	0.5	18.9	5.1
	충북	90,774	71.2	16.3	0.7	1.9	5.9	4.0
	충남	107,066	75.8	13.7	1.4	0.4	0.7	8.0
	전북	88,019	74.2	12.2	1.1	0.3	11.2	1.0
	전남	91,270	76.2	12.7	0.6	1.5	9.0	–
	경북	144,644	45.1	6.9	2.1	3.0	14.5	28.4
	경남	150,997	69.7	18.5	1.5	0.2	0.4	9.7
	제주	38,964	53.5	13.0	3.6	–	12.9	17.0
전국		2,597,791	59.4	20.5	2.7	1.7	8.7	7.0

① 서울 업체가 보유한 노트북 수는 20만 대 미만이다.

② 전국 컴퓨터 보유 대수 중 스마트폰의 비율은 전국 컴퓨터 보유 대수 중 노트북 비율의 30% 미만이다.

③ 대전과 울산 업체가 보유하고 있는 데스크톱 보유 대수는 전국 데스크톱 보유 대수의 6% 미만이다.

④ PDA 보유 대수는 전북이 전남의 15% 이상이다.

※ 다음은 농가 수 및 농가인구 추이와 농가소득을 나타낸 자료이다. 자료를 참고하여 이어지는 질문에 답하시오. [12~13]

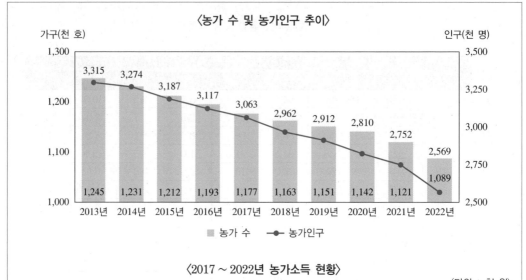

〈농가 수 및 농가인구 추이〉

구분	2017년	2018년	2019년	2020년	2021년	2022년
농업소득	10,098	8,753	9,127	10,035	10,303	11,257
농업 외 소득	22,023	21,395	21,904	24,489	24,647	25,959
합계	32,121	30,148	31,031	34,524	34,950	37,215

12 다음 중 자료에 대한 설명으로 옳지 않은 것을 〈보기〉에서 모두 고르면?(단, 비율은 소수점 셋째 자리에서 반올림한다)

> **보기**
> ㄱ. 농가 수 및 농가인구는 지속적으로 감소하고 있다.
> ㄴ. 전년 대비 농가 수가 가장 많이 감소한 해는 2022년이다.
> ㄷ. 2017년 대비 2022년 농가인구의 감소율은 15% 이상이다.
> ㄹ. 농가소득 중 농업 외 소득이 차지하는 비율은 매년 증가하고 있다.
> ㅁ. 전년 대비 2022년 농가의 농업소득 증가율은 10% 이상이다.

① ㄱ, ㄷ
③ ㄷ, ㄹ
② ㄴ, ㄹ
④ ㄹ, ㅁ

13 다음 중 2022년 총 가구 중 농가 수의 비중이 5.7%라고 할 때, 2022년 총 가구 수는 약 얼마인가? (단, 천 단위 미만 자리는 버림한다)

① 약 18,418천 호
③ 약 19,814천 호
② 약 19,105천 호
④ 약 20,266천 호

14 다음은 태양광 발전기로 전기 사용 시 절감되는 예상 전기료와 태양광 발전기 전체 설치 가구 수 및 대여 설치 가구 수에 대한 자료이다. 이에 대한 설명으로 옳은 것은?(단, 적용되는 전기료는 조사기간 동안 동일하다)

〈태양광 전기 350kWh 사용 시 예상 절감비용〉

(단위 : 원)

1개월 사용량	정상요금	요금발생 전기량	실제요금	절감효과
350kWh	62,900	0kWh	1,130	61,770
400kWh	78,850	50kWh	3,910	74,940
450kWh	106,520	100kWh	7,350	99,170
500kWh	130,260	150kWh	15,090	115,170
600kWh	217,350	250kWh	33,710	183,640
700kWh	298,020	350kWh	62,900	235,120
800kWh	378,690	450kWh	106,520	272,170

(예시) 1개월 사용량이 400kWh일 때, 태양광 발전기로 얻은 전기 350kWh를 사용하고 나머지 50kWh에 대한 전기요금만 부과된다. 따라서 1개월 사용량의 정상요금에서 태양광 전기사용량의 절감효과를 제외한 실제요금만 부과된다.

〈태양광 발전기 전체 설치 및 대여 설치 가구 수〉

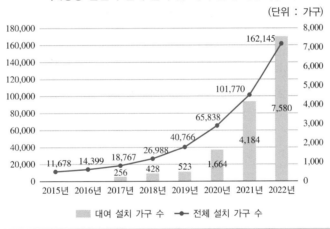

(단위 : 가구)

① 태양광 전기 350kWh 사용 시 한 달 전기사용량이 많을수록 정상요금에서 실제요금의 비율은 커진다.

② 2018 ~ 2022년 태양광 발전기 대여 설치 가구의 전년 대비 증가량은 매년 증가하고 있다.

③ 2017년부터 전체 태양광 발전기 설치 가구에서 대여 설치하지 않은 가구의 비율은 점차 감소했다.

④ 2020년과 2021년의 전년 대비 태양광 발전기 대여 설치 가구의 증가율 차이는 55%p 미만이다.

※ 다음은 산업별 취업자 수에 대한 자료이다. 자료를 참고하여 이어지는 질문에 답하시오. [15~16]

〈2014 ~ 2022년 산업별 취업자 수〉

(단위 : 천 명)

연도	총계	농·임·어업		광공업		사회간접자본 및 기타·서비스업				
		합계	농·임업	합계	제조업	합계	건설업	도소매·음식·숙박업	전기·운수·통신·금융업	사업·개인·공공서비스 및 기타
2014년	21,156	2,243	2,162	4,311	4,294	14,602	1,583	5,966	2,074	4,979
2015년	21,572	2,148	2,065	4,285	4,267	15,139	1,585	5,874	2,140	5,540
2016년	22,169	2,069	1,999	4,259	4,241	15,841	1,746	5,998	2,157	5,940
2017년	22,139	1,950	1,877	4,222	4,205	15,967	1,816	5,852	2,160	6,139
2018년	22,558	1,825	1,749	4,306	4,290	16,427	1,820	5,862	2,187	6,558
2019년	22,855	1,815	1,747	4,251	4,234	16,789	1,814	5,806	2,246	6,923
2020년	23,151	1,785	1,721	4,185	4,167	17,181	1,835	5,762	2,333	7,251
2021년	23,432	1,726	1,670	4,137	4,119	17,569	1,850	5,726	7,600	2,393
2022년	23,577	1,686	–	3,985	3,963	17,906	1,812	5,675	2,786	7,633

15 다음 중 위의 자료를 해석한 것으로 옳지 않은 것은?

① 2014년 '도소매·음식·숙박업' 분야에 종사하는 사람의 수는 총 취업자 수의 30% 미만이다.

② 2014 ~ 2022년 '농·임·어업' 분야의 취업자 수는 꾸준히 감소하고 있다.

③ 2014년 대비 2022년 취업자 수가 가장 많이 증가한 분야는 '사업·개인·공공서비스 및 기타'이다.

④ 2014 ~ 2022년 '건설업' 분야의 취업자 수는 꾸준히 증가하고 있다.

16 다음 중 위 자료에 대한 옳은 설명을 〈보기〉에서 모두 고르면?

보기

ㄱ. 2017년 '어업' 분야의 취업자 수는 73천 명이다.

ㄴ. 2021년 취업자 수가 가장 많은 분야는 '전기·운수·통신·금융업'이다.

ㄷ. 2022년 이후 '농·임업' 분야의 종사자는 계속 줄어들 것이지만, '어업' 분야 종사자는 현상을 유지하거나 늘어난다고 볼 수 있다.

① ㄱ

② ㄴ

③ ㄱ, ㄴ

④ ㄱ, ㄷ

※ 다음은 2018 ~ 2022년 우리나라의 예산분야별 재정지출 추이를 나타낸 자료이다. 자료를 참고하여 이어지는 물음에 답하시오. [17~18]

〈우리나라의 예산분야별 재정지출 추이〉

(단위 : 조 원, %)

구분	2018년	2019년	2020년	2021년	2022년	연평균 증가율
예산	137.3	147.5	153.7	165.5	182.8	7.4
기금	59.0	61.2	70.4	72.9	74.5	6.0
교육	24.5	27.6	28.8	31.4	35.7	9.9
사회복지 · 보건	32.4	49.6	56.0	61.4	67.5	20.1
R&D	7.1	7.8	8.9	9.8	10.9	11.3
SOC	27.1	18.3	18.4	18.4	18.9	−8.6
농림 · 해양 · 수산	12.3	14.1	15.5	15.9	16.5	7.6
산업 · 중소기업	11.4	11.9	12.4	12.6	12.6	2.5
환경	3.5	3.6	3.8	4.0	4.4	5.9
국방비	18.1	21.1	22.5	24.5	26.7	10.2
통일 · 외교	1.4	2.0	2.6	2.4	2.6	16.7
문화 · 관광	2.3	2.6	2.8	2.9	3.1	7.7
공공질서 · 안전	7.6	9.4	11.0	10.9	11.6	11.2
균형발전	5.0	5.5	6.3	7.2	8.1	12.8
기타	43.5	35.2	35.1	37.0	38.7	−2.9
총 지출	196.3	208.7	224.1	238.4	257.3	7.0

※ (총 지출)＝(예산)＋(기금)

17 다음 중 자료를 해석한 것으로 옳은 것은?(단, 비율은 소수점 첫째 자리에서 반올림한다)

① 교육 분야의 전년 대비 재정지출 증가율이 가장 높은 해는 2019년이다.
② 전년 대비 재정지출액이 증가하지 않은 해가 있는 분야는 5개이다.
③ 사회복지 · 보건 분야가 예산에서 차지하고 있는 비율은 언제나 가장 높다.
④ 기금의 연평균 증가율보다 낮은 연평균 증가율을 보이는 분야는 3개이다.

18 다음 중 2020년 대비 2021년 사회복지 · 보건 분야의 재정지출 증감률과 공공질서 · 안전 분야의 재정지출 증감률의 차이는 얼마인가?(단, 소수점 둘째 자리에서 반올림한다)

① 약 9.4%p
② 약 10.5%p
③ 약 11.2%p
④ 약 12.6%p

19 다음은 초·중·고생 스마트폰 중독 현황에 대한 자료이다. 이에 대한 설명으로 옳지 않은 것을 〈보기〉에서 모두 고르면?

〈초·중·고생 스마트폰 중독 비율〉

(단위 : %)

구분		전체	초등학생 (9 ~ 11세)	중·고생 (12 ~ 17세)
전체		32.38	31.51	32.71
아동성별	남성	32.88	33.35	32.71
	여성	31.83	29.58	32.72
가구소득별	기초수급	30.91	30.35	31.05
	차상위	30.53	24.21	30.82
	일반	32.46	31.56	32.81
거주지역별	대도시	31.95	30.80	32.40
	중소도시	32.49	32.00	32.64
	농어촌	34.50	32.84	35.07
가족유형별	양부모	32.58	31.75	32.90
	한부모·조손	31.16	28.83	31.79

※ 각 항목의 전체 인원은 그 항목에 해당하는 초등학생 수와 중·고생 수의 합을 말한다.

보기

ㄱ. 초등학생과 중·고생 모두 남자의 스마트폰 중독 비율이 여자의 스마트폰 중독 비율보다 높다.
ㄴ. 한부모·조손 가족의 스마트폰 중독 비율은 초등학생의 경우가 중·고생 중독 비율의 70% 이상이다.
ㄷ. 조사대상 중 대도시에 거주하는 초등학생 수는 중·고생 수보다 많다.
ㄹ. 초등학생과 중·고생 모두 기초수급가구의 경우가 일반가구의 경우보다 스마트폰 중독 비율이 높다.

① ㄴ
② ㄱ, ㄷ
③ ㄱ, ㄹ
④ ㄱ, ㄷ, ㄹ

20 다음 지문의 내용을 그래프로 바르게 옮긴 것은?

> 2021년을 기준으로 신규투자액은 평균 43.48백만 원으로 나타났으며, 유지보수 비용으로는 평균 32.29백만 원을 사용한 것으로 나타났다. 반면, 2022년 예상 투자액의 경우 신규투자는 10.93백만 원 감소한 ⊙원으로 예상하였으며, 유지보수 비용의 경우 0.11백만 원 증가한 ⓛ원으로 예상하고 있다.

①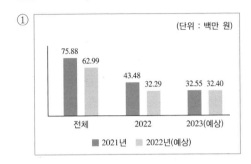

②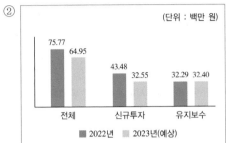

③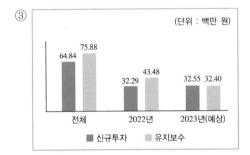

④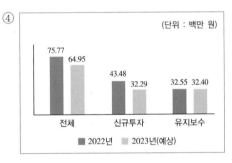

CHAPTER 04
자원관리능력

합격 CHEAT KEY

자원관리능력은 현재 많은 NCS 기반 채용을 진행하는 공사·공단에서 핵심영역으로 자리 잡아, 일부를 제외한 대부분의 시험에서 출제 영역으로 꼽히고 있다. 전체 문항수의 10 ~ 15% 비중으로 출제되고 있고, 난이도가 상당히 높기 때문에 NCS를 치를 수험생이라면 반드시 준비해야 할 필수 과목이다.

실제 시험 기출 키워드를 살펴보면 비용 계산, 해외파견 지원금 계산, 주문 제작 단가 계산, 일정 조율, 일정 선정, 행사 대여 장소 선정, 최단거리 구하기, 시차 계산, 소요시간 구하기, 해외파견 근무 기준에 부합한 또는 부합하지 않는 직원 고르기 등 크게 자원계산, 자원관리문제 유형이 출제된다. 대표유형문제를 바탕으로 응용되는 방식의 문제가 출제되고 있기 때문에 비슷한 유형을 계속해서 풀어보면서 감을 익히는 것이 중요하다.

01 시차를 먼저 계산하자!

시간자원관리문제의 대표유형 중 시차를 계산하여 일정에 맞는 항공권을 구입하거나 회의시간을 구하는 문제에서는 각각의 나라 시간을 한국 시간으로 전부 바꾸어 계산하는 것이 편리하다. 조건에 맞는 나라들의 시간을 전부 한국 시간으로 바꾸고 한국 시간과의 시차만 더하거나 빼주면 시간을 단축하여 풀 수 있다.

02 보기를 활용하자!

예산자원관리문제의 대표유형에서는 계산을 해서 값을 요구하는 문제들이 있다. 이런 문제유형에서는 문제 보기를 먼저 본 후 자리 수가 몇 단위로 끝나는지 확인한다. 예를 들어 412,300원, 426,700원, 434,100원, 453,800원인 보기가 있다고 하자. 이 보기는 100원 단위로 끝나기 때문에 제시된 조건에서 100원 단위로 나올 수 있는 항목을 찾아 그 항목만 계산하여 시간을 단축시키는 방법이 있다.
또한, 일일이 계산하는 문제가 많은데 예를 들어 640,000원, 720,000원, 810,000원 등의 수를 이용해 푸는 문제가 있다고 하자. 만 원 단위를 절사하고 계산하여 64, 72, 81처럼 요약하여 적는 것도 시간을 단축하는 방법이다.

03   최적의 값을 구하는 문제인지 파악하자!

물적자원관리문제의 대표유형에서는 제한된 자원 내에서 최대의 만족 또는 이익을 얻을 수 있는 방법을 강구하는 문제가 출제된다. 이때, 구하고자 하는 값을 x, y로 정하고 연립방정식을 이용해 x, y값을 구한다. 최소 비용으로 목표생산량을 달성하기 위한 업무 및 인력 할당, 정해진 시간 내에 최대 이윤을 낼 수 있는 업체 선정, 정해진 인력으로 효율적 업무 배치 등을 구하는 문제에서 사용되는 방법이다.

04   각 평가항목을 비교해보자!

인적자원관리문제의 대표유형에서는 각 평가항목을 비교하여 기준에 적합한 인물을 고르거나, 저렴한 업체를 선정하거나, 총점이 높은 업체를 선정하는 문제가 출제된다. 이런 문제를 해결할 때는 평가항목에서 가격이나 점수 차이에 영향을 많이 미치는 항목을 찾아 지우면 1 ~ 2개의 보기를 삭제하고 3 ~ 4개의 보기만 계산하여 시간을 단축할 수 있다.

05   문제의 단서를 이용하자!

자원관리능력은 계산문제가 많기 때문에, 복잡한 계산은 딱 떨어지게끔 조건을 제시하는 경우가 많다. 단서를 보고 보기에서 부합하지 않는 보기를 1 ~ 2개 먼저 소거한 뒤 계산을 하는 것도 시간을 단축하는 방법이다.

01 | 시간자원관리

H공사는 한국 현지 시각 기준으로 오후 4시부터 5시까지 외국 지사와 화상 회의를 진행하려고 한다. 모든 지사는 각국 현지 시각으로 오전 8시부터 오후 6시까지 근무한다고 때, 다음 중 회의에 참석할 수 없는 지사 는?(단, 서머타임을 시행하는 국가는 +1:00을 반영한다)

국가	시차	국가	시차
파키스탄	−4:00	불가리아	−6:00
호주	+1:00	영국	−9:00
싱가포르	−1:00		

※ 오후 12시부터 1시까지는 점심시간이므로 회의를 진행하지 않는다.
※ 서머타임 시행 국가 : 영국

① 파키스탄 지사(오후 12 ~ 1시) → 회의 참석 불가능(점심시간)
② 호주 지사(오후 5 ~ 6시) → 회의 참석 가능
③ 싱가포르 지사 (오후 3 ~ 4시) → 회의 참석 가능
④ 불가리아 지사 (오전 10 ~ 11시) → 회의 참석 가능
⑤ 영국 지사(오전 8 ~ 9시) → 회의 참석 가능

풀이순서

1) 질문의도
   회의에 참석할 수 없는 지사

2) 조건확인
   (ⅰ) 오후 12시부터 1시까지 점심시간
   : 회의 ×
   (ⅱ) 서머타임 시행 국가 : 영국

3) 조건적용

4) 정답도출

유형 분석

- 시간자원과 관련된 다양한 정보를 활용하여 문제풀이를 이어간다.
- 대체로 교통편 정보나 국가별 시차 정보가 제공되며, 이를 근거로 '회의에 참석할 수 없는 지사'를 고르는 문제가 출제된다.
- 업무수행에 필요한 기술의 개념·원리·절차, 관련 용어, 긍정적·부정적 영향에 대한 이해를 평가한다.

풀이 전략

먼저 문제에서 묻는 것을 정확히 파악한다. 특히 제한사항에 대해서는 빠짐없이 확인해 두어야 한다. 이후 제시된 정보(시차 등)에서 필요한 것을 선별하여 문제를 풀어간다.

02 | 예산자원관리

K공사 임직원은 신입사원 입사를 맞아 워크숍을 가려고 한다. 총 13명의 임직원이 워크숍에 참여한다고 할 때, 다음 중 가장 저렴한 비용으로 이용할 수 있는 교통편의 조합은 무엇인가?

풀이순서

1) 질문의도
   가장 저렴한 비용인
   교통편의 조합

2) 조건확인
   비고란

3) 조건적용

4) 정답도출

〈이용 가능한 교통편 현황〉

구분	탑승 인원	비용	주유비	비고
소형버스	10명	200,000원	0원	1일 대여 비용
대형버스	40명	500,000원	0원	–
렌터카	5명	80,000원(대당)	50,000원	동일 기간 3대 이상 렌트 시 렌트비용 5% 할인
택시	3명	120,000원(편도)	0원	–
대중교통	제한 없음	13,400원 (1인당, 편도)	0원	10명 이상 왕복티켓 구매 시 총금액에서 10% 할인

① 대형버스 1대 → 500,000원

② 소형버스 1대, 렌터카 1대 → 200,000+130,000=330,000원

③ 소형버스 1대, 택시 1대 → 200,000+(120,000×2)=440,000원

④ 렌터카 3대 → (80,000×3×0.95)+(50,000×3)=378,000원

⑤ 대중교통 13명 → 13,400×13×2×0.9=313,560원

유형 분석 • 가장 저렴한 비용으로 예산관리를 수행할 수 있는 업무에 대해 묻는 문제이다.

풀이 전략 제한사항인 예산을 고려하여 문제에서 묻는 것을 정확히 파악한 후 제시된 정보에서 필요한 것을 선별하여 문제를 풀어간다.

03 | 물적자원관리

대학교 입학을 위해 지방에서 올라온 대학생 S씨는 자취방을 구하려고 한다. 대학교 근처 자취방의 월세와 대학교까지 거리는 아래와 같다. 한 달을 기준으로 S씨가 지출하게 될 자취방 월세와 자취방에서 대학교까지 왕복 시 거리비용을 합산할 때, S씨가 선택할 수 있는 가장 저렴한 비용의 자취방은?

구분	월세	대학교까지 거리
A자취방	330,000원	1.8km
B자취방	310,000원	2.3km
C자취방	350,000원	1.3km
D자취방	320,000원	1.6km
E자취방	340,000원	1.4km

※ 대학교 통학일(한 달 기준)=15일
※ 거리비용=1km당 2,000원

풀이순서

1) 질문의도
   조건에 적합한 가장 저렴한 비용의 장소 찾기

2) 조건확인
   ① 대학교 통학일(한 달 기준)=15일
   ② 거리비용=1km당 2,000원

3) 조건적용

4) 정답도출

① A자취방

$330,000+(1.8 \times 2,000 \times 2 \times 15)=438,000$원

② B자취방

$310,000+(2.3 \times 2,000 \times 2 \times 15)=448,000$원

③ C자취방

$350,000+(1.3 \times 2,000 \times 2 \times 15)=428,000$원

✔ D자취방

$320,000+(1.6 \times 2,000 \times 2 \times 15)=416,000$원

⑤ E자취방

$340,000원+(1.4km \times 2,000원 \times 2(왕복) \times 15일)=424,000$원

유형 분석
- 물적자원과 관련된 다양한 정보를 활용하여 풀어가는 문제이다.
- 주로 공정도·제품·시설 등에 대한 가격·특징·시간 정보가 제시되며, 이를 종합적으로 고려하는 문제가 출제된다.

풀이 전략
문제에서 묻고자 하는 바를 정확히 파악하는 것이 중요하다. 문제에서 제시한 물적자원의 정보를 문제의 의도에 맞게 선별하면서 풀어간다.

04 | 인적자원관리

다음은 어느 회사의 승진대상과 승진 규정이다. 다음의 규정에 따를 때, 2022년 현재 직급 이 대리인 사람은?

〈승진규정〉

- 2021년까지 근속연수가 3년 이상인 자 ⓐ 를 대상으로 한다.
- 출산 휴가 및 병가 기간은 근속 연수에서 제외 ⓑ 한다.
- 평가연도 업무평가 점수가 80점 이상 ⓒ 인 자를 대상으로 한다.
- 평가연도 업무평가 점수는 직전연도 업무평가 점수에서 벌점을 차감한 점수 ⓓ 이다.
- 벌점은 결근 1회당 −10점, 지각 1회당 −5점 ⓔ 이다.

〈승진후보자 정보〉

구분	근무기간	작년 업무평가	근태현황		기타
			지각	결근	
사원 A	1년 4개월	79	1	−	−
주임 B	3년 1개월	86	−	1	출산휴가 35일
대리 C	7년 1개월	89	1	1	병가 10일
과장 D	10년 3개월	82	−	−	−
차장 E	12년 7개월	81	2	−	−

① A
② B
③ C
④ D
⑤ E

풀이순서

1) 질문의도
   현재 직급 확인

2) 조건확인
   ⓐ ~ ⓔ

3) 조건적용

4) 정답도출

유형 분석	• 인적자원과 관련된 다양한 정보를 활용하여 문제를 풀어가는 문제이다. • 주로 근무명단, 휴무일, 업무할당 등의 주제로 다양한 정보를 활용하여 종합적으로 풀어나가는 문제가 출제된다.
풀이 전략	문제에서 근무자배정 혹은 인력배치 등의 주제가 출제될 경우에는 주어진 규정 혹은 규칙을 꼼꼼히 확인하여야 한다. 이를 근거로 각 선택지가 어긋나지 않는지 검토하며 문제를 풀어간다.

04 | 기출예상문제

정답 및 해설 p.052

01 귀하는 비품 담당자로서 지폐 계수기 구매 사업을 진행하여야 한다. 구매 가능한 제품은 A ~ D의 4개 제품이고, 회사별 제품의 비교 평가서 및 구매 지침이 아래와 같다. 다음 중 어느 제품을 선정해야 하는가?(단, 구매 지침을 모두 만족하는 다수의 제품 중 가장 저렴한 제품을 선택한다)

〈지폐 계수기 비교 평가 결과〉

구분	위폐감별	분당 계수 속도	투입구 용량	두께 조절 여부	가격	A/S
A제품	UV	1,400장	250장	가능	20만 원	방문
B제품	IR	1,500장	250장	가능	25만 원	1일 소요
C제품	UV/IR 선택가능	1,500장	250장	불가능	35만 원	방문
D제품	UV	1,500장	250장	가능	22만 원	방문

〈구매 지침〉

• 위폐감별 방식은 UV 방식이나 IR 방식이어야 한다.
• 방문 A/S가 가능하여야 하나 불가한 경우 수리 기일이 3일 이내인 업체를 선정한다.
• 원화와 규격이 다른 외화 또한 계수가 가능하여야 한다.
• 계수 속도가 가능한 한 빠르고 투입구 용량은 큰 것이 좋다.

① A제품
② B제품
③ C제품
④ D제품

02 다음은 S은행에서 판매하는 펀드 상품과 펀드 가입을 원하는 고객의 요구사항이다. 고객의 성향 및 요구사항에 가장 적합한 상품은 무엇인가?(단, 고객의 투자 성향 분석 결과는 보통 수준이다)

〈S은행 판매 펀드 상품〉

구분	종류	수익률(%)	환매기간	환매 수수료	보수(%)			위험등급
A상품	주식형	13	4영업일	없음	1	0.4	0.045	높음
B상품	채권형	2.3	5영업일	없음	0.3	0.075	0.020	낮음
C상품	혼합형	7	4영업일	없음	0.55	0.2	0.033	다소 높음
D상품	혼합형	7	5영업일	있음	0.8	0.4	0.033	보통

※ 투자 성향은 매우 '매우 높음, 높음, 다소 높음, 보통, 낮음, 매우 낮음'의 6단계로 구분한다.

〈고객 요구사항〉

• 어느 정도 위험을 감수하더라도 가능한 많은 수익을 올릴 수 있으면 좋겠는데, 주식형 펀드는 너무 위험하지 않나요?
• 수익이 비슷하다면 총 보수가 낮은 상품으로 추천해 주세요.
• 해외 펀드도 상관없어요.
• 환매 후 빠른 시일 내로 지급되는 게 좋겠어요.

① A상품
② B상품
③ C상품
④ D상품

03 업무를 하는 데 있어 수행시간이 많이 소요되는 것은 그 업무를 하는 데 있어서 시간을 낭비하는 요인이 있을 수 있다는 것을 의미한다. 시간 낭비의 요인으로 옳지 않은 것은?

① 편리성 추구
② 계획적인 행동
③ 노하우 부족
④ 자원에 대한 인식 부재

04 다음은 A직원이 지방 출장을 갈 때 이용할 수 있는 이동수단이다. 시간을 절약할 수 있는 최적의 이동수단은 무엇인가?

〈A직원이 이용할 수 있는 이동수단〉

A직원은 시외구간을 고속열차, 고속버스, 비행기, 자가용 중 하나로 이동한 후 해당 지역에서 출장지까지 택시로 이동할 예정(단, 자가용을 이용하는 경우 바로 출장지로 이동)
• 시외구간
  – 고속열차 : 2시간
  – 고속버스 : 4시간
  – 비행기 : 1시간
  – 자가용 : 3시간
• 시내구간(택시 이용)
  – 기차역 ~ 출장지 : 40분
  – 버스터미널 ~ 출장지 : 10분
  – 공항 ~ 출장지 : 1시간
  – 자가용 : 소요 시간 없음

① 고속열차   ② 고속버스
③ 비행기   ④ 자가용

05 다음은 시간계획을 작성하는 데 필요한 항목들이다. 〈보기〉에서 효율적인 시간계획을 작성하는 순서로 가장 적절한 것은?

> **보기**
>
> (가) 일의 우선순위 정하기
> (나) 명확한 목표를 설정하기
> (다) 시간 계획서 작성하기
> (라) 예상 소요시간 결정하기

① (가) – (나) – (다) – (라)   ② (나) – (가) – (라) – (다)
③ (다) – (라) – (나) – (가)   ④ (가) – (라) – (다) – (나)

06 다음은 예산의 항목을 파악하는 데 효과적인 방법을 설명한 것이다. 빈칸에 들어갈 단어로 가장 적절한 것은?

> "직장인이 효과적으로 예산을 수립하기 위해서는 필요한 과업 및 활동 구명, 우선순위 결정 예산 배정의 단계를 거쳐야 한다. 또한 _____을/를 활용하여 과업을 구명하고 예산을 매치시킴으로써 효과적으로 예산을 수립할 수 있다."

① 과업세부도   ② 지출내역서
③ 로직트리   ④ 간트차트

07 사원 A~D 네 명이 〈보기〉와 같이 성과급을 나눠가졌을 때, 총 성과급은 얼마인가?

> **보기**
> • A는 총 성과급의 3분의 1에 20만 원을 더 받았다.
> • B는 그 나머지 성과급의 2분의 1에 10만 원을 더 받았다.
> • C는 그 나머지 성과급의 3분의 1에 60만 원을 더 받았다.
> • D는 그 나머지 성과급의 2분의 1에 70만 원을 더 받았다.

① 840만 원   ② 900만 원
③ 960만 원   ④ 1,020만 원

08 A대리는 다가오는 9월에 결혼을 앞두고 있다. 다음 〈조건〉을 참고할 때, A대리의 결혼날짜는?

> **조건**
> • 9월은 1일부터 30일까지이며, 9월 1일은 금요일이다.
> • 9월 30일부터 추석연휴가 시작되고 추석연휴 이틀 전엔 A대리가 주관하는 회의가 있다.
> • A대리는 결혼식을 한 다음날 8박 9일간 신혼여행을 간다.
> • 회사에서 신혼여행으로 주는 휴가는 5일이다.
> • A대리는 신혼여행과 겹치지 않도록 3주 연속하여 수요일에 치과 진료가 예약되어 있다.
> • 신혼여행에서 돌아오는 날 부모님 댁에서 하루 자고, 그 다음날 출근할 예정이다.

① 1일   ② 2일
③ 22일   ④ 23일

09 다음은 2022년 4월 18일과 3달 후인 8월 18일의 주가 현황 및 투자자들의 정보이다. 투자자들 모두 4월 18일 12:00에 주식을 매수하였으며, 계속 보유하고 있다가 8월 18일 12:00에 전량 매도하려고 한다. 다음 중 세 번째로 많은 수익을 본 투자자와 실질 수익금을 바르게 짝지은 것은?

〈4월 18일 12:00 현재〉

(단위 : 원)

구분	가산업	나건설	다전자	라식품
주가	12,500	11,500	14,000	12,000

〈8월 18일 12:00 현재〉

(단위 : 원)

구분	가산업	나건설	다전자	라식품
주가	15,750	16,330	18,830	15,900

〈투자자 및 항목별 보유량〉

(단위 : 주)

구분	A	B	C	D
가산업	120	0	210	0
나건설	0	200	180	0
다전자	0	160	0	220
라식품	300	0	0	140

〈수수료 및 세금〉

적용 시점 \\ 항목	매수 수수료	매도 수수료	세금
매수	0.025%		
매도		0.025%	0.03%

※ 수수료 및 세금은 매수 및 매도 시 거래액을 기준으로 함

- 진입 총액(원) : (매수량)×(매수 시점 주가)
- 수익률 $= \dfrac{\text{(매도 시점 주가)}-\text{(매수 시점 주가)}}{\text{(매수 시점 주가)}}$
- 수익금(원)=(진입 총액)×(수익률)
- 실질 수익금(원)=(수익금)-[(매수 수수료)+(매도 수수료+세금)]

① A, 1,555,062원
② C, 1,558,045원
③ C, 1,498,070원
④ A, 1,540,632원

10 다음은 주택용 전력 요금에 대한 자료이다. 단독주택에 거주하는 A씨는 전력을 저압으로 공급받고, 빌라에 거주하는 B씨는 전력을 고압으로 공급받는다. 이번 달 A씨의 전력사용량은 285kWh이고, B씨의 전력사용량은 410kWh일 때, A씨와 B씨의 전기요금을 바르게 나열한 것은?

<주택용 전기요금>

구분	기본요금(원/호)		전력량요금(원/kWh)	
주택용 전력(저압)	200kWh 이하 사용	910	처음 200kWh 까지	93.3
	201 ~ 400kWh 사용	1,600	다음 200kWh 까지	187.9
	400kWh 초과 사용	7,300	400kWh 초과	280.6
주택용 전력(고압)	200kWh 이하 사용	730	처음 200kWh 까지	78.3
	201 ~ 400kWh 사용	1,260	다음 200kWh 까지	147.3
	400kWh 초과 사용	6,060	400kWh 초과	215.6

※ (전기요금)＝(기본요금)＋(전력량요금)＋(부가가치세)＋(전력산업기반기금)

※ (부가가치세)＝[(기본요금)＋(전력량요금)]×0.1(10원 절사)

※ (전력산업기반기금)＝[(기본요금)＋(전력량요금)]×0.037(10원 절사)

※ 전력량요금은 주택용 요금 누진제 적용(10원 절사)

　– 주택용 요금 누진제는 사용량이 증가함에 따라 순차적으로 높은 단가가 적용되며, 현재 200kWh 단위로 3단계 운영

　　　　A씨의 전기요금　　　　B씨의 전기요금
① 　　　 41,190원 　　　　　　 55,830원
② 　　　 40,500원 　　　　　　 55,300원
③ 　　　 41,190원 　　　　　　 60,630원
④ 　　　 46,890원 　　　　　　 55,830원

11 J컨설팅사에 근무하고 있는 A사원은 팀장으로부터 새로운 프로젝트를 수주하기 위해 제안서를 작성하라는 과제를 받았다. 우선 프로젝트 제안 비용을 결정하기 위해 직접비와 간접비를 기준으로 예산을 작성하려 한다. 다음 중 직접비와 간접비의 연결이 잘못된 것은?

　　　　 직접비　　　　　　　간접비
① 　　　 재료비 　　　　　　　보험료
② 　　 과정개발비 　　　여행(출장) 및 잡비
③ 　　　 인건비 　　　　　　　광고비
④ 　　　 시설비 　　　　　　사무비품비

12 다음은 시간계획을 함에 있어 명심할 사항들이다. 이에 대한 설명에 해당하는 것을 〈보기〉에서 모두 바르게 나열한 것은?

> (가) 권한위임
> (나) 우선순위
> (다) Flexibility

> **보기**
>
> A. 여러 일 중에 우선적인 일을 먼저 처리
> B. 시간계획을 유연하게 작성
> C. 타인에게 일을 맡김

	(가)	(나)	(다)
①	A	B	C
②	B	A	C
③	C	A	B
④	C	B	A

13 금년도 신입사원 채용에서 J회사가 요구하는 자질은 이해능력, 의사소통능력, 대인관계능력, 실행능력이다. H회사는 이 4가지 자질 중 적어도 3가지 자질을 지닌 사람을 채용하고자 한다. 지원자는 갑, 을, 병, 정 4명이며, 이들이 지닌 자질을 평가한 결과 〈보기〉의 정보가 주어졌다. 다음 글의 내용이 참일 때, H회사의 신입사원으로 채용될 수 있는 지원자들의 최대 인원은 몇 명인가?

> **보기**
>
> ㉠ 갑이 지닌 자질과 정이 지닌 자질 중 적어도 두 개는 일치한다.
> ㉡ 대인관계능력은 병만 가진 자질이다.
> ㉢ 만약 지원자가 의사소통능력을 지녔다면 그는 대인관계능력의 자질도 지닌다.
> ㉣ 의사소통능력의 자질을 지닌 지원자는 한 명뿐이다.
> ㉤ 갑, 병, 정은 이해능력이라는 자질을 지니고 있다.

① 1명   ② 2명

③ 3명   ④ 4명

14 다음은 J사의 성과급 지급 기준에 대한 자료이다. 甲대리가 받은 성과평가 등급이 아래와 같다면, A회사 성과급 지급 기준에 따라 甲대리가 받게 될 성과급은 얼마인가?

〈甲대리 성과평가 등급〉

실적	난이도평가	중요도평가	신속성
A등급	B등급	D등급	B등급

〈A회사 성과급 지급 기준〉

■ 개인 성과평가 점수

실적	난이도평가	중요도평가	신속성	총점
30	20	30	20	100

■ 각 성과평가 항목에 대한 등급별 가중치

	실적	난이도평가	중요도평가	신속성	총점
A등급(매우 우수)	1	1	1	1	1
B등급(우수)	0.8	0.8	0.8	0.8	0.8
C등급(보통)	0.6	0.6	0.6	0.6	0.6
D등급(미흡)	0.4	0.4	0.4	0.4	0.4

■ 성과평가 결과에 따른 성과급 지급액

구분	성과급 지급액
85점 이상	120만 원
75점 이상 85점 미만	100만 원
65점 이상 75점 미만	80만 원
55점 이상 65점 미만	60만 원
55점 미만	40만 원

① 40만 원
② 60만 원
③ 80만 원
④ 100만 원

15 한국중부발전은 올해 4분기 성과급을 지급하고자 한다. 성과급 지급 기준과 김대리의 성과평가가 다음과 같을 때, 김대리가 4분기에 지급받을 성과급으로 옳은 것은?

〈성과급 지급 기준〉

• 성과급은 직원의 성과평가 점수에 따라 지급한다.
• 성과평가는 다음 항목들이 아래의 비율로 구성되어 있다.

구분	성과평가				
	분기실적	직원평가	연수내역	조직기여도	합계
일반직	70%	30%	20%	10%	100%
	총점의 70% 반영				
특수직	60%	40%	20%	30%	100%
	총점의 50% 반영				

• 각 평가등급에 따른 가중치

(단위 : 점)

구분	분기실적	직원평가	연수내역	조직기여도
최우수	10	10	10	10
우수	8	6	8	8
보통	6	4	5	6
미흡	4	2	3	4

• 성과평가 점수에 따른 성과급 지급액

점수구간	성과급 지급액	
	일반직	특수직
8.4 이상	120만 원	150만 원
7.6 이상 8.4 미만	105만 원	115만 원
6.8 이상 7.6 미만	95만 원	100만 원
6.0 이상 6.8 미만	80만 원	85만 원
6.0 미만	65만 원	75만 원

〈성과평가〉

구분	부서	분기실적	직원평가	연수내역	조직기여도
김대리	시설관리 (특수직)	우수	최우수	보통	보통

① 95만 원
② 100만 원
③ 115만 원
④ 120만 원

16 다음은 K학교의 성과급 기준표이다. 표에 제시된 기준들을 적용해 K학교 교사들의 성과급 배점을 계산하고자 할 때, 〈보기〉의 A ~ D 네 명의 교사 중 가장 높은 배점을 받을 교사는?

〈성과급 기준표〉

항목	평가 사항	배점 기준		배점
수업지도	주당 수업시간	24시간 이하	14점	20점
		25시간	16점	
		26시간	18점	
		27시간 이상	20점	
	수업 공개 유무	교사 수업 공개	10점	10점
		학부모 수업 공개	5점	
생활지도	담임 유무	담임교사	10점	10점
		비담임교사	5점	
담당업무	업무 곤란도	보직교사	30점	30점
		비보직교사	20점	
경력	호봉	10호봉 이하	5점	30점
		11 ~ 15호봉	10점	
		16 ~ 20호봉	15점	
		21 ~ 25호봉	20점	
		26 ~ 30호봉	25점	
		31호봉 이상	30점	

※ 수업지도 항목에서 교사 수업 공개, 학부모 수업 공개를 모두 진행했을 경우 10점으로 배점하며, 수업 공개를 하지 않았을 경우 배점은 없다.

보기

구분	주당 수업시간	수업 공개 유무	담임 유무	업무 곤란도	호봉
A교사	20시간	-	담임교사	비보직교사	32호봉
B교사	29시간	-	비담임교사	비보직교사	35호봉
C교사	26시간	학부모 수업 공개	비담임교사	보직교사	22호봉
D교사	22시간	교사 수업 공개	담임교사	보직교사	17호봉

① A교사 ② B교사

③ C교사 ④ D교사

※ J온라인쇼핑몰은 A택배업체를 통해 제품을 배송하고 있다. 이어지는 질문에 답하시오. [17~18]

■ A택배업체의 표준 기본운임

구분		극소형	소형	중형	대형
크기 (세 변의 합)		80cm 이하	100cm 이하	120cm 이하	160cm 이하
무게		2kg 이하	5kg 이하	15kg 이하	25kg 이하
요금	동일권역	4,000원	6,000원	7,000원	8,000원
	타 권역	5,000원	7,000원	8,000원	9,000원
	도서산간	8,000원	10,000원	11,000원	12,000원

※ 크기와 무게 중 큰 값을 기준으로 요금을 적용합니다.

■ A택배업체의 할증운임

구분	적용기준	할증운임
파손품	깨지기 쉬운 상품	50%
냉동 및 변질성 상품	부패 또는 변질되기 쉬운 상품 (냉동육, 냉동어, 냉장육, 김치, 한약, 청과물, 농·수·축산물 등)	40%
고가 및 귀중품	30만 원 초과 50만 원 이하	20%
	50만 원 초과 100만 원 이하	30%
	100만 원 초과 200만 원 이하	40%

※ 할증운임은 기본운임에 별도로 합산하여 적용합니다.
※ 동일 상품에 할증률이 중복되는 경우에는 최고 할증률을 적용합니다.

17 J온라인쇼핑몰은 다음과 같은 제품을 새롭게 론칭하여 판매하고자 한다. 고객이 부담할 배송비로 옳은 것은?(단, 배송비 고객 부담률은 50%이다)

제품명	최신형 외발 전동휠
포장규격(H×W×D)	400mm×250mm×400mm
무게	12kg
가격	450,000원
비고	정식 수입된 정품, 튼튼한 재질 및 일체형 제작

① 동일권역일 경우 : 3,500원 부담
② 타 권역일 경우 : 4,500원 부담
③ 도서산간일 경우 : 5,500원 부담
④ 타 권역일 경우 : 4,800원 부담

다음은 J온라인쇼핑몰에서 가장 인기 있는 두 제품의 판매현황에 대한 자료이다. 이를 토대로 계산한 6월 6일부터 6월 12일까지 K온라인쇼핑몰이 부담한 배송비는 얼마인가?(단, 배송비 고객 부담률은 50%이다)

■ 제품현황

제품명	포장규격(H×W×D)	무게	가격	비고
A	100mm×250mm×150mm	1.5kg	40만 원	유리제품
B	150mm×450mm×300mm	2kg	20만 원	청과물제품

■ 판매현황

(단위 : 개)

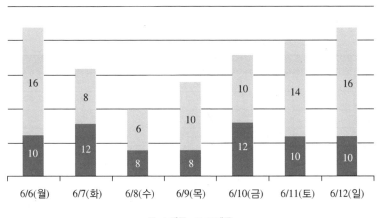

※ 두 제품 모두 동일권역으로만 판매되었다.

① 358,000원

② 394,000원

③ 490,000원

④ 546,000원

※ 다음은 A ~ G지점 간 경로와 구간별 거리를 나타낸 자료이다. A지점으로 출장을 나온 K사원은 업무를 마치고 사무실이 있는 G지점으로 운전해 돌아가려고 할 때, 이어지는 질문에 답하시오. **[19~20]**

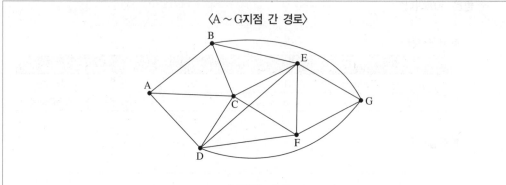

〈A ~ G지점 간 경로〉

〈구간별 거리〉

(단위 : km)

지점	A	B	C	D	E	F	G
A	–	52	108	51	–	–	–
B	52	–	53	–	66	–	128
C	108	53	–	56	53	55	–
D	51	–	56	–	62	69	129
E	–	66	53	62	–	59	58
F	–	–	55	69	59	–	54
G	–	128	–	129	58	54	–

※ 지점과 지점 사이 경로가 없는 경우 '–'로 표시한다.

19 다음 중 K사원이 갈 수 있는 최단거리는?(단, 모든 지점을 거칠 필요는 없다)

① 159km
② 163km
③ 167km
④ 171km

20 K사원은 최단거리를 확인한 후 출발하려 했으나, C지점에 출장을 갔던 H대리가 픽업을 요청해 C지점에 들러 H대리를 태우고 사무실로 돌아가려고 한다. 이때, C지점을 거치지 않았을 때의 최단거리와 C지점을 거쳤을 때의 최단거리의 차는?

① 41km
② 43km
③ 45km
④ 47km

지식에 대한 투자가 가장 이윤이 많이 남는 법이다.

– 벤자민 프랭클린 –

CHAPTER 05
기술능력

기술능력은 업무를 수행함에 있어 도구, 장치 등을 포함하여 필요한 기술에 어떠한 것들이 있는지 이해하고, 실제 업무를 수행함에 있어 적절한 기술을 선택하여 적용하는 능력이다. 사무직을 제외한 특수 직렬를 지원하는 수험생이라면 전공을 포함하여 반드시 준비해야 하는 영역이다.

국가직무능력표준에 따르면 기술능력의 세부 유형은 기술이해능력·기술선택능력·기술적용능력으로 나눌 수 있다. 제품설명서나 상황별 매뉴얼을 제시하는 문제 또는 명령어를 제시하고 규칙을 대입할 수 있는지 묻는 문제가 출제되기 때문에 이런 유형들을 공략할 수 있는 전략을 세워야 한다. 기술능력은 NCS 기반 채용을 진행한 기업 중 50% 정도가 채택했으며, 문항 수는 전체에서 평균 2% 정도 출제되었다.

01 긴 지문이 출제될 때는 보기의 내용을 미리 보자!

기술능력에서 자주 출제되는 제품설명서나 상황별 매뉴얼을 제시하는 문제에서는 기술을 이해하고, 상황에 알맞은 원인 및 해결방안을 고르는 문제가 출제된다. 실제 시험장에서 문제를 풀 때는 시간적 여유가 없기 때문에 보기를 먼저 읽고, 그 다음 긴 지문을 보면서 동시에 보기와 일치하는 내용이 나오면 확인해 가면서 푸는 것이 좋다.

02 모듈형에 대비하라!

모듈형 문제의 비중이 늘어나는 추세이므로 공기업을 준비하는 취업준비생이라면 모듈형 문제에 대비해야 한다. 기술능력의 모듈형 이론 부분을 학습하고 모듈형 문제를 풀어보고 여러 번 읽으며 이론을 확실히 익혀두면 실제 시험장에서 이론을 묻는 문제가 나왔을 때 단번에 답을 고를 수 있다.

03 전공 이론도 익혀두자!

지원하는 직렬의 전공 이론이 기술능력으로 출제되는 경우가 많기 때문에 전공 이론을 익혀두는 것이 좋다. 깊이 있는 지식을 묻는 문제가 아니더라도 출제되는 문제의 소재가 전공과 관련된 내용일 가능성이 크기 때문에 최소한 지원하는 직렬의 전공 용어는 확실히 익혀두어야 한다.

04 포기하지 말자!

직업기초능력에서 주요 영역이 아니면 소홀한 경우가 많다. 시험장에서 기술능력을 읽어보지도 않고 포기하는 경우가 많은데 차근차근 읽어보면 지문만 잘 읽어도 풀 수 있는 문제들이 출제되는 경우가 있다. 이론을 모르더라도 풀 수 있는 문제인지 파악해보자.

01 | 기술선택능력

다음은 기술선택을 위한 절차를 나타낸 것이다. (ㄱ) ~ (ㄹ)에 들어갈 내용을 바르게 짝지은 것은?

풀이순서

1) 질문의도
   기술선택 절차

2) 기술선택 절차 파악

4) 정답도출

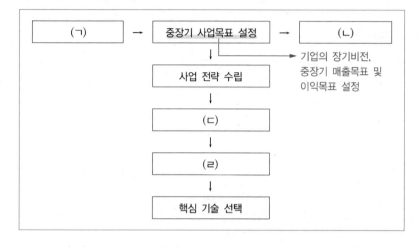

	(ㄱ)	(ㄴ)	(ㄷ)	(ㄹ)
①	내부 역량 분석	외부 환경 분석	요구 기술 분석	기술 전략 수립
②	내부 역량 분석	외부 환경 분석	기술 전략 수립	요구 기술 분석
③	외부 환경 분석	내부 역량 분석	요구 기술 분석	기술 전략 수립
	수요변화 및 경쟁자 변화, 기술변화 등을 분석	기술능력, 생산능력, 마케팅·영업능력, 재무능력 등	제품 설계·디자인 기술, 제품 생산 공정, 원재료·부품 제조기술에 대한 분석	핵심 기술을 선택하거나, 기술 획득 방법을 결정
④	외부 환경 분석	내부 역량 분석	기술 전략 수립	요구 기술 분석
⑤	외부 환경 분석	기술 전략 수립	내부 역량 분석	요구 기술 분석

3) 선택지분석

유형 분석
- 제시된 지문만으로 해결하기 어려울 수 있으므로, 사전에 관련 개념과 특징을 숙지하고 있어야 한다.
- 업무수행에 필요한 기술의 개념·원리·절차, 관련 용어, 긍정적·부정적 영향에 대한 이해를 평가한다.

풀이 전략
질문을 읽고 문제에서 묻는 바를 이해한 뒤 선택지와 지문의 내용을 하나씩 대조하며 정답을 도출한다.

02 | 기술적용능력

E사원은 회사의 기기를 관리하는 업무를 맡고 있다. 어느 날, 동료 사원들로부터 전자레인지를 사용할 때 가끔씩 불꽃이 튀고 음식이 잘 데워지지 않는다는 이야기를 들었다. 서비스를 접수하기 전에 점검할 사항으로 옳지 않은 것은?

증상	원인	조치 방법
전자레인지가 작동하지 않는다.	• 전원 플러그가 콘센트에 바르게 꽂혀 있습니까? • 문이 확실히 닫혀 있습니까? • 배전판 퓨즈나 차단기가 끊어지지 않았습니까? • 조리방법을 제대로 선택하셨습니까?	• 전원 플러그를 바로 꽂아주십시오. • 문을 다시 닫아 주십시오. • 끊어졌으면 교체하고 연결시켜 주십시오. • 취소를 누르고 다시 시작하십시오.
동작 시 불꽃이 튄다.	• ❹ 조리실 내벽에 금속 제품 등이 닿지 않았습니까? • ❷ 금선이나 은선으로 장식된 그릇을 사용하고 계십니까? • ❶ 조리실 내에 찌꺼기가 있습니까?	• 벽에 닿지 않도록 하십시오. • 금선이나 은선으로 장식된 그릇은 사용하지 마십시오. • 깨끗이 청소해 주십시오.
조리 상태가 나쁘다.	• ❺ 조리 순서, 시간 등 사용 방법을 잘 선택하셨습니까?	• 요리책을 다시 확인하고 사용해 주십시오.
회전 접시가 불균일하게 돌거나 돌지 않는다.	• 회전 접시와 회전 링이 바르게 놓여 있습니까?	• 각각을 정확한 위치에 놓아 주십시오.
불의 밝기나 동작 소리가 불균일하다.	• 출력의 변화에 따라 일어난 현상이니 안심하고 사용하셔도 됩니다.	

① 조리실 내 위생 상태 점검
② 사용 가능 용기 확인
❸ 사무실, 전자레인지 전압 확인
④ 조리실 내벽 확인
⑤ 조리 순서, 시간 확인

풀이순서

1) 질문의도
   원인 → 점검 사항

2) 지문파악
   전자레인지 설명서

4) 정답도출
   사무실, 전자레인지 전압 확인 → 증상에 따른 원인으로 제시되지 않은 사항

3) 선택지분석
   주어진 증상에 대한 원인과 조치 방법 확인

PART 2

유형 분석	• 제품설명서 등을 읽고 제시된 문제 상황에 적절한 해결 방법을 찾는 문제이다. • 직업생활에 필요한 기술은 그대로 적용하고 불필요한 기술은 버릴 수 있는지 평가한다. • 지문의 길이가 길고 복잡하므로, 문제에서 요구하는 정보를 놓치지 않도록 주의해야 한다.
풀이 전략	질문을 읽고 문제 상황을 파악한 뒤 지문에 제시된 선택지를 하나씩 소거하며 정답을 도출한다.

05 | 기출예상문제

정답 및 해설 p.057

※ J회사에서는 화장실의 청결을 위해 비데를 구매하고 화장실과 귀하의 팀원들에게 비데를 설치하도록 지시하였다. 다음 내용은 비데를 설치하기 위해 참고할 제품 설명서의 일부 내용이다. 이어지는 질문에 답하시오. **[1~2]**

〈설치방법〉

1) 비데 본체의 변좌와 변기의 앞면이 일치되도록 전후로 고정하십시오.
2) 비데용 급수호스를 정수필터와 비데 본체에 연결한 후 급수밸브를 열어주십시오.
3) 전원을 연결하십시오(반드시 전용 콘센트를 사용하십시오).
4) 비데가 작동하는 소리가 들린다면 설치가 완료된 것입니다.

〈주의사항〉

• 전원은 반드시 AC220에 연결하십시오(반드시 전용 콘센트를 사용하십시오).
• 변좌에 걸터앉지 말고 항상 중앙에 앉고, 변좌 위에 어떠한 것도 놓지 마십시오(착좌센서가 동작하지 않을 수도 있습니다).
• 정기적으로 수도필터와 정수필터를 청소 또는 교환해주십시오.
• 급수밸브를 꼭 열어 주십시오.

〈A/S 신청 전 확인 사항〉

현상	원인	조치방법
물이 나오지 않을 경우	급수 밸브가 잠김	매뉴얼을 참고하여 급수밸브를 열어 주세요.
	정수필터가 막힘	매뉴얼을 참고하여 정수필터를 교체하여 주세요(A/S상담실로 문의하세요).
	본체 급수호스 등이 동결	더운물에 적신 천으로 급수호스 등의 동결부위를 녹여 주세요.
기능 작동이 되지 않을 경우	수도필터가 막힘	흐르는 물에 수도필터를 닦아 주세요.
	착좌센서 오류	착좌센서에서 의류, 물방울, 이물질 등을 치워 주세요.
수압이 약할 경우	수도필터에 이물질이 낌	흐르는 물에 수도필터를 닦아 주세요.
	본체의 호스가 꺾임	호스의 꺾인 부분을 펴 주세요.
노즐이 나오지 않을 경우	착좌센서 오류	착좌센서에서 의류, 물방울, 이물질을 치워 주세요.
본체가 흔들릴 경우	고정 볼트가 느슨해짐	고정 볼트를 다시 조여 주세요.
비데가 작동하지 않을 경우	급수밸브가 잠김	매뉴얼을 참고하여 급수밸브를 열어 주세요.
	급수호스의 연결문제	급수호스의 연결상태를 확인해 주세요. 계속 작동하지 않는다면 A/S상담실로 문의하세요.
변기의 물이 샐 경우	급수호스가 느슨해짐	급수호스 연결부분을 조여 주세요. 계속 샐 경우 급수 밸브를 잠근 후 A/S상담실로 문의하세요.

01 귀하는 지시에 따라 비데를 설치하였다. 일주일이 지난 뒤, 동료 K사원으로부터 비데의 기능이 작동하지 않는다는 사실을 접수하였다. 다음 중 귀하가 해당 문제점에 대한 원인을 파악하기 위해 확인해야 할 사항으로 옳은 것은?

① 급수밸브의 잠김 여부
② 수도필터의 청결 상태
③ 정수필터의 청결 상태
④ 급수밸브의 연결 상태

02 다음 중 01번 문제에서 확인한 사항이 추가로 다른 문제를 일으킬 수 있는지 미리 점검하고자 할 때, 적절한 점검 사항은?

① 수압이 약해졌는지 확인한다.
② 물이 나오지 않는지 확인한다.
③ 본체가 흔들리는지 확인한다.
④ 노즐이 나오지 않는지 확인한다.

※ 귀하는 이번달 내로 모든 사무실의 복합기를 ★★복합기로 교체하라는 지시를 받았다. 모든 사무실의 복합기를 교체하였지만, 추후 문제가 생길 것을 대비해 신형 복합기의 문제 해결법을 인트라넷에 게시하였다. 이어지는 질문에 답하시오. **[3~4]**

〈문제 해결법〉

Q. 복합기가 비정상적으로 종료됩니다.

A. 제품의 전원 어댑터가 전원 콘센트에 정상적으로 연결되었는지 확인하십시오.

Q. 제품에서 예기치 못한 소음이 발생합니다.

A. 복합기의 자동 서비스 기능으로 프린트 헤드의 수명을 관리할 때에 제품에서 예기치 못한 소음이 발생할 수 있습니다.
   ▲ 참고
   • 프린트 헤드의 손상을 방지하려면, 복합기에서 인쇄하는 동안에는 복합기를 끄지 마십시오.
   • 복합기의 전원을 끌 때에는 반드시 전원 버튼을 사용하고, 복합기가 정지할 때까지 기다린 후 전원을 끄십시오.
   • 잉크 카트리지를 모두 올바르게 장착했는지 확인합니다.
   • 잉크 카트리지가 하나라도 없을 경우, 복합기는 프린트 헤드를 보호하기 위해 자동으로 서비스 기능을 수행할 수 있습니다.

Q. 복합기가 응답하지 않습니다(인쇄되지 않음).

A. 1. 인쇄 대기열에 걸려 있는 인쇄 작업이 있는지 확인하십시오.
      • 인쇄 대기열을 열어 모든 문서 작업을 취소한 다음 PC를 재부팅합니다.
      • PC를 재부팅한 후 인쇄를 다시 시작합니다.
   2. ★★소프트웨어 설치를 확인하십시오.
      • 인쇄 도중 복합기가 꺼지면 PC 화면에 경고 메시지가 나타납니다.
      • 메시지가 나타나지 않을 경우 ★★소프트웨어가 제대로 설치되지 않았을 수 있습니다.
      • ★★소프트웨어를 완전히 제거한 다음 다시 설치합니다. 자세한 내용은 [프린터 소프트웨어 삭제하기]를 참고하십시오.
   3. 케이블 및 연결 상태를 확인하십시오.
      ① USB 케이블이 복합기와 PC에 제대로 연결되었는지 확인합니다.
      ② 복합기가 무선 네트워크에 연결되어 있을 경우 복합기와 PC의 네트워크 연결 상태를 확인합니다.
      ③ PC에 개인 방화벽 소프트웨어가 설치되어 있는지 확인합니다.
      ④ 개인 소프트웨어 방화벽은 외부 침입으로부터 PC를 보호하는 보안 프로그램입니다.
      ⑤ 방화벽으로 인해 PC와 복합기의 통신이 차단될 수 있습니다.
      ⑥ 복합기와 통신이 문제가 될 경우에는 방화벽을 일시적으로 해제하십시오. 해제 후에도 문제가 발생하면 방화벽에 의한 문제가 아닙니다. 방화벽을 다시 실행하십시오.

Q. 인쇄 속도가 느립니다.

A. 1. 인쇄 품질 설정을 확인하십시오.
   • 인쇄 품질(해상도)이 최상 및 최대 DPI로 설정되었을 경우 인쇄 품질이 향상되나 인쇄 속도가 느려질 수 있습니다.
   2. 잉크 카트리지의 잉크 잔량을 확인하십시오.
   • 잉크 카트리지에 남아 있는 예상 잉크량을 확인합니다.
   • 잉크 카트리지가 소모된 상태에서 인쇄를 할 경우 인쇄 속도가 느려질 수 있습니다.
   • 위와 같은 방법으로 해결되지 않을 경우 복합기에 문제가 있을 수 있으므로, ★★서비스센터에 서비스를 요청하십시오.

03 A사원은 ★★복합기에서 소음이 발생하자 문제 해결법을 통해 복합기의 자동 서비스 기능으로 프린트 헤드의 수명을 관리할 때 소음이 발생할 수 있다는 것을 알았다. 이를 통해 A사원이 숙지할 수 있는 참고 사항이 아닌 것은?

① 프린트 헤드의 손상을 방지하려면, 복합기에서 인쇄하는 동안에는 복합기를 끄지 않는다.
② 복합기의 전원을 끌 때에는 반드시 전원 버튼을 사용하고, 복합기가 정지할 때까지 기다린 후 전원을 끈다.
③ 잉크 카트리지를 모두 올바르게 장착했는지 확인한다.
④ 프린트 헤드 정렬 및 청소를 불필요하게 실시하면 많은 양의 잉크가 소모된다.

04 팀장에게 보고서를 제출하기 위해 인쇄를 하려던 Z사원은 보고서가 인쇄되지 않는다는 것을 알았다. Z사원이 복합기 문제를 해결할 수 있는 방안이 아닌 것은?

① 인쇄 작업이 대기 중인 문서가 있는지 확인한다.
② 복합기 소프트웨어를 완전히 제거한 다음 다시 설치한다.
③ USB 케이블이 복합기와 PC에 연결이 되어 있는지 확인한다.
④ 잉크 카트리지에 남아 있는 예상 잉크량을 확인한다.

05 다음은 기술시스템의 발전단계이다. 각 단계에 대한 사례로 적절하지 않은 것은?

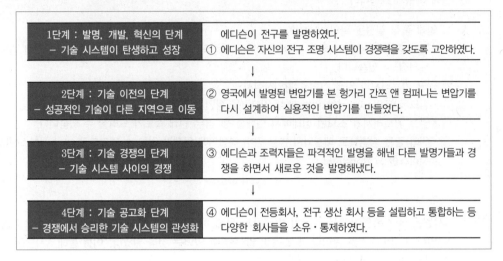

1단계 : 발명, 개발, 혁신의 단계 – 기술 시스템이 탄생하고 성장	에디슨이 전구를 발명하였다. ① 에디슨은 자신의 전구 조명 시스템이 경쟁력을 갖도록 고안하였다.
2단계 : 기술 이전의 단계 – 성공적인 기술이 다른 지역으로 이동	② 영국에서 발명된 변압기를 본 헝가리 간쯔 앤 컴퍼니는 변압기를 다시 설계하여 실용적인 변압기를 만들었다.
3단계 : 기술 경쟁의 단계 – 기술 시스템 사이의 경쟁	③ 에디슨과 조력자들은 파격적인 발명을 해낸 다른 발명가들과 경 쟁을 하면서 새로운 것을 발명해냈다.
4단계 : 기술 공고화 단계 – 경쟁에서 승리한 기술 시스템의 관성화	④ 에디슨이 전등회사, 전구 생산 회사 등을 설립하고 통합하는 등 다양한 회사들을 소유·통제하였다.

06 다음 중 미래사회에 유망하다고 판단되는 기술과 산업분야를 바르게 연결한 것은?

① 지능형 로봇 – 화학생명공학

② 하이브리드 자동차 – 전기전자정보공학

③ 재생에너지 산업 – 기계공학

④ 지속가능한 건축시스템 기술 – 건설환경공학

07 다음 중 지속가능한 기술에 대한 설명으로 옳지 않은 것은?

① 이용가능한 자원과 에너지를 고려한다.

② 자원이 사용되고 재생산되는 비율의 조화를 추구한다.

③ 자원의 양을 생각한다.

④ 자원이 생산적인 방식으로 사용되는가에 주의를 기울인다.

※ J사는 하반기에 건물 이전을 계획 중이며, 새로 이전되는 공장과 사무실, 휴게실에 에어컨을 설치하고 자 한다. 이어지는 질문에 답하시오. **[8~10]**

〈에어컨 설명서〉

■ 제품규격

모델명	구분	제품크기(W×H×D)	냉방면적	외형	상세기능	
					제습	공기청정
DC – A031S	실내기	590mm×1,840mm×320mm	132.3m^2 (40평형)	스탠드	○	○
	실외기	950mm×834mm×330mm				
DC – A032S	실내기	1,050mm×1,880mm×495mm	191.8m^2 (58평형)	스탠드	○	○
	실외기	960mm×1,380mm×330mm				
DT – A061S	실내기	1,558mm×1,920mm×700mm	390.1m^2 (118평형)	스탠드	×	○
	실외기	950mm×1,380mm×330mm				
DP – B043W	실내기	390mm×265mm×184mm	59.7m^2 (18평형)	벽걸이	×	×
	실외기	717mm×483mm×230mm				
DD – C075H (2 in 1)	실내기	765mm×1,870mm×332mm	171.9m^2 (52평형)	스탠드	○	○
	실내기	390mm×265mm×184mm	59.7m^2 (18평형)	벽걸이	○	○
	실외기	870mm×800mm×320mm	합계 81.3m^2	–	–	–

※ 2 in 1은 실외기 1개에 실내기 2개가 세트 구성으로 설치되는 모델로 다른 모델로 변경하여 설치할 수 없다.

■ 에어컨 사용 효율을 높이기 위한 방법

① 실내온도는 적당한 온도로 사용합니다.

냉방운전 범위	온도	실내온도	21℃ 이상 32℃ 이하
		실외온도	21℃ 이상 43℃ 이하
	실내습도		상대습도 80% 이하(습도가 높은 곳에서 오랫동안 운전하면 에어컨에 이슬이 맺힐 수 있음)

② 사용전원은 반드시 전용 전원 및 올바른 전압에서 사용합니다.

사용전원	정격전압	220V – 1 f – 60Hz
	허용전압범위	최소 198V ~ 최대 242V

③ 냉방 시 직사광선 및 외풍을 들여보내지 마십시오.
④ 실온이 고르게 되도록, 상하좌우 풍향을 조절해 주십시오.

■ 문제해결방법

증상	점검사항	처리방법
냉방이 전혀 되지 않을 때	전원플러그가 뽑혀 있지 않습니까?	전원플러그를 꽂아 주세요.
	차단기가 동작하지 않았습니까?	차단기를 ON으로 켜 주세요.
	전압이 너무 낮지 않습니까?	정격전압 220V를 확인하여 주세요.
	정전이 된 것은 아닙니까?	다른 제품을 확인하여 주세요.
	실내온도 표시등에 영문자 'E'가 표시됩니까?	A/S 문의처에 연락하여 주세요.

	실내에 직사광선이 들어오지 않습니까?	커튼으로 햇빛을 막아 주세요.
냉방이 약할 때	실내의 창문이 열려 있지 않습니까?	창문을 닫아 주세요.
	각종 필터가 먼지로 막혀있지 않습니까?	필터를 청소하여 주세요.
	실내에 전열기나 기타 열원이 있지 않습니까?	되도록 전열기기와 함께 사용하지 마세요.
	풍량 표시가 '약'으로 되어 있습니까?	풍량을 '강' 또는 '중'으로 변경하여 주세요.
	운전 선택이 '송풍'으로 되어 있지 않습니까?	'냉방' 운전 또는 설정온도를 변경하여 주세요.

08 다음 〈조건〉에 따라 공장과 사무실, 휴게실에 에어컨을 설치할 때, 설치장소와 에어컨을 바르게 짝지은 것은?

> **조건**
> • 공장은 200평으로 입구를 기준으로 우측 끝과 좌측 끝 벽면에 에어컨 2대를 설치할 예정이다.
> • 사무실은 50평으로 냉방면적이 50평 이하의 에어컨은 설치할 수 없다.
> • 휴게실은 18평으로 냉방면적 18평 이하의 에어컨은 설치할 수 없다.
> • 휴게실은 공간 효율을 높이기 위해 벽걸이형으로 설치할 예정이다.
> • 사무실과 휴게실은 제습과 공기청정 기능이 포함된 에어컨을 설치할 예정이다.

	공장	사무실	휴게실
①	DT – A061S	DD – C075H	DD – C075H
②	DT – A061S	DC – A032S	DC – A031S
③	DT – A061S	DC – A032S	DD – C075H
④	DC – A032S	DD–C075H	DD – C075H

09 설명서를 참고하여 휴게실에 에어컨 운전 시 주의사항에 대한 안내문을 부착하고자 한다. 안내문의 내용으로 적절하지 않은 것은?

① 실내온도가 21℃ 미만일 때는 에어컨을 가동하지 마십시오.

② 타이머를 이용하여 필요할 때에만 운전하도록 하십시오.

③ 전원플러그는 220V 콘센트에 맞게 접속되어 있는지 확인하십시오.

④ 에어컨 가동 시 창문과 출입구는 닫아 주세요.

10 C대리는 사무실의 에어컨이 가동되지 않아 원인을 파악하려고 한다. 다음 중 확인해야 할 사항은?

① 풍량이 '약'으로 표시되어 있는지 확인한다.

② 다른 제품의 작동 여부를 통해 정전이 된 것이 아닌지 확인한다.

③ 다른 전열기기가 작동되고 있는지 확인한다.

④ 창문과 출입구를 닫은 후 다시 작동 여부를 확인한다.

CHAPTER 06
조직이해능력

조직이해능력은 업무를 원활하게 수행하기 위해 조직의 체제와 경영을 이해하고 국제적인 추세를 이해하는 능력이다. 현재 많은 공사·공단에서 출제 비중을 높이고 있는 영역이기 때문에 미리 대비하는 것이 중요하다. 실제 업무 능력에서 조직이해능력을 요구하기 때문에 중요도는 점점 높아 질것이다.

국가직무능력표준 홈페이지 자료에 따르면 조직이해능력의 세부 유형은 조직체제이해능력·경영이해능력·업무이해능력·국제감각으로 나눌 수 있다. 조직도를 제시하는 문제가 출제되거나 조직의 체계를 파악해 경영의 방향성을 예측하고, 업무의 우선순위를 파악하는 문제가 출제된다.

조직이해능력은 NCS 기반 채용을 진행한 곳 중 70% 정도가 다뤘으며, 문항 수는 전체에서 평균 5% 정도로 상대적으로 적게 출제되었다.

01 문제 속에 정답이 있다!

경력이 없는 경우 조직에 대한 이해가 낮을 수밖에 없다. 그러나 문제 자체가 실무적인 내용을 담고 있어도 문제 안에는 해결의 단서가 주어진다. 부담을 갖지 않고 접근하는 것이 중요하다.

02 경영·경제학원론 정도의 수준은 갖추도록 하라!

지원한 직군마다 차이는 있을 수 있으나, 경영·경제이론을 접목시킨 문제가 꾸준히 출제되고 있다. 따라서 기본적인 경영·경제이론은 익혀 둘 필요가 있다.

03   지원하는 공사·공단의 조직도를 파악하자!

출제되는 문제는 각 공사·공단의 세부내용일 경우가 많기 때문에 지원하는 공사·공단의 조직도를 파악해 두어야 한다. 조직이 운영되는 방법과 전략을 이해하고, 조직을 구성하는 체제를 파악하고 간다면 조직이해능력 영역에서 조직도가 나올 때 단기간에 문제를 풀 수 있을 것이다.

04   실제 업무에서도 요구되므로 이론을 익혀두자!

각 공사·공단의 직무 특성상 일부 영역에 중요도가 가중되는 경우가 있어서 많은 취업준비생들이 일부 영역에만 집중하지만, 실제 업무 능력에서 직업기초능력 10개 영역이 골고루 요구되는 경우가 많고, 현재는 필기시험에서도 조직이해능력을 출제하는 기관의 비중이 늘어나고 있기 때문에 미리 이론을 익혀 둔다면 모듈형 문제에서 고득점을 노릴 수 있다.

01 경영전략

다음은 경영전략 추진과정을 나타낸 내용이다. (가)에 대한 사례 중 그 성격이 다른 것은?

풀이순서

1) 질문의도
   내부 환경과 외부 환경의 구분

2) 선택지분석
   • 내부 환경 : 회사 내부의 제어할 수 있는 강점과 약점
   • 외부 환경 : 회사 외부의 제어할 수 없는 기회와 위협

3) 정답도출

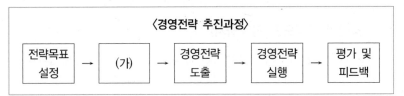

〈경영전략 추진과정〉

전략목표 설정 → (가) → 경영전략 도출 → 경영전략 실행 → 평가 및 피드백

① 제품 개발을 위해 우리가 가진 예산의 현황을 파악해야 한다. → 내부 환경
② 우리 제품의 시장 개척을 위해 법적으로 문제가 없는지 확인해 봐야 한다.
   → 외부 환경
③ 이번에 발표된 정부의 정책으로 우리 제품이 어떠한 영향을 받을 수 있는지 확인해 볼 필요가 있다. → 외부 환경
④ 신제품 출시를 위해 경쟁사들의 동향을 파악해 봐야 한다. → 외부 환경
⑤ 우리가 공급받고 있는 원재료들의 원가를 확인해야 한다. → 외부 환경

유형 분석	• 경영전략 추진과정에 대한 이해를 묻는 문제이다. • 경영전략을 추진하는 순서와 각 단계에 따른 세부적인 내용을 알고 있어야 한다.
풀이 전략	선택지를 보며 해당 단계의 절차와 맞는지 확인한다.

02 | 조직구조

대학생인 지수의 일과인 다음 〈조건〉을 통해 알 수 있는 사실로 가장 적절한 것은?

풀이순서

1) 질문의도
   조직 유형 이해

2) 조건확인
   조직별 유형 분류

3) 정답도출

> **조건**
>
> 지수는 화요일에 학교 수업, 아르바이트, 스터디, 봉사활동 등을 한다.
> 다음은 지수의 화요일 일과이다.
>
> • 오전 11시부터 오후 4시까지 수업이 있다. → 5시간
>   　　　　　　　 학교 : 공식조직, 비영리조직, 대규모조직
> • 수업이 끝나고 학교 앞 프랜차이즈 카페에서 아르바이트를 3시간 동안 한다.
>   　　　　　　 카페 : 공식조직, 영리조직, 대규모조직
> • 아르바이트를 마친 후, NCS 공부를 하기 위해 스터디를 2시간 동안 한다.
>   　　　　　　　　 스터디 : 비공식조직, 비영리
>   　　　　　　　　　　　 조직, 소규모조직

① 비공식조직이면서 소규모조직에 3시간 있었다.
② 하루 중 공식조직에서 9시간 있었다.
③ 비영리조직이면서 대규모조직에서 5시간 있었다. → 학교
④ 영리조직에서 2시간 있었다.
⑤ 비공식조직이면서 비영리조직에서 3시간 있었다.

유형 분석
- 조직의 유형을 분류하는 문제이다.
- 조직의 개념과 그 특징에 대한 문제가 자주 출제된다.

풀이 전략
주어진 조건을 면밀하게 분석해야 한다. 해당 조직이 어떤 유형인지 확인한 후 선택지와 비교하면서 풀어야 한다.

PART 2

03 | 업무 지시사항

다음 중 제시된 업무 지시사항에 대한 판단으로 적절하지 않은 것은?

풀이순서

> 은경씨, 금요일 오후 2시부터 10명의 인·적성검사 합격자의 1차 면접이 진행
> ③
> 될 예정입니다. 5층 회의실 사용 예약을 지금 미팅이 끝난 직후 해 주시고, 2명
> 씩 5개 조로 구성하여 10분씩 면접을 진행하니 지금 드리는 지원 서류를 참고하
> ①
> 시어 수요일 오전까지 5개 조를 구성한 보고서를 저에게 주십시오. 그리고 2명의
> ②
> 면접 위원님께 목요일 오전에 면접 진행에 대해 말씀드려 미리 일정 조정을 완료
> ⑤
> 해 주시기 바랍니다.

1) 질문의도
업무 지시사항의
이해

2) 선택지분석
지시사항 확인

① 면접은 10분씩 진행된다.
② 은경씨는 수요일 오전까지 보고서를 제출해야 한다.
③ 면접은 금요일 오후에 10명을 대상으로 실시된다.
☑ 인·적성검사 합격자는 본인이 몇 조인지 알 수 있다.
⑤ 은경씨는 면접 위원님에게 면접 진행에 대해 알려야 한다.

3) 정답도출

유형 분석
• 제시된 지시사항을 제대로 이해하고 있는지 확인하는 문제이다.
응용 문제 : 여러 가지 지시사항을 제시하고 일의 처리 순서를 나열하는 문제가 출제된다.

풀이 전략
제시문에 나오는 키워드를 찾고 선택지와 비교하여 풀어야 한다. 이때 제시문을 정확하게 파악하는 것이 중요하다.

04 | 국제동향

언어적 커뮤니케이션과 달리 상대국의 문화적 배경의 생활양식, 행동규범, 가치관 등을 이해하여 서로 다른 문화적 배경을 지닌 사람과 소통하는 것을 비언어적 커뮤니케이션이라고 한다. 다음 중 적절하지 않은 비언어적 커뮤니케이션은?

① 스페인에서는 악수할 때 손을 강하게 잡을수록 반갑다는 의미를 가지고 있다. 따라서 스페인 사람과 첫 협상 시에는 강하게 악수하여 반가움을 표현하는 것이 적절하다.

✅ 이탈리아에서는 연회 시 소금이나 후추 등이 다른 사람 손에 거치면 좋지 않다는 풍습이 있다. 따라서 이탈리아에서 연회 참가 시 소금과 후추가 필요할 때는 웨이터를 부르도록 한다.

  → 웨이터를 부르는 것보다 자신이 직접 가져오는 것이 적절함

③ 일본에서 칼은 관계의 단절을 의미한다. 따라서 일본인에게 선물할 때 칼은 피하는 것이 좋다.

④ 중국에서는 상대방이 선물을 권할 때 선뜻 받기보다 세 번 정도 거절하는 것이 예의라고 생각한다. 따라서 중국인에게 선물할 때 세 번 거절당하더라도 한 번 더 받기를 권하는 것이 좋다.

⑤ 키르키즈스탄에서는 왼손을 더러운 것으로 느끼는 풍습이 있다. 따라서 키르키즈스탄인에게 명함을 건넬 때는 반드시 오른손으로 주도록 한다.

풀이순서

1) 질문의도
   국제 매너 이해 및
   행동

2) 선택지분석
   문화별 가치관에 부합
   하지 않는 행동 선택

3) 정답도출

PART 2

유형 분석	• 국제 매너에 대한 이해를 묻는 문제이다.
	• 국제 공통 예절과 국가별 예절을 구분해서 알아야 하며, 특히 식사 예절은 필수로 알아 두어야 한다.
풀이 전략	문제에서 묻는 내용(적절한, 적절하지 않은)을 분명히 확인한 후 문제를 풀어야 한다.

06 | 기출예상문제

정답 및 해설 p.058

01 다음 중 조직의 유형에 대한 설명으로 가장 적절한 것은?

① 공식화 정도에 따라 소규모 조직, 대규모 조직으로 나눌 수 있다.

② 영리조직으로는 정부조직, 법원, 대학 등이 있다.

③ 공식조직은 인간관계에 따라 형성된 자발적 조직이다.

④ 소규모조직으로는 가족 소유의 상점 등이 있다.

02 다음 중 조직 갈등의 순기능으로 적절하지 않은 것은?

① 새로운 사고를 할 수 있다.

② 다른 업무에 대한 이해를 어렵게 한다.

③ 조직의 침체를 예방해 주기도 한다.

④ 항상 부정적인 결과만을 초래하는 것은 아니다.

03 다음 중 집단(조직)을 비교한 것으로 적절하지 않은 것은?

구분	공식집단	비공식집단
① 개념	공식적인 목표를 추구하기 위해 조직에서 만든 집단	구성원들의 요구에 따라 자발적으로 형성된 집단
② 집단 간 경쟁의 장점	각 집단 내부의 응집성 강화, 활동 조직화 강화	
③ 집단 간 경쟁의 단점	자원 낭비, 비능률	
④ 예	상설 위원회, 업무 수행을 위한 팀, 동아리	친목회, 스터디 모임, 임시 위원회

04 J회사에 근무하는 B씨가 다음의 기사를 읽고 기업의 사회적 책임에 대해 생각해 보았다고 할 때, B씨의 생각으로 적절하지 않은 것은?

세계 자동차 시장 점유율 1위를 기록했던 도요타 자동차는 2010년 11월 가속페달의 매트 끼임 문제로 미국을 비롯해 전 세계적으로 1,000만 대가 넘는 사상 초유의 리콜을 했다. 도요타 자동차의 리콜 사태에 대한 원인으로 기계적 원인과 더불어 무리한 원가절감, 과도한 해외생산 확대 안일한 경영 등 경영상의 요인들이 제기되고 있다. 또 도요타 자동차는 급속히 성장하면서 제기된 문제들을 소비자의 관점이 아닌 생산자의 관점에서 해결하려고 했고, 늦은 리콜 대응 등 문제 해결에 미흡했다는 지적을 받고 있다. 이런 대규모 리콜 사태로 인해 도요타 자동차가 지난 수십 년간 세계적으로 쌓은 명성은 하루아침에 모래성이 됐다. 이와 다른 사례로 존슨앤드존슨의 타이레놀 리콜사건이 있다. 1982년 9월말 미국 시카고 지역에서 존슨앤드존슨의 엑스트라 스트렝스 타이레놀 캡슐을 먹고 4명이 사망하는 사건이 발생하자, 존슨앤드존슨은 즉각적인 대규모 리콜을 단행했다. 그 결과 존슨앤드존슨은 소비자들의 신뢰를 다시 회복했다.

① 상품에서 결함이 발견됐다면 기업은 그것을 인정하고 책임지는 모습이 필요해.
② 소비자의 관점이 아닌 생산자의 관점에서 문제를 해결할 때, 소비자들의 신뢰를 회복할 수 있어.
③ 이윤창출은 기업의 유지에 필요하지만, 수익만을 위해 움직이는 것은 여러 문제를 일으킬 수 있어.
④ 존슨앤드존슨은 사회의 기대와 가치에 부합하는 윤리적 책임을 잘 이행하였어.

05 다음 〈보기〉 중 집단의사결정에 대해 옳은 설명을 한 직원을 모두 고르면?

> **보기**
>
> 김대리 : 집단의사결정은 개인의사결정보다 효과적인 편이야.
> 최주임 : 하지만 의사결정이 특정 소수에게 치우칠 위험이 있어요.
> 유주임 : 그래도 시간이 적게 소모된다는 장점이 있잖아.
> 박사원 : 브레인스토밍을 통한 집단의사결정의 핵심은 다른 사람이 제시한 아이디어에 대해 적극적으로 비판을 해서 교정하는 일입니다.

① 김대리, 최주임   ② 김대리, 유주임
③ 최주임, 유주임   ④ 최주임, 박사원

06 김팀장은 이대리에게 다음과 같은 업무지시를 내렸고, 이대리는 김팀장의 업무 지시에 따라 자신의 업무 일정을 정리하였다. 다음 중 이대리의 업무에 대한 설명으로 적절하지 않은 것은?

이대리, 오늘 월요일 정기회의 진행에 앞서 이번 주 업무에 대해서 미리 전달할게요. 먼저, 이번 주 금요일에 진행되는 회사 창립 기념일 행사 준비는 잘 되고 있나요? 행사 진행 전에 확인해야 할 사항들에 대해 체크리스트를 작성해서 수요일 오전까지 저에게 제출해 주세요. 그리고 행사가 끝난 후에는 총무팀 회식을 할 예정입니다. 이대리가 적당한 장소를 결정하고, 목요일 퇴근 전까지 예약이 완료될 수 있도록 해 주세요. 아! 그리고 내일 오후 3시에 진행되는 신입사원 면접과 관련해서 오늘 퇴근 전까지 면접 지원자에게 다시 한 번 유선으로 참여 여부를 확인하고, 정확한 시간과 준비사항 등의 안내를 부탁할게요. 참! 지난주 영업팀이 신청한 비품도 주문해야 합니다. 오늘 오후 2시 이전에 발주하여야 영업팀이 요청한 수요일 전에 배송 받을 수 있다는 점 기억하세요. 자, 그럼 바로 회의 진행하도록 합시다. 그리고 오늘 회의 내용은 이대리가 작성해서 회의가 끝난 후 바로 사내 인트라넷 게시판에 공유해 주세요.

〈12월 첫째 주 업무 일정〉

㉠ 회의록 작성 및 사내 게시판 게시
㉡ 신입사원 면접 참여 여부 확인 및 관련사항 안내
㉢ 영업팀 신청 비품 주문
㉣ 회사 창립 기념일 행사 준비 관련 체크리스트 작성
㉤ 총무팀 회식 장소 예약

---

① 이대리가 가장 먼저 처리해야 할 업무는 ㉠이다.
② 이대리는 ㉡보다 ㉢을 우선 처리하는 것이 좋다.
③ ㉣을 완료한 이후에는 김팀장에게 제출해야 한다.
④ ㉤은 회사 창립 기념일 행사가 끝나기 전까지 처리해야 한다.

07 김팀장은 박대리에게 다음과 같은 업무지시를 내렸다. 박대리가 가장 먼저 처리해야 할 일은 무엇인가?

> 박대리, 지난주에 요청했던 사업계획서는 문제없이 진행되고 있나요? 이번 주 금요일까지 완료해서 부장님께 제출해 주세요. 그리고 오늘 오후 5시에는 본사에서 진행되는 금년도 사업현황보고 회의에 함께 참석해야 합니다. 따라서 금일 업무 보고는 오후 6시가 아닌 오후 4시에 받도록 하겠습니다. 오후 4시까지 금일 업무 보고서를 작성해서 전달해 주세요. 참! 이틀 전 박대리가 예약한 회의실이 본사 2층의 대회의실이었나요? 혹시 모를 상황에 대비하여 적어도 회의 시작 3시간 전에 사내 인트라넷의 회의실 예약 현황을 확인하고, 변동사항이 있다면 저에게 알려주세요.

① 회의실 예약 현황 확인
② 본사 사업현황보고 회의 참석
③ 본사 대회의실 사용 신청
④ 부장님께 사업계획서 제출

08 다음 중 의사결정과정에 대한 설명으로 가장 적절한 것은?

① 확인단계는 의사결정이 필요한 문제를 인식하는 것으로, 외부환경의 변화나 내부에서 문제가 발생했을 시 이루어진다.
② 개발단계는 문제의 심각성에 따라 체계적으로 이루어지기도 하고 비공식적으로 이루어지기도 한다.
③ 진단단계는 기존 해결방법 중에서 새로운 문제의 해결방법을 찾는 탐색과정이다.
④ 선택단계는 의사결정자들이 모호한 해결방법만을 가지고 있기 때문에 다양한 의사결정기법을 통하여 시행착오적 과정을 거치면서 적합한 해결방법을 찾아나가는 것이다.

09 경영참가제도는 자본참가, 성과참가, 의사결정참가 유형으로 구분된다. 다음 중 '자본참가' 유형의 사례로 가장 적절한 것은?

① 임직원들에게 저렴한 가격으로 일정 수량의 주식을 매입할 수 있게 권리를 부여한다.
② 위원회제도를 활용하여 근로자의 경영참여와 개선된 생산의 판매가치를 기초로 성과를 배분한다.
③ 부가가치의 증대를 목표로 하여 이를 노사협력체제를 통해 달성하고, 이에 따라 증가된 생산성 향상분을 노사 간에 배분한다.
④ 천재지변의 대응, 생산성 하락, 경영성과 전달 등과 같이 단체교섭에서 결정되지 않은 사항에 대하여 노사가 서로 협력할 수 있도록 한다.

10 J기업의 상황을 고려할 때, 경영활동과 그 사례가 적절하지 않은 것은?

〈상황〉

• J기업은 국내 자동차 제조업체이다.
• J기업은 최근 인도네시아의 자동차 판매업체와 계약을 하여, 내년부터 인도네시아로 차량을 수출할 계획이다.
• J기업은 중국의 자동차 부품 제조업체와 협력하고 있는데, 최근 중국 내 전염병 확산으로 현지 업체들의 가동률이 급락하였다.
• J기업은 최근 내부 설문조사를 실시한 결과, 사내 유연근무제 도입을 희망하는 직원의 비율은 72%, 희망하지 않는 직원의 비율이 20%, 무응답이 8%였다.
• J기업의 1분기 생산라인 피드백 결과, 엔진 조립 공정에서 진행속도를 20% 개선할 경우, 생산성이 12% 증가하는 것으로 나타났다.

	경영활동	사례
①	외부경영활동	인도네시아 시장의 자동차 구매성향 파악
②	내부경영활동	국내 자동차 부품 제조업체와의 협력안 검토
③	내부경영활동	인도네시아 현지 자동차 법규 및 제도 조사
④	내부경영활동	엔진 조립 공정 개선을 위한 공정 기술 연구개발

교육이란 사람이 학교에서 배운 것을
잊어버린 후에 남은 것을 말한다.

− 알버트 아인슈타인 −

CHAPTER 07
정보능력

합격 CHEAT KEY

정보능력은 업무를 수행함에 있어 기본적인 컴퓨터를 활용하여 필요한 정보를 수집, 분석, 활용하는 능력을 의미한다. 또한 업무와 관련된 정보를 수집하고, 이를 분석하여 의미있는 정보를 얻는 능력이다.

국가직무능력표준에 따르면 정보능력의 세부 유형은 컴퓨터 활용 능력·정보처리능력으로 나눌 수 있다.

정보능력은 NCS 기반 채용을 진행한 곳 중 52% 정도가 다뤘으며, 문항 수는 전체에서 평균 6% 정도 출제되었다.

01 평소에 컴퓨터 활용 스킬을 틈틈이 익혀라!

윈도우(OS)에서 어떠한 설정을 할 수 있는지, 응용프로그램(엑셀 등)에서 어떠한 기능을 활용할 수 있는지를 평소에 직접 사용해 본다면 문제를 보다 수월하게 해결할 수 있다. 여건이 된다면 컴퓨터활용능력에 관련된 자격증 공부를 하는 것도 이론과 실무를 익히는 데 도움이 될 것이다.

02 문제의 규칙을 찾는 연습을 하라!

일반적으로 코드체계나 시스템 논리체계를 제공하고 이를 분석하여 문제를 해결하는 유형이 출제된다. 이러한 문제는 문제해결능력과 같은 맥락으로 규칙을 파악하여 접근하는 방식으로 연습이 필요하다.

03 현재 보고 있는 그 문제에 집중하자!

정보능력의 모든 것을 공부하려고 한다면 양이 너무나 방대하다. 그렇기 때문에 수험서에서 본인이 현재 보고 있는 문제들을 집중적으로 공부하고 기억하려고 해야 한다. 그러나 엑셀의 함수수식, 연산자 등 암기를 필요로 하는 부분들은 필수적으로 암기를 해서 출제가 되었을 때 오답률을 낮출 수 있도록 한다.

04 사진·그림을 기억하자!

컴퓨터 활용 능력을 파악하는 영역이다 보니 컴퓨터 속 옵션, 기능, 설정 등의 사진·그림이 문제에 같이 나오는 경우들이 있다. 그런 부분들은 직접 컴퓨터를 통해서 하나하나 확인을 하면서 공부한다면 더 기억에 잘 남게 된다. 조금 귀찮더라도 한 번씩 클릭하면서 확인을 해보도록 한다.

01 | 엑셀 함수

「=INDEX(배열로 입력된 셀의 범위, 배열이나 참조의 행 번호, 배열이나 참조의 열 번호)」

다음 시트에서 [E10] 셀에 수식 「= INDEX (E2:E9, MATCH (0,D2:D9,0))」를 입력했을 때, [E10] 셀에 표시되는 결괏값은?

「=MATCH(찾으려고 하는 값, 연속된 셀 범위, 되돌릴 값을 표시하는 숫자)」

	A	B	C	D	E
1	부서	직위	사원명	근무연수	근무월수
2	재무팀	사원	이수연	2	11
3	교육사업팀	과장	조민정	3	5
4	신사업팀	사원	최지혁	1	3
5	교육컨텐츠팀	사원	김다연	0	2
6	교육사업팀	부장	민경희	8	10
7	기구설계팀	대리	김형준	2	1
8	교육사업팀	부장	문윤식	7	3
9	재무팀	대리	한영혜	3	0
10					

① 0　　　　　　　　　　② 1

❸ 2　　　　　　　　　　④ 3

⑤ 4

「=INDEX(E2:E9,MATCH(0,D2:D9,0))'」을 입력하면
근무연수가 0인 사람의 근무월수가 셀에 표시된다.
따라서 2가 표시된다.

풀이순서

1) 질문의도
엑셀 함수의 활용
방법

2) 자료비교

3) 정답도출

유형 분석	• 주어진 상황에 사용할 적절한 엑셀 함수가 무엇인지 묻는 문제이다.
	• 주로 업무 수행 중에 많이 활용되는 대표적인 엑셀 함수가 출제된다.
	응용문제 : 엑셀시트를 제시하여 각 셀에 들어갈 함수식을 고르는 문제가 출제된다.
풀이 전략	제시된 조건의 엑셀 함수를 파악 후, 함수를 적용하여 값을 구한다. 엑셀 함수에 대한 기본적인 지식을 익혀 두면 풀이시간을 단축할 수 있다.

02 | 프로그램 언어(코딩)

다음 프로그램의 결괏값으로 옳은 것은?

```
#include 〈stdio.h〉

int main(){
        int i = 4;
        int k = 2;
        switch(i) {
                case 0:
                case 1:
                case 2:
                case 3: k = 0;
                case 4: k += 5;
                case 5: k -= 20;
                default: k++;
        }
        printf("%d", k);
}
```

i가 4기 때문에 case 4부터 시작한다.
k는 2이고, k+=5를 하면 7이 된다.
case 5에서 k-=20을 하면 -13이 되고,
default에서 1이 증가하여 결괏값은 -12가
된다.

풀이순서

1) 질문의도
   C언어 연산자의 이해

2) 자료비교
   · 연산자 +
   · 연산자 −
   · 연산자 ++

3) 정답도출

① 12
② −12
③ 10
④ −10
⑤ −11

유형 분석
- 주어진 정보를 통해 결괏값이 무엇인지 묻는 문제이다.
- 주로 C언어 연산자를 적용하여 나오는 값을 구하는 문제가 출제된다.

응용문제 : 정보를 제공하지 않고, 기본적인 C언어 지식을 통해 결괏값을 구하는 문제가 출제된다.

풀이 전략
제시된 C언어 연산자를 파악 후, 연산자를 적용하여 값을 구한다. C언어에 대한 기본적인 지식을 익혀 두면 코딩 및 풀이시간을 줄일 수 있다.

01 Windows 탐색기에서 사용하는 단축키와 그 기능이 바르게 연결되지 않은 것은?

① 〈F4〉 : 선택한 파일 / 폴더의 이름 변경하기

② 〈F3〉 : 검색

③ 〈F1〉 : 도움말 보기

④ 〈F5〉 : 목록 내용을 최신 정보로 수정

02 다음 중 컴퓨터 바이러스에 대한 설명으로 옳지 않은 것은?

① 사용자가 인지하지 못한 사이 자가 복제를 통해 다른 정상적인 프로그램을 감염시켜 해당 프로그램이나 다른 데이터 파일 등을 파괴한다.

② 보통 소프트웨어 형태로 감염되나 메일이나 첨부파일은 감염의 확률이 매우 낮다.

③ 인터넷의 공개 자료실에 있는 파일을 다운로드하여 설치할 때 감염될 수 있다.

④ 온라인 채팅이나 인스턴트 메신저 프로그램을 통해서 전파되기도 한다.

03 다음 중 아래 시트에서 [C2:C5] 영역을 선택하고 선택된 셀들의 내용을 모두 지우려고 할 때 취할 방법으로 옳지 않은 것은?

▲	A	B	C	D	D
1	성명	출석	과제	실기	총점
2	박경수	20	20	55	95
3	이정수	15	10	60	85
4	경동식	20	14	50	84
5	김미경	5	11	45	61

① 키보드의 〈Back Space〉 키를 누른다.

② 마우스의 오른쪽 버튼을 눌러서 나온 바로가기 메뉴에서 [내용 지우기]를 선택한다.

③ [홈] – [편집] – [지우기] 메뉴에서 [내용 지우기]를 선택한다.

④ 키보드의 〈Delete〉 키를 누른다.

04 다음 시트에서 근무점수가 70점대인 직원의 수를 출력하려고 한다. 다음 중 [B14] 셀에 들어갈 함수식으로 옳은 것은?

	A	B	C
1		직원 근무 평가	
2	성명	입사일	근무점수
3	박정호	1994-06-06	73
4	신정희	1997-04-01	69
5	김용태	1999-11-01	93
6	김진영	1995-05-06	65
7	유현숙	1998-01-01	69
8	최정철	1998-06-10	80
9	강창희	1997-09-11	86
10	천영주	1996-05-10	70
11	박연수	1998-05-06	63
12			
13		70점대	
14			

① $=COUNTIF(C3:C11, ">=70")-COUNTIF(C3:C11, ">=80")$

② $=COUNTIF(C3, ">=70")-COUNTIF(C3, ">=80")$

③ $=IF(C3:C11>70, "2")$

④ $=IF(LEN(C3)<80, LEFT(C3, 1), LEFT(C4, 2))$

05 G사 인사부에 근무하는 김대리는 신입사원들의 교육점수를 다음과 같이 정리한 후 VLOOKUP 함수를 이용해 교육점수별 등급을 입력하려고 한다. [E2:F8]의 데이터값을 이용해 (A) 셀에 함수식을 입력한 후 자동 채우기 핸들로 사원들의 교육점수별 등급을 입력할 때, (A) 셀에 입력해야 할 함수식으로 옳은 것은?

	A	B	C	D	E	F
1	사원	교육점수	등급		교육점수	등급
2	최○○	100	(A)		100	A
3	이○○	95			95	B
4	김○○	95			90	C
5	장○○	70			85	D
6	정○○	75			80	E
7	소○○	90			75	F
8	신○○	85			70	G
9	구○○	80				

① =VLOOKUP(B2,E2:F8,2,1)

② =VLOOKUP(B2,E2:F8,2,0)

③ =VLOOKUP(B2,$E$2:$F$8,2,0)

④ =VLOOKUP(B2,$E$2:$F$8,1,0)

06 엑셀에서 [데이터 유효성] 대화 상자의 [설정] 탭 중 제한 대상 목록에 해당하지 않는 것은?

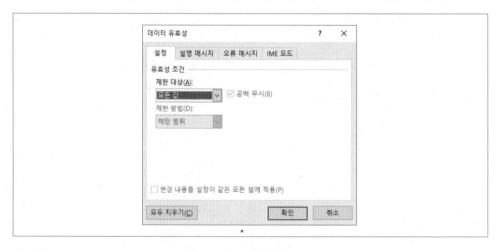

① 정수　　　　　　　　　　② 날짜

③ 시간　　　　　　　　　　④ 분수

07 다음은 J사의 인사부에서 정리한 사원 목록이다. 이에 대한 설명으로 옳은 것을 〈보기〉에서 모두 고르면?

	A	B	C	D
1	사원번호	성명	직책	부서
2	869872	조재영	부장	경영팀
3	890531	정대현	대리	경영팀
4	854678	윤나리	사원	경영팀
5	812365	이민지	차장	기획팀
6	877775	송윤희	대리	기획팀
7	800123	김가을	사원	기획팀
8	856123	박슬기	부장	영업팀
9	827695	오종민	차장	영업팀
10	835987	나진원	사원	영업팀
11	854623	최윤희	부장	인사팀
12	847825	이경서	사원	인사팀
13	813456	박소미	대리	총무팀
14	856123	최영수	사원	총무팀

> **보기**
> ㉠ 부서를 기준으로 내림차순으로 정렬되었다.
> ㉡ 직책은 사용자 지정 목록을 이용하여 부장, 차장, 대리, 사원 순으로 정렬되었다.
> ㉢ 부서를 우선 기준으로, 직책을 다음 기준으로 정렬하였다.
> ㉣ 성명을 기준으로 내림차순으로 정렬되었다.

① ㉠, ㉡   ② ㉡, ㉢
③ ㉠, ㉣   ④ ㉡, ㉣

08 J사에 근무하고 있는 C사원은 우리나라 국경일을 CONCATENATE 함수를 이용하여 다음과 같이 입력하고자 한다. [C2] 셀에 입력해야 하는 함수식으로 옳은 것은?

	A	B	C
1	국경일	날짜	우리나라 국경일
2	3·1절	매년 3월 1일	3·1절(매년 3월 1일)
3	제헌절	매년 7월 17일	제헌절(매년 7월 17일)
4	광복절	매년 8월 15일	광복절(매년 8월 15일)
5	개천절	매년 10월 3일	개천절(매년 10월 3일)
6	한글날	매년 10월 9일	한글날(매년 10월 9일)

① =CONCATENATE(A2,B2)

② =CONCATENATE(A2,(,B2,))

③ =CONCATENATE(B2,(,A2,))

④ =CONCATENATE(A2,"(",B2,")")

다음은 J사 영업팀의 실적을 정리한 파일이다. 고급 필터의 조건 범위를 [E1:G3] 영역으로 지정한 후 고급필터를 실행했을 때, 나타나는 데이터에 대한 설명으로 옳은 것은?(단, [G3] 셀에는 「=C2 >=AVERAGE($C$2:$C$8)」이 입력되어 있다)

	A	B	C	D	E	F	G
1	부서	사원	실적		부서	사원	식
2	영업2팀	최지원	250,000		영업1팀	*수	
3	영업1팀	김창수	200,000		영업2팀		TRUE
4	영업1팀	김홍인	200,000				
5	영업2팀	홍상진	170,000				
6	영업1팀	홍상수	150,000				
7	영업1팀	김성민	120,000				
8	영업2팀	황준하	100,000				

① 부서가 '영업1팀'이고 이름이 '수'로 끝나거나, 부서가 '영업2팀'이고 실적이 평균 이상인 데이터
② 부서가 '영업1팀'이거나 이름이 '수'로 끝나고, 부서가 '영업2팀'이거나 실적이 평균 이상인 데이터
③ 부서가 '영업1팀'이고 이름이 '수'로 끝나거나, 부서가 '영업2팀'이고 실적의 평균이 250,000 이상인 데이터
④ 부서가 '영업1팀'이거나 이름이 '수'로 끝나고, 부서가 '영업2팀'이거나 실적의 평균이 250,000 이상인 데이터

10 다음 프로그램의 실행 결과로 옳은 것은?

```
#include <stdio.h>
void main() {
  char arr[10] = "ABCDEFGHI";
  int i;
  for (i = 0; i < 9; i++){
    if (arr[i] == 'B') continue;
    if (arr[i] == 'D') continue;
    if (arr[i] == 'F') continue;
    if (arr[i] == 'H') continue;
    printf ("%c", arr[i]);
  }
}
```

① ABCDE ② ACEGI
③ BDFHI ④ EFGHI

PART **3**

한국사

01 다음 중 우리나라의 신석기 시대에 대한 설명으로 옳지 않은 것은?

① 대표적인 토기는 빗살무늬토기이다.
② 기원전 8000년경부터 시작되었다.
③ 농경 기술이 발달하면서 사냥과 고기잡이는 사라졌다.
④ 이 시기의 사람들은 간석기를 가지고 농사를 지었다.

02 다음 중 제시된 사료의 풍습을 지닌 국가는?

> 형벌은 엄격하고 각박하여 사람을 죽인 자는 사형에 처하고, 그 가족은 적몰(籍沒)하여 노비로 삼았다. 도둑질을 하면 (도둑질한 물건의) 12배를 배상하게 하였다. 남녀 간에 음란한 짓을 하거나 부인이 투기하면 모두 죽였다. 투기하는 것을 더욱 미워하여 죽이고 나서 그 시체를 나라의 남산에 버려서 썩게 하였다. 친정집에서 (그 부인의 시체를) 가져가려면 소와 말을 바쳐야 하였다.
> – 『삼국지』 동이전

① 부여   ② 고구려
③ 옥저   ④ 동예

03 다음 업적에 해당하는 왕은?

> • 372년 우리 역사상 최초의 교육 기관인 태학 설립
> • 372년 승려 순도를 통해 우리나라 역사상 최초로 불교 전파
> • 373년 율령을 반포하여 국가통치와 사회질서 유지를 위한 규범 갖춤

① 고국천왕   ② 소수림왕
③ 장수왕   ④ 고이왕

04 다음 중 삼국 시대 국가 발전에 대한 설명으로 옳지 않은 것은?

① 신라는 내물왕 때 왕의 칭호를 사용하였다.
② 백제는 고이왕 때 지배 체제를 정비하고, 한강 유역을 장악하였다.
③ 고구려는 태조왕 때 옥저를 정복하고, 만주 지역으로 세력을 확대하였다.
④ 가야는 철기 문화와 농업 생산력 등을 토대로 성장하였다.

05 다음 중 밑줄 친 '세속 5계'를 행동 규범으로 삼았던 단체에 대한 설명으로 옳은 것은?

> (귀산 등이 이르자) 원광 법사가 말하기를 "지금 세속 5계가 있으니, 첫째는 임금을 충성으로 섬기는 것이요, 둘째는 부모를 효성으로 섬기는 것이요, 셋째는 벗을 신의로 사귀는 것이요, 넷째는 전쟁에 임하여 물러서지 않는 것이요, 다섯째는 살아있는 것을 죽일 때는 가려서 죽여야 한다는 것이니, 그대들은 이를 실행함에 소홀하지 말라."라고 하였다.

① 박사와 조교를 두었다.
② 만장일치제로 운영되었다.
③ 경당에서 한학과 무술을 배웠다.
④ 진흥왕 때 국가적인 조직으로 정비되었다.

06 다음의 사료의 제도를 시행한 목적으로 옳은 것을 〈보기〉에서 모두 고르면?

> 매년 봄 3월부터 가을 7월까지 관청의 곡식을 내어 백성의 식구가 많고 적음에 따라 등급을 정하여 꾸어 주고 겨울 10월에 갚게 하라.
>
> – 고구려 고국천왕

보기

ㄱ. 유교 정치 이념 보급   ㄴ. 민생고 해결
ㄷ. 귀족 세력 견제   ㄹ. 지배층 특권을 유지

① ㄱ, ㄴ
② ㄱ, ㄷ
③ ㄴ, ㄷ
④ ㄴ, ㄹ

07 다음 상황이 전개된 이후의 사실로 옳은 것은?

> 강조의 군사들이 궁문으로 마구 들어오자, 목종이 모면할 수 없음을 깨닫고 태후와 함께 목 놓아 울며 법왕사로 옮겼다. 잠시 후 황보유의 등이 대량원군(大良院君) [순(詢)]을 받들어 왕위에 올렸다. 강조가 목종을 폐위하여 양국공으로 삼고, 군사를 보내 김치양 부자와 유행간 등 7인을 죽였다. …… 적성현에 이르자 강조가 사람을 시켜 목종을 죽인 후 자결하였다고 보고하였으며, 그 시신은 문짝으로 만든 관에 넣어 객관에 임시로 안치하였다.

① 광군을 창설하여 외침에 대비하였다.
② 거란의 침략을 피해 왕이 나주로 피난하였다.
③ 서희가 외교 담판을 벌여 강동 6주를 획득하였다.
④ 만부교 사건이 일어나 거란과의 관계가 악화되었다.

08 다음 교서를 내린 왕에 대한 설명으로 옳은 것은?

> 반란의 괴수 흠돌과 흥원, 진공 등은 그들의 재능이 훌륭하여 지위가 올라간 것이 아니며, 관직도 실로 은전에 힘입었다. 그런데도 의롭지 못한 행동으로 관료를 능멸하고 상하를 기만하였으며, 흉악하고 사악한 자들을 끌어 모아 거사일을 정하여 반란을 일으키려 하였다. …… 이제 요사한 무리가 진압되어 근심이 없어졌으니 병사들을 속히 돌려보내고, 사방에 포고하여 이 뜻을 알도록 하라.

① 이사부를 보내 우산국을 복속하였다.
② 관리 선발을 위하여 독서삼품과를 실시하였다.
③ 관리에게 관료전을 지급하고 녹읍을 폐지하였다.
④ 건원이라는 연호를 사용하여 국가의 위상을 높였다.

09 다음 사료에 나타나는 사상에 대한 설명으로 옳은 것을 〈보기〉에서 모두 고르면?

> 짐은 삼한 산천의 음덕(陰德)을 받아 왕업을 이루었다. 서경은 수덕(水德)이 순조로워 우리나라 지맥의 근본이 되며, 대업을 만대에 전할 땅이므로 마땅히 봄, 여름, 가을, 겨울의 중간 달에 순행하여 1백 일 이상 머물러 왕실의 안녕을 도모하게 하라.

> **보기**
> ㄱ. 소학 보급의 명분으로 활용되었다.
> ㄴ. 비보사찰 건립의 이론적 근거가 되었다.
> ㄷ. 양반 사대부의 산송(山訟)에 영향을 끼쳤다.
> ㄹ. 최승로가 올린 「시무 28조」의 사상적 배경이 되었다.

① ㄱ, ㄴ   ② ㄱ, ㄷ
③ ㄴ, ㄷ   ④ ㄴ, ㄹ

10 다음 중 밑줄 친 '왕'의 재위 기간에 있었던 사실로 옳은 것은?

> 우리나라 일관(日官)들은 역법과 천문으로 때를 맞추는 방법에 소홀한 지 오래되었다. 이에 왕께서는 역법과 천문의 책을 두루 연구하여서 신하들에게 대명력, 수시력, 회회력 등을 참고하여 칠정산 내편과 외편을 편찬하도록 하였다.

① 세계 지도인 「혼일강리역대국도지도」가 처음 간행되었다.
② 충신, 효자 등의 행적을 수록한 『삼강행실도』가 편찬되었다.
③ 우리나라 역대 문물을 정리한 『동국문헌비고』가 편찬되었다.
④ 각 도의 지리, 풍속 등이 수록된 『동국여지승람』이 간행되었다.

11 다음 중 (가)에 해당하는 민족과 관련된 사실로 옳은 것은?

> 서희가 소손녕에게 말하기를 "우리는 고구려의 후손이라는 뜻에서 나라 이름도 고려라 하였다. 만일 국경을 논한다면 너희 나라 수도인 동경도 우리 땅에 있는 것이니 오히려 당신들이 우리나라를 침략한 것이다."
> 서희는 ___(가)___ 과/와 송나라가 전쟁 중인 관계를 이용하여 교류를 약속하고 압록강 동쪽 280리를 돌려받았다. 고려는 이 지역에 강동 6주를 설치하고 약속과 달리 ___(가)___ 에 사신을 보내지 않았다. ___(가)___ 은/는 뒤늦게 이 지역이 중요한 군사지역인 것을 알고 되돌려 달라고 하였으나 고려는 이를 거부하였다.

① 여진을 물리치고 김종서가 4군 6진을 설치하였다.
② 강감찬이 귀주에서 거란의 소배압을 상대로 승리를 거두었다.
③ 삼별초가 몽골을 상대로 진도와 제주도에서 항쟁하였다.
④ 윤관이 별무관을 설치하고 여진과의 전쟁에 대비하였다.

12 다음 중 고려의 토지 제도에 대한 설명으로 옳지 않은 것은?

① 시정 전시과는 전국의 토지를 대상으로 지급하였다.
② 경정 전시과는 관품과 인품을 반영하여 지급하였다.
③ 역분전은 공신 등에게 인품과 공로를 기준으로 지급되었다.
④ 시정 전시과는 토지에 대한 수조권을 지급하였다.

13 다음 중 (가) 교육기관에 대한 설명으로 옳은 것은?

> 주세붕이 처음 ___(가)___ 을/를 세울 때 세상에서는 의심하였습니다. 주세붕은 뜻을 더욱 가다듬어 많은 비웃음을 무릅쓰고 비방을 물리쳐 지금까지 누구도 하지 못했던 장한 일을 이루었습니다. 아마도 하늘이 ___(가)___ 을/를 세우는 가르침을 동방에 흥하게 하여 (우리나라가) 중국과 같아지도록 하려는 것인가 봅니다.
>
> — 『퇴계선생문집』

① 학술 연구 기구로 청연각이 설치되었다.
② 전국의 부·목·군·현에 하나씩 설립되었다.
③ 중앙에서 파견된 교수나 훈도가 지도하였다.
④ 국왕으로부터 현판과 함께 노비 등을 받기도 하였다.

14 다음 중 밑줄 친 '신문'에 대한 설명으로 옳은 것은?

> 드디어 오늘 박문국에서 제1호 신문이 발행되었다. 앞으로 한 달에 세 번씩 신문을 발행할 예정인데 외국 소식까지 폭넓게 번역하여 기사를 실으려면 이만저만 바쁜 게 아니다. 세상이 변화하는 형세를 잘 전할 수 있어야 할 텐데, 걱정이 태산 같다.

① 영문판이 함께 발행되었다.
② 최초로 상업 광고를 게재하였다.
③ 일제의 신문지법에 의해 탄압을 받았다.
④ 정부가 발행하는 관보의 성격을 지녔다.

15 다음 상소가 올려진 이후의 사실로 옳은 것은?

> 진실로 황준현의 말처럼 러시아가 비록 병탄할 힘과 침략할 뜻이 있다고 해도, 장차 만 리 밖의 구원을 앉아 기다리면서 홀로 가까운 오랑캐들과 싸우겠습니까? 이야말로 이해 관계가 뚜렷한 것입니다. 지금 조정은 어찌 백해무익한 일을 해서 러시아 오랑캐에게는 없는 마음을 갖게 하고, 미국에게는 일도 아닌 것을 일로 삼게 하여 오랑캐를 불러들이려 합니까?

① 조·미 수호 통상 조약이 체결되었다.
② 어재연 부대가 광성보에서 항전하였다.
③ 운요호가 강화도 초지진을 공격하였다.
④ 프랑스군이 외규장각 도서를 약탈하였다.

16 다음 자료를 발표한 단체에 대한 설명으로 옳은 것은?

○○○○ 기념 행사

10년 후의 조선을 생각하라

– 어린 사람을 헛말로 속이지 말아 주십시오.
– 어린 사람을 늘 가까이 하시고 자주 이야기하여 주십시오.
– 어린 사람에게 경어를 쓰시되 늘 부드럽게 하여 주십시오.
– 나쁜 구경을 시키지 마시고 동물원에 자주 보내 주십시오.

1922년 5월 1일

① 잡지 『근우』를 발간하였다.
② 김기전, 방정환 등이 주도하였다.
③ 발명 학회와 과학 문명 보급회를 창립하였다.
④ 가갸날을 제정하고 기관지인 『한글』을 발행하였다.

17 다음 취지서를 발표한 단체에 대한 설명으로 옳은 것은?

인류 사회는 많은 불합리를 생산하는 동시에 그 해결을 우리에게 요구하여 마지않는다. 여성 문제는 그중의 하나이다. 세계인은 이 요구에 응하여 분연하게 활동하고 있다. …… 우리 자체를 위하여, 우리 사회를 위하여 분투하려면 우선 조선 자매 전체의 역량을 공고히 단결하여 운동을 전반적으로 전개하지 아니하면 아니 된다.
일어나라! 오너라! 단결하자! 분투하자! 조선의 자매들아! 미래는 우리의 것이다.

① 3·1 운동에 주도적으로 참여하였다.
② 조선 여자 청년회 결성에 영향을 주었다.
③ 통감부의 감시와 탄압을 받아 해산되었다.
④ 신간회와 연계하여 민족 운동을 전개하였다.

18 다음 중 (가) ~ (라)를 일어난 순서대로 바르게 나열한 것은?

> (가) 남북한이 군사적 대결 종식과 평화체제 정착을 천명한 10·4 선언을 채택하였다.
> (나) 남북한이 서로의 체제를 인정하고 상호 불가침에 합의한 남북 기본 합의서를 발표하였다.
> (다) 자주·평화·민족 대단결이라는 평화 통일 3대 기본 원칙에 합의한 7·4 남북 공동 성명을 발표하였다.
> (라) 남한의 연합제안과 북한의 낮은 단계의 연방제안의 공통성을 인정한 6·15 남북 공동 선언을 채택하였다.

① (가) – (다) – (나) – (라)　　　　② (가) – (라) – (나) – (다)
③ (나) – (라) – (다) – (가)　　　　④ (다) – (나) – (라) – (가)

19 다음 지도에서 알 수 있는 시기의 상황으로 옳은 것은?

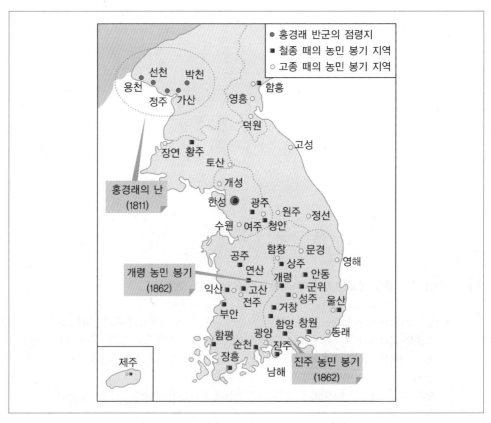

① 집권 무신들의 부정부패 만연
② 서인과 남인의 예송 논쟁
③ 문벌 귀족들의 불법적인 대토지 소유
④ 세도 정치에 따른 정치 기강의 문란

20 다음 사건이 일어난 정부 시기에 일어난 사실로 옳은 것은?

> 정부는 최근 겪고 있는 금융, 외환 시장에서의 어려움을 극복하기 위해 국제 통화 기금에 유동성 조절 자금을 지원해 줄 것을 요청하기로 결정했습니다.

① 제1차 경제 개발 5개년 계획이 추진되었다.
② 경제 협력 개발 기구(OECD)에 가입하였다.
③ 한·미 자유 무역 협정(FTA)이 체결되었다.
④ 제2차 석유 파동으로 경제 불황이 심화되었다.

행운이란 100%의 노력 뒤에 남는 것이다.

－ 랭스턴 콜먼 －

PART 4

최종점검 모의고사

최종점검
모의고사

※ 한국중부발전 최종점검 모의고사는 채용공고를 기준으로 구성한 것으로
실제 시험과 다를 수 있습니다.
※ 한국중부발전은 직렬별로 직업기초능력평가 응시과목이 상이하므로
자신이 응시하는 직렬의 영역을 선택하여 응시하시기 바랍니다.

모바일 OMR 답안분석 서비스
지원하시는 분야에 따라 다음 영역의 문제를 풀어 주시기 바랍니다.

사무		01 의사소통능력 03 수리능력 04 자원관리능력 06 조직이해능력	정보통신		01 의사소통능력 02 문제해결능력 05 기술능력 07 정보능력
건축		01 의사소통능력 02 문제해결능력 03 수리능력 07 정보능력	토목		01 의사소통능력 02 문제해결능력 04 자원관리능력 06 조직이해능력
발전기계		01 의사소통능력 02 문제해결능력 04 자원관리능력 05 기술능력	발전전기		01 의사소통능력 02 문제해결능력 03 수리능력 05 기술능력
발전화학		01 의사소통능력 02 문제해결능력 04 자원관리능력 05 기술능력			

■ 취약영역 분석

01 의사소통능력

번호	01	02	03	04	05	06	07	08	09	10	11	12	13	14	15	16	17	18	19	20
O/×																				

02 문제해결능력

번호	01	02	03	04	05	06	07	08	09	10	11	12	13	14	15	16	17	18	19	20
O/×																				

03 수리능력

번호	01	02	03	04	05	06	07	08	09	10	11	12	13	14	15	16	17	18	19	20
O/×																				

04 자원관리능력

번호	01	02	03	04	05	06	07	08	09	10	11	12	13	14	15	16	17	18	19	20
O/×																				

05 기술능력

번호	01	02	03	04	05	06	07	08	09	10	11	12	13	14	15	16	17	18	19	20
O/×																				

06 조직이해능력

번호	01	02	03	04	05	06	07	08	09	10	11	12	13	14	15	16	17	18	19	20
O/×																				

07 정보능력

번호	01	02	03	04	05	06	07	08	09	10	11	12	13	14	15	16	17	18	19	20
O/×																				

평가 문항	80문항	평가 시간	60분
시작시간	:	종료시간	:
취약 영역			

01 의사소통능력(사무 / 정보통신 / 건축 / 토목 / 발전기계 / 발전전기 / 발전화학)

01 다음 제시된 개요를 수정·보완하기 위한 방안으로 적절하지 않은 것은?

주제 : 청소년 디지털 중독의 폐해와 해결 방안

Ⅰ. 서론 : 청소년 디지털 중독의 심각성

Ⅱ. 본론

    1. 청소년 디지털 중독의 폐해 …… ㉠

       가. 타인과의 관계를 원활하게 하지 못하는 사회 부적응 야기

       나. 다양한 기능과 탁월한 이동성을 가진 디지털 기기의 등장 …… ㉡

    2. 청소년 디지털 중독에 영향을 미치는 요인

       가. 디지털 중독의 심각성에 대한 개인적·사회적 인식 부족

       나. 뇌의 기억 능력을 심각하게 퇴화시키는 디지털 치매의 심화 …… ㉢

       다. 신체 활동을 동반한 건전한 놀이를 위한 시간 및 프로그램의 부족

       라. 자극적이고 중독적인 디지털 콘텐츠의 무분별한 유통

    3. 청소년 디지털 중독을 해결하기 위한 방안

       가. 디지털 중독의 심각성에 대한 교육과 홍보를 위한 전문 기관 확대

       나. 학교, 지역 사회 차원에서 신체 활동을 위한 시간 및 프로그램의 확대

       다. _____ …… ㉣

Ⅲ. 결론 : 청소년 디지털 중독을 줄이기 위한 사회적 노력의 촉구

---

① ㉠의 하위 항목으로 '우울증이나 정서 불안 등의 심리적 질환 초래'를 추가한다.

② ㉡은 'Ⅱ-1'과 관련된 내용이 아니므로 삭제한다.

③ ㉢은 'Ⅱ-2'의 내용과 어울리지 않으므로, 'Ⅱ-1'의 하위 항목으로 옮긴다.

④ ㉣에는 'Ⅱ-2'와의 관련성을 고려하여 '청소년을 대상으로 디지털 기기의 사용 시간 제한'이라는 내용을 넣는다.

02 다음 상황에 어울리는 사자성어로 적절한 것은?

> 대규모 댐 건설 사업 공모에 ○○건설회사가 참여하였다. 해당 사업은 막대한 자금과 고도의 건설 기술이 필요했기에 ○○건설회사가 감당하기 어려운 것이었다. 많은 사람들은 무리하게 공모에 참여한 ○○건설회사에 대해 무모하다고 여겼다.

① 각골난망(刻骨難忘)
② 난공불락(難攻不落)
③ 빈천지교(貧賤之交)
④ 당랑거철(螳螂拒轍)

03 다음에서 설명하는 의사소통의 저해 요인은 무엇인가?

> 일상생활에서는 물론 사회생활에서 우리는 종종 말하고 싶은 대로 말하고, 듣고 싶은 대로 듣는 경우들이 있다. 이로 인해 같은 내용이라도 말 하는 자와 듣는 자가 서로 다른 내용으로 기억하곤 한다. 이는 말하는 사람은 그가 전달하고자 하는 내용이 듣는 사람에게 잘 전달되었는지를, 듣는 사람은 내가 들은 내용이 말하고자 하는 내용을 바르게 이해한 것인지를 서로 확인하지 않기 때문에 발생하는 일이다.

① 의사소통 과정에서의 상호작용 부족
② 엇갈린 정보에 대한 책임 회피
③ 말하고자 하는 내용에 지나치게 많은 정보를 담는 복잡한 메시지
④ 서로 모순되는 내용을 가진 경쟁적인 메시지

04 다음 제시문의 주장에 대한 비판으로 가장 적절한 것은?

저작권은 저자의 권익을 보호함으로써 활발한 저작 활동을 촉진하여 인류의 문화 발전에 기여하기 위한 것이다. 그러나 이렇게 공적 이익을 추구하기 위한 저작권이 현실에서는 일반적으로 지나치게 사적 재산권을 행사하는 도구로 인식되고 있다. 저작물 이용자들의 권리를 보호하기 위해 마련한, 공익적 성격의 법조항도 법적 분쟁에서는 항상 사적 재산권의 논리에 밀려 왔다.

저작권 소유자 중심의 저작권 논리는 실제로 저작권이 담당해야 할 사회적 공유를 통한 문화 발전을 방해한다. 몇 해 전의 '애국가 저작권'에 대한 논란은 이러한 문제를 단적으로 보여준다. 저자 사후 50년 동안 적용되는 국내 저작권법에 따라, 애국가가 포함된 〈한국 환상곡〉의 저작권이 작곡가 안익태의 유족들에게 2015년까지 주어진다는 사실이 언론을 통해 알려진 것이다. 누구나 자유롭게 이용할 수 있는 국가(國歌)마저 공공재가 아닌 개인 소유라는 사실에 많은 사람들이 놀랐다.

창작은 백지 상태에서 완전히 새로운 것을 만드는 것이 아니라 저작자와 인류가 쌓은 지식 간의 상호 작용을 통해 이루어진다. "내가 남들보다 조금 더 멀리 보고 있다면, 이는 내가 거인의 어깨 위에 올라서 있는 난쟁이이기 때문"이라는 뉴턴의 겸손은 바로 이를 말한다. 이렇듯 창작자의 저작물은 인류의 지적 자원에서 영감을 얻은 결과이다. 그러한 저작물을 다시 인류에게 되돌려 주는 데 저작권의 의의가 있다. 이러한 생각은 이미 1960년대 프랑스 철학자들에 의해 형성되었다. 예컨대 기호학자인 바르트는 '저자의 죽음'을 거론하면서 저자가 만들어 내는 텍스트는 단지 인용의 조합일 뿐어디에도 '오리지널'은 존재하지 않는다고 단언한다.

전자 복제 기술의 발전과 디지털 혁명은 정보나 자료의 공유가 지니는 의의를 잘 보여주고 있다. 인터넷과 같은 매체 환경의 변화는 원본을 무한히 복제하고 자유롭게 이용함으로써 누구나 창작의 주체로서 새로운 문화 창조에 기여할 수 있도록 돕는다. 인터넷 환경에서 이용자는 저작물을 자유롭게 교환할 뿐 아니라 수많은 사람들과 생각을 나눔으로써 새로운 창작물을 생산하고 있다. 이러한 상황은 저작권을 사적 재산권의 측면에서보다는 공익적 측면에서 바라볼 필요가 있음을 보여준다.

① 저작권의 사회적 공유에 대해 일관성 없는 주장을 하고 있다.
② 저작물이 개인의 지적·정신적 창조물임을 과소평가하고 있다.
③ 저작권의 사적 보호가 초래한 사회적 문제의 사례가 적절하지 않다.
④ 인터넷이 저작권의 사회적 공유에 미치는 영향을 드러내지 못하고 있다.

05 다음 글을 뒷받침하는 사례로 적절하지 않은 것은?

> 미장센(Mise en Scène)은 프랑스어로 연극무대에서 쓰이는 '연출'을 의미한다. 연극을 공연할 때, 연출자는 등장인물의 동작이나 무대장치, 조명 등에 관한 지시를 세부적으로 명시하지 않는다. 그리고 연극의 서사를 효과적으로 전달하기 위해 무대 위에 있는 모든 시각 대상을 배열하고 조직한다. 최근에는 미장센이 연극뿐만 아니라 영화 용어로 정착했다. 영화에서 미장센은 '카메라에 찍히는 모든 장면을 사전에 계획하고 밑그림을 그리는 것'이다. 즉 카메라가 특정 장면을 찍기 시작하여 멈추기까지 화면 속에 담기는 이미지를 만들어 내는 작업이다. 감독은 자신의 의도에 따라 프레임 내부에서 배경, 인물, 조명, 의상, 분장 등 영화적 요소를 적재적소에 배치한다. 쉽게 말하면 화면 구성으로, 편집이 아닌 한 화면 속에 담기는 이미지의 모든 구성 요소들이 주제를 드러내도록 하는 작업을 가리킨다. 따라서 영화를 볼 때 요소 중에서 하나가 두드러지면 연출자가 신경 써서 의도한 미장센으로 이해하면 된다.

① 영화 '올드보이'에서 주인공 오대수가 15년 동안 갇혀있는 방은 8평이고, 그를 가둔 이우진의 방은 108평으로 설정하여, 관객들이 두 주인공의 대립감을 시각적으로 느끼게 했다.

② 영화 '장화·홍련'에서 어두운 조명과 음침한 색깔의 가구를 통해 집을 안락한 곳이 아닌 무서운 공간으로 연출하였다.

③ 영화 '고산자'는 주인공 김정호의 사계절 여정 장면을 담기 위해 봄, 여름, 가을, 겨울을 각각 촬영하여 편집한 뒤 한 장면으로 만들었다.

④ 영화 '아가씨'는 장면마다 박찬욱 감독의 특유한 감성, 연출 기법, 조명, 색감, 분위기 등이 돋보이는 영화이다.

※ 다음은 J사의 회의록이다. 자료를 읽고 이어지는 질문에 답하시오. [6~7]

<회의록>

회의일시	2022년 1월 12일	부서	생산팀, 연구팀, 마케팅팀	작성자	A
참석자	생산팀 팀장·차장, 연구팀 팀장·차장, 마케팅팀 팀장·차장				
회의안건	제품에서 악취가 난다는 고객 불만에 따른 원인 조사 및 대책방안				
회의내용	주문폭주로 인한 물량증가로 잉크가 덜 마른 포장상자를 사용해 냄새가 제품에 스며든 것으로 추측				
결정사항	[생산팀] 내부 비닐 포장, 외부 종이상자 포장이었던 기존방식에서 내부 2중 비닐 포장, 외부 종이상자 포장으로 교체 [마케팅팀] 1. 주문량이 급격히 증가했던 일주일 동안 생산된 제품 전격 회수 2. 제품을 공급한 매장에 사과문 발송 및 100% 환불·보상 공지 [연구팀] 포장재질 및 인쇄된 잉크의 유해성분 조사				

06 다음 중 회의록을 보고 알 수 있는 내용으로 적절한 것은?

① 이 조직은 6명으로 이루어져 있다.

② 회의 참석자는 총 3명이다.

③ 연구팀에서 제품을 전격 회수해 포장재질 및 인쇄된 잉크의 유해성분을 조사하기로 했다.

④ 주문량이 많아 잉크가 덜 마른 포장상자를 사용한 것이 문제 발생의 원인으로 추측된다.

07 다음 중 회의 후 가장 먼저 해야 할 일로 적절한 것은?

① 해당 브랜드의 전 제품 회수

② 포장재질 및 인쇄된 잉크 유해성분 조사

③ 새로 도입하는 포장방식 홍보

④ 주문량이 급격히 증가한 일주일 동안 생산된 제품 파악

08 다음 글의 내용으로 적절한 것은?

만우절의 탄생과 관련해서 많은 이야기가 있지만, 가장 많이 알려진 것은 16세기 프랑스 기원설이다. 16세기 이전부터 프랑스 사람들은 3월 25일부터 일주일 동안 축제를 벌였고, 축제의 마지막 날인 4월 1일에는 모두 함께 모여 축제를 즐겼다. 그러나 16세기 말 프랑스가 그레고리력을 받아들이면서 달력을 새롭게 개정했고, 이에 따라 이전의 3월 25일을 새해 첫날(New Year's Day)인 1월 1일로 맞추어야 했다. 결국 기존의 축제는 달력이 개정됨에 따라 사라지게 되었다. 그러나 몇몇 사람들은 이 사실을 잘 알지 못하거나 기억하지 못했다. 사람들은 그들을 가짜 파티에 초대하거나, 그들에게 조롱 섞인 선물을 하면서 놀리기 시작했다. 프랑스에서는 이렇게 놀림감이 된 사람들을 '4월의 물고기'라는 의미의 '푸아송 다브릴(Poisson d'Avril)'이라 불렀다. 갓 태어난 물고기처럼 쉽게 낚였기 때문이다. 18세기에 이르러 프랑스의 관습이 영국으로 전해지면서 영국에서는 이날을 '오래된 바보의 날(All Fool's Day[*])'이라고 불렀다.

* 'All'은 'Old'를 뜻하는 'Auld'의 변형 형태(스코틀랜드)이다.

① 만우절은 프랑스에서 기원했다.
② 프랑스는 16세기 이전부터 그레고리력을 사용하였다.
③ 16세기 말 이전 프랑스에서는 3월 25일 ~ 4월 1일까지 축제가 열렸다.
④ 프랑스에서는 만우절을 '4월의 물고기'라고 불렀다.

09 다음 글의 빈칸에 들어갈 말을 〈보기〉에서 골라 적절하게 나열한 것은?

창은 채광이나 환기를 위해서, 문은 사람들의 출입을 위해서 건물 벽에 설치한 개폐가 가능한 시설이다. 일반적으로 현대적인 건축물에서 창과 문은 각각의 기능이 명확하고 크기와 형태가 달라 구별이 쉽다. 그러나 __(가)__ 그리하여 창과 문을 합쳐서 창호(窓戸)라고 부른다. 이것은 창호가 창과 문의 기능과 미를 공유하고 있다는 것을 의미한다. 그런데 창과 문을 굳이 구별한다면 머름이라는 건축 구성요소를 통해 가능하다. 머름은 창 아래 설치된 낮은 창턱으로, 팔을 얹고 기대어 앉기에 편안한 높이로 하였다.

공간의 가변성을 특징으로 하는 한옥에서 창호는 핵심적인 역할을 한다. 여러 짝으로 된 큰 창호가 한쪽 벽면 전체를 대체하기도 하는데, 이때 외부에 면한 창호뿐만 아니라 방과 방 사이에 있는 창호를 열면 별개의 공간이 합쳐지면서 넓은 새로운 공간을 형성하게 된다. 창호의 개폐에 의해 안과 밖의 공간이 연결되거나 분리되고 실내공간의 구획이 변화되기도 하는 것이다. 이처럼 __(나)__ 한편, 한옥에서 창호는 건축의 심미성이 잘 드러나는 독특한 요소이다. 창호가 열려있을 때 바깥에 나무나 꽃과 같은 자연물이 있을 경우 방 안에서 창호와 일정 거리 떨어져 밖을 내다보면 창호를 감싸는 바깥둘레 안으로 한 폭의 풍경화를 감상하게 된다. 방 안의 사람이 방 밖의 자연과 완전한 소통을 하여 인공의 미가 아닌 자연의 미를 직접 받아들임으로써 한옥의 실내공간은 자연과 하나된 심미적인 공간으로 탈바꿈한다. 열린 창호가 안과 밖, 사람과 자연 사이의 경계를 없앤 것이다. 창호가 닫혀 있을 때에는 창살 문양과 창호지가 중요한 심미적 기능을 한다. 한옥에서 창호지는 방 쪽의 창살에 바른다. 방 밖에서 보았을 때 대칭적으로 배열된 여러 창살들이 서로 어울려 만들어내는 창살 문양은 단정한 선의미를 창출한다. 창살로 구현된 다양한 문양에 따라 집의 표정을 읽을 수 있고 집주인의 품격도 알 수 있다. 방 안에서 보았을 때 창호지에 어리는 햇빛은 이른 아침에 청회색을 띠고, 대낮의 햇빛이 들어올 때는 뽀얀 우윳빛, 하루 일과가 끝날 때쯤이면 석양의 붉은색으로 변한다. 또한 __(다)__ 방 안에서 바깥의 바람과 새의 소리를 들을 수 있고, 화창한 날과 흐린 날의 정서와 분위기를 느낄 수 있다. 창호는 이와 같이 사람과 자연간의 지속적인 소통을 가능케 함으로써 양자가 서로 조화롭게 어울리도록 한다.

> **보기**
>
> ㉠ 창호는 한옥의 공간구성에서 빠트릴 수 없는 중요한 위치를 차지한다.
> ㉡ 창호지가 얇기 때문에 창호가 닫혀 있더라도 외부와 소통이 가능하다.
> ㉢ 한국 전통 건축, 곧 한옥에서 창과 문은 그 크기와 형태가 비슷해서 구별하지 않는 경우가 많다.

	(가)	(나)	(다)
①	㉠	㉡	㉢
②	㉡	㉢	㉠
③	㉡	㉠	㉢
④	㉢	㉠	㉡

10 다음 제시문의 주제로 가장 적절한 것은?

우주 개발이 왜 필요한가에 대한 주장은 크게 다음 세 가지로 구분할 수 있다. 먼저 칼 세이건이 우려하는 것처럼 인류가 혜성이나 소행성의 지구 충돌과 같은 재앙에서 살아남으려면 지구 이외의 다른 행성에 식민지를 건설해야 한다는 것이다. 소행성의 지구 충돌로 절멸한 공룡의 전철을 밟지 않기 위해서 말이다. 여기에는 자원 고갈이나 환경오염과 같은 전 지구적 재앙에 대비하자는 주장도 포함된다. 그 다음으로 우리의 관심을 지구에 한정한다는 것은 인류의 숭고한 정신을 가두는 것이라는 호킹의 주장을 들 수 있다. 지동설, 진화론, 상대성 이론, 양자역학, 빅뱅 이론과 같은 과학적 성과들은 인류의 문명뿐만 아니라 정신적 패러다임의 변화에 지대한 영향을 끼쳤다. 마지막으로 우주 개발의 노력에 따르는 부수적인 기술의 파급 효과를 근거로 한 주장을 들 수 있다. 실제로 우주 왕복선 프로그램을 통해 산업계에 이전된 새로운 기술이 100여 가지나 된다고 한다. 인공심장, 신분확인 시스템, 비행추적 시스템 등이 그 대표적인 기술들이다. 그러나 우주 개발에서 얻는 이익이 과연 인류 전체의 이익을 대변할 수 있는가에 대해서는 쉽게 답할 수가 없다. 역사적으로 볼 때 탐사의 주된 목적은 새로운 사실의 발견이라기보다 영토와 자원, 힘의 우위를 선점하기 위한 것이었기 때문이다. 이러한 이유로 우주 개발에 의심의 눈초리를 보내는 사람들도 적지 않다. 그들은 우주 개발에 소요되는 자금과 노력을 지구의 가난과 자원 고갈, 환경 문제 등을 해결하는 데 사용하는 것이 더 현실적이라고 주장한다.

하지만 그 주장을 따른다고 해서 이러한 문제들을 해결할 수 있는가? 인류가 우주 개발에 나서지 않고 지구 안에서 인류의 미래를 위한 노력을 경주한다고 가정해보자. 그렇더라도 인류가 사용할 수 있는 자원이 무한한 것은 아니며, 인구의 자연 증가를 막을 수 없다는 문제는 여전히 남는다. 지구에 자금과 노력을 투자해야 한다고 주장하는 사람들은 지금 당장은 아니더라도 언젠가는 이러한 문제들을 해결할 수 있다는 논리를 펼지도 모른다. 그러나 이러한 논리는 우주 개발을 지지하는 쪽에서 마찬가지로 내세울 수 있다. 오히려 인류가 미래에 닥칠 문제를 해결할 수 있는 방법은 지구 밖에서 찾게 될 가능성이 더 크지 않을까?

우주를 개발하려는 시도가 최근에 등장한 것은 아니다. 인류가 의식을 갖게 되면서부터 우주를 꿈꾸어 왔다는 증거는 세계 여러 민족의 창세신화에서 발견된다. 수천 년 동안 우주에 대한 인류의 꿈은 식어갈 줄 몰랐다. 그리고 그 결과가 오늘날의 우주 개발이라는 현실로 다가온 것이다. 이제 인류는 우주의 시초를 밝히게 되었고, 우주의 끄트머리를 바라볼 수 있게 되었으며, 우주 공간에 인류의 거주지를 만들 수 있게 되었다. 우주 개발을 해야 할 것이냐 말아야 할 것이냐는 이제 문제의 핵심이 아니다. 우리가 선택해야 할 문제는 우주 개발을 어떻게 해야 할 것인가이다. "달과 다른 천체들은 모든 나라가 함께 탐사하고 이용할 수 있도록 자유지역으로 남아 있어야 한다. 어느 국가도 영유권을 주장할 수는 없다."라는 린든 B. 존슨의 경구는 우주 개발의 방향을 일러주는 시금석이 되어야 한다.

① 우주 개발의 한계
② 지구의 당면 과제
③ 우주 개발의 정당성
④ 친환경적인 지구 개발

11 다음 ㉠~㉣의 수정사항으로 적절하지 않은 것은?

> 오늘날 인류가 왼손보다 오른손을 ㉠ 더 선호하는 경향은 어디서 비롯되었을까? 오른손을 귀하게 여기고 왼손을 천대하는 현상은 어쩌면 산업화 이전 사회에서 배변 후 사용할 휴지가 없었다는 사실과 관련이 있을 법하다. 맨손으로 배변 뒤처리를 하는 것은 ㉡ 불쾌할 뿐더러 병균을 옮길 위험을 수반하는 일이었다. 이런 위험의 가능성을 낮추는 간단한 방법은 음식을 먹거나 인사할 때 다른 손을 사용하는 것이었다. 기술 발달 이전의 사회는 대개 왼손을 배변 뒤처리에, 오른손을 먹고 인사하는 일에 사용했다.
> 나는 이런 배경이 인간 사회에 널리 나타나는 '오른쪽'에 대한 긍정과 '왼쪽'에 대한 ㉢ 반감을 어느 정도 설명해 줄 수 있으리라고 생각한다. 그러나 이 설명은 왜 애초에 오른손이 먹는 일에, 그리고 왼손이 배변 처리에 사용되었는지 설명해주지 못한다. 동서양을 막론하고, 왼손잡이 사회는 확인된 바가 없기 때문이다. ㉣ 하지만 왼손잡이 사회가 존재할 가능성도 있으므로 만약 왼손잡이를 선호하는 사회가 발견된다면 이러한 논란은 종결되고 왼손잡이와 오른손잡이에 대한 새로운 이론이 등장할 것이다. 그러므로 근본적인 설명은 다른 곳에서 찾아야 할 것 같다.
> 한쪽 손을 주로 쓰는 경향은 뇌의 좌우반구의 기능 분화와 관련되어 있는 것으로 보인다. 보고된 증거에 따르면, 왼손잡이는 읽기와 쓰기, 개념적·논리적 사고 같은 좌반구 기능에서 오른손잡이보다 상대적으로 미약한 대신 상상력, 패턴 인식, 창의력 등 전형적인 우반구 기능에서는 상대적으로 기민한 경우가 많다.
> 나는 이성 대 직관의 힘겨루기, 뇌의 두 반구 사이의 힘겨루기가 오른손과 왼손의 힘겨루기로 표면화된 것이 아닐까 생각한다. 즉, 오른손이 원래 왼손보다 더 능숙했기 때문이 아니라 뇌의 좌반구가 인간의 행동을 지배하는 권력을 갖게 되었기 때문에 오른손 선호에 이르렀다는 생각이다.

① ㉠ : 의미 중복이 일어나므로 '선호하는'으로 수정한다.

② ㉡ : 띄어쓰기가 잘못되었으므로 '불쾌할뿐더러'로 수정한다.

③ ㉢ : 문맥상 어색한 단어이므로 '기시감'으로 수정한다.

④ ㉣ : 전체적인 글의 흐름과 어울리지 않으므로 삭제한다.

12 다음 글을 읽고, 뒤르켐이 헤겔을 비판할 수 있는 주장으로 가장 적절한 것은?

> 시민 사회라는 용어는 17세기에 등장했지만 19세기 초에 이를 국가와 구분하여 개념적으로 정교화한 인물은 헤겔이다. 그가 활동하던 시기에 유럽의 후진국인 프러시아에는 절대주의 시대의 잔재가 아직 남아 있었다. 산업 자본주의도 미성숙했던 때여서 산업화를 추진하고 자본가들을 육성하며 심각한 빈부 격차나 계급 갈등 등의 사회문제를 해결해야 하는 시대적 과제가 있었다. 그는 사익의 극대화가 국부를 증대해준다는 점에서 공리주의를 긍정했으나 그것이 시민 사회 내에서 개인들의 무한한 사익 추구가 일으키는 빈부 격차나 계급 갈등을 해결할 수는 없다고 보았다. 그는 시민 사회가 개인들의 사적 욕구를 추구하며 살아가는 생활 영역이자 그 욕구를 사회적 의존 관계 속에서 추구하게 하는 공동체적 윤리성의 영역이어야 한다고 생각했다. 특히 시민 사회 내에서 사익 조정과 공익 실현에 기여하는 직업 단체와 복지 및 치안 문제를 해결하는 복지 행정 조직의 역할을 설정하면서, 이 두 기구가 시민 사회를 이상적인 국가로 이끌 연결고리가 될 것으로 기대했다. 하지만 빈곤과 계급 갈등은 시민 사회 내에서 근원적으로 해결될 수 없는 것이었다. 따라서 그는 국가를 사회문제를 해결하고 공적 질서를 확립할 최종 주체로 설정하면서 시민 사회가 국가에 협력해야 한다고 생각했다.
>
> 한편 1789년 프랑스 혁명 이후 프랑스 사회는 혁명을 이끌었던 계몽주의자들의 기대와는 다른 모습을 보이고 있었다. 사회는 사익을 추구하는 파편화된 개인들의 각축장이 되어 있었고 빈부 격차와 계급 갈등은 격화된 상태였다. 이러한 혼란을 극복하기 위해 노동자 단체와 고용주 단체 모두를 불법으로 규정한 르샤폴리에 법이 1791년부터 약 90년간 시행되었으나, 이 법은 분출되는 사익의 추구를 억제하지도 못하면서 오히려 프랑스 시민 사회를 극도로 위축시켰다.
>
> 뒤르켐은 이러한 상황을 아노미, 곧 무규범 상태로 파악하고 최대 다수의 최대 행복을 표방하는 공리주의가 사실은 개인의 이기심을 전제로 하고 있기에 아노미를 조장할 뿐이라고 생각했다. 그는 사익을 조정하고 공익과 공동체적 연대를 실현할 도덕적 개인주의의 규범에 주목하면서, 이를 수행할 주체로서 직업 단체의 역할을 강조하였다. 뒤르켐은 직업 단체가 정치적 중간 집단으로서 구성원의 이해관계를 국가에 전달하는 한편 국가를 견제해야 한다고 보았던 것이다.

① 직업 단체는 정치적 중간집단의 역할로 빈곤과 계급 갈등을 근원적으로 해결하지 못한다.

② 직업 단체와 복지행정조직이 시민 사회를 이상적인 국가로 이끌어줄 열쇠이다.

③ 국가가 주체이기는 하지만 공동체적 연대의 실현을 수행할 중간 집단으로서의 주체가 필요하다.

④ 국가는 최종 주체로 설정한다면 사익을 조정할 수 있고, 공적 질서를 확립할 수 있다.

13 다음 글에서 〈보기〉의 문장이 들어갈 위치로 가장 적절한 곳은?

자본주의 경제 체제는 이익을 추구하려는 인간의 욕구를 최대한 보장해주고 있다. 기업 또한 이익 추구라는 목적에서 탄생하여, 생산의 주체로서 자본주의 체제의 핵심적 역할을 수행하고 있다. 곧, 이익은 기업가로 하여금 사업을 시작하게 하는 동기가 된다. __(가)__ 이익에는 단기적으로 실현되는 이익과 장기간에 걸쳐 지속적으로 실현되는 이익이 있다. 기업이 장기적으로 존속, 성장하기 위해서는 단기 이익보다 장기 이익을 추구하는 것이 더 중요하다. 실제로 기업은 단기 이익의 극대화가 장기 이익의 극대화와 상충할 때에는 단기 이익을 과감히 포기하기도 한다. __(나)__ 자본주의 초기에는 기업이 단기 이익과 장기 이익을 구별하여 추구할 필요가 없었다. 소자본끼리의 자유 경쟁 상태에서는 단기든 장기든 이익을 포기하는 순간에 경쟁에서 탈락하기 때문이다. 그에 따라 기업은 치열한 경쟁에서 살아남기 위해 주어진 자원을 최대한 효율적으로 활용하여 가장 저렴한 가격으로 좋은 품질의 상품을 소비자에게 공급하게 되었다. __(다)__ 이 단계에서는 기업의 소유자가 곧 경영자였기 때문에, 기업의 목적은 자본가의 이익을 추구하는 것으로 집중되었다.

그러나 기업의 규모가 점차 커지고 경영 활동이 복잡해지면서 전문적인 경영 능력을 갖춘 경영자가 필요하게 되었다. __(라)__ 이에 따라 소유와 경영이 분리되어 경영의 효율성이 높아졌지만, 동시에 기업이 단기 이익과 장기 이익 사이에서 갈등을 겪게 되는 일도 발생하였다. 주주의 대리인으로 경영을 위임 받은 전문 경영인은 기업의 장기적 전망보다 단기 이익에 치중하여 경영 능력을 과시하려는 경향이 있기 때문이다. 주주는 경영자의 이러한 비효율적 경영 활동을 감시함으로써 자신의 이익은 물론 기업의 장기 이익을 극대화하고자 하였다.

보기

이는 기업의 이익 추구가 결과적으로 사회 전체의 이익도 증진시켰다는 의미이다.

① (가)   ② (나)
③ (다)   ④ (라)

14 다음 중 빈칸에 들어갈 말로 가장 적절한 것은?

국내 여가활동을 개인 활동, 사회성 여가활동, 동호회 활동으로 분류하여 유형별 참여율을 비교하였더니 전체 응답자 중 개인 활동 참여에 응답한 사람이 52.1%로 가장 높았고 사회성 여가활동인 자원봉사활동은 11.9%, 동호회 활동은 10.1%로 저조했다. 국내 여가자원을 여가시간과 비용 면에서 살펴보았을 때 2018년 15세 이상 국민들의 하루 평균 여가시간은 평일 3.3시간, 휴일 5.1시간으로 2016년 평일 4시간, 휴일 7시간보다 평일 여가시간이 0.7시간, 휴일 여가시간이 1.9시간 감소하였음을 확인할 수 있었고, 여가비용은 2018년 한 달 평균 12만 5천 원 정도로 2016년의 16만 8천 원보다 4만 3천 원 정도 감소한 것으로 나타났다. 이 자료는 여가자원이 충분하지 않고, 국내 여가생활 만족도를 파악하는 자료로 활용할 수 있다. 현재 국내에서 행해지고 있는 여가자원 정책을 살펴보면 주 40시간 근무제의 경우 여가만족도는 긍정적이지만 2016년부터 다소 낮아져 2018년에는 36.4%가 실시하고 있다고 응답하였다. 주5일 수업제는 실시 후 평균 46.5%가 만족하고 있다고 응답했다. 종합하면 활발한 여가활동을 저해하는 원인으로 여가자원과 여가활동 지원정책의 부족을 들 수 있다. 여가생활의 질을 높이기 위해 여가를 개인적인 문제로 볼 것이 아니라 _____ 체계적인 정책과 계획 수립을 이룩해야 할 것이다.

① 다양한 지원 방안을 고려하여
② 삶의 질 향상을 위한 수단으로
③ 공적인 정책 과제라는 태도로
④ 국민의 권익 보장 수단으로

15 다음 중 빈칸에 들어갈 말로 가장 적절한 것은?

최근 미국 국립보건원은 벤젠 노출과 혈액암 사이에 연관이 있다고 보고했다. 직업안전보건국은 작업장에서 공기 중 벤젠 노출 농도가 1ppm을 넘지 말아야 한다는 한시적 긴급 기준을 발표했다. 당시 법규에 따른 기준은 10ppm이었는데, 직업안전보건국은 이 엄격한 새 기준이 영구적으로 정착되길 바랐다. 그런데 벤젠 노출 농도가 10ppm 이상인 작업장에서 인명피해가 보고된 적은 있지만, 그보다 낮은 노출 농도에서 인명피해가 있었다는 검증된 데이터는 없었다. 그럼에도 불구하고 직업안전보건국은 벤젠이 발암물질이라는 이유를 들어, 당시 통용되는 기기로 쉽게 측정할 수 있는 최소치인 1ppm을 기준으로 삼아야 한다고 주장했다. 직업안전보건국은 직업안전보건법의 구체적 실행에 관여하는 핵심 기관인데, 이 법은 '직장생활을 하는 동안 위험물질에 업무상 주기적으로 노출되더라도 그로 인해 어떤 피고용인도 육체적 손상이나 작업 능력의 손상을 입어서는 안 된다.'고 규정하고 있다.

이후 대법원은 직업안전보건국이 제시한 1ppm의 기준이 지나치게 엄격하다고 판결하였다. 대법원은 '직업안전보건법이 비용 등 다른 조건은 무시한 채 전혀 위험이 없는 작업장을 만들기 위한 표준을 채택하도록 직업안전보건국에게 무제한의 재량권을 준 것은 아니다.'라고 밝혔다. _____ _____ 직업안전보건국은 과학적 불확실성에도 불구하고 사람의 생명이 위험에 처할 수 있는 경우에는 더욱 엄격한 기준을 시행하는 것이 옳다면서, 자신들에게 책임을 전가하는 것에 반대했다. 직업안전보건국은 노동자를 생명의 위협이 될 수 있는 화학 물질에 노출시키는 사람들이 그 안전성을 입증해야 한다고 보았다.

① 여러 가지 과학적 불확실성으로 인해, 직업안전보건국의 기준이 합당하다는 것을 대법원이 입증할 수 없으므로 이를 수용할 수 없다는 것이다.

② 대법원은 벤젠의 노출 수준이 1ppm을 초과할 경우 노동자의 건강에 실질적으로 위험하다는 것을 직업안전보건국이 입증해야 한다고 주장했다.

③ 대법원은 재량권의 범위가 클수록 그만큼 더 신중하게 사용해야 한다는 점을 환기시키면서, 10ppm 수준의 벤젠 농도가 노동자의 건강에 정확히 어떤 손상을 가져오는지를 직업안전보건국이 입증해야 한다고 주장했다.

④ 직업안전보건국은 발암물질이 함유된 공기가 있는 작업장들 가운데서 전혀 위험이 없는 환경과 미미한 위험이 있는 환경을 구별해야 한다고 주장했는데, 대법원은 이것이 무익하고 무책임한 일이라고 지적했다.

16 다음 중 밑줄 친 ㉠~㉣에 대한 설명이 적절하지 않게 연결된 것은?

사유 재산 제도와 시장 경제가 자본주의의 양대 축을 이루기 때문에 토지 또한 민간의 소유이어야만 한다고 하는 이들이 많다. 토지사유제의 정당성을 그것이 자본주의의 성립 근거라는 점에서 찾고자 하는 학자도 있다. 토지에 대해서는 절대적이고 배타적인 소유권을 인정할 수 없다고 하면 이들은 신성불가침 영역에 대한 도발이라며 이에 반발한다. 토지가 일반 재화나 자본에 비해 지닌 근본적인 차이는 무시하고 말이다. 과연 자본주의 경제는 토지사유제 없이 성립할 수 없는 것일까?

싱가포르, 홍콩, 대만, 핀란드 등의 사례는 위의 물음에 직접적인 답변을 제시한다. 이들은 토지공유제를 시행하였거나 토지의 공공성을 인정했음에도 불구하고 자본주의 경제를 모범적으로 발전시켜온 사례이다. 물론 토지사유제를 당연하게 여기는 사람들이 이런 사례들을 토지 공공성을 인정해야만 하는 당위의 근거로서 받아들이는 것은 아니다. 그들은 오히려 토지의 공공성 강조가 사회주의적 발상이라고 비판한다. 하지만 이와 같은 비판은 토지와 관련된 권리 제도에 대한 무지에 기인한다.

토지 소유권은 사용권, 처분권, 수익권의 세 가지 권리로 구성된다. 각각의 권리를 누가 갖느냐에 따라 토지 제도는 다음과 같이 분류된다. 세 권리 모두 민간이 갖는 ㉠ 토지사유제, 세 권리 모두 공공이 갖는 ㉡ 사회주의적 토지공유제, 그리고 사용권은 민간이 갖고 수익권은 공공이 갖는 ㉢ 토지가치공유제이다. 한편, 토지가치공유제는 처분권을 누가 갖느냐에 따라 두 가지 제도로 분류된다. 처분권을 완전히 민간이 갖는 토지가치세제와 공공이 처분권을 갖지만 사용권을 가진 자에게 한시적으로 처분권을 맡기는 ㉣ 토지공공임대제이다. 토지 소유권을 구성하는 세 가지 권리를 민간과 공공이 적당히 나누어 갖는 경우가 많으므로 실제의 토지 제도는 이 분류보다 훨씬 더 다양하다. 이 중 자본주의 경제와 결합될 수 없는 토지 제도는 사회주의적 토지공유제뿐이다. 물론 어느 토지 제도가 더 나은 경제적 성과를 보이는가는 그 이후의 문제이다. 토지사유제 옹호론에 따르면, 토지 자원의 효율적 배분이 가능하기 위해 토지에 대한 절대적, 배타적 소유권을 인정해야만 한다. 토지 사유제만이 토지의 오용을 막을 수 있으며, 나아가 토지 사용의 안정성을 보장할 수 있다는 것이다. 하지만 토지 자원의 효율적 배분을 위해 토지의 사용권, 처분권, 수익권 모두를 민간이 가져야 할 필요는 없다. 토지 위 시설물에 대한 소유권을 민간이 갖고, 토지에 대해서 민간은 배타적 사용권만 가지면 충분하다.

① ㉠ : 토지 소유권을 민간이 갖는다.
② ㉡ : 자본주의 경제와 결합될 수 없다.
③ ㉢ : 처분권을 누가 갖느냐에 따라 ㉣과 토지가치세제로 구분된다.
④ ㉣ : 처분권은 민간이 갖고, 사용권과 수익권은 공공이 갖는다.

17 다음 중 〈보기〉의 문장이 들어갈 위치로 가장 적절한 곳은?

유럽, 특히 영국에서 가장 사랑받는 음료인 홍차의 기원은 16세기 중엽 중국에서 시작된 것으로 전해지고 있다. __(가)__ 본래 홍차보다 덜 발효된 우롱차가 중국에서 만들어져 유럽으로 수출되기 시작했고, 그중에서도 강하게 발효된 우롱차가 환영을 받으면서 홍차가 탄생하게 되었다는 것이다. 중국인들이 녹차와 우롱차의 차이를 설명하는 과정에서 쓴 영어 'Black Tea'가 홍차의 어원이 되었다는 것이 가장 강력한 가설로 꼽히고 있다. __(나)__

홍차는 1662년 찰스 2세가 포르투갈 출신의 캐서린 왕비와 결혼하면서 영국에 전해지게 되는데, 18세기 초에 영국은 홍차의 최대 소비국가가 된다. __(다)__ 영국에서의 홍차 수요가 급증함과 동시에 홍차의 가격이 치솟아 무역적자가 심화되자, 영국 정부는 자국 내에서 직접 차를 키울 수는 없을까 고민하지만 별다른 방법을 찾지 못했고, 홍차의 고급화는 점점 가속화됐다. __(라)__

하지만 영국의 탐험가인 로버트 브루스 소령이 아삼 지방에서 차나무의 존재를 발견하면서 홍차산업의 혁명이 도래하는데, 아삼 지방에서 발견한 차는 찻잎의 크기가 중국종의 3배쯤이며 열대기후에 강하고, 홍차로 가공했을 때 중국차보다 뛰어난 맛을 냈다.

그러나 아이러니하게도 아삼 홍차는 3대 홍차에 꼽히지 않는데 이는 19세기 영국인들이 지닌 차에 대한 인식 때문이다. 당시 중국차에 대한 동경과 환상을 지녔던 영국인들은 식민지에서 자생한 차나무가 중국의 차나무보다 우월할 것이라고 믿지 못했기에 아삼차를 서민적인 차로 취급한 것이었다.

보기

이처럼 홍차가 귀한 취급을 받았던 이유는 중국이 차의 수출국이란 유리한 입지를 지키기 위하여 차의 종자, 묘목의 수출 등을 엄중하게 통제함과 동시에 차의 기술이나 제조법을 극단적으로 지켰기 때문이다.

① (가) ② (나)
③ (다) ④ (라)

18 다음 중 제시문의 주장에 대한 반박으로 적절하지 않은 것은?

쾌락주의는 모든 쾌락이 그 자체로서 가치가 있으며 쾌락의 증가와 고통의 감소를 통해 최대의 쾌락을 산출하는 행위를 올바른 것으로 간주하는 윤리설이다. 쾌락주의에 따르면 쾌락만이 내재적 가치를 지니며, 모든 것은 이러한 쾌락을 기준으로 가치 평가되어야 한다.

그런데 쾌락주의자는 단기적이고 말초적인 쾌락만을 추구함으로써 결국 고통에 빠지게 된다는 오해를 받기도 한다. 하지만 쾌락주의적 삶을 순간적이고 감각적인 쾌락만을 추구하는 방탕한 삶과 동일시하는 것은 옳지 않다. 쾌락주의는 일시적인 쾌락의 극대화가 아니라 장기적인 쾌락의 극대화를 목적으로 하므로 단기적, 말초적 쾌락만을 추구하는 것은 아니다. 예를 들어 사회적 성취가 장기적으로 더 큰 쾌락을 가져다준다면 쾌락주의자는 단기적 쾌락보다는 사회적 성취를 우선으로 추구한다. 또한 쾌락주의는 쾌락 이외의 것은 모두 무가치한 것으로 본다는 오해를 받기도 한다. 하지만 쾌락주의가 쾌락만을 가치 있는 것으로 보는 것은 아니다. 세상에는 쾌락 말고도 가치 있는 것들이 있으며, 심지어 고통조차도 가치 있는 것으로 볼 수 있다. 발이 불구덩이에 빠져서 통증을 느껴 곧바로 발을 빼낸 상황을 생각해 보자. 이때의 고통은 분명히 좋은 것임에 틀림없다. 만약 고통을 느끼지 못했다면, 불구덩이에 빠진 발을 꺼낼 생각을 하지 못해서 큰 부상을 당했을 수도 있기 때문이다. 물론 이때 고통이 가치 있다는 것은 도구인 의미에서 그런 것이지 그 자체가 목적이라는 의미는 아니다.

쾌락주의는 고통을 도구가 아닌 목적으로 추구하는 것을 이해할 수 없다고 본다. 금욕주의자가 기꺼이 감내하는 고통조차도 종교적·도덕적 성취와 만족을 추구하기 위한 도구인 것이지 고통 그 자체가 목적인 것은 아니기 때문이다. 대부분의 세속적 금욕주의자들은 재화나 명예와 같은 사회적 성취를 위해 당장의 쾌락을 포기하며, 종교적 금욕주의자들은 내세의 성취를 위해 현세의 쾌락을 포기하는데, 그것이 사회적 성취이든 내세적 성취이든지 간에 모두 광의의 쾌락을 추구하고 있는 것이다.

① 쾌락의 원천은 다양한데, 서로 다른 쾌락을 같은 것으로 볼 수 있는가?
② 순간적이고 감각적인 쾌락만을 추구하는 삶을 쾌락주의적 삶이라고 볼 수 있는가?
③ 식욕의 충족에서 비롯된 쾌락과 사회적 명예의 획득에서 비롯된 쾌락은 같은 것인가?
④ 쾌락의 질적 차이를 인정한다면, 이질적인 쾌락을 어떻게 서로 비교할 수 있는가?

(가) 인류가 바람을 에너지원으로 사용한 지 1만 년이 넘었고, 풍차는 수천 년 전부터 사용되었다. 풍력발전이 시작된 지도 100년이 넘었지만, 그동안 전력 생산비용이 저렴하고 사용하기 편리한 화력발전에 밀려 빛을 보지 못하다가 최근 온실가스 배출 등의 환경오염 문제를 해결하는 대안인 신재생에너지로 주목받고 있다.

(나) 풍력발전은 바람의 운동에너지를 회전에너지로 변환하고, 발전기를 통해 전기에너지를 얻는 기술로 공학자들은 계속적으로 높은 효율의 전기를 생산하기 위해 풍력발전시스템을 발전시켜 나가고 있다. 풍력발전시스템의 하나인 요우 시스템(Yaw System)은 바람에 따라 풍력발전기의 방향을 바꿔 회전날개가 항상 바람의 정면으로 향하게 하는 것이다. 또 다른 피치 시스템(Pitch System)은 비행기의 날개와 같이 바람에 따라 회전날개의 각도를 변화시킨다. 이 외에도 회전력을 잃지 않기 위해 직접 발전기에 연결하는 방식 등 다양한 방법을 활용한다. 또한 무게를 줄이면 높은 곳에 풍력발전기를 매달 수 있어 더욱 효율적인 발전이 가능해진다.

(다) 풍력발전기를 설치하는 위치도 중요하다. 풍력발전기의 출력은 풍속의 세제곱과 프로펠러 회전면적의 제곱에 비례한다. 풍속이 빠를수록, 프로펠러의 면적이 클수록 출력이 높아지는 것이다. 지상에서는 바람이 빠르지 않고, 바람도 일정하게 불지 않아 풍력발전의 출력을 높이는 데 한계가 있다. 따라서 풍력발전기는 최대 풍속이 아닌 최빈 풍속에 맞춰 설계된다. 이러한 한계를 극복하기 위해 고고도(High Altitude)의 하늘에 풍력발전기를 설치하려는 노력이 계속되고 있다.

(라) 그렇다면 어떻게 고고도풍(High Altitude Wind)을 이용할까? 방법은 비행선, 연 등에 발전기를 달아 하늘에 띄우는 것이다. 캐나다의 한 회사는 헬륨 가스 비행선에 발전기를 달아 공중에 떠 있는 발전기를 판매하고 있다. 이 발전기는 비행선에 있는 풍선이 바람에 의해 회전하도록 만들어져 있으며, 회전하는 풍선이 발전기와 연결되어 있어 전기를 생산할 수 있다. 또 다른 회사는 이보다 작은 비행선 수십 대를 연결하여 바다 위에 띄우는 방식을 고안하고 있다. 서로 연결된 수십 대의 작은 비행선 앞에 풍차가 붙어 있어 발전할 수 있도록 되어 있다.

고고도풍을 이용한 풍력발전은 결국 대류권 상층부에 부는 초속 30m의 편서풍인 제트기류를 이용하게 될 것이다. 연구에 따르면 최대 초속 100m를 넘는 제트기류를 단 1%만 이용해도 미국에서 사용하는 전기에너지를 모두 충당할 수 있다고 한다. 우리나라 상공도 이 제트기류가 지나가기 때문에 이를 활용할 수 있다면 막대한 전기를 얻을 수 있을 것으로 전망된다.

19 다음 중 (가) 문단을 통해 추론할 수 있는 내용이 아닌 것은?

① 풍력에너지는 인류에서 가장 오래된 에너지원이다.

② 화력발전은 풍력발전보다 전력 생산비용이 낮다.

③ 신재생에너지가 대두되면서 풍력발전이 새롭게 주목받고 있다.

④ 화력발전은 온실가스 배출 등 환경오염 문제를 일으킨다.

20 다음 중 (가) ~ (라) 문단에 대한 주제로 적절하지 않은 것은?

① (가) : 환경오염 문제의 새로운 대안인 풍력발전
② (나) : 바람 에너지를 이용한 다양한 풍력발전시스템
③ (다) : 풍력발전기 설치 위치의 중요성
④ (라) : 고도도풍을 이용하는 기술의 한계

01 J사 신입사원 8명이 있다. 남자 사원은 A부터 D까지, 여자 사원은 E부터 H까지 각각 4명씩, 총 8명으로 구성되어 있다. 이들은 본인이 합격한 부서를 찾아가고자 한다. S그룹 본사는 8층 빌딩에 입주해 있다. 다음 〈조건〉을 모두 만족시켜야 할 때, 〈보기〉에 가장 알맞은 것을 고르시오.

> **조건**
> • 한 층에는 한 명만 근무할 수 있다.
> • 성별이 같으면 인접한 층에서 근무할 수 없다.
> • G는 6층이다.
> • E와 D 사이에는 4개 층이 있다.
> • H는 A, C와 인접해 있다.

> **보기**
> A는 F보다 높은 곳에 있다.

① 확실히 아니다.
② 확실하지 않지만 틀릴 확률이 높다.
③ 확실하지 않지만 맞을 확률이 높다.
④ 확실히 맞다.

02 J사의 건물은 5층 건물이고 회사는 A ~ E의 5개의 부서가 있다. 각 부서는 한 층에 한 개씩 위치하고 있다. 다음 〈조건〉을 모두 만족시킬 때, 항상 옳은 것은?

> **조건**
> • A부서는 1층과 5층에 위치하고 있지 않다.
> • B부서와 D부서는 인접하고 있다.
> • A부서와 E부서 사이에 C부서가 위치하고 있다.
> • A부서와 D부서는 인접하고 있지 않다.

① B부서는 2층에 있다.
② D부서는 1층에 있다.
③ D부서는 5층에 있다.
④ A부서는 3층에 있다.

03 귀하는 자동차도로 고유번호 부여 규정을 근거로 하여 도로에 노선번호를 부여할 계획이다. 그림에서 점선은 '영토'를, 실선은 '고속국도'를 표시한 것이며, (가) ~ (라)는 '간선노선'을 (마), (바)는 '보조간선노선'을 나타낸 것이다. 다음 중 노선번호를 올바르게 부여한 것은?

〈자동차도로 고유번호 부여 규정〉

자동차도로는 관리상 고속국도, 일반국도, 특별광역시도, 지방도, 시도, 군도, 구도의 일곱 가지로 구분된다. 이들 각 도로에는 고유번호가 부여되어 있고, 이는 지형도 상의 특정 표지판 모양 안에 표시되어 있다. 그러나 군도와 구도는 구간이 짧고 노선 수가 많아 노선번호가 중복될 우려가 있어 표지 상에 번호를 표기하지 않는다.

고속국도 가운데 간선노선의 경우 두 자리 숫자를 사용하며, 남북을 연결하는 경우는 서에서 동으로 가면서 숫자가 증가하는데 끝자리에 5를 부여하고, 동서를 연결하는 경우는 남에서 북으로 가면서 숫자가 증가하는데 끝자리에 0을 부여한다.

보조간선노선은 간선노선 사이를 연결하는 고속국도로서 이 역시 두 자리 숫자로 표기한다. 그런데 보조간선노선이 남북을 연결하는 모양에 가까우면 첫자리는 남쪽 시작점의 간선노선 첫자리를 부여하고 끝자리는 5를 제외한 홀수를 부여한다. 한편 동서를 연결하는 모양에 가까우면 첫자리는 동서를 연결하는 간선노선 가운데 해당 보조간선노선의 바로 아래쪽에 있는 간선노선의 첫자리를 부여하며, 끝자리는 0을 제외한 짝수를 부여한다.

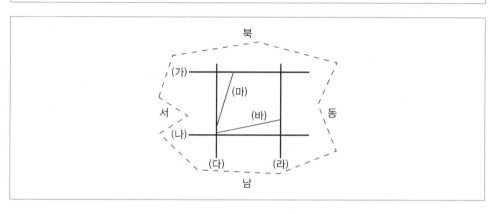

	(가)	(나)	(다)	(라)	(마)	(바)
①	25	15	10	20	19	12
②	20	10	15	25	18	14
③	25	15	20	10	17	12
④	20	10	15	25	17	12

※ 홍보팀 A사원은 최근 규제가 강화되고 있는 허위표시나 과대광고를 예방하기 위해 법무팀으로부터 관련 법조문을 받았다. 법조문을 보고 이어지는 질문에 답하시오. **[4~5]**

〈허위표시 및 과대광고 관련 법조문〉

제○○조

① 식품에 대한 허위표시 및 과대광고의 범위는 다음 각 호의 어느 하나에 해당하는 것으로 한다.

   1. 질병의 치료와 예방에 효능이 있다는 내용의 표시·광고

   2. 각종 감사장·상장 또는 체험기 등을 이용하거나 '인증'·'보증' 또는 '추천'을 받았다는 내용을 사용하거나 이와 유사한 내용을 표현하는 광고. 다만, 중앙행정기관·특별지방행정 기관 및 그 부속기관 또는 지방자치단체에서 '인증'·'보증'을 받았다는 내용의 광고는 제외한다.

   3. 다른 업소의 제품을 비방하거나 비방하는 것으로 의심되는 광고나, 제품의 제조방법·품질·영양가·원재료·성분 또는 효과와 직접적인 관련이 적은 내용 또는 사용하지 않은 성분을 강조함으로써 다른 업소의 제품을 간접적으로 다르게 인식하게 하는 광고

② 제1항에도 불구하고 다음 각 호에 해당하는 경우에는 허위표시나 과대광고로 보지 않는다.

   1. 일반음식점과 제과점에서 조리·제조·판매하는 식품에 대한 표시·광고

   2. 신체조직과 기능의 일반적인 증진, 인체의 건전한 성장 및 발달과 건강한 활동을 유지하는 데 도움을 준다는 표시·광고

   3. 제품에 함유된 영양성분의 기능 및 작용에 관하여 식품영양학적으로 공인된 사실

---

04 법조문을 전달받은 A사원은 회사 계열사들이 허위표시 및 과대광고를 하고 있는지 알아보기 위해 각 계열사별 광고 문구를 확인하였다. 다음 중 허위표시 및 과대광고를 하지 않은 곳을 〈보기〉에서 모두 고르면?

> **보기**
>
> ㄱ. (○○삼계탕 식당 광고) '고단백 식품인 닭고기와 스트레스 해소에 효과가 있는 인삼을 넣은 삼계탕은 인삼, 찹쌀, 밤, 대추 등의 유효성분이 어우러져 영양의 균형을 이룬 아주 훌륭한 보양식입니다.'
>
> ㄴ. (○○라면의 표시·광고) '우리 회사의 라면은 폐식용유를 사용하지 않습니다.'
>
> ㄷ. (○○두부의 표시·광고) '건강유지 및 영양보급에 만점인 단백질을 많이 함유한 ○○두부'
>
> ㄹ. (○○녹차의 표시·광고) '변비와 당뇨병 예방에 탁월한 ○○녹차'
>
> ㅁ. (○○소시지의 표시·광고) '식품의약품안전처에서 인증 받은 ○○소시지'

① ㄱ, ㄴ

② ㄹ, ㅁ

③ ㄱ, ㄴ, ㄹ

④ ㄱ, ㄷ, ㅁ

05 A사원은 법조문을 받은 후, 동료들과 점심식사를 하면서 허위표시 및 과대광고에 대한 주제로 대화를 하게 되었다. 대화 내용으로 적절하지 않은 것은?

① 얼마 전 어머니가 당뇨병에 좋다며 사온 건강식품도 허위표시로 봐야 하는구나.

② 최근 인터넷 검색을 하면 체험후기가 많은데 그것도 모두 과대광고에 속하는거지?

③ 어제 구매한 운동보조식품의 경우 신체의 건강한 발달에 도움이 된다고 광고한 것도 과대광고인 거지?

④ 혈관성 질환에 확실히 효과가 있다고 광고하는 것도 과대광고구나.

06 원형 테이블에 번호 순서대로 앉아 있는 다섯 명의 여자 1 ~ 5 사이에 다섯 명의 남자 A ~ E가 한 명씩 앉아야 한다. 〈조건〉에 따라 자리를 배치할 때, 다음 중 적절하지 않은 것은?

> **조건**
> • A는 짝수번호의 여자 옆에 앉아야 하고, 5 옆에는 앉을 수 없다.
> • B는 짝수번호의 여자 옆에 앉을 수 없다.
> • C가 3 옆에 앉으면 D는 1 옆에 앉는다.
> • E는 3 옆에 앉을 수 없다.

① A는 1과 2 사이에 앉을 수 없다.

② D는 4와 5 사이에 앉을 수 없다.

③ C가 2와 3 사이에 앉으면 A는 반드시 3과 4 사이에 앉는다.

④ E가 4와 5 사이에 앉으면 A는 반드시 2와 3 사이에 앉는다.

PART 3

07 J사의 건물에는 각 층당 4팀씩 근무하고 있으며 각 층의 사무실 배치는 모두 동일하며 각 층별 사무실 배치도와 5층과 6층에 있는 부서는 다음과 같다. 감사팀에 서류를 전달하라는 상부의 지시를 받았을 때, 가야 할 층과 위치로 옳은 것은?

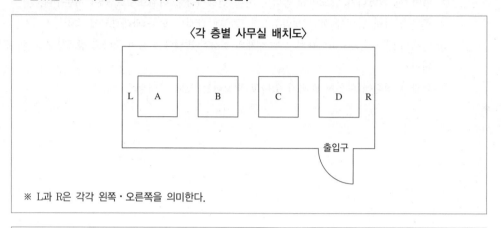

〈각 층별 사무실 배치도〉

L | A | B | C | D | R

출입구

※ L과 R은 각각 왼쪽·오른쪽을 의미한다.

- 재무팀은 5층의 C에 배치되어 있다.
- 경영전략팀은 5층에 배치되어 있다.
- 기획관리팀은 B에 배치되어 있다.
- 기획관리팀과 노무복지팀은 서로 다른 층에 배치되어 있다.
- 경영전략팀과 정보보안팀은 서로 다른 층의 같은 위치에 배치되어 있다.
- 감사팀은 총무팀 바로 왼쪽에 배치되어 있다.
- 인사팀은 노무복지팀보다 왼쪽에 배치되어 있으며 두 팀 사이에 한 개의 팀이 배치되어 있다.

	층	위치
①	5층	A
②	5층	B
③	6층	C
④	6층	D

※ J극장의 직원은 A ~ F 6명으로, 매일 오전과 오후 2회로 나누어 각 근무 시간에 2명의 직원이 근무하고 있다. 직원은 1주에 4회 이상 근무를 해야 하며, 7회 이상은 근무할 수 없고, 인사 담당자는 근무 계획을 작성할 때, 다음 〈조건〉을 충족시켜야 한다. 이를 참고하여 이어지는 질문에 답하시오. [8~9]

조건
• A는 오전에 근무하지 않는다.
• B는 수요일에 근무한다.
• C은 수요일을 제외하고는 매일 1회 근무한다.
• D는 토요일과 일요일을 제외한 날의 오전에만 근무할 수 있다.
• E은 월요일부터 금요일까지는 근무하지 않는다.
• F는 C와 함께 근무해야 한다.

08 다음 중 F가 근무할 수 있는 요일을 모두 고르면?

① 월요일, 화요일, 수요일, 목요일
② 월요일, 화요일, 목요일, 금요일
③ 목요일, 금요일, 토요일, 일요일
④ 화요일, 목요일, 금요일, 일요일

09 다음 중 옳지 않은 것은?

① C와 F는 평일 중 하루는 오전에 함께 근무한다.
② D는 수요일 오전에 근무한다.
③ E는 주말 오전에는 C와, 오후에는 A와 근무한다.
④ B는 평일에 매일 한 번씩만 근무한다.

10 다음 중 두 사람의 대화 내용에서 빈칸 ㉠과 ㉡에 들어갈 문제해결절차를 바르게 연결한 것은?

> 강대리 : 팀장님. 아무래도 저희 시스템에 문제가 좀 있는 것 같습니다.
> 최팀장 : 갑자기 그게 무슨 소린가?
> 강대리 : _____㉠_____
> 최팀장 : 그런 현상이 자꾸 발생한다면 큰 문제가 될 텐데, 왜 그런 현상이 나타나는 거지?
> 강대리 : _____㉡_____

	㉠	㉡
①	문제 인식	문제 도출
②	문제 도출	원인 분석
③	원인 분석	실행 및 평가
④	해결안 개발	실행 및 평가

11 다음 제시문의 '문제점'에 대해 바르게 이야기한 사람은 누구인가?

> 문제란 목표와 현실과의 차이다. 한 마디로 목표는 '어떻게 되었으면 좋겠는가?' 하는 전망을 말하고, 현 상황은 '어떻게 되어 있는가?' 하는 상태를 말한다. 여기서 차이는 목표와 현재 상황이 어긋났음을 의미한다. 문제점이란 '무엇 때문에 목표와 어긋났는가?'라는 질문에 대한 답변이다. 다시 말하면 문제점은 문제가 아니라 원인이다.

① 지혜 : 매출 목표를 100억 원으로 정했지만, 60억 원 밖에 달성하지 못했어.

② 미란 : 교육훈련 시간이 부족해서 인력의 조기전력화가 불가능해졌어.

③ 건우 : 공사착공 후 13개월이 지났는데도 진척률이 95% 밖에 안 돼.

④ 경현 : 태블릿 PC 생산 목표를 4만 대에서 3만 대로 줄일 수밖에 없었어.

12 J공사는 직원 A ~ E 중 일부를 지방으로 발령하기로 결정하였다. 다음 〈조건〉에 따라 A의 지방 발령이 결정되었다고 할 때, 지방으로 발령되지 않는 직원은 총 몇 명인가?

> **조건**
> • 회사는 B와 D의 지방 발령에 대하여 같은 결정을 한다.
> • 회사는 C와 E의 지방 발령에 대하여 다른 결정을 한다.
> • D를 지방으로 발령한다면, E는 지방으로 발령하지 않는다.
> • E를 지방으로 발령하지 않는다면, A도 지방으로 발령하지 않는다.

① 1명   ② 2명

③ 3명   ④ 4명

13 J공사는 판촉물 부채 5,500개를 A ~ D회사 중에서 구매할 생각이다. 판촉물 가격 및 배송비가 다음과 같을 때, 가장 저렴하게 살 수 있는 회사는?

판촉물 회사	판촉물 가격 및 배송비용
A	1묶음(100개)에 18,000원이며, 배송비는 다섯 묶음당 3,000원이다.
B	1묶음(500개)에 60,000원이며, 배송비는 판촉물 총금액의 10%이다.
C	1묶음(500개)에 72,000원이며, 배송비는 수량과 관계없이 5,000원이다.
D	개당 170원이며, 5천 개 이상 주문 시 배송비는 무료이다.

① A회사   ② B회사

③ C회사   ④ D회사

14 다음은 청약가점제의 청약가점 기준표를 나타낸 것이다. 다음 기준표를 참고할 때, 청약가점이 가장 높은 것은?

〈청약가점 기준표〉

(단위 : 점)

가점항목	가점상한	가점구분	점수	가점구분	점수
무주택 기간 ①	32	1년 미만	2	8년 이상 9년 미만	18
		1년 이상 2년 미만	4	9년 이상 10년 미만	20
		2년 이상 3년 미만	6	10년 이상 11년 미만	22
		3년 이상 4년 미만	8	11년 이상 12년 미만	24
		4년 이상 5년 미만	10	12년 이상 13년 미만	26
		5년 이상 6년 미만	12	13년 이상 14년 미만	28
		6년 이상 7년 미만	14	14년 이상 15년 미만	30
		7년 이상 8년 미만	16	15년 이상	32
부양가족 수 ②	35	0명	5	4명	25
		1명	10	5명	30
		2명	15	6명 이상	35
		3명	20		
입주자 저축 가입기간 ③	17	6개월 미만	1	8년 이상 9년 미만	10
		6개월 이상 1년 미만	2	9년 이상 10년 미만	11
		1년 이상 2년 미만	3	10년 이상 11년 미만	12
		2년 이상 3년 미만	4	11년 이상 12년 미만	13
		3년 이상 4년 미만	5	12년 이상 13년 미만	14
		4년 이상 5년 미만	6	13년 이상 14년 미만	15
		5년 이상 6년 미만	7	14년 이상 15년 미만	16
		6년 이상 7년 미만	8	15년 이상	17
		7년 이상 8년 미만	9		

※ 청약가점 : ①+②+③

	무주택 기간	부양가족 수	입주자 저축 가입기간
①	1,265일	4명	73개월
②	2,564일	2명	62개월
③	1,956일	2명	142개월
④	3,214일	3명	95개월

15 J공단에서는 지역가입자의 생활수준 및 연간 자동차세액 점수표를 기준으로 지역보험료를 산정한다. 지역가입자 A ~ D의 조건을 보고 지역보험료를 계산한 것으로 옳은 것은?(단, 원 단위 이하는 절사한다)

〈생활수준 및 경제활동 점수표〉

구분		1구간	2구간	3구간	4구간	5구간	6구간	7구간
가입자 성별 및 연령별	남성	20세 미만 / 65세 이상	60세 이상 65세 미만	20세 이상 30세 미만 / 50세 이상 60세 미만	30세 이상 50세 미만	–	–	–
	점수	1.4점	4.8점	5.7점	6.6점			
	여성	20세 미만 / 65세 이상	60세 이상 65세 미만	25세 이상 30세 미만 / 50세 이상 60세 미만	20세 이상 25세 미만 / 30세 이상 50세 미만	–	–	–
	점수	1.4점	3점	4.3점	5.2점			
재산정도(만 원)		450 이하	450 초과 900 이하	900 초과 1,500 이하	1,500 초과 3,000 이하	3,000 초과 7,500 이하	7,500 초과 15,000 이하	15,000 초과
점수		1.8점	3.6점	5.4점	7.2점	9점	10.9점	12.7점
연간 자동차세액 (만 원)		6.4 이하	6.4 초과 10 이하	10 초과 22.4 이하	22.4 초과 40 이하	40 초과 55 이하	55 초과 66 이하	66 초과
점수		3점	6.1점	9.1점	12.2점	15.2점	18.3점	21.3점

※ (지역보험료)=[(생활수준 및 경제활동 점수)+(재산등급별 점수)+(자동차등급별 점수)]×(부과점수당 금액)
※ 모든 사람의 재산등급별 점수는 200점, 자동차등급별 점수는 100점으로 가정한다.
※ 부과점수당 금액은 183원이다.

	구분	성별	연령	재산정도	연간 자동차세액	지역보험료
①	A씨	남성	32세	2,500만 원	12.5만 원	57,030원
②	B씨	여성	56세	5,700만 원	35만 원	58,130원
③	C씨	남성	55세	20,000만 원	43만 원	60,010원
④	D씨	여성	23세	1,400만 원	6만 원	57,380원

PART 3

※ 다음은 J은행의 주택연금대출상품에 관한 내용이다. 이를 참고하여 이어지는 질문에 답하시오.
  [16~17]

〈주택연금대출〉

■ **상품특징**
- 만 60세 이상의 고령자가 소유주택을 담보로 매월 연금방식으로 노후생활자금을 지급받는 국가 보증의 금융상품(역모기지론)
- 공사에서 연금 가입자를 위해 발급한 보증서를 통해 본 은행이 가입자에게 연금을 지급

■ **가입요건**
(1) 가입가능연령 : 주택소유자가 만 60세 이상
- 부부 공동으로 주택소유 시 연장자가 만 60세 이상
(2) 보유주택수 : 다음 중 하나에 해당(부부 기준)
- 1주택을 소유하신 분
- 보유주택 합산가격이 9억 원 이하인 다주택자인 분
  (상기 외 2주택자는 3년 이내 1주택 처분조건으로 가능)
  ※ 주택으로 보지 않는 주택
    - 문화재로 지정된 주택, 전용면적 $20m^2$ 이하의 주택(아파트 제외)은 주택으로 보지 않음
  ※ 보유주택수 판단 시 유의사항
    - 아파트분양권, 재건축 및 재개발 조합원 입주권은 1주택으로 보지 않음
    - 복합용도주택, 임대사업자가 임대 목적으로 보유한 주택은 보유주택수에 포함
    - 공동상속주택의 경우 지분이 가장 큰 상속인이 소유한 것으로 봄
    - 부부 공동소유주택은 각 지분에 관계없이 1주택으로 봄
(3) 대상주택 : 시가 9억 원 이하의 주택
- 상가 등 복합 용도 주택은 전체 면적 중 주택이 차지하는 면적이 1/2 이상인 경우 가입가능
- 권리침해(가압류 등) 사실이 없는 주택만 가능(이용 중 권리변경 불가)

■ **지급방법**
(1) 월지급금 지급방식 : 종신방식(월지급금을 종신토록 지급받는 방식)
- 종신지급방식 : 인출한도 설정 없이 월지급금을 종신토록 받는 방식
- 종신혼합방식 : 인출한도 설정 후 나머지 부분을 월지급금으로 종신토록 지급받는 방식
(2) 월지급금 지급유형
- 정액형 : 월지급금을 평생 동안 일정한 금액으로 고정하는 방식
- 증가형 : 처음에 적게 받다가 12개월마다 최초 지급금의 3%씩 증가하는 방식
- 감소형 : 처음에 많이 받다가 12개월마다 최초 지급금의 3%씩 감소하는 방식
- 전후후박형 : 초기 10년간은 정액형보다 많이 받다가 11년째부터는 초기 월지급금의 70% 수준으로 받는 방식
  ※ 이용기간 중 지급방식 변경 가능(3년 내 1회에 한하여 가능)

■ **대출금리**
  본 상품은 「3개월 변동 시장금리 및 6개월 변동 신규취급액기준 COFIX」에 따라 적용금리가 변동됨

16 J은행에 근무 중인 A사원에게 고객 문의가 접수되었다. 이에 대한 답변으로 옳지 않은 것은?

> 고객 : 안녕하세요. 은퇴 후에 생활자금으로 주택연금대출을 이용해 볼까 고민하고 있어요. A은행 홈페이지에 가서 살펴봤는데도 이해가 잘 안 되네요. 주택연금대출에 대해서 설명해 주세요.

① 주택연금대출은 시가 9억 원 이하의 주택을 보유하고 있는 만 60세 이상의 고령자를 대상으로 하는 상품입니다.

② 주택소유자가 만 60세 이상이어야 하지만 부부 공동소유 시에는 부부 중 연장자가 만 60세 이상이면 가입 가능합니다.

③ 2주택의 합산가액이 9억 원 이하이더라도 3년 이내에 1주택을 처분하는 조건으로 했을 경우에만 가입이 가능합니다.

④ 연금지급방식은 종신방식으로 취급하고 있으며 평생 일정한 금액을 받는 정액형과, 초기 10년간은 정액형보다 많이 받다가 11년째부터는 적게 받는 전후후박형 등이 있습니다.

17 A사원은 5명의 고객으로부터 주택연금대출 가입신청 상담을 요청받았다. 다음은 5명의 고객과 상담한 내용을 정리한 것이다. 이 중 주택연금대출에 가입할 수 없는 고객은 모두 몇 명인가?

명단	신청자 연령 (배우자 연령)	주택소유형태 (신청자 기준)	보유주택수 (주택유형)	주택가액	기타
A	만 62세 (만 58세)	단독소유	1 (아파트)	3억 원	−
B	만 57세 (만 63세)	단독소유	1 (단독주택)	5억 원	−
C	만 59세 (만 62세)	부부공동소유	2 (아파트)	8억 원	1년 후 1주택 처분 예정
D	만 68세 (만 55세)	부부공동소유	1 (아파트)	4억 원	이외 임대사업으로 4주택 보유 (가액 : 10억 원)
E	만 67세 (만 64세)	단독소유	2 (전원주택, 아파트)	9억 원	이외 전용면적 22m² 아파트 보유 (가액 : 1억 원)

① 1명
② 2명
③ 3명
④ 4명

18 한국중부발전은 워크숍에서 팀을 나눠 배드민턴 게임을 하기로 했다. 배드민턴 규칙은 실제 복식 경기방식을 따르기로 하고, 전략팀 직원 A, B와 총무팀 직원 C, D가 먼저 대결을 한다고 할 때, 다음과 같은 경기상황에 이어질 서브 방향 및 선수 위치로 가능한 것은?

〈배드민턴 복식 경기방식〉

- 점수를 획득한 팀이 서브권을 갖는다. 다만 서브권이 상대팀으로 넘어가기 전까지는 팀 내에서 같은 선수가 연속해서 서브권을 갖는다.
- 서브하는 팀은 자신의 팀 점수가 0이거나 짝수인 경우는 우측에서, 점수가 홀수인 경우는 좌측에서 서브한다.
- 서브하는 선수로부터 코트의 대각선 위치에 선 선수가 서브를 받는다.
- 서브를 받는 팀은 자신의 팀으로 서브권이 넘어오기 전까지는 팀 내에서 선수끼리 서로 코트 위치를 바꾸지 않는다.

※ 좌측, 우측은 각 팀이 네트를 바라보고 인식하는 좌, 우이다.

〈경기상황〉

- 전략팀(A · B), 총무팀(C · D) 간 복식 경기 진행
- 3 : 3 동점 상황에서 A가 C에 서브하고 전략팀(A · B)이 1점 득점

점수	서브 방향 및 선수 위치	득점한 팀
3 : 3	D C / A B	전략팀

①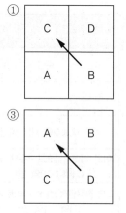

②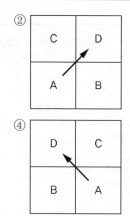

③
```
A | B
-----
C | D
```

④
```
D | C
-----
B | A
```

19 한국중부발전 전략기획본부 직원 A~G는 신입사원 입사 기념으로 단체로 영화관에 갔다. 다음 〈조건〉에 따라 자리에 앉는다고 할 때, 항상 옳은 것은?(단, 가장 왼쪽부터 첫 번째 자리로 한다)

> **조건**
> • 7명은 한 열에 나란히 앉는다.
> • 한 열에는 7개의 좌석이 있다.
> • 양 끝자리 옆에는 비상구가 있다.
> • D와 F는 나란히 앉지 않는다.
> • A와 B 사이에는 한 명이 앉아 있다.
> • G는 왼쪽에 사람이 있는 것을 싫어한다.
> • C와 G 사이에는 한 명이 앉아 있다.
> • G는 비상구와 붙어 있는 자리를 좋아한다.

① E는 D와 F 사이에 앉는다.
② G와 가장 멀리 떨어진 자리에 앉는 사람은 D이다.
③ C의 옆에는 A와 B가 앉는다.
④ D는 비상구와 붙어 있는 자리에 앉는다.

20 한국중부발전은 주요시설 및 보안구역의 시설물 안전관리를 위해 적외선 카메라 2대, 열선감지기 2대, 화재경보기 2대를 수도권본부, 강원본부, 경북본부, 금강본부 4곳에 나누어 설치하려고 한다. 다음 〈조건〉을 참고할 때, 반드시 참인 것은?

> **조건**
> • 모든 본부에 반드시 하나 이상의 기기를 설치해야 한다.
> • 한 본부에 최대 두 대의 기기까지 설치할 수 있다.
> • 한 본부에 같은 종류의 기기 2대를 설치할 수는 없다.
> • 수도권본부에는 적외선 카메라를 설치하였다.
> • 강원본부에는 열선감지기를 설치하지 않았다.
> • 경북본부에는 화재경보기를 설치하였다.
> • 경북본부와 금강본부 중 한 곳에 적외선 카메라를 설치하였다.

① 수도권본부에는 적외선 카메라만 설치하였다.
② 강원본부에 화재경보기를 설치하였다.
③ 경북본부에 열선감지기를 설치하였다.
④ 금강본부에 화재경보기를 설치하였다.

01 김대리의 작년 총소득은 4,000만 원, 소득공제 금액은 2,000만 원, 세율은 30%였다. 올해는 작년에 비해 총소득 20%, 소득공제 금액은 40%, 세율은 10%p 증가하였다. 작년과 올해의 세액의 차이는?

① 50만 원   ② 100만 원

③ 150만 원   ④ 200만 원

02 일정한 속력으로 달리는 기차가 400m 길이의 터널을 완전히 통과하는 데 10초, 800m 길이의 터널을 완전히 통과하는 데 18초가 걸렸다. 이 기차의 속력은?

① 50m/s   ② 55m/s

③ 60m/s   ④ 75m/s

03 주머니에 1부터 40까지의 자연수가 하나씩 적힌 40개의 공이 들어있다. 이 주머니에서 공을 1개 꺼냈을 때, 꺼낸 공에 적힌 수가 40의 약수 또는 3의 배수인 경우의 수는?

① 24가지   ② 21가지

③ 18가지   ④ 15가지

04 한국중부발전에서는 2023년 2월 둘째 주(6 ~ 10일) 중에 2회에 걸쳐 전 직원을 대상으로 '고객 개인정보 유출 방지'에 대한 교육을 지역 문화회관에서 진행하려고 한다. 자료를 참고할 때, 교육을 진행할 수 있는 날과 시간대를 바르게 나열한 것은?(단, 교육은 1회당 3시간씩 진행된다)

〈문화회관 이용 가능일〉

구분	월요일	화요일	수요일	목요일	금요일
9 ~ 12시	○	×	○	×	○
12 ~ 13시	점심시간(운영 안 함)				
13 ~ 17시	×	○	○	×	×

〈주간 주요 일정표〉

일정	내용
2월 6일 월요일	• 08:30 ~ 09:30 주간조회 및 부서별 회의 • 14:00 ~ 15:00 팀별 전략 회의
2월 7일 화요일	• 09:00 ~ 10:00 경쟁력 강화 회의
2월 8일 수요일	• 11:00 ~ 13:00 부서 점심 회식 • 17:00 ~ 18:00 팀 회식
2월 9일 목요일	• 15:00 ~ 16:00 경력사원 면접
2월 10일 금요일	• 특이사항 없음

※ 주요 일정이 있는 시간 이외에 문화회관 이용 시간과 일정 시간이 겹치지 않는다면 언제든지 교육을 받을 수 있음

① 월요일 오전, 수요일 오후, 금요일 오전
② 화요일 오전, 수요일 오후, 목요일 오전
③ 화요일 오후, 수요일 오전, 금요일 오전
④ 화요일 오후, 수요일 오후, 금요일 오전

05 W씨는 3명의 친구와 함께 J공단에서 운영하고 있는 교육을 수강하고자 한다. W씨는 첫 번째 친구와 함께 A, C강의를 수강하고 두 번째 친구는 B강의를, 세 번째 친구는 A, B, C 세 강의를 모두 수강하려고 한다. 네 사람이 결제해야 할 총액으로 옳은 것은?

변경 전	변경 후	비고
모두 5만 원	• A강의 : 5만 원 • B강의 : 7만 원 • C강의 : 8만 원	• 두 강의를 동시 수강할 경우, 금액의 10% 할인 • 세 강의를 모두 수강할 경우, 금액의 20% 할인

① 530,000원　　　　　　　　② 464,000원
③ 453,000원　　　　　　　　④ 421,700원

06 다음은 행정구역별 화재현황에 대한 자료이다. 이에 대한 설명으로 옳은 것은?

〈행정구역별 화재현황〉

(단위 : 건)

구분	2018년	2019년	2020년	2021년	2022년
전국	42,135	44,435	43,413	44,178	42,338
서울특별시	5,815	5,921	6,443	5,978	6,368
부산광역시	2,026	1,973	2,199	2,609	2,471
대구광역시	1,767	1,817	1,739	1,612	1,440
인천광역시	1,818	1,875	1,790	1,608	1,620
광주광역시	1,010	1,006	956	923	860
대전광역시	1,291	1,254	974	1,059	1,094
울산광역시	890	874	928	959	887
세종특별자치시	223	252	300	316	236
경기도	9,675	10,333	10,147	9,799	9,632
강원도	2,182	2,485	2,315	2,364	2,228
충청북도	1,316	1,373	1,379	1,554	1,414
충청남도	2,838	3,031	2,825	2,775	2,605
전라북도	1,652	1,962	1,983	1,974	2,044
전라남도	2,620	2,647	2,454	2,963	2,635
경상북도	2,803	3,068	2,651	2,817	2,686
경상남도	3,622	3,960	3,756	4,117	3,482
제주특별자치도	587	604	574	751	636

① 매년 화재 건수가 3번째로 많은 지역은 경상북도이다.

② 충청북도는 매년 화재 건수가 증가하는 추이를 보인다.

③ 전국의 화재 건수와 동일한 증감 추이를 보이는 지역은 총 5곳이다.

④ 강원도의 2022년 화재 건수는 전년 대비 7% 이상 감소했다.

07 다음 시도별 자전거도로 현황 자료에 대한 설명으로 가장 적절한 것은?

〈시도별 자전거도로 현황〉

(단위 : km)

구분	합계	자전거전용도로	자전거보행자 겸용도로	자전거전용차로	자전거우선도로
전국	21,176	2,843	16,331	825	1,177
서울특별시	869	104	597	55	113
부산광역시	425	49	374	1	1
대구광역시	885	111	758	12	4
인천광역시	742	197	539	6	–
광주광역시	638	109	484	18	27
대전광역시	754	73	636	45	–
울산광역시	503	32	408	21	42
세종특별자치시	207	50	129	6	22
경기도	4,675	409	4,027	194	45
강원도	1,498	105	1,233	62	98
충청북도	1,259	202	824	76	157
충청남도	928	204	661	13	50
전라북도	1,371	163	1,042	112	54
전라남도	1,262	208	899	29	126
경상북도	1,992	414	1,235	99	244
경상남도	1,844	406	1,186	76	176
제주특별자치도	1,324	7	1,299	0	18

① 제주특별자치도는 전국에서 다섯 번째로 자전거도로가 길다.

② 전국에서 자전거전용도로의 비율은 약 13.4%의 비율을 차지한다.

③ 광주광역시를 볼 때, 전국 대비 자전거전용도로의 비율이 자전거보행자겸용도로의 비율보다 낮다.

④ 경상남도의 모든 자전거도로는 전국에서 9% 이상의 비율을 가진다.

08 다음은 10대 무역수지 흑자국에 대한 자료이다. 미국의 2020년 대비 2022년의 흑자액 증가율은 얼마인가?(단, 소수점 둘째 자리에서 반올림한다)

〈10대 무역수지 흑자국〉

(단위 : 백만 달러)

순번	2020년		2021년		2022년	
	국가명	금액	국가명	금액	국가명	금액
1	중국	32,457	중국	45,264	중국	47,779
2	홍콩	18,174	홍콩	23,348	홍콩	28,659
3	마샬군도	9,632	미국	9,413	싱가포르	11,890
4	미국	8,610	싱가포르	7,395	미국	11,635
5	멕시코	6,161	멕시코	7,325	베트남	8,466
6	싱가포르	5,745	베트남	6,321	멕시코	7,413
7	라이베리아	4,884	인도	5,760	라이베리아	7,344
8	베트남	4,780	라이베리아	5,401	마샬군도	6,991
9	폴란드	3,913	마샬군도	4,686	브라질	5,484
10	인도	3,872	슬로바키아	4,325	인도	4,793

① 35.1%
② 37.8%
③ 39.9%
④ 41.5%

09 다음은 총무업무를 담당하는 A대리의 통화내역이다. 국내통화가 1분당 15원, 국제통화가 1분당 40원이라면 A대리가 사용한 통화요금은 총 얼마인가?

일시	통화내용	시간
4/5(화) 10:00	신규직원 명함 제작 관련 인쇄소 통화	10분
4/6(수) 14:00	임직원 진급선물 선정 관련 거래업체 통화	30분
4/7(목) 09:00	예산편성 관련 해외 출장소 현지 담당자 통화	60분
4/8(금) 15:00	본사 청소용역 관리 관련 제휴업체 통화	30분

① 1,550원
② 1,800원
③ 2,650원
④ 3,450원

10 다음은 산업별 경기전망지수를 나타낸 자료이다. 〈보기〉를 참고하여 A ~ D에 들어갈 산업을 바르게 짝지은 것은?

〈산업별 경기전망지수〉

(단위 : 점)

구분	2018년	2019년	2020년	2021년	2022년
A	45.8	48.9	52.2	52.5	54.4
B	37.2	39.8	38.7	41.9	46.3
도소매업	38.7	41.4	38.3	41.7	46.2
C	36.1	40.6	44.0	37.1	39.7
D	39.3	41.1	40.2	44.9	48.7

보기

• 2018년부터 2022년까지 보건업의 경기전망지수가 40점 이상인 해는 2개이다.
• 2020년 조선업과 제조업의 경기전망지수는 전년 대비 증가하였다.
• 전년 대비 2019년 해운업의 경기전망지수의 증가율은 5개의 산업 중 가장 낮다.
• 제조업은 매년 5개의 산업 중 경기전망지수가 가장 높다.

	A	B	C	D
①	조선업	보건업	제조업	해운업
②	제조업	조선업	보건업	해운업
③	조선업	제조업	보건업	해운업
④	제조업	보건업	조선업	해운업

11 A씨의 업무시간은 09:00부터 18:00까지이다. 점심시간 1시간을 제외한 하루 일과 중 8분의 1은 주간업무계획을 수립하였고, 5분의 2는 프로젝트 회의를 진행하였다. 그리고 3분의 1은 거래처에 방문하였다. 이 모든 업무를 마무리하고 남은 시간동안 시장조사를 하려고 한다. A씨가 시장조사를 하는데 쓸 수 있는 시간은?

① 1시간   ② 1시간 8분

③ 1시간 15분   ④ 1시간 26분

12 다음은 J사의 생산공정 현황이다. 한 공정이 A ~ G단계를 모두 거쳐야 된다고 할 때, 공정이 모두 마무리되려면 최소 며칠이 걸리는가?

〈생산공정 현황〉

구분	소요기간	선행단계
A단계	2일	–
B단계	5일	A
C단계	3일	–
D단계	8일	–
E단계	3일	–
F단계	3일	D
G단계	5일	B

※ 모든 단계는 동시에 시작할 수 있지만, 선행단계가 있는 경우 선행단계가 모두 마무리되어야 다음 단계를 시작할 수 있다.

① 8일   ② 9일

③ 10일   ④ 12일

13 철수는 영희네 집으로 $a$km/h의 속도로 가고, 영희는 철수네 집으로 $b$km/h의 속도로 가고 있다. 두 집 사이의 거리를 $x$km라 할 때, 둘이 만나는 데 걸리는 시간은?

① $\dfrac{2x}{a+b}$ 시간

② $\dfrac{2x}{2a+b}$ 시간

③ $\dfrac{x}{a+b}$ 시간

④ $\dfrac{x}{2a+b}$ 시간

PART 3

14 다음은 연도별 아르바이트 소득에 대한 자료이다. 이에 대한 설명으로 옳은 것은?

〈아르바이트 월 소득 및 시급〉

(단위 : 원, 시간)

구분	2018년	2019년	2020년	2021년	2022년
월 평균 소득	805,000	840,000	880,000	930,000	954,500
평균 시급	7,800	8,500	8,700	9,000	9,500
주간 평균 근로 시간	24	23.5	22	23	23.4

① 2019 ~ 2022년 동안 전년 대비 월 평균 소득의 증가율이 가장 높은 연도는 2022년이다.

② 2018 ~ 2022년 평균 시급 당 월 평균 소득이 가장 적은 연도는 2019년이다.

③ 2020년 전년 대비 평균 시급 증가액은 2022년의 전년 대비 증가액보다 100원 적다.

④ 2018년 월 평균 소득은 2022년 월 평균 소득의 70% 이하이다.

15 다음은 어느 도서관의 도서 대여건수에 대하여 일정기간 동안 작성한 자료이다. 이에 대한 설명으로 옳지 않은 것은?

〈도서 대여건수〉

(단위 : 권)

구분	비소설		소설	
	남자	여자	남자	여자
40세 미만	520	380	450	600
40세 이상	320	400	240	460

① 소설의 전체 대여건수가 비소설의 전체 대여건수보다 많다.

② 40세 미만보다 40세 이상이 대여건수가 더 적다.

③ 소설을 대여한 남자의 수가 소설을 대여한 여자의 수의 70% 이상이다.

④ 전체 40세 미만 대여 수에서 비소설 대여 수가 차지하는 비율은 40%를 넘는다.

16 다음은 연구개발비에 대한 자료이다. 이에 대한 설명으로 옳은 것을 〈보기〉에서 모두 고르면?

〈주요 산업국 연도별 연구개발비 추이〉

(단위 : U.S 백만 달러)

구분	2017년	2018년	2019년	2020년	2021년	2022년
한국	23,587	28,641	33,684	31,304	29,703	37,935
중국	29,898	37,664	48,771	66,430	84,933	–
일본	151,270	148,526	150,791	168,125	169,047	–
독일	69,317	73,737	84,148	97,457	92,552	92,490
영국	39,421	42,693	50,016	47,138	40,291	39,924
미국	325,936	350,923	377,594	403,668	401,576	–

보기

ㄱ. 2021년에 전년 대비 연구개발비가 감소한 곳은 4개국이다.

ㄴ. 2017년 대비 2021년의 연구개발비 증가율이 가장 높은 곳은 중국이고, 가장 낮은 곳은 일본이다.

ㄷ. 전년 대비 2019년 한국의 연구개발비 증가율은 독일보다 높고, 중국보다 낮다.

① ㄱ

② ㄴ

③ ㄱ, ㄴ

④ ㄱ, ㄷ

17 다음은 R대리가 부산 출장을 갔다 올 때, 선택할 수 있는 교통편에 대한 자료이다. R대리가 교통편 하나를 선택하여 왕복티켓을 모바일로 예매하려고 할 때, 가장 저렴한 교통편은 무엇인가?

〈출장 시 이용가능한 교통편 현황〉

교통편	종류	비용	기타
버스	일반버스	24,000원	–
	우등버스	32,000원	모바일 예매 1% 할인
기차	무궁화호	28,000원	왕복 예매 시 15% 할인
	새마을호	36,000원	왕복 예매 시 20% 할인
	KTX	58,000원	1+1 이벤트(편도 금액으로 왕복 예매 가능)

① 일반버스
② 우등버스
③ 무궁화호
④ 새마을호

18 다음은 전년 동월 대비 특허 심사건수 증감 및 등록률 증감 추이를 나타낸 자료이다. 이에 대한 설명으로 옳지 않은 것을 〈보기〉에서 모두 고르면?

〈특허 심사건수 증감 및 등록률 증감 추이(전년 동월 대비)〉

(단위 : 건, %)

구분	2022년 1월	2022년 2월	2022년 3월	2022년 4월	2022년 5월	2022년 6월
심사건수 증감	125	100	130	145	190	325
등록률 증감	1.3	−1.2	−0.5	1.6	3.3	4.2

보기
㉠ 전년 동월 대비 등록률은 2022년 3월에 가장 많이 낮아졌다.
㉡ 2022년 6월의 심사건수는 325건이다.
㉢ 2022년 5월의 등록률은 3.3%이다.
㉣ 2021년 1월의 심사건수가 100건이라면, 2022년 1월의 심사건수는 225건이다.

① ㉠
② ㉠, ㉡
③ ㉡, ㉣
④ ㉠, ㉡, ㉢

※ 다음은 2018 ~ 2022년 J사의 차량기지 견학 안전체험 건수 및 인원 현황이다. 자료를 참고하여 이어지는 질문에 답하시오. [19~20]

〈차량기지 견학 안전체험 건수 및 인원 현황〉

(단위 : 건, 명)

구분	2018년		2019년		2020년		2021년		2022년		합계	
	건수	인원	건수	인원	건수	인원	건수	인원	건수	인원	건수	인원
고덕	24	611	36	897	33	633	21	436	17	321	131	2,898
도봉	30	644	31	761	24	432	28	566	25	336	138	2,739
방화	64	1,009	(ㄴ)	978	51	978	(ㄹ)	404	29	525	246	3,894
신내	49	692	49	512	31	388	17	180	25	385	171	2,157
천왕	68	(ㄱ)	25	603	32	642	30	566	29	529	184	3,206
모란	37	766	27	643	31	561	20	338	22	312	137	2,620
합계	272	4,588	241	4,394	(ㄷ)	3,634	145	2,490	147	2,408	1,007	17,514

19 다음 중 빈칸에 들어갈 수치가 바르게 연결된 것은?

① (ㄱ) – 846
② (ㄴ) – 75
③ (ㄷ) – 213
④ (ㄹ) – 29

20 다음 중 차량기지 견학 안전체험 현황에 대한 설명으로 옳은 것을 〈보기〉에서 모두 고르면?

보기

ㄱ. 방화 차량기지 견학 안전체험 건수는 2019년부터 2022년까지 전년 대비 매년 감소하였다.
ㄴ. 2020년 고덕 차량기지의 안전체험 건수 대비 인원수는 동년 도봉 차량기지의 안전체험 건수 대비 인원수보다 크다.
ㄷ. 2019년부터 2021년까지 고덕 차량기지의 안전체험 건수의 증감추이는 인원수의 증감추이와 동일하다.
ㄹ. 신내 차량기지의 안전체험 인원수는 2022년에 2018년 대비 50% 이상 감소하였다.

① ㄱ, ㄴ
② ㄱ, ㄷ
③ ㄴ, ㄷ
④ ㄴ, ㄹ

04 자원관리능력(사무 / 토목 / 발전기계 / 발전화학)

01 J공사에서 비품구매를 담당하고 있는 A사원은 〈비품관리 매뉴얼〉과 비품현황을 고려해 비품을 구매하려고 한다. 다음 중 가장 먼저 구매해야 하는 비품은 무엇인가?

〈비품관리 매뉴얼〉

1. 비품을 재사용할 수 있는 경우에는 구매하지 않고 재사용하도록 한다.
2. 구매요청 부서가 많은 비품부터 순서대로 구매한다.
3. 비품은 빈번하게 사용하는 정도에 따라 등급을 매겨 구매가 필요한 경우 A, B, C 순서대로 구매한다.
4. 필요한 비품 개수가 많은 비품부터 순서대로 구매한다.
   ※ 매뉴얼에 언급된 순서대로 적용한다.

〈비품별 요청사항〉

구분	필요 개수 (개)	등급	재사용 가능 여부	구매요청 부서	구분	필요 개수 (개)	등급	재사용 가능 여부	구매요청 부서
연필	5	B	×	인사팀 총무팀 연구팀	커피	10	A	×	인사팀 총무팀 생산팀
볼펜	10	A	×	생산팀	녹차	6	C	×	홍보팀
지우개	15	B	×	연구팀	A4 용지	12	A	×	홍보팀 총무팀 인사팀
메모지	4	A	×	홍보팀 총무팀	문서용 집게	4	B	○	인사팀 총무팀 생산팀 연구팀
수첩	3	C	×	홍보팀	클립	1	C	○	연구팀
종이컵	20	A	×	총무팀	테이프	0	B	×	총무팀

① A4
② 커피
③ 문서용 집게
④ 연필

02 J공사는 재건축매입임대사업을 진행하고자 한다. A대리는 결혼 5주년을 맞아 재건축매입임대사업
    일정에 지장이 가지 않는 범위 내에서 7월 중에 연이어 연차 2일을 사용하여 아내와 해외여행을
    가고자 한다. 재건축매입임대사업은 다음 진행 정보에 따라 진행될 때, 다음 중 A대리가 연차를
    사용할 수 있는 날짜로 옳은 것은?

〈재건축매입임대사업 진행 정보〉

• 재건축매입임대사업은 '재건축주택 인수요청 → 인수자 지정요청 → 인수자 지정 및 통보 → 인수
  계약체결 → 개별 임대계획수립 → 임대주택공급일 공지' 단계로 진행된다.
• 주거복지사업처는 2020년 7월 1일에 재건축주택 인수요청을 시작하였다.
• 인수자 지정요청에는 근무일 1일, 인수자 지정 및 통보에는 근무일 4일, 그 외 단계에는 근무일
  2일이 소요된다.
• 재건축매입임대사업의 각 단계는 휴일 포함 최소 1일 이상의 간격을 두고 진행해야 한다.
• 주거복지사업처장은 임대주택공급일 공지를 7월 25일까지 완료하고자 한다.

〈2020년 7월 달력〉

일요일	월요일	화요일	수요일	목요일	금요일	토요일
	1	2	3	4	5	6
7	8	9	10	11	12	13
14	15	16	17	18	19	20
21	22	23	24	25	26	27
28	29	30	31			

※ 주거복지사업처는 공휴일이 아닌 주중에만 근무한다.
※ 연차는 근무일에 사용한다.

① 3 ~ 4일   ② 8 ~ 9일
③ 9 ~ 10일   ④ 11 ~ 12일

※ 한국중부발전은 별관 신축을 위한 건설업체를 선정하고자 한다. 입찰에는 A ~ F 여섯 개의 업체가 참여하였다. 다음은 입찰기준에 따라 업체별로 20점 척도로 점수화한 자료와 업체별 비용을 나타낸 것이다. 주어진 자료를 보고 이어지는 질문에 답하시오. [3~4]

〈업체별 입찰기준 점수〉

업체＼입찰기준	경영평가점수	시공실적점수	친환경소재점수
A	18점	11점	15점
B	14점	15점	17점
C	17점	13점	13점
D	16점	12점	14점
E	13점	10점	17점
F	16점	14점	16점

〈업체별 비용〉

구분	A업체	B업체	C업체	D업체	E업체	F업체
비용(억 원)	16.9	17.4	17.1	12.9	14.5	15.2

03 한국중부발전은 비용이 17억 원 이하인 업체 중, 경영평가점수와 시공실적점수의 반영비율을 1:2의 가중치로 합산한 값이 가장 높은 3개 업체를 1차로 선정한다. 1차 선정업체 중 친환경소재점수가 가장 높은 곳을 최종 선정한다고 할 때, 다음 중 최종 선정될 업체는?

① A업체   ② B업체
③ D업체   ④ F업체

04 한국중부발전이 외부 권고로 인해 선정방식을 변경하였다. 새로운 방식에 따르면, 비용이 17억 2천만 원 이하인 업체 중, 시공실적점수와 친환경소재점수의 반영비율을 3:2의 가중치로 합산한 값이 가장 높은 2개 업체를 1차로 선정한다. 1차 선정업체 중 입찰 비용이 가장 낮은 곳을 최종 선정한다고 할 때, 다음 중 최종 선정될 업체는?

① A업체   ② C업체
③ D업체   ④ F업체

※ 다음은 한국중부발전의 3월 일정이다. 일정표를 참고하여 이어지는 질문에 답하시오. [5~6]

〈3월 일정표〉

월요일	화요일	수요일	목요일	금요일	토요일	일요일
			1 삼일절	2 김사원 휴가	3	4
5 공사 전체회의	6 최사원 휴가	7	8 정대리 휴가	9	10	11
12 최팀장 휴가	13	14 정과장 휴가	15 정과장 휴가	16 김팀장 휴가	17	18
19 유부장 휴가	20	21	22	23 임사원 휴가	24	25
26 박과장 휴가	27 최대리 휴가	28	29 한과장 휴가	30 유부장 휴가	31	

• 소속 부서
 – 총무팀 : 최사원, 조대리, 한과장, 최팀장
 – 신용팀 : 임사원, 정대리, 박과장, 김팀장
 – 경제팀 : 김사원, 최대리, 정과장, 유부장
※ 휴가는 공휴일과 주말을 제외하고 사용하며, 전체 일정이 있는 경우 휴가를 사용하지 않는다.

05 한국중부발전 직원들은 휴가일이 겹치지 않게 하루 이상 휴가를 쓰려고 한다. 다음 중 총무팀 조대리의 휴가일정으로 가장 적절한 것은?

① 3월 1일 ② 3월 5일

③ 3월 9 ~ 10일 ④ 3월 21 ~ 22일

06 한국중부발전 직원들이 동일한 일수로 최대한 휴가를 쓴다고 할 때, 한 사람당 며칠까지 휴가를 쓸 수 있겠는가?

① 1일 ② 2일

③ 3일 ④ 4일

07 해외로 출장을 가는 김대리는 다음 〈조건〉과 같이 이동하려고 계획하고 있다. 연착 없이 계획대로 출장지에 도착했을 때, 현지 시각은?

> **조건**
> • 서울 시각으로 5일 오후 1시 35분에 출발하는 비행기를 타고, 경유지 한 곳을 거쳐 출장지에 도착한다.
> • 경유지는 서울보다 1시간 빠르고, 출장지는 경유지보다 2시간 느리다.
> • 첫 번째 비행은 3시간 45분이 소요된다.
> • 경유지에서 3시간 50분을 대기하고 출발한다.
> • 두 번째 비행은 9시간 25분이 소요된다.

① 오전 5시 35분   ② 오전 6시
③ 오후 5시 35분   ④ 오후 6시

08 다음은 J가구사의 시장 조사 결과 보고서이다. 보고서를 참고할 때, J가구사가 마련해야 할 마케팅 전략으로 적절한 것을 〈보기〉에서 모두 고르면?

> • 조사 기간 : 2022. 08. 12 ~ 2022. 08. 22
> • 조사 품목 : A돌침대
> • 조사 대상 : 주부 1,000명
> • 조사 결과
>   – 소비자의 건강에 대한 관심 증대
>   – 소비자는 가격보다 제품의 기능을 우선적으로 고려
>   – 취급 점포가 너무 많아서 점포관리가 체계적이지 못함
>   – 자사 제품의 가격이 낮아서 품질도 떨어지는 것으로 인식됨

> **보기**
> ㄱ. 유통 경로를 늘린다.
> ㄴ. 고급화 전략을 추진한다.
> ㄷ. 박리다매 전략을 이용한다.
> ㄹ. 전속적 또는 선택적 유통 전략을 도입한다.

① ㄱ, ㄴ   ② ㄱ, ㄷ
③ ㄴ, ㄷ   ④ ㄴ, ㄹ

※ 다음은 J공사의 프로젝트별 진행 시 세부사항이다. 자료를 보고 이어지는 질문에 답하시오. [9~11]

<프로젝트별 진행 시 세부사항>

구분	필요 인원	소요기간	기간	1인당 인건비	진행비
A프로젝트	46명	1개월	2월	130만 원	20,000만 원
B프로젝트	42명	4개월	2~5월	550만 원	3,000만 원
C프로젝트	24명	2개월	3~4월	290만 원	15,000만 원
D프로젝트	50명	3개월	5~7월	430만 원	2,800만 원
E프로젝트	15명	3개월	7~9월	400만 원	16,200만 원

※ 1인당 인건비는 프로젝트가 끝날 때까지의 1인당 총 인건비를 말한다.

09 모든 프로젝트를 완료하기 위해 필요한 최소 인원은 몇 명인가?(단, 프로젝트 참여자는 하나의 프로젝트를 끝내면 다른 프로젝트에 참여한다)

① 50명
② 65명
③ 92명
④ 107명

10 다음 중 J공사의 A~E프로젝트를 인건비가 가장 적게 드는 순서대로 바르게 나열한 것은?

① A-E-C-D-B
② A-E-C-B-D
③ A-C-E-D-B
④ E-A-C-B-D

11 J공사는 인건비와 진행비를 합하여 프로젝트 비용을 산정하려고 한다. A~E프로젝트 중 총 비용이 가장 적게 드는 순서대로 바르게 나열한 것은?

① A-E-B-D-C
② A-D-C-B-E
③ C-E-D-A-B
④ C-D-E-B-A

※ A씨는 컨퍼런스 참여를 위해 제주도에 출장을 가게 되었다. 이어지는 질문에 답하시오. [12~13]

〈A씨 출장 일정〉

출장지	제주도	일정	8.9 ~ 8.10
도착시각	9일 11:10	출발시각	10일 16:30

※ 제주공항에 도착 후 수하물을 찾는 데 10분이 소요되며, 서울로 출발 시 수속을 위해 1시간 전에 도착하여야 한다.

〈주요 렌터카 요금표〉

(단위 : 원)

구분	종류	24시간 기본요금	추가요금		
			3시간 미만	3시간 이상 6시간 미만	6시간 이상 12시간 미만
A렌터카	휘발유	60,000	27,000	32,000	38,000
B렌터카	휘발유	65,000	30,000	35,000	40,000
C렌터카	경유	65,000	29,000	35,000	41,000
D렌터카	경유	67,000	25,000	30,000	35,000

※ 제주공항에서 렌터카를 빌리기까지 10분의 이동시간이 걸린다.
※ 12시간 초과 시 24시간 요금을 부여한다.

〈유류비〉

휘발유	1,650원/L	경유	1,350원/L

12 A씨가 출장기간 동안 B렌터카를 사용하였을 때, 다음 중 예상되는 대여비는?

① 81,400원
② 90,600원
③ 100,000원
④ 108,000원

13 A씨가 출장기간 동안 260km를 이동한다고 할 때, 대여비와 유류비가 가장 저렴한 렌터카는?

구분	연비
A렌터카	12.5km/L
B렌터카	12km/L
C렌터카	16km/L
D렌터카	12km/L

① A렌터카
② B렌터카
③ C렌터카
④ D렌터카

14 J공사에 다니는 W사원은 이번 달 영국에서 5일 동안 일을 마치고 한국에 돌아와 일주일 후 스페인으로 다시 4일간의 출장을 간다고 한다. 다음 자료를 참고하여 W사원이 영국과 스페인 출장 시 들었던 총 비용을 A ~ C은행에서 환전할 때 필요한 원화의 최댓값과 최솟값의 차이는 얼마인가? (단, 출장비는 해외여비와 교통비의 합이다)

〈국가별 1일 여비〉

구분	영국	스페인
1일 해외여비	50파운드	60유로

〈국가별 교통비 및 추가 지급비용〉

구분	영국	스페인
교통비(비행시간)	380파운드(12시간)	870유로(14시간)
초과 시간당 추가 지급비용	20파운드	15유로

※ 교통비는 편도 항공권 비용이며, 비행시간도 편도에 해당한다.
※ 편도 비행시간이 10시간을 초과하면 시간당 추가 비용이 지급된다.

〈은행별 환율 현황〉

구분	매매기준율(KRW)	
	원/파운드	원/유로
A은행	1,470	1,320
B은행	1,450	1,330
C은행	1,460	1,310

① 31,900원 ② 32,700원
③ 33,500원 ④ 34,800원

15 J공사는 다음 승진 대상자 중 2명을 승진시키려고 한다. 승진의 조건은 동료평가에서 '하'를 받지 않고 합산점수가 높은 순이다. 합산점수는 100점 만점의 점수로 환산한 승진시험 성적, 영어 성적, 성과 평가의 수치를 합산한다. 승진시험의 만점은 100점, 영어 성적의 만점은 500점, 성과 평가의 만점은 200점이라고 할 때, 승진 대상자 2명은 누구인가?

구분	승진시험 성적	영어 성적	동료 평가	성과 평가
A	80	400	중	120
B	80	350	상	150
C	65	500	상	120
D	70	400	중	100
E	95	450	하	185
F	75	400	중	160
G	80	350	중	190
H	70	300	상	180
I	100	400	하	160
J	75	400	상	140
K	90	250	중	180

① B, K

② A, C

③ E, I

④ F, G

16 다음은 임직원 출장여비 지급규정과 T차장의 출장비 지출 내역이다. T차장이 받을 수 있는 여비는 얼마인가?

〈임직원 출장여비 지급규정〉

- 출장여비는 일비, 숙박비, 식비, 교통비로 구성된다.
- 일비는 출장일수에 따라 매일 10만 원씩 지급한다.
- 숙박비는 숙박일수에 따라 실비 지급한다. 다만, 항공 또는 선박 여행 시 항공기 내 또는 선박 내에서의 숙박은 숙박비를 지급하지 아니한다.
- 식비는 일수에 따라 식사 여부에 상관없이 1일 3식으로 지급하며, 1식당 1만 원씩 지급한다. 단, 항공 또는 선박 여행 시에는 기내식이 포함되지 않을 경우만 지급하며, 출장 마지막 날 저녁은 지급하지 않는다.
- 교통비는 교통편의 운임 혹은 유류비 산출액을 실비 지급한다.

〈T차장의 2박 3일 출장비 지출 내역〉

3월 8일	3월 9일	3월 10일

• 인천 – 일본 항공편 84,000원
  (아침 기내식 포함 ×)
• 점심 식사 7,500원
• 일본 J공항 – B호텔
  택시비 10,000원
• 저녁 식사 12,000원
• B호텔 숙박비 250,000원
	• 아침 식사 8,300원
	• 호텔 – 거래처 택시비 16,300원
	• 점심 식사 10,000원
	• 거래처 – 호텔 택시비 17,000원
	• B호텔 숙박비 250,000원
		• 아침 식사 5,000원
		• 일본 – 인천 항공편 89,000원
		  (점심 기내식 포함)

① 880,000원
③ 1,059,100원

② 1,053,000원
④ 1,086,300원

17 W마트 A점은 개점 10주년을 맞이하여 3월 28일부터 4일 동안 마트에서 구매하는 고객에게 소정의 사은품을 나누어 주는 행사를 진행하고자 한다. 올해 행사 기간 내 예상 방문 고객은 작년보다 20% 증가할 것으로 예측되며, 단가가 가장 낮은 품목부터 800개를 준비하여 100단위씩 줄여 준비하기로 하였다. 다음은 작년 행사 결과 보고서이며 올해도 작년과 같은 상품을 준비한다고 할 때, 이번 행사에 필요한 예상금액은 얼마인가?

〈A점 9주년 행사 결과〉

- 행사명 : 9주년 특별 고객감사제
- 행사기간 : 2022년 3월 28일(월) ~ 31일(목)
- 참여대상 : 행사기간 내 상품구매고객
- 추첨방법 : 주머니에 담긴 공 뽑기를 하여 공 색상에 따라 경품을 지급함
- 참여인원 : 3,000명

〈공 색상별 경품〉

구분	빨강	주황	노랑	초록	파랑	남색	보라	검정
경품	갑 티슈	수건세트	우산	다도세트	식기 건조대	보조 배터리	상품권	전자렌지

※ 소진된 경품의 공을 선택했을 때는 공을 주머니에 다시 넣고 다른 색의 공이 나올 때까지 뽑는다.

〈경품별 단가〉

(단위 : 원)

구분	갑 티슈	수건세트	우산	다도세트	전자렌지	식기 건조대	보조 배터리	상품권
단가	3,500	20,000	9,000	15,000	50,000	40,000	10,000	30,000

---

① 48,088,000원
② 49,038,000원
③ 50,080,000원
④ 50,138,000원

※ A대리는 대전에서 출발하여 각각 광주, 대구, 부산, 울산에 있는 4개 지부로 출장을 갈 계획이다. 다음 자료를 보고 이어지는 질문에 답하시오. [18~19]

〈도시 간 이동비용〉

(단위 : 원)

출발지 \ 도착지	대전	광주	대구	부산	울산
대전		41,000	38,000	44,500	39,000
광주	41,000		32,000	35,500	37,500
대구	38,000	32,000		7,500	10,500
부산	44,500	35,500	7,500		22,000
울산	39,000	37,500	10,500	22,000	

〈도시 간 이동소요시간〉

출발지 \ 도착지	대전	광주	대구	부산	울산
대전		2시간 40분	2시간 20분	3시간 10분	2시간 45분
광주	2시간 40분		2시간 5분	2시간 15분	2시간 35분
대구	2시간 20분	2시간 5분		40분	1시간 5분
부산	3시간 10분	2시간 15분	40분		1시간 40분
울산	2시간 45분	2시간 35분	1시간 5분	1시간 40분	

18 A대리는 4개 지부를 방문한 후 대전으로 돌아와야 한다. 다음 이동경로 중 A대리가 대전으로 복귀하기까지 이동비용이 가장 저렴한 경로는?

① 대전 – 광주 – 대구 – 부산 – 울산 – 대전
② 대전 – 광주 – 부산 – 울산 – 대구 – 대전
③ 대전 – 대구 – 부산 – 울산 – 광주 – 대전
④ 대전 – 울산 – 대구 – 부산 – 광주 – 대전

19 A대리는 4개 지부를 방문한 후 집으로 퇴근한다. A대리의 집이 대구라고 할 때, 다음 이동경로 중 A대리가 퇴근하기까지 이동소요시간이 가장 적게 걸리는 경로는?

① 대전 – 부산 – 울산 – 광주 – 대구
② 대전 – 부산 – 광주 – 울산 – 대구
③ 대전 – 광주 – 울산 – 부산 – 대구
④ 대전 – 광주 – 부산 – 울산 – 대구

20 J공사는 현재 신입사원을 채용하고 있다. 서류전형과 면접전형을 마치고 다음의 평가지표 결과를 얻었다. 건강보험심사평가원 내 평가지표별 가중치를 이용하여 각 지원자의 최종 점수를 계산하고, 점수가 가장 높은 두 지원자를 채용하려고 한다. 이때, 심사평가원이 채용할 두 지원자는?

〈지원자별 평가지표 결과〉

(단위 : 점)

구분	면접 점수	영어 실력	팀내 친화력	직무 적합도	발전 가능성	비고
A지원자	3	3	5	4	4	군필자
B지원자	5	5	2	3	4	군필자
C지원자	5	3	3	3	5	–
D지원자	4	3	3	5	4	군필자
E지원자	4	4	2	5	5	군 면제자

※ 군필자(만기제대)에게는 5점의 가산점을 부여한다.

〈평가지표별 가중치〉

구분	면접 점수	영어 실력	팀내 친화력	직무 적합도	발전 가능성
가중치	3	3	5	4	5

※ 가중치는 해당 평가지표 결과 점수에 곱한다.

① A, D지원자

② B, C지원자

③ B, E지원자

④ C, D지원자

※ 다음 자료는 제습기 사용과 보증기간에 대한 설명이다. 이를 읽고 이어지는 물음에 답하시오. [1~2]

〈사용 전 알아두기〉

- 제습기의 적정 사용온도는 $18 \sim 35℃$입니다.
  - $18℃$ 미만에서는 냉각기에 결빙이 시작되어 제습량이 줄어들 수 있습니다.
- 제습 운전 중에는 컴프레서 작동으로 실내 온도가 올라갈 수 있습니다.
- 설정한 희망 습도에 도달하면 운전을 멈추고 실내 습도가 높아지면 자동 운전을 다시 시작합니다.
- 물통이 가득 찰 경우 제습기 작동이 멈춥니다.
- 안전을 위하여 제습기 물통에 다른 물건을 넣지 마십시오.
- 제습기가 작동하지 않거나 아무 이유 없이 작동을 멈추는 경우 다음 사항을 확인하세요.
  - 전원플러그가 제대로 끼워져 있는지 확인하십시오.
  - 위의 사항이 정상인 경우, 전원을 끄고 10분 정도 경과 후 다시 전원을 켜세요.
  - 여전히 작동이 안 되는 경우, 판매점 또는 서비스 센터에 연락하시기 바랍니다.
- 현재 온도 / 습도는 설치장소 및 주위 환경에 따라 실제와 차이가 있을 수 있습니다.

〈보증기간 안내〉

- 품목별 소비자 피해 보상규정에 의거 아래와 같이 제품에 대한 보증을 실시합니다.
- 보증기간 산정 기준
  - 제품 보증기간이라 함은 제조사 또는 제품 판매자가 소비자에게 정상적인 상태에서 자연 발생한 품질 성능 기능 하자에 대하여 무료 수리해 주겠다고 약속한 기간을 말합니다.
  - 제품 보증기간은 구입일자를 기준으로 산정하며 구입일자의 확인은 제품보증서를 기준으로 합니다. 단, 보증서가 없는 경우는 제조일(제조번호, 검사필증)로부터 3개월이 경과한 날부터 보증기간을 계산합니다.
  - 중고품(전파상 구입, 모조품) 구입 시 보증기간은 적용되지 않으며 수리 불가의 경우 피해보상을 책임지지 않습니다.
- 당사와의 계약을 통해 납품되는 제품의 보증은 그 계약내용을 기준으로 합니다.
- 제습기 보증기간은 일반제품으로 1년으로 합니다.
  - 2017년 1월 이전 구입분은 2년 적용

〈제습기 부품 보증기간〉

- 인버터 컴프레서(2016년 1월 이후 생산 제품) : 10년
- 컴프레서(2018년 1월 이후 생산 제품) : 4년
- 인버터 컴프레서에 한해서 5년차부터 부품대만 무상 적용함

01 제습기 구매자가 사용 전 알아두기에 대한 설명서를 읽고 나서 제습기를 사용했다. 다음 중 구매자가 서비스센터에 연락해야 할 작동 이상은?

① 실내 온도가 17℃일 때 제습량이 줄어들었다.

② 제습기 사용 후 실내 온도가 올라갔다.

③ 물통에 물이 $\frac{1}{2}$ 정도 들어있을 때 작동이 멈췄다.

④ 제습기가 갑자기 작동되지 않아 잠시 10분 꺼두었다가 다시 켰더니 작동하였다.

02 보증기간 안내 및 제습기 부품 보증기간을 참고할 때, 제습기 사용자가 이해한 내용으로 적절하지 않은 것은?

① 제품 보증서가 없는 경우, 영수증에 찍힌 구입한 날짜부터 보증기간을 계산한다.

② 보증기간 무료 수리는 정상적인 상태에서 자연 발생한 품질 성능 기능 하자가 있을 때이다.

③ 제습기 보증기간은 구입일로부터 1년이다.

④ 2017년도 이전에 구입한 제습기는 보증기간이 2년 적용된다.

03 다음 (가) ~ (마)에 대한 사례 중 지속가능한 기술의 사례로 적절한 것을 모두 고른 것은?

> (가) A사는 카메라를 들고 다니지 않으면서도 사진을 찍고 싶어 하는 소비자들을 위해, 일회용 카메라 대신 재활용이 쉽고, 재사용도 가능한 카메라를 만들어내는 데 성공했다.
>
> (나) 잉크, 도료, 코팅에 쓰이던 유기 용제 대신에 물로 대체한 수용성 수지를 개발한 B사는 휘발성 유기화합물의 배출이 줄어듦과 동시에 대기오염 물질을 줄임으로써 소비자들로부터 찬사를 받고 있다.
>
> (다) C사는 가구처럼 맞춤 제작하는 냉장고를 선보였다. 맞춤 양복처럼 가족 수와 식습관, 라이프스타일, 주방 형태 등을 고려해 1도어부터 4도어까지 여덟 가지 타입의 모듈을 자유롭게 조합하고, 세 가지 소재와 아홉 가지 색상을 매치해 공간에 어울리는 나만의 냉장고를 꾸밀 수 있게 된 것이다.
>
> (라) D사는 기존에 소각 처리해야 했던 석유화학 옥탄올 공정을 변경하여 폐수처리로 전환하고, 공정 최적화를 통해 화약 제조 공정에 발생하는 총 질소의 양을 원천적으로 감소시키는 공정 혁신을 이루었다. 이로 인해 연간 4천 톤의 오염 물질 발생량을 줄였으며, 약 60억 원의 원가도 절감했다.
>
> (마) 등산 중 갑작스러운 산사태를 만나거나 길을 잃어서 조난 상황이 발생한 경우 골든타임 확보가 무척 중요하다. 이를 위해 E사는 조난객의 상황 파악을 위한 5G 통신 모듈이 장착된 비행선을 선보였다. 이 비행선은 현재 비행거리와 시간이 짧은 드론과 비용과 인력 소모가 많이 드는 헬기에 비해 매우 효과적일 것으로 기대하고 있다.

① (가), (나), (마)　　　　　　　② (가), (나), (라)

③ (가), (다), (라)　　　　　　　④ (나), (다), (라)

04 다음 글을 통해 알 수 있는 산업 재해의 대한 원인으로 옳은 것은?

> 원유저장탱크에서 탱크 동체 하부에 설치된 믹서 임펠러의 날개깃이 파손됨에 따라, 과진동(과하중)이 발생하여 믹서의 지지부분(볼트)이 파손되어 축이 이탈되면서 생긴 구멍으로 탱크 내부의 원유가 대량으로 유출되었다. 분석에 따르면 임펠러 날개깃의 파손이 피로 현상에 의해 발생되어 표면에 응력집중을 일으킬 수 있는 결함이 존재하였을 가능성이 높다고 한다.

① 작업 관리상 원인　　　　　　　② 기술적 원인

③ 교육적 원인　　　　　　　　　④ 불안전한 행동

05 다음 중 기술의 특징에 대한 설명으로 옳지 않은 것은?

① 하드웨어나 인간에 의해 만들어진 비자연적인 대상을 의미한다.
② 노하우(Know-how)를 포함한다.
③ 소프트웨어를 생산하는 과정이다.
④ 인간의 능력을 확장시키기 위한 하드웨어를 뜻한다.

06 다음 중 기술에 대한 설명으로 옳지 않은 것은?

① 기술에 대한 정의는 통일되어 있다.
② 구체적으로는 제품을 생산하는 원료, 생산공정 등에 관한 지식의 집합체라고 정의할 수 있다.
③ 획득과 전수방법에 따라 노하우(Know-how)와 노와이(Know-why)로 나눌수 있다.
④ 노와이(Know-why)는 어떻게 기술이 성립하고 작용하는가에 관한 원리적 측면에 중심을 둔다.

07 다음 글을 읽고 이해한 내용으로 가장 적절한 것은?

> 최근 환경오염의 주범이었던 화학회사들이 환경 보호 정책을 표방하고 나섰다. 기업의 분위기가 변하면서 대학의 엔지니어뿐만 아니라 기업에 고용된 엔지니어들도 점차 대체기술, 환경기술, 녹색 디자인 등을 추구하는 방향으로 전환해 가고 있는 것이다.
> 또한, 최근 각광받고 있는 3R의 구호[줄이고(Reduce), 재사용하고(Reuse), 재처리하자(Recycle)]는 엔지니어들로 하여금 미래 사회를 위한 자신들의 역할에 대해 방향을 제시해주고 있다.

① 개발이라는 이름으로 행해지는 개발독재의 사례로 볼 수 있어.
② 형과 조화를 위한 지속가능한 개발의 사례로 볼 수 있어.
③ 기술이나 자금을 위한 개발수입의 사례인 것 같아.
④ 기업의 생산능률을 위한 조직개발의 사례로 볼 수 있겠구나.

08 다음 중 새로운 기술을 습득하기 위한 방법에 대한 설명으로 옳지 않은 것은?

① 전문 연수원을 통해 기술과정을 연수하여 이론을 겸한 실무중심의 교육을 실시할 수 있다.

② E-learning을 활용한 기술교육은 시간적·공간적으로 독립적이다.

③ 상급학교 진학을 통한 기술교육은 자체적으로 교육하는 것보다 연수비가 저렴하며 고용보험환급을 받을 수 있다.

④ OJT를 활용한 기술교육은 교육자와 피교육자 사이에 친밀감을 조성할 수 있다.

※ 다음은 산업재해의 원인을 설명하는 4M에 대한 자료이다. 자료를 읽고 이어지는 질문에 답하시오.
[9~10]

〈산업재해의 원인을 설명하는 4M〉	
Man (사람)	① 심리적 요인 : 억측 판단, 착오, 생략 행위, 무의식 행동, 망각 등 ② 생리적 요인 : 수면 부족, 질병, 고령 등 ③ 사회적 요인 : 사업장 내 인간관계, 리더십, 팀워크, 소통 등의 문제
Machine (기계, 설비)	① 기계, 설비의 설계상 결함 ② 점검, 정비의 결함 ③ 구조 불량 ④ 위험방호 불량 등
Media (작업정보, 방법, 환경)	① 작업계획, 작업절차 부적절 ② 정보 부적절 ③ 보호구 사용 부적절 ④ 작업 공간 불량 ⑤ 작업 자세, 작업 동작의 결함 등
Management (관리)	① 관리조직의 결함 ② 건강관리의 불량 ③ 배치의 불충분 ④ 안전보건교육 부족 ⑤ 규정, 매뉴얼 불철저 ⑥ 자율안전보건활동 추진 불량 등

09 다음 중 4M을 이해한 내용으로 적절하지 않은 것은?

① 개인의 단순한 부주의로 일어난 사고는 4M 중 Man에 해당된다고 볼 수 있어.

② 좁은 공간에서 일하면서 일어난 사고는 4M 중 Media에 속하겠구나.

③ 기계 점검을 충실히 하지 않아 일어난 사고는 4M 중 Machine에 해당되겠지?

④ 개인별 당직근무 배치가 원활하지 않아 일어난 사고는 4M 중 Man에 해당된다고 볼 수 있어.

10 다음 (A), (B)의 사례는 4M 중 각각 어느 유형에 속하는가?

> (A) 유해가스 중독으로 작업자 2명이 사망하는 사고가 발생했다. 작업자 1명이 하수관 정비공사 현장에서 오수 맨홀 내부로 들어갔다가 유해가스를 마셔 의식을 잃고 추락했으며, 작업자를 구출하기 위해 다른 작업자가 맨홀 내부로 들어가 구조하여 나오던 중 같이 의식을 잃고 추락해 두 작업자 모두 사망한 것이다. 작업공간이 밀폐된 공간이어서 산소결핍이나 유해가스 등의 우려가 있었기 때문에 구명밧줄이나 공기 호흡기 등을 준비해야 했지만 준비가 이루어지지 않아 일어난 안타까운 사고였다.
>
> (B) 플라스틱 용기 성형 작업장에서 작업자가 가동 중인 블로우 성형기의 이물질 제거 작업 중 좌우로 움직이는 금형 고정대인 조방 사이에 머리가 끼여 사망하는 사고가 발생했다. 당시 블로우 성형기 전면에 안전장치가 설치되어 있었으나, 안전장치가 제대로 작동하지 않아서 발생한 사고였다.

	(A)	(B)
①	Media	Man
②	Management	Media
③	Media	Management
④	Media	Machine

※ J사에서는 직원들이 이용할 수 있는 체력단련실을 마련하기 위해 실내사이클 10대를 구입하기로 계획하였다. 다음 제품 설명서를 참고하여, 이어지는 질문에 답하시오. [11~12]

■ 계기판 작동법

13:00 min	100 cal		
SPEED	TIME	CAL	DISTANCE
9.4	13:00	100	5.0

◯ ← RESET

- SPEED : 현재 운동 중인 속도 표시
- TIME : 운동 중인 시간 표시
- CAL : 운동 중 소모된 칼로리 표시
- DISTANCE : 운동한 거리를 표시
- RESET 버튼 : 버튼을 누르면 모든 기능 수치를 초기화

■ 안전을 위한 주의사항
- 물기나 습기가 많은 곳에 보관하지 마십시오.
- 기기를 전열기구 주변에 두지 마십시오. 제품이 변형되거나 화재의 위험이 있습니다.
- 운동기에 매달리거나 제품에 충격을 주어 넘어뜨리지 마십시오.
- 운동기기의 움직이는 부분에 물체를 넣지 마십시오.
- 손으로 페달 축을 돌리지 마십시오.
- 운동 중 주변사람과 적정거리를 유지하십시오.

■ 사용 시 주의사항
- 신체에 상해 및 안전사고 방지를 위해 반드시 페달과 안장높이를 사용자에 알맞게 조절한 후 안장에 앉은 후 운동을 시작해 주십시오.
- 사용자의 나이와 건강 상태에 따른 운동 횟수, 강도 및 적정 운동 시간을 고려하여 운동을 시작해 주십시오.
- 운동 중 가슴에 통증을 느끼거나 또는 가슴이 답답할 때, 또는 어지러움이나 기타 불편함이 느껴질 경우 즉시 운동을 멈추고 의사와 상담하십시오.
- 음주 후 사용하지 마십시오.

■ 고장 신고 전 확인사항

증상	해결책
제품에서 소음이 발생합니다.	볼트 너트 체결부위가 제품사용에 따라 느슨해질 수 있습니다. 모든 부분을 다시 조여 주세요.
계기판이 작동하지 않습니다.	계기판의 건전지(AAA형 2개)를 교체하여 끼워 주세요.

※ 제시된 해결방법으로도 증상이 해결되지 않으면, A/S센터로 문의하시기 바랍니다.

11 A사원은 실내사이클 주의사항에 대한 안내문을 제작하려고 한다. 다음 중 안내문의 내용으로 적절하지 않은 것은?

① 안장높이를 사용자에 알맞게 조절하여 운동을 시작해주세요.

② 나이와 건강 상태에 맞게 적정 운동시간을 고려하여 주십시오.

③ 운동 중 가슴 통증이나 어지러움 등이 느껴질 경우 즉시 운동을 멈추십시오.

④ 매회 30분 정도 하는 것은 유산소 운동 효과를 가져올 수 있습니다.

12 A사원이 체력단련실에서 실내사이클을 이용하던 도중 소음이 발생하였다. 이에 대한 해결방법으로 적절한 것은?

① 페달과 안장 높이를 다시 조절한다.

② RESET 버튼을 3초간 누른다.

③ 볼트와 너트의 체결부위를 조여 준다.

④ 계기판의 건전지를 꺼내었다가 다시 끼운다.

※ 사내 의무실 체온계의 고장으로 새로운 체온계를 구입하였다. 다음 설명서를 참고하여 이어지는 질문에
답하시오. [13~14]

■ 사용방법
1) 체온을 측정하기 전 새 렌즈필터를 부착해 주세요.
2) [ON] 버튼을 눌러 액정화면이 켜지면 귓속에 체온계를 삽입합니다.
3) [START] 버튼을 눌러 체온을 측정합니다.
4) 측정이 잘 이루어졌으면 '삐' 소리와 함께 측정 결과가 액정화면에 표시됩니다.
5) 60초 이상 사용하지 않으면 자동으로 전원이 꺼집니다.

■ 체온 측정을 위한 주의사항
- 오른쪽 귀에서 측정한 체온은 왼쪽 귀에서 측정한 체온과 다를 수 있습니다. 그러므로 항상 같은 귀에
  서 체온을 측정하십시오.
- 체온을 측정할 때는 정확한 측정을 위해 과다한 귀지가 없도록 하십시오.
- 한쪽 귀를 바닥에 대고 누워 있었을 때, 매우 춥거나 더운 곳에 노출되어 있는 경우, 목욕을 한 직후
  등은 외부적 요인에 의해 귀 체온 측정에 영향을 미칠 수 있으므로 이런 경우에는 30분 정도 기다리신
  후 측정하십시오.

■ 문제해결

상태	해결방법	에러 메시지
렌즈필터가 부착되어 있지 않음	렌즈필터를 끼우세요.	▭ — — ▭
체온계가 렌즈의 정확한 위치를 감지할 수 없어 정확한 측정이 어려움	[ON] 버튼을 3초간 길게 눌러 화면을 지운 다음 정확한 위치에 체온계를 넣어 측정합니다.	POE
측정체온이 정상범위(34 ~ 42.2℃)를 벗어난 경우 - HI : 매우 높음 - LO : 매우 낮음	온도가 10℃와 40℃ 사이인 장소에서 체온계를 30분간 보관한 다음 다시 측정하세요.	HI ℃ LO ℃
건전지 수명이 다하여 체온 측정이 불가능한 상태	새로운 건전지(1.5V AA타입 2개)로 교체하십시오.	▭ — — — ▭

13 근무 중 몸이 좋지 않아 의무실을 내원한 A사원의 체온을 측정하려고 한다. 다음 중 체온 측정 과정으로 가장 적절한 것은?

① 렌즈필터가 깨끗하여 새것으로 교체하지 않고 체온을 측정하였다.

② 오른쪽 귀의 체온이 38℃로 측정되어 다시 왼쪽 귀의 체온을 측정하였다.

③ 정확한 측정을 위해 귓속의 귀지를 제거한 다음 체온을 측정하였다.

④ 정확한 측정을 위해 영점조정을 맞춘 뒤 체온을 측정하였다.

14 체온계 사용 중 'POE'의 에러 메시지가 확인되었다. 에러 메시지 확인 후 해결방법으로 가장 적절한 것은?

① [ON] 버튼을 3초간 길게 눌러 화면을 지운 뒤, 정확한 위치에서 다시 측정한다.

② 렌즈필터가 부착되어 있지 않으므로 깨끗한 새 렌즈필터를 끼운다.

③ 1분간 그대로 뒀서 전원을 끈 다음 [ON] 버튼을 눌러 다시 액정화면을 켠다.

④ 건전지 삽입구를 열어 1.5V AA타입 2개의 새 건전지로 교체한다.

※ J병원에서는 환자들의 휴식 시간을 위해 병실마다 벽걸이 TV를 설치하고자 한다. 다음 설명서를 참고하여 이어지는 질문에 답하시오. [15~16]

■ 설치 시 주의사항
  – 반드시 제공하는 구성품 및 부품을 사용해 주세요.
  – 수직 벽면 이외의 장소에는 설치하지 마세요.
  – 진동이나 충격이 가해질 염려가 있는 곳은 제품이 떨어질 수 있으므로 피하세요.
  – 제품의 열을 감지하고 스프링클러가 작동할 수 있으므로 스프링클러 감지기 옆에는 설치하지 마세요.
  – 고압 케이블의 간섭을 받아 화면이 제대로 나오지 않을 수 있으므로 고압 케이블 근처에는 설치하지 마세요.
  – 난방기기 주변은 과열되어 고장의 염려가 있으므로 피하십시오.
  – 벽면의 안정성을 확인하세요.
  – 설치한 후 벽면과 제품 사이의 거리는 최소 15mm 이상 유지하세요.
  – 제품 주변으로 10cm 이상의 공간을 두어 통풍이 잘되도록 하세요. 제품 내부 온도의 상승은 화재 및 제품 고장의 원인이 될 수 있습니다.

■ 문제해결

고장	해결
전원이 켜지지 않아요.	• 전원코드가 잘 연결되어 있는지 확인하세요. • 안테나 케이블 연결이 제대로 되어 있는지 확인하세요. • 케이블 방송 수신기의 연결이 제대로 되어 있는지 확인하세요.
전원이 갑자기 꺼져요.	• 에너지 절약을 위한 '취침예약'이 설정되어 있는지 확인하세요. • 에너지 절약을 위한 '자동전원끄기' 기능이 설정되어 있는지 확인하세요.
제품에서 뚝뚝 소리가 나요.	• TV외관의 기구적 수축이나 팽창 때문에 나타날 수 있는 현상이므로 안심하고 사용하세요.
제품이 뜨거워요.	• 제품 특성상 장시간 시청 시 패널에서 열이 발생하므로 열이 발생하는 것은 결함이나 동작 사용상의 문제가 되는 것이 아니므로 안심하고 사용하세요.
리모컨 동작이 안 돼요.	• 새 건전지로 교체해 보세요.

※ 문제가 해결되지 않는다면 가까운 서비스센터로 문의하세요.

15 다음 중 벽걸이 TV를 설치하기 위한 장소 선정 시 고려해야 할 사항으로 적절하지 않은 것은?

① 전동안마기가 비치되어 있는 병실을 확인한다.
② 스프링클러 감지기가 설치되어 있는 곳을 확인한다.
③ 냉방기가 설치되어 있는 곳을 확인한다.
④ 도면으로 고압 케이블이 설치되어 있는 위치를 확인한다.

16 TV가 제대로 작동되지 않아 A/S를 요청하기 전 간단하게 문제를 해결해 보고자 한다. 다음 중 문제를 해결하기 위한 방법으로 적절한 것은?

① 전원이 켜지지 않아 전원코드 및 안테나 케이블, 위성 리시버가 잘 연결되어 있는지 확인했다.

② 전원이 갑자기 꺼져 전력 소모를 줄일 수 있는 기능들이 설정되어 있는지 확인했다.

③ 제품에서 뚝뚝 소리가 나서 TV의 전원을 끄고 다시 켰다.

④ 제품이 뜨거워서 분무기로 물을 뿌리고, 마른 천으로 물기를 깨끗이 닦았다.

※ J사는 직원휴게실에 휴식용 안마의자를 설치할 계획이며, 안마의자 관리자는 귀하로 지정되었다. 다음의 자료를 보고 이어지는 질문에 답하시오. [17~18]

〈안마의자 사용설명서〉

■ **설치 시 알아두기**

• 바닥이 단단하고 수평인 장소에 제품을 설치해 주세요.

• 등받이와 다리부를 조절할 경우를 대비하여 제품의 전방 50cm, 후방 10cm 이상 여유 공간을 비워 두세요.

• 바닥이 손상될 수 있으므로 제품 아래에 매트 등을 깔 것을 추천합니다.

• 직사광선에 장시간 노출되는 곳이나 난방기구 근처 등 고온의 장소는 피하여 설치해 주세요. 커버 변색 또는 변질의 원인이 됩니다.

■ **안전을 위한 주의사항**

> ⚠ 경고 : 지시 사항을 위반할 경우 심각한 상해나 사망에 이를 가능성이 있는 경우를 나타냅니다.
>
> ⚠ 주의 : 지시 사항을 위반할 경우 경미한 상해나 제품 손상의 가능성이 있는 경우를 나타냅니다.

⚠ 제품 사용 시간은 1일 40분 또는 1회 20분 이내로 하고, 동일한 부위에 연속 사용은 5분 이내로 하십시오.

⚠ 제품을 사용하기 전에 등 패드를 올려서 커버와 그 외 다른 부분에 손상된 곳이 없는지 확인하고, 찢어졌거나 조그만 손상이 있으면 사용을 중단하고 서비스 센터로 연락하십시오(감전 위험).

⚠ 엉덩이와 허벅지를 마사지할 때는 바지 주머니에 딱딱한 것을 넣은 채로 사용하지 마십시오(안전사고, 상해 위험).

⚠ 팔을 마사지할 때는 시계, 장식품 등 딱딱한 것을 몸에 지닌 채 사용하지 마세요(부상 위험).

⚠ 등받이나 다리부를 움직일 때는 제품 외부에 사람, 애완동물, 물건 등이 없는지 확인하십시오(안전사고, 부상, 제품손상 위험).

⚠ 제품 안쪽에 휴대폰, TV리모컨 등 물건을 빠뜨리지 않도록 주의하세요(고장 위험).

⚠ 등받이나 다리부를 상하로 작동 시에는 움직이는 부위에 손가락을 넣지 않도록 하십시오(안전사고, 상해, 부상 위험).

⚠ 혈전증, 중도의 동맥류, 급성 정맥류, 각종 피부염, 피부 감염증 등의 질환을 가지고 있는 사람은 사용하지 마십시오.

❗ 고령으로 근육이 쇠약해진 사람, 요통이 있는 사람, 멀미가 심한 사람 등은 반드시 의사와 상담한 후 사용하십시오.

❗ 제품을 사용하면서 다른 치료기를 동시에 사용하지 마십시오.

❗ 사용 중에 잠들지 마십시오(상해 위험).

⚠ 난로 등의 화기 가까이에서 사용하거나 흡연을 하면서 사용하지 마십시오(화재 위험).

❗ 제품을 사용하는 중에 음료나 음식을 섭취하지 마십시오(고장 위험).

❗ 음주 후 사용하지 마십시오(부상 위험).

■ 고장 신고 전 확인 사항
제품 사용 중 아래의 증상이 나타나면 다시 한 번 확인해 주세요. 고장이 아닐 수 있습니다.

증상	원인	해결책
안마 강도가 약합니다.	안마의자에 몸을 밀착하였습니까?	안마의자에 깊숙이 들여 앉아서 몸을 등받이에 밀착시키거나 등받이를 눕혀서 사용해 보세요.
	등 패드 또는 베개 쿠션을 사용하고 있습니까?	등 패드 또는 베개 쿠션을 빼고 사용해 보세요.
	안마 강도를 조절하였습니까?	안마 강도를 조절해서 사용해 보세요.
다리부에 다리가 잘 맞지 않습니다.	다리부의 각도를 조절하였습니까?	사용자의 신체에 맞게 다리 부의 각도를 조절해 주세요. 다리올림 버튼 또는 다리내림 버튼으로 다리부의 각도를 조절할 수 있습니다.
좌우 안마 강도 또는 안마 볼 위치가 다르게 느껴집니다.	더 기분 좋은 안마를 위해 안마 볼이 좌우 교대로 작동하는 기구를 사용하고 있습니다. 좌우 안마 강도 또는 안마 볼 위치가 다르게 작동하는 경우가 있을 수 있습니다. 고장이 아니므로 안심하고 사용해 주세요.	
소리가 납니다.	제품의 구조로 인해 들리는 소리입니다. 고장이 아니므로 안심하고 사용해 주세요(제품 수명 등의 영향은 없습니다). − 안마 볼 상·하 이동 시 '달그락' 거리는 소리 − 안마 작동 시 기어 모터의 소리 − 안마 볼과 커버가 스치는 소리(특히 주무르기 작동 시) − 두드리기, 물결 마사지 작동 시 '덜덜' 거리는 소리(특히 어깨에서 등으로 이동 시) − 속도 조절에 의한 소리의 차이	

17 직원휴게실에 안마의자가 배송되었다. 귀하는 제품설명서를 참고하여 적절한 장소에 설치하고자 한다. 다음 중 설치 장소 선정 시 고려해야 할 사항으로 적절하지 않은 것은?

① 직사광선에 오랫동안 노출되지 않는 장소인지 확인한다.

② 근처에 난방기구가 설치된 장소인지 확인한다.

③ 전방에는 50cm 이상의 공간을 확보할 수 있고 후방을 벽면에 밀착할 수 있는 장소인지 확인한다.

④ 새로운 장소가 안마의자의 무게를 지탱할 수 있는 단단한 바닥인지 확인한다.

18 귀하는 직원들이 안전하게 안마의자를 사용할 수 있도록 '안마의자 사용안내서'를 작성하여 안마의자 근처에 비치하고자 한다. 안내서에 있는 그림 중 '경고' 수준의 주의가 필요한 것은 '별표' 표시를 추가하여 더욱 강조되어 보이도록 할 예정이다. 다음 중 '별표' 표시를 해야 할 그림은 무엇인가?

①

②

③

④

※ 논리연산자를 다음과 같이 정의할 때, 이어지는 질문에 답하시오. [19~20]

- AND(논리곱) : 둘 다 참일 때만 참, 나머지는 모두 거짓
- OR(논리합) : 둘 다 거짓일 때만 거짓, 나머지는 모두 참
- NAND(부정논리곱) : 둘 다 참일 때만 거짓, 나머지는 모두 참
- NOR(부정논리합) : 둘 다 거짓일 때만 참, 나머지는 모두 거짓
- XOR(배타적 논리합) : 둘의 참 / 거짓이 다르면 참, 같으면 거짓

19 다음과 같은 입력 패턴 A, B를 〈조건〉에 따라 원하는 출력 패턴으로 합성하고자 한다. (가)에 들어갈 논리 연산자로 옳은 것은?

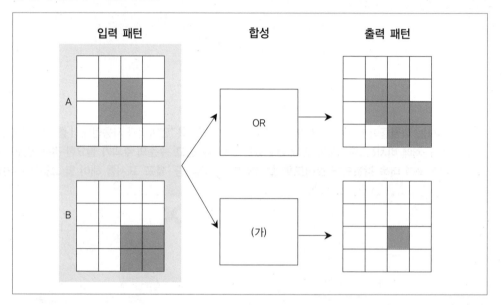

조건

- ■은 패턴값 '1'로, □은 패턴값 '0'으로 변환하여 합성에 필요한 논리 연산을 한 후, '1'은 ■으로 '0'은 □으로 표시한다.
- 합성은 두 개의 입력 패턴 A, B를 겹쳐서 1 : 1로 대응되는 위치의 패턴값끼리 논리 연산을 수행하여 이루어진다.
- 입력 패턴 A, B와 출력 패턴의 회전은 없다.

① AND   ② NOR

③ XOR   ④ NAND

20 다음과 같은 패턴 A, B를 〈조건〉에 따라 합성하였을 때, 결과로 옳은 것은?

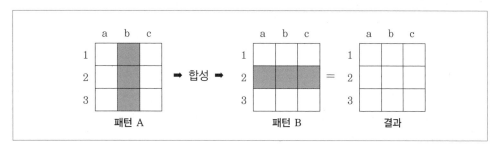

조건

- ■는 1, □는 0이다.
- 패턴 A, B의 회전은 없다.
- 패턴 A, B에서 대응되는 행과 열은 1 : 1로 각각 겹쳐 합성한다.
  예 패턴 A(1, b)의 ■는 패턴 B(1, b)의 □에 대응된다.
- 패턴 A와 B의 합성은 NOR 연산으로 처리한다.

①

②

③

④

01 다음 중 집단의사결정의 특징으로 적절하지 않은 것은?

① 한 사람이 가진 지식보다 집단이 가지고 있는 지식과 정보가 더 많아 효과적인 결정을 할 수 있다.

② 집단구성원이 갖고 있는 관점은 각기 다르므로 각자 다른 시각으로 문제를 바라봄에 따라 다양한 견해를 가지고 접근할 수 있다.

③ 결정된 사항에 대하여 의사결정에 참여한 사람들이 해결책을 수용하기 어렵고, 의사소통의 기회가 적어지는 단점이 있다.

④ 의견이 불일치하는 경우 의사결정을 내리는 데 시간이 많이 소요되며, 특정 구성원에 의해 의사결정이 독점될 가능성이 있다.

02 J사 총무부에서 근무하는 P대리는 다음 업무를 처리해야 한다. 각 업무들의 기한과 P대리의 업무처리 정보가 다음과 같을 때, P대리가 업무들에 착수할 순서로 가장 적절한 것은?

〈업무처리 정보〉

• P대리는 동시에 최대 두 가지 업무를 수행할 수 있다.
• P대리는 중요한 일보다 긴급한 일에 먼저 착수하고자 한다.
• 현재는 2월 17일이다.
• 같은 날에 하는 업무라도 업무 착수 순서는 구별한다.

〈처리필요 업무 리스트〉

• 본부에서 이번 분기에 가장 중요한 사업으로 지정한 A사업안의 계획안을 2월 24일까지 검토하여야 하며, 검토에는 6일이 소요된다.
• 총무부 내 업무분장 갱신안 B를 2월 19일까지 제출하여야 하며, 갱신안 구상에는 3일이 소요된다.
• B대리는 개인적 부탁 C를 2월 22일까지 해줄 것을 부탁하였으며, 일 완료에는 3일이 소요된다.
• 총무부 내 비품을 2월 19일까지 파악하여 보고서 D를 작성하여야 하며, 비품 파악에 1일, 이후 보고서 작성에 1일이 소요된다.

① A - B - D - C
② B - A - C - D
③ B - D - A - C
④ C - A - D - B

03 다음 회의록을 참고할 때, 고객지원팀의 강대리가 해야 할 일로 적절하지 않은 것은?

〈회의록〉

회의일시	2023년 ○○월 ○○일	부서	기획팀, 시스템개발팀, 고객지원팀
참석자	기획팀 김팀장, 박대리 / 시스템개발팀 이팀장, 김대리 / 고객지원팀 유팀장, 강대리		
회의안건	홈페이지 내 이벤트 신청 시 발생하는 오류로 인한 고객 불만에 따른 대처방안		
회의내용	• 홈페이지 고객센터 게시판 내 이벤트 신청 오류 관련 불만 글 확인 • 이벤트 페이지 내 오류 발생 원인에 대한 확인 필요 • 상담원의 미숙한 대응으로 고객들의 불만 증가(대응 매뉴얼 부재) • 홈페이지 고객센터 게시판에 사과문 게시 • 고객 불만 대응 매뉴얼 작성 및 이벤트 신청 시스템 개선 • 추후 유사한 이벤트 기획 시 기획안 공유 필요		

① 민원 처리 및 대응 매뉴얼 작성
② 상담원 대상으로 CS 교육 실시
③ 홈페이지 내 사과문 게시
④ 오류 발생 원인 확인 및 신청 시스템 개선

04 다음은 조직목표의 요소에 대한 설명이다. 빈칸 ㉠, ㉡에 들어갈 말이 바르게 연결된 것은?

조직설계 학자인 Richard L. Daft는 조직이 일차적으로 수행해야할 과업인 운영목표에는 조직전체의 성과, 자원, 시장, ___㉠___, 혁신과 변화, ___㉡___ 에 관한 목표가 포함된다고 하였다.
전체성과는 영리조직은 수익성, 사회복지기관은 서비스 제공과 같은 조직의 성장목표이다. 자원은 조직에 필요한 재료와 재무자원을 획득하는 것이며, 시장과 관련된 조직목표는 시장점유율이나 시장에서의 지위향상과 같은 목표이다. ___㉠___ 은 조직구성원에 대한 교육훈련, 승진, 성장 등과 관련된 목표이며, 혁신과 변화는 불확실한 환경변화에 대한 적응가능성을 높이고 내부의 유연성을 향상시키고자 수립하는 것이다. ___㉡___ 은 투입된 자원에 대비한 산출량을 높이기 위한 목표로 단위생산비용, 조직구성원 1인당 생산량 및 투입비용 등으로 산출할 수 있다.

	㉠	㉡
①	조직개편	생산성
②	인력개발	생산성
③	R&D	지속가능성
④	조직개편	지속가능성

05 다음 〈보기〉 중 조직의 환경적응에 대한 설명으로 적절하지 않은 것을 모두 고르면?

> **보기**
>
> ㄱ. 세계화의 기업에 대한 영향은 진출시장, 투자대상 확대 등 기업의 대외적 경영 측면으로 국한된다.
> ㄴ. 특정 국가에서의 업무 동향 점검 시에는 거래 기업에 대한 정보와 시장의 특성 뿐 아니라 법규에 대하여도 파악하는 것이 필수적이다.
> ㄷ. 이문화 이해는 곧 상이한 문화와의 언어적 소통을 가리키므로 현지에서의 인사법 등 예절에 주의하여야 한다.
> ㄹ. 이문화 이해는 특정 타 지역에 오랜 기간 형성된 문화를 이해하는 것으로, 단기간에 집중적인 학습으로 신속하게 수월한 언어적 능력을 갖추는 것이 최선이다.

① ㄱ
② ㄱ, ㄷ
③ ㄱ, ㄷ, ㄹ
④ ㄴ, ㄷ, ㄹ

06 다음 J공단 국제인력본부의 조직도를 참고할 때, 외국인력국의 업무로 적절하지 않은 것은?

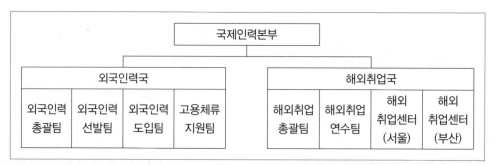

① 근로자 입국지원
② 근로자 고용·체류 지원
③ 한국어능력시험 시행
④ K-Move 취업센터 운영

07 사람이 모이면 그 안에는 문화가 생긴다. 즉, 조직을 이루는 구성원 사이에서 공유된 생활양식이나 가치를 '조직문화'라고 한다. 다음 중 조직문화가 갖는 특징으로 적절하지 않은 것은?

① 구성 요소에는 리더십 스타일, 제도 및 절차, 구성원, 구조 등이 있다.
② 조직 구성원들에게 일체감과 정체성을 준다.
③ 조직의 안정성을 유지하는 데 기여한다.
④ 구성원들 개개인의 다양성을 강화해준다.

08 다음 글의 밑줄 친 '마케팅 기법'에 대한 설명으로 적절한 것을 〈보기〉에서 모두 고르면?

> 기업들이 신제품을 출시하면서 한정된 수량만 제작 판매하는 한정판 제품을 잇따라 내놓고 있다. 이번 기회가 아니면 더 이상 구입할 수 없다는 메시지를 끊임없이 던지며 소비자의 호기심을 자극하는 <u>마케팅 기법</u>이다. J자동차 회사는 가죽 시트와 일부 외형을 기존 제품과 다르게 한 모델을 8,000대 한정 판매하였는데, 단기간에 매진을 기록하였다.

> **보기**
>
> ㄱ. 소비자의 충동 구매를 유발하기 쉽다.
> ㄴ. 이윤 증대를 위한 경영 혁신의 한 사례이다.
> ㄷ. 의도적으로 공급의 가격탄력성을 크게 하는 방법이다.
> ㄹ. 소장 가치가 높은 상품을 대상으로 하면 더 효과적이다.

① ㄱ, ㄴ ② ㄱ, ㄷ
③ ㄷ, ㄹ ④ ㄱ, ㄴ, ㄹ

09 티베트에서는 손님이 찻잔을 비우면 주인이 계속 첨잔을 하는 것이 기본예절이며, 손님의 입장에서 주인이 권하는 차를 거절하면 실례가 된다. 티베트에 출장 중인 G사원은 이를 숙지하고 티베트인 집에서 차 대접을 받게 되었다. G사원이 찻잔을 비울 때마다 주인이 계속 첨잔을 하여 곤혹을 겪고 있을 때, G사원의 행동으로 가장 적절한 것은?

① 주인에게 그만 마시고 싶다며 단호하게 말한다.
② 잠시 자리를 피하도록 한다.
③ 차를 다 비우지 말고 입에 살짝 댄다.
④ 힘들지만 계속 마시도록 한다.

10 국제문화에 대한 다음 대화 내용 중 적절하지 않은 말을 한 사람은?

> 철수 : 12월에 필리핀에 흑색경보가 내려져서 안 가길 잘했어. 아직 해제 발표가 없으니 지금도 들어가지 못할 거야.
> 만수 : 요새 환율이 올라서 해외여행을 하기에 좋아.
> 영수 : 환율이 올라서 수출사업하는 사람들이 이득을 보겠네.
> 희수 : 미국에 가고 싶었는데 ESTA 신청을 안 해서 관광을 못 할 것 같아.

① 철수 ② 만수
③ 영수 ④ 희수

11 11월 15일부터 11월 19일까지 미국 지점 방문을 위해 출장을 가는 박차장은 총무부 이사원으로부터 출장일정과 함께 국제매너가 정리되어 있는 메일을 받았다. 밑줄 친 내용 중 적절하지 않은 것은?

22-11-09-수 13:30
제목 : 해외 출장일정 및 기타사항
수신 : 박◇◇(nhpark@nh.co.kr)
발신 : 이○○(leenh@nh.co.kr)

안녕하십니까. 저는 총무부 이○○입니다. 11월 15일부터 19일까지 있을 출장일정과 알아두면 좋을 내용까지 함께 정리해서 보냅니다.

◆ 출장일정 및 장소 : 미국, 2022년 11월 15일(화) – 2022년 11월 19일(토)

일시	장소 및 내용
11월 15일(화) ~ 11월 16일(수)	• 뉴욕(N은행) – 현지영업 수행상태 점검 • 뉴욕(N증권) – 현지영업 수행상태 점검 및 시장조사
11월 17일(목) ~ 11월 18일(금)	• LA(중앙회) – 2021년 상·하반기 농산물 시장개척 활동 지원 확인 – 2021년 상·하반기 정부조사 보고
11월 19일(토)	• 샌프란시스코 – LA(중앙회)·뉴욕(N은행·N증권) 지점장과 함께 만찬

◆ 알아두면 좋은 국제매너
  [인사예절]
  • 악수방법 : ① 상대방의 눈이나 얼굴을 보면서 오른손으로 상대방의 오른손을 잠시 힘주어서 잡았다가 놓는다.
  • 대화법 : 이름이나 호칭을 어떻게 부를지 먼저 물어보는 것의 예의이다.
  [시간약속]
  ② 미국은 시간엄수를 매우 중요하게 생각한다.
  [식사예절]
  • 수프는 소리 내면서 먹지 않는다.
  • ③ 포크와 나이프는 몸에서 가장 안쪽에 있는 것부터 사용한다.
  • ④ 뜨거운 수프는 입으로 불어서 식히지 않고 숟가락으로 저어서 식혀야 한다.
  • 빵은 수프를 먹고 난 후부터 먹으며, 디저트 직전 식사가 끝날 때까지 먹을 수 있다.
  • 스테이크는 잘라가면서 먹는 것이 좋다.
  • 생선요리는 뒤집어 먹지 않는다.

12 J공사 해외사업팀의 조대리는 신규 해외사업을 발굴하는 업무를 담당하고 있다. 조대리는 이러한 업무와 관련하여 국제적인 감각을 키우기 위해 매일 아침 국제동향을 파악한다. 다음 중 국제동향을 파악하기 위한 행동으로 적절하지 않은 것은?

① 해외사이트를 방문하여 최신이슈를 확인한다.
② 매일 아침 신문의 국제면을 읽는다.
③ 업무와 관련된 분야의 국제잡지를 정기 구독한다.
④ 업무와 관련된 국내의 법률, 법규 등을 공부한다.

13 다음 중 팀에 대한 설명으로 적절하지 않은 것은?

① 구성원들이 공동의 목표를 성취하기 위하여 서로 기술을 공유하고 공동으로 책임을 지는 집단이다.
② 다른 집단들에 비해 구성원들의 개인적 기여를 강조하지 않으며, 개인적 책임뿐만 아니라 상호 공동책임을 중요시한다.
③ 다른 집단과 비교하여 팀에서는 자율성을 가지고 스스로 관리하는 경향이 있다.
④ 팀은 생산성을 높이고 의사결정을 신속하게 내리며 구성원들의 다양한 창의성 향상을 도모하기 위하여 조직된다.

14 다음 글에서 설명하고 있는 리더십능력은 무엇인가?

> 개인이 지닌 능력을 최대한 발휘하여 목표를 이룰 수 있도록 돕는 일로, 커뮤니케이션 과정의 모든 단계에서 활용할 수 있다. 직원들에게 질문을 던지는 한편 직원들의 의견을 적극적으로 경청하고, 필요한 지원을 아끼지 않아 생산성을 높이고 기술 수준을 발전시키며, 자기 향상을 도모하는 직원들에게 도움을 주고 업무에 대한 만족감을 높이는 과정이다. 즉, 관리가 아닌 커뮤니케이션의 도구이다.

① 코칭   ② 티칭
③ 멘토링   ④ 컨설팅

15 다음은 조직 구조에 대한 설명이다. 이에 해당되는 조직 유형은?

> 의사결정 권한이 조직의 상층부에 집중되어 있다. 조직의 규모가 작거나 신설 조직이며 조직의 활동에 많은 예산이 필요할 때, 조직이 위기에 처하거나 직원들의 능력이 부족할 때 장점을 가지게 되는 구조로 행정의 통일성, 빠른 결정 등이 가능하다.

① 분권화   ② 집권화

③ 수평적   ④ 공식성

16 다음 중 탁월한 조직을 만드는 원칙을 통해 유추할 수 있는 내용으로 적절하지 않은 것은?

> **〈탁월한 조직을 만드는 원칙〉**
>
> • 리더의 단결을 구축하고 유지하라.
> • 조직의 비전을 명확히 하라.
> • 조직의 비전에 대해 자주 의사소통하라.
> • 인력시스템 구축으로 조직의 비전을 강화하라.

① 조직의 비전에 관한 내용을 직원들에게 전달할 경우 세부적으로 자세하게 설명해야 한다.

② 조직 구성원 모두에게 필요하다고 판단될 때는 채용되고, 관리되고, 보수를 받고, 해고될 수 있다는 사실을 분명히 밝혀야 한다.

③ '어떤 차별화된 전략으로 사업에 임하고 있는가.'와 같은 질문에 대답할 수 있어야 한다.

④ 비전이 명확한 조직은 구성원들이 회사의 가치관, 목표와 전략 등에 대해 같은 입장을 취한다.

17 다음 글의 빈칸에 들어갈 용어에 대한 설명으로 적절하지 않은 것은?

> 조직과 환경은 영향을 주고받는다. 조직도 환경에 영향을 미치기는 하지만, 환경은 조직의 생성, 지속 및 발전에 지대한 영향력을 가지고 있다. 오늘날 조직을 둘러싼 환경은 급변하고 있으며, 조직은 생존하기 위하여 이러한 환경의 변화를 읽고 적응해 나가야 한다. 이처럼 환경의 변화에 맞춰 조직이 새로운 아이디어나 행동을 받아들이는 것을 _____라고 한다.

① 환경의 변화를 인지하는 데에서 시작된다.

② 조직의 세부목표나 경영방식을 수정하거나, 규칙이나 규정 등을 새로 제정하기도 한다.

③ 조직의 목적과 일치시키기 위해 구성원들의 사고방식 변화를 방지한다.

④ 신기술의 발명을 통해 생산성을 높일 수도 있다.

18 다음 글을 읽고 외부경영활동으로 볼 수 있는 것은?

> 경영활동은 외부경영활동과 내부경영활동으로 구분하여 볼 수 있다. 외부경영활동은 조직외부에서 조직의 효과성을 높이기 위해 이루어지는 활동이다. 다음으로 내부경영활동은 조직 내부에서 자원들을 관리하는 것이다.

① 마케팅 활동　　　　　　　　② 직원 부서 배치
③ 직원 채용　　　　　　　　　④ 직원 교육훈련

19 다음 글을 읽고 브레인스토밍에 대한 설명으로 적절하지 않은 것은?

> 집단에서 의사결정을 하는 대표적인 방법으로 브레인스토밍이 있다. 브레인스토밍은 일정한 테마에 관하여 회의형식을 채택하고, 구성원의 자유발언을 통해 아이디어의 제시를 요구하여 발상을 찾아내려는 방법으로 볼 수 있다.

① 다른 사람이 아이디어를 제시할 때, 비판을 통해 새로운 아이디어를 창출한다.
② 아이디어는 적게 나오는 것 보다는 많이 나올수록 좋다.
③ 자유분방하고 엉뚱하기까지 한 의견을 출발점으로 해서 아이디어를 전개시켜 나갈 수 있다.
④ 문제에 대한 제안은 자유롭게 이루어질 수 있다.

20 직장 내 효과적인 업무 수행을 위해서는 조직의 체제와 경영에 대해 이해하는 조직이해능력이 필요하다. 다음 중 조직이해능력에 대한 설명으로 적절하지 않은 것은?

① 조직을 구성하고 있는 개개인에 대해 정확히 파악하고 있다면 조직의 실체를 완전히 이해할 수 있다.
② 조직의 규모가 커질수록 구성원 간 정보 공유가 어려워지므로 조직이해에 더 많은 시간과 관심을 기울여야 한다.
③ 조직 구성원 간 긍정적 인간관계를 유지하는 것뿐만 아니라 조직의 체제와 경영 원리를 이해하는 것도 중요하다.
④ 사회가 급변하면서 많은 조직들이 생성·변화함에 따라 조직이해능력의 중요성도 커지고 있다.

01 다음 엑셀 시트에서 [D2:D7] 영역처럼 표시하려고 할 때, [D2] 셀에 입력할 수식으로 옳은 것은?

◢	A	B	C	D
1	성명	주민등록번호	생년월일	성별
2	문혜정	961208-2111112	961208	여성
3	김성현	920511-1222222	920511	남성
4	신미숙	890113-2333333	890113	여성
5	이승훈	901124-1555555	901124	남성
6	최문섭	850613-1666666	850613	남성
7	성은미	990605-2777777	990605	여성

① =IF(B2="1","여성","남성")

② =IF(LEFT(B2,1)="1","여성","남성")

③ =IF(TEXT(B2,1)="1","여성","남성")

④ =IF(MID(B2,8,1)="1","남성","여성")

02 J사에 근무하는 A사원은 다음 시트에서 생년월일이 표시된 [B2:B5] 영역을 이용하여 [C2:C5] 영역에 다음과 같이 팀원들의 만 나이를 표시하였다. [C2] 셀에 입력된 수식으로 바른 것은? (단, 오늘을 기준으로 한다)

◢	A	B	C
1	성명	생년월일	(만) 나이
2	김기수	19930627	27
3	최선하	19920712	28
4	이아름	19950328	25
5	강윤정	19960725	24

① =DATEDIF((TEXT(B2,"0000-00-00")),TODAY(),"y")

② =DATEDIF(B2,TODAY(),"y")

③ =DATEDIF((TEXT(B2,"0000-00-00")),TODAY(),"d")

④ =DATEDIF(B2,TODAY(),"d")

03 다음 중 아래의 워크시트를 참조하여 작성한 수식 「=INDEX(A3:E9,MATCH(SMALL(B3:B9,2), B3:B9,0),5)」의 결과는?

	A	B	C	D	E
1					(단위 : 개, 원)
2	상품명	판매수량	단가	판매금액	원산지
3	참외	5	2,000	10,000	대구
4	바나나	12	1,000	12,000	서울
5	감	10	1,500	15,000	부산
6	포도	7	3,000	21,000	대전
7	사과	20	800	16,000	광주
8	오렌지	9	1,200	10,800	전주
9	수박	8	10,000	80,000	춘천

① 21,000
③ 15,000
② 대전
④ 광주

04 다음은 J사의 일일판매내역이다. (가) 셀에 〈보기〉와 같은 함수를 입력했을 때, 결괏값으로 옳은 것은?

	A	B	C	D
1				(가)
2				
3	제품이름	단가	수량	할인적용
4	J소스	200	5	90%
5	J아이스크림	100	3	90%
6	J맥주	150	2	90%
7	J커피	300	1	90%
8	J캔디	200	2	90%
9	J조림	100	3	90%
10	J과자	50	6	90%

보기

=SUMPRODUCT(B4:B10,C4:C10,D4:D10)

① 2,610
③ 2,710
② 2,700
④ 2,900

05 다음은 정보분석 단계에 대한 자료이다. 빈칸 ㉠ ~ ㉢에 들어갈 단계들을 바르게 짝지은 것은?

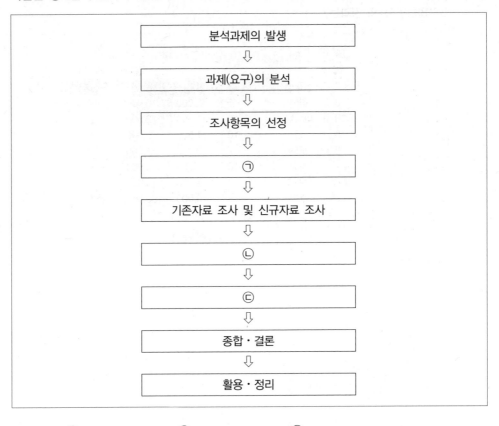

분석과제의 발생

⇩

과제(요구)의 분석

⇩

조사항목의 선정

⇩

㉠

⇩

기존자료 조사 및 신규자료 조사

⇩

㉡

⇩

㉢

⇩

종합 · 결론

⇩

활용 · 정리

	㉠	㉡	㉢
①	관련정보의 수집	항목별 분석	수집 정보의 분류
②	관련정보의 수집	수집 정보의 분류	항목별 분석
③	수집 정보의 분류	관련정보의 수집	항목별 분석
④	수집 정보의 분류	항목별 분석	관련정보의 수집

06 다음 시트와 같이 월~금요일까지는 '업무'로, 토요일과 일요일에는 '휴무'로 표시하고자 할 때 [B2] 셀에 입력해야 할 함수식으로 옳지 않은 것은?

	A	B
1	일자	휴무, 업무
2	2023-01-07	휴무
3	2023-01-08	휴무
4	2023-01-09	업무
5	2023-01-10	업무
6	2023-01-11	업무
7	2023-01-12	업무
8	2023-01-13	업무

① =IF(OR(WEEKDAY(A2,0)=0,WEEKDAY(A2,0)=6),"휴무","업무")

② =IF(OR(WEEKDAY(A2,1)=1,WEEKDAY(A2,1)=7),"휴무","업무")

③ =IF(WEEKDAY(A2,2)>=6,"휴무","업무")

④ =IF(WEEKDAY(A2,3)>=5,"휴무","업무")

07 다음 시트에서 [A2:A4] 영역의 데이터를 이용하여 [C2:C4] 영역처럼 표시하려고 할 때, [C2] 셀에 입력할 수식으로 옳은 것은?

	A	B	C
1	주소	사원 수	출신지
2	서귀포시	10	서귀포
3	여의도동	90	여의도
4	김포시	50	김포

① =LEFT(A2,LEN(A2)-1)

② =RIGHT(A2,LENGTH(A2))-1

③ =MID(A2,1,VALUE(A2))

④ =LEFT(A2,TRIM(A2))-1

08 다음 중 Windows 환경에서 스크린샷 기능을 수행하는 키 조합으로 옳은 것을 〈보기〉에서 모두 고른 것은?

> **보기**
>
> ㄱ. 〈Prtscn〉
> ㄴ. 〈Ctrl〉＋〈F5〉
> ㄷ. Windows 로고 키＋〈Shift〉＋〈S〉
> ㄹ. 〈F2〉

① ㄱ, ㄴ   ② ㄱ, ㄷ
③ ㄴ, ㄷ   ④ ㄴ, ㄹ

09 다음 대화를 읽고 K사원이 안내할 엑셀함수로 가장 적절한 것은?

> P과장 : K씨, 제품 일련번호가 짝수인 것과 홀수인 것을 구분하고 싶은데, 일일이 찾아 분류하자니 데이터가 너무 많아 번거로울 것 같아. 엑셀로 분류할 수 있는 방법이 없을까?
> K사원 : 네, 과장님. _____ 함수를 사용하면 편하게 분류할 수 있습니다. 이 함수는 지정한 숫자를 특정 숫자로 나눈 나머지를 알려줍니다. 만약 제품 일련번호를 2로 나누면 나머지가 0 또는 1이 나오는데, 여기서 나머지가 0이 나오는 것은 짝수이고 나머지가 1이 나오는 것은 홀수이기 때문에 분류가 빠르고 쉽게 됩니다. 분류하실 때는 필터기능을 함께 사용하면 더욱 간단해집니다.
> P과장 : 그렇게 하면 간단히 처리할 수 있겠어. 정말 큰 도움이 되었네.

① SUMIF   ② MOD
③ INT   ④ NOW

10 J공사에는 시각 장애를 가진 K사원이 있다. K사원의 원활한 컴퓨터 사용을 위해 동료 사원들이 도움을 주고자 대화를 나누었다. 다음 사원 중 옳게 설명한 사람은?

① A사원 : K사원은 Windows [제어판]에서 [접근성 센터]의 기능에 도움을 받는 게 좋겠어.
② B사원 : 아니야. [동기화 센터]의 기능을 활용해야지.
③ C사원 : [파일 탐색기]의 [옵션]을 활용하면 도움이 될 거야
④ D사원 : [관리 도구]의 기능이 좋을 것 같아.

11 다음 중 하이퍼텍스트(Hypertext)에 대한 설명으로 옳지 않은 것은?

① 하이퍼텍스트는 사용자의 선택에 따라 관련 있는 쪽으로 옮겨갈 수 있도록 조직화된 정보를 말한다.

② 월드와이드웹의 발명을 이끈 주요 개념이 되었다.

③ 여러 명의 사용자가 서로 다른 경로를 통해 접근할 수 있다.

④ 하이퍼텍스트는 선형 구조를 가진다.

12 다음 중 파일 삭제 시 파일이 [휴지통]에 임시 보관되어 복원이 가능한 경우는?

① 바탕 화면에 있는 파일을 [휴지통]으로 드래그 앤 드롭하여 삭제한 경우

② USB 메모리에 저장된 파일을 〈Delete〉 키로 삭제한 경우

③ 네트워크 드라이브의 파일을 바로 가기 메뉴의 [삭제]를 클릭하여 삭제한 경우

④ [휴지통]의 크기를 0%로 설정한 후 [내 문서] 폴더 안의 파일을 삭제한 경우

13 다음 빈칸에 공통으로 들어갈 용어로 옳은 것은?

> _____은/는 '언제 어디에나 존재한다'는 뜻의 라틴어로, 사용자가 컴퓨터나 네트워크를 의식하지 않고 장소에 상관없이 자유롭게 네트워크에 접속할 수 있는 환경을 말한다. 그리고 컴퓨터 관련 기술이 생활 구석구석에 스며들어 있음을 뜻하는 '퍼베이시브 컴퓨팅(Pervasive Computing)'과 같은 개념이다.
>
> _____화가 이루어지면 가정·자동차는 물론, 심지어 산 꼭대기에서도 정보기술을 활용할 수 있고, 네트워크에 연결되는 컴퓨터 사용자의 수도 늘어나 정보기술산업의 규모와 범위도 그만큼 커지게 된다. 그러나 _____ 네트워크가 이루어지기 위해서는 광대역통신과 컨버전스 기술의 일반화, 정보기술 기기의 저가격화 등 정보기술의 고도화가 전제되어야 한다. 그러나 _____은/는 휴대성과 편의성뿐 아니라 시간과 장소에 구애받지 않고도 네트워크에 접속할 수 있는 장점 때문에 현재 세계적인 개발 경쟁이 일고 있다.

① 유비쿼터스(Ubiquitous)

② AI(Artificial Intelligence)

③ 딥 러닝(Deep Learning)

④ 블록체인(Block Chain)

14 다음 제시문에서 나타나는 사회는?

> 이 세상에서 필요로 하는 정보가 사회의 중심이 되는 사회로서 컴퓨터 기술과 정보통신 기술을 활용하여 사회 각 분야에서 필요로 하는 가치 있는 정보를 창출하고, 보다 유익하고 윤택한 생활을 영위하는 사회로 발전시켜 나가는 것을 뜻한다.

① 정보화 사회　　　　　　　　　　② 산업화 사회
③ 농업 사회　　　　　　　　　　　④ 미래 사회

15 다음 기사에서 설명하는 것으로 옳은 것은?

> 코로나19로 인한 경제 침체 상황 속에서 무선 이어폰, 스마트워치 등의 시장이 전년보다 크게 성장해 화제가 되고 있다. 이는 코로나19 팬데믹 확산으로 인한 온라인 학습 및 재택근무, 헬스케어 등이 확대되면서 그와 관련된 기기의 수요가 늘어났기 때문으로 보인다.

① 그리드 컴퓨팅　　　　　　　　　② 디바이스 프리
③ 웨어러블 디바이스　　　　　　　④ 클라우드 컴퓨팅

16 다음 중 정보관리에 대한 설명으로 옳지 않은 것을 〈보기〉에서 모두 고르면?

> **보기**
> ㉠ 목록을 이용하여 정보를 관리하는 경우, 중요한 항목을 찾아 정리하는 과정으로 이루어진다.
> ㉡ 정보 내에 포함된 키워드 등 세부요소를 찾고자 하는 경우, 목록을 이용한 정보관리가 효율적이다.
> ㉢ 색인을 이용해 정보를 관리하는 경우, 색인은 색인어와 위치정보로 구성된다.

① ㉠　　　　　　　　　　　　　　② ㉡
③ ㉠, ㉡　　　　　　　　　　　　④ ㉡, ㉢

17 다음 중 데이터베이스의 필요성에 대한 설명으로 옳지 않은 것을 〈보기〉에서 모두 고르면?

> **보기**
> ㉠ 데이터베이스를 이용하면 데이터 관리상의 보안을 높일 수 있다.
> ㉡ 데이터베이스 도입만으로 특정 자료 검색을 위한 효율이 높아진다고 볼 수는 없다.
> ㉢ 데이터베이스를 이용하면 데이터 관리 효율은 높일 수 있지만, 데이터의 오류를 수정하기가 어렵다.
> ㉣ 데이터가 양적으로 방대하다고 해서 반드시 좋은 것은 아니다. 데이터베이스를 형성해 중복된 데이터를 줄여야 한다.

① ㉠, ㉡   ② ㉠, ㉢

③ ㉡, ㉢   ④ ㉢, ㉣

18 다음 중 인터넷 정보 검색 시 주의 사항에 대하여 바르게 설명한 사람을 〈보기〉에서 모두 고르면?

> **보기**
> • 김대리 : 검색 엔진은 필요한 정보에 따라 다양하므로 용도에 적합한 것으로 이용해야 해.
> • 정사원 : 키워드가 길면 검색 범위가 너무 좁아지므로 키워드는 최대한 짧게 하는 게 좋아.
> • 박주임 : 최선의 정보 검색 수단은 웹 검색이야. 적극적으로 활용할 필요가 있어.
> • 최과장 : 검색 엔진이 제공하는 웹 검색 결과가 항상 정확한 자료인 것은 아니야. 그래서 결과 안에서 직접 필요한 자료를 선별해내는 것이 필요해.

① 김대리, 정사원   ② 김대리, 최과장

③ 정사원, 박주임   ④ 정사원, 최과장

19 다음 중 빈칸에 들어갈 용어로 옳은 것은?

> _____은/는 웹 서버에 대용량의 저장 기능을 갖추고 인터넷을 통하여 이용할 수 있게 하는 서비스를 뜻한다. 초기에는 대용량의 파일 작업을 하는 디자이너, 설계사, 건축가들이 빈번하게 이루어지는 공동 작업과 자료 교환을 용이하게 하기 위해 각 회사 나름대로 해당 시스템을 구축하게 되었는데, 이와 똑같은 시스템을 사용자에게 무료로 제공하는 웹 사이트들이 생겨나기 시작하면서, 일반인들도 이용하게 되었다.

① RFID   ② 인터넷 디스크

③ 이더넷   ④ M2M(Machine To Machine)

20 다음 프로그램의 실행 결과로 옳은 것은?

```
public class test {
    public static void main(String[] args) {
        int i , sum = 0;
        for ( i = 1; i <= 110; i++) {
            if( i % 4 == 0)
                    sum = sum + 1;
        }
        System.out.printf("%d", sum);
    }
}
```

① 25   ② 26

③ 27   ④ 28

PART **5**

합격의 공식 SD에듀 www.sdedu.co.kr

채용 가이드

01 | 블라인드 채용 소개

1. 블라인드 채용이란?

채용 과정에서 편견이 개입되어 불합리한 차별을 야기할 수 있는 출신지, 가족관계, 학력, 외모 등의 편견요인은 제외하고, 직무능력만을 평가하여 인재를 채용하는 방식입니다.

2. 블라인드 채용의 필요성

- 채용의 공정성에 대한 사회적 요구
  - 누구에게나 직무능력만으로 경쟁할 수 있는 균등한 고용기회를 제공해야 하나, 아직도 채용의 공정성에 대한 불신이 존재
  - 채용상 차별금지에 대한 법적 요건이 권고적 성격에서 처벌을 동반한 의무적 성격으로 강화되는 추세
  - 시민의식과 지원자의 권리의식 성숙으로 차별에 대한 법적 대응 가능성 증가
- 우수인재 채용을 통한 기업의 경쟁력 강화 필요
  - 직무능력과 무관한 학벌, 외모 위주의 선발로 우수인재 선발기회 상실 및 기업경쟁력 약화
  - 채용 과정에서 차별 없이 직무능력중심으로 선발한 우수인재 확보 필요
- 공정한 채용을 통한 사회적 비용 감소 필요
  - 편견에 의한 차별적 채용은 우수인재 선발을 저해하고 외모・학벌 지상주의 등의 심화로 불필요한 사회적 비용 증가
  - 채용에서의 공정성을 높여 사회의 신뢰수준 제고

3. 블라인드 채용의 특징

편견요인을 요구하지 않는 대신 직무능력을 평가합니다.

블라인드 채용 = 편견유발 요인제외 + 직무능력 중심평가

※ 직무능력중심 채용이란?
기업의 역량기반 채용, NCS기반 능력중심 채용과 같이 직무수행에 필요한 능력과 역량을 평가하여 선발하는 채용방식을 통칭합니다.

4. 블라인드 채용의 평가요소

직무수행에 필요한 지식, 기술, 태도 등을 과학적인 선발기법을 통해 평가합니다.

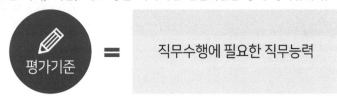

※ 과학적 선발기법이란?
직무분석을 통해 도출된 평가요소를 서류, 필기, 면접 등을 통해 체계적으로 평가하는 방법으로 입사지원서, 자기소개서, 직무수행능력평가, 구조화 면접 등이 해당됩니다.

5. 블라인드 채용 주요 도입 내용

- 입사지원서에 인적사항 요구 금지
  - 인적사항에는 출신지역, 가족관계, 결혼여부, 재산, 취미 및 특기, 종교, 생년월일(연령), 성별, 신장 및 체중, 사진, 전공, 학교명, 학점, 외국어 점수, 추천인 등이 해당
  - 채용 직무를 수행하는 데 있어 반드시 필요하다고 인정될 경우는 제외
    예 특수경비직 채용 시 : 시력, 건강한 신체 요구
    　　연구직 채용 시 : 논문, 학위 요구 등
- 블라인드 면접 실시
  - 면접관에게 응시자의 출신지역, 가족관계, 학교명 등 인적사항 정보 제공 금지
  - 면접관은 응시자의 인적사항에 대한 질문 금지

6. 블라인드 채용 도입의 효과성

- 구성원의 다양성과 창의성이 높아져 기업 경쟁력 강화
  - 편견을 없애고 직무능력 중심으로 선발하므로 다양한 직원 구성 가능
  - 다양한 생각과 의견을 통하여 기업의 창의성이 높아져 기업경쟁력 강화
- 직무에 적합한 인재선발을 통한 이직률 감소 및 만족도 제고
  - 사전에 지원자들에게 구체적이고 상세한 직무요건을 제시함으로써 허수 지원이 낮아지고, 직무에 적합한 지원자 모집 가능
  - 직무에 적합한 인재가 선발되어 직무이해도가 높아져 업무효율 증대 및 만족도 제고
- 채용의 공정성과 기업이미지 제고
  - 블라인드 채용은 사회적 편견을 줄인 선발 방법으로 기업에 대한 사회적 인식 제고
  - 채용과정에서 불합리한 차별을 받지 않고 실력에 의해 공정하게 평가를 받을 것이라는 믿음을 제공하고, 지원자들은 평등한 기회와 공정한 선발과정 경험

02 | 서류전형 가이드

01 채용공고문

1. 채용공고문의 변화

기존 채용공고문	변화된 채용공고문
• 취업준비생에게 불충분하고 불친절한 측면 존재 • 모집분야에 대한 명확한 직무관련 정보 및 평가기준 부재 • 해당분야에 지원하기 위한 취업준비생의 무분별한 스펙 쌓기 현상 발생	• NCS 직무분석에 기반한 채용공고를 토대로 채용전형 진행 • 지원자가 입사 후 수행하게 될 업무에 대한 자세한 정보 공지 • 직무수행내용, 직무수행 시 필요한 능력, 관련된 자격, 직업기초능력 제시 • 지원자가 해당 직무에 필요한 스펙만을 준비할 수 있도록 안내
• 모집부문 및 응시자격 • 지원서 접수 • 전형절차 • 채용조건 및 처우 • 기타사항	• 채용절차 • 채용유형별 선발분야 및 예정인원 • 전형방법 • 선발분야별 직무기술서 • 우대사항

2. 지원 유의사항 및 지원요건 확인

채용 직무에 따른 세부사항을 공고문에 명시하여 지원자에게 적격한 지원 기회를 부여함과 동시에 채용과정에서의 공정성과 신뢰성을 확보합니다.

구성	내용	확인사항
모집분야 및 규모	고용형태(인턴 계약직 등), 모집분야, 인원, 근무지역 등	채용직무가 여러 개일 경우 본인이 해당되는 직무의 채용규모 확인
응시자격	기본 자격사항, 지원조건	지원을 위한 최소자격요건을 확인하여 불필요한 지원을 예방
우대조건	법정·특별·자격증 가점	본인의 가점 여부를 검토하여 가점 획득을 위한 사항을 사실대로 기재
근무조건 및 보수	고용형태 및 고용기간, 보수, 근무지	본인이 생각하는 기대수준에 부합하는지 확인하여 불필요한 지원을 예방
시험방법	서류·필기·면접전형 등의 활용방안	전형방법 및 세부 평가기법 등을 확인하여 지원전략 준비
전형일정	접수기간, 각 전형 단계별 심사 및 합격자 발표일 등	본인의 지원 스케줄을 검토하여 차질이 없도록 준비
제출서류	입사지원서(경력·경험기술서 등), 각종 증명서 및 자격증 사본 등	지원요건 부합 여부 및 자격 증빙서류 사전에 준비
유의사항	임용취소 등의 규정	임용취소 관련 법적 또는 기관 내부 규정을 검토하여 해당여부 확인

02 | 직무기술서

직무기술서란 직무수행의 내용과 필요한 능력, 관련 자격, 직업기초능력 등을 상세히 기재한 것으로 입사 후 수행하게 될 업무에 대한 정보가 수록되어 있는 자료입니다.

1. 채용분야

설명

NCS 직무분류 체계에 따라 직무에 대한 「대분류 – 중분류 – 소분류 – 세분류」 체계를 확인할 수 있습니다. 채용 직무에 대한 모든 직무기술서를 첨부하게 되며 실제 수행 업무를 기준으로 세부적인 분류정보를 제공합니다.

채용분야	분류체계			
사무행정	대분류	중분류	소분류	세분류
분류코드	02. 경영·회계·사무	03. 재무·회계	01. 재무	01. 예산
				02. 자금
			02. 회계	01. 회계감사
				02. 세무

2. 능력단위

설명

직무분류 체계의 세분류 하위능력단위 중 실질적으로 수행할 업무의 능력만 구체적으로 파악할 수 있습니다.

능력단위	(예산)	03. 연간종합예산수립 05. 확정예산 운영	04. 추정재무제표 작성 06. 예산실적 관리
	(자금)	04. 자금운용	
	(회계감사)	02. 자금관리 05. 회계정보시스템 운용 07. 회계감사	04. 결산관리 06. 재무분석
	(세무)	02. 결산관리 07. 법인세 신고	05. 부가가치세 신고

3. 직무수행내용

설명

세분류 영역의 기본정의를 통해 직무수행내용을 확인할 수 있습니다. 입사 후 수행할 직무내용을 구체적으로 확인할 수 있으며, 이를 통해 입사서류 작성부터 면접까지 직무에 대한 명확한 이해를 바탕으로 자신의 희망직무인지 아닌지, 해당 직무가 자신이 알고 있던 직무가 맞는지 확인할 수 있습니다.

직무수행내용	(예산) 일정기간 예상되는 수익과 비용을 편성, 집행하며 통제하는 일
	(자금) 자금의 계획 수립, 조달, 운용을 하고 발생 가능한 위험 관리 및 성과평가
	(회계감사) 기업 및 조직 내·외부에 있는 의사결정자들이 효율적인 의사결정을 할 수 있도록 유용한 정보를 제공, 제공된 회계정보의 적정성을 파악하는 일
	(세무) 세무는 기업의 활동을 위하여 주어진 세법범위 내에서 조세부담을 최소화시키는 조세전략을 포함하고 정확한 과세소득과 과세표준 및 세액을 산출하여 과세당국에 신고·납부하는 일

4. 직무기술서 예시

태도	(예산) 정확성, 분석적 태도, 논리적 태도, 타 부서와의 협조적 태도, 설득력
	(자금) 분석적 사고력
	(회계 감사) 합리적 태도, 전략적 사고, 정확성, 적극적 협업 태도, 법률준수 태도, 분석적 태도, 신속성, 책임감, 정확한 판단력
	(세무) 규정 준수 의지, 수리적 정확성, 주의 깊은 태도
우대 자격증	공인회계사, 세무사, 컴퓨터활용능력, 변호사, 워드프로세서, 전산회계운용사, 사회조사분석사, 재경관리사, 회계관리 등
직업기초능력	의사소통능력, 문제해결능력, 자원관리능력, 대인관계능력, 정보능력, 조직이해능력

5. 직무기술서 내용별 확인사항

항목	확인사항
모집부문	해당 채용에서 선발하는 부문(분야)명 확인 예 사무행정, 전산, 전기
분류체계	지원하려는 분야의 세부직무군 확인
주요기능 및 역할	지원하려는 기업의 전사적인 기능과 역할, 산업군 확인
능력단위	지원분야의 직무수행에 관련되는 세부업무사항 확인
직무수행내용	지원분야의 직무군에 대한 상세사항 확인
전형방법	지원하려는 기업의 신입사원 선발전형 절차 확인
일반요건	교육사항을 제외한 지원 요건 확인(자격요건, 특수한 경우 연령)
교육요건	교육사항에 대한 지원요건 확인(대졸 / 초대졸 / 고졸 / 전공 요건)
필요지식	지원분야의 업무수행을 위해 요구되는 지식 관련 세부항목 확인
필요기술	지원분야의 업무수행을 위해 요구되는 기술 관련 세부항목 확인
직무수행태도	지원분야의 업무수행을 위해 요구되는 태도 관련 세부항목 확인
직업기초능력	지원분야 또는 지원기업의 조직원으로서 근무하기 위해 필요한 일반적인 능력사항 확인

1. 입사지원서의 변화

기존지원서		능력중심 채용 입사지원서
직무와 관련 없는 학점, 개인신상, 어학점수, 자격, 수상경력 등을 나열하도록 구성	VS	해당 직무수행에 꼭 필요한 정보들을 제시할 수 있도록 구성

직무기술서		인적사항	성명, 연락처, 지원분야 등 작성 (평가 미반영)
직무수행내용		교육사항	직무지식과 관련된 학교교육 및 직업교육 작성
요구지식 / 기술	➡	자격사항	직무관련 국가공인 또는 민간자격 작성
관련 자격증		경력 및 경험사항	조직에 소속되어 일정한 임금을 받거나(경력) 임금 없이(경험) 직무와 관련된 활동 내용 작성
사전직무경험			

2. 교육사항

- 지원분야 직무와 관련된 학교 교육이나 직업교육 혹은 기타교육 등 직무에 대한 지원자의 학습 여부를 평가하기 위한 항목입니다.
- 지원하고자 하는 직무의 학교 전공교육 이외에 직업교육, 기타교육 등을 기입할 수 있기 때문에 전공 제한 없이 직업교육과 기타교육을 이수하여 지원이 가능하도록 기회를 제공합니다.
  (기타교육 : 학교 이외의 기관에서 개인이 이수한 교육과정 중 지원직무와 관련이 있다고 생각되는 교육내용)

구분	교육과정(과목)명	교육내용	과업(능력단위)

3. 자격사항

- 채용공고 및 직무기술서에 제시되어 있는 자격 현황을 토대로 지원자가 해당 직무를 수행하는 데 필요한 능력을 가지고 있는지를 평가하기 위한 항목입니다.
- 채용공고 및 직무기술서에 기재된 직무관련 필수 또는 우대자격 항목을 확인하여 본인이 보유하고 있는 자격사항을 기재합니다.

자격유형	자격증명	발급기관	취득일자	자격증번호

4. 경력 및 경험사항

- 직무와 관련된 경력이나 경험 여부를 표현하도록 하여 직무와 관련한 능력을 갖추었는지를 평가하기 위한 항목입니다.
- 해당 기업에서 직무를 수행함에 있어 필요한 사항만을 기록하게 되어 있기 때문에 직무와 무관한 스펙을 갖추지 않아도 됩니다.
- 경력 : 금전적 보수를 받고 일정기간 동안 일했던 경우
- 경험 : 금전적 보수를 받지 않고 수행한 활동

※ 기업에 따라 경력 / 경험 관련 증빙자료 요구 가능

구분	조직명	직위 / 역할	활동기간(년 / 월)	주요과업 / 활동내용

Tip

입사지원서 작성 방법

○ 경력 및 경험사항 작성
- 직무기술서에 제시된 지식, 기술, 태도와 지원자의 교육사항, 경력(경험)사항, 자격사항과 연계하여 개인의 직무역량에 대해 스스로 판단 가능

○ 인적사항 최소화
- 개인의 인적사항, 학교명, 가족관계 등을 노출하지 않도록 유의

부적절한 입사지원서 작성 사례
- 학교 이메일을 기입하여 학교명 노출
- 거주지 주소에 학교 기숙사 주소를 기입하여 학교명 노출
- 자기소개서에 부모님이 재직 중인 기업명, 직위, 직업을 기입하여 가족관계 노출
- 자기소개서에 석·박사 과정에 대한 이야기를 언급하여 학력 노출
- 동아리 활동에 대한 내용을 학교명과 더불어 언급하여 학교명 노출

1. 자기소개서의 변화

- 기존의 자기소개서는 지원자의 일대기나 관심 분야, 성격의 장·단점 등 개괄적인 사항을 묻는 질문으로 구성되어 지원자가 자신의 직무능력을 제대로 표출하지 못합니다.
- 능력중심 채용의 자기소개서는 직무기술서에 제시된 직업기초능력(또는 직무수행능력)에 대한 지원자의 과거 경험을 기술하게 함으로써 평가 타당도의 확보가 가능합니다.

1. 우리 회사와 해당 지원 직무분야에 지원한 동기에 대해 기술해 주세요.

2. 자신이 경험한 다양한 사회활동에 대해 기술해 주세요.

3. 지원 직무에 대한 전문성을 키우기 위해 받은 교육과 경험 및 경력사항에 대해 기술해 주세요.

4. 인사업무 또는 팀 과제 수행 중 발생한 갈등을 원만하게 해결해 본 경험이 있습니까? 당시 상황에 대한 설명과 갈등의 대상이 되었던 상대방을 설득한 과정 및 방법을 기술해 주세요.

5. 과거에 있었던 일 중 가장 어려웠던(힘들었었던) 상황을 고르고, 어떤 방법으로 그 상황을 해결했는지를 기술해 주세요.

PART 5

자기소개서 작성 방법

① 자기소개서 문항이 묻고 있는 평가 역량 추측하기

> 예시
>
> - 팀 활동을 하면서 갈등 상황 시 상대방의 니즈나 의도를 명확히 파악하고 해결하여 목표 달성에 기여했던 경험에 대해서 작성해 주시기 바랍니다.
> - 다른 사람이 생각해내지 못했던 문제점을 찾고 이를 해결한 경험에 대해 작성해 주시기 바랍니다.

② 해당 역량을 보여줄 수 있는 소재 찾기(시간×역량 매트릭스)

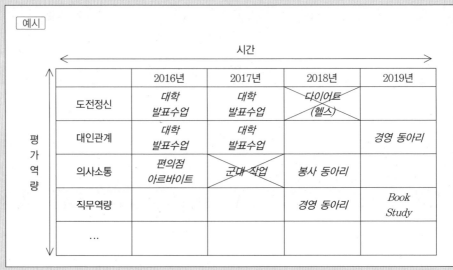

예시

시간

평가역량	2016년	2017년	2018년	2019년
도전정신	대학 발표수업	대학 발표수업	~~다이어트 (헬스)~~	
대인관계	대학 발표수업	대학 발표수업		경영 동아리
의사소통	편의점 아르바이트	~~군대 작업~~	봉사 동아리	
직무역량			경영 동아리	*Book Study*
...				

③ 자기소개서 작성 Skill 익히기
- 두괄식으로 작성하기
- 구체적 사례를 사용하기
- '나'를 중심으로 작성하기
- 직무역량 강조하기
- 경험 사례의 차별성 강조하기

03 | 인성검사 소개 및 모의테스트

01 인성검사 유형

인성검사는 지원자의 성격특성을 객관적으로 파악하고 그것이 각 기업에서 필요로 하는 인재상과 가치에 부합하는가를 평가하기 위한 검사입니다. 인성검사는 KPDI(한국인재개발진흥원), K-SAD(한국사회적성개발원), KIRBS(한국행동과학연구소), SHR(에스에이치알) 등의 전문기관을 통해 각 기업의 특성에 맞는 검사를 선택하여 실시합니다. 대표적인 인성검사의 유형에는 크게 다음과 같은 세 가지가 있으며, 채용 대행업체에 따라 달라집니다.

1. KPDI 검사

조직적응성과 직무적합성을 알아보기 위한 검사로 인성검사, 인성역량검사, 인적성검사, 직종별 인적성검사 등의 다양한 검사 도구를 구현합니다. KPDI는 성격을 파악하고 정신건강 상태 등을 측정하고, 직무검사는 해당 직무를 수행하기 위해 기본적으로 갖추어야 할 인지적 능력을 측정합니다. 역량검사는 특정 직무 역할을 효과적으로 수행하는 데 직접적으로 관련 있는 개인의 행동, 지식, 스킬, 가치관 등을 측정합니다.

2. KAD(Korea Aptitude Development) 검사

K-SAD(한국사회적성개발원)에서 실시하는 적성검사 프로그램입니다. 개인의 성향, 지적 능력, 기호, 관심, 흥미도를 종합적으로 분석하여 적성에 맞는 업무가 무엇인가 파악하고, 직무수행에 있어서 요구되는 기초능력과 실무능력을 분석합니다.

3. SHR 직무적성검사

직무수행에 필요한 종합적인 사고 능력을 다양한 적성검사(Paper and Pencil Test)로 평가합니다. SHR의 모든 직무능력검사는 표준화 검사입니다. 표준화 검사는 표본집단의 점수를 기초로 규준이 만들어진 검사이므로 개인의 점수를 규준에 맞추어 해석·비교하는 것이 가능합니다. S(Standardized Tests), H(Hundreds of Version), R(Reliable Norm Data)을 특징으로 하며, 직군·직급별 특성과 선발 수준에 맞추어 검사를 적용할 수 있습니다.

02 인성검사와 면접

인성검사는 특히 면접질문과 관련성이 높습니다. 면접관은 지원자의 인성검사 결과를 토대로 질문을 하기 때문입니다. 일관적이고 이상적인 답변을 하는 것이 가장 좋지만, 실제 시험은 매우 복잡하여 전문가라 해도 일정 성격을 유지하면서 답변을 하는 것이 힘듭니다. 또한, 인성검사에는 라이 스케일(Lie Scale) 설문이 전체 설문 속에 교묘하게 섞여 들어가 있으므로 겉치레적인 답을 하게 되면 회답태도의 허위성이 그대로 드러나게 됩니다. 예를 들어 '거짓말을 한 적이 한 번도 없다.'에 '예'로 답하고, '때로는 거짓말을 하기도 한다.'에 '예'라고 답하여 라이 스케일의 득점이 올라가게 되면 모든 회답의 신빙성이 사라지고 '자신을 돋보이게 하려는 사람'이라는 평가를 받을 수 있으므로 주의해야 합니다. 따라서 모의테스트를 통해 인성검사의 유형과 실제 시험 시 어떻게 문제를 풀어야 하는지 연습해 보고 체크한 부분 중 자신의 단점과 연결되는 부분은 면접에서 질문이 들어왔을 때 어떻게 대처해야 하는지 생각해 보는 것이 좋습니다.

03 유의사항

1. 기업의 인재상을 파악하라!

인성검사를 통해 개인의 성격 특성을 파악하고 그것이 기업의 인재상과 가치에 부합하는지를 평가하는 시험이기 때문에 해당 기업의 인재상을 먼저 파악하고 시험에 임하는 것이 좋습니다. 모의테스트에서 인재상에 맞는 가상의 인물을 설정하고 문제에 답해 보는 것도 많은 도움이 됩니다.

2. 일관성 있는 대답을 하라!

짧은 시간 안에 다양한 질문에 답을 해야 하는데, 그 안에는 중복되는 질문이 여러 번 나옵니다. 이때 앞서 자신이 체크했던 대답을 잘 기억해뒀다가 일관성 있는 답을 하는 것이 중요합니다.

3. 모든 문항에 대답하라!

많은 문제를 짧은 시간 안에 풀려다 보니 다 못 푸는 경우도 종종 생깁니다. 하지만 대답을 누락하거나 끝까지 다 못했을 경우 좋지 않은 결과를 가져올 수도 있으니 최대한 주어진 시간 안에 모든 문항에 답할 수 있도록 해야 합니다.

※ 모의테스트는 질문 및 답변 유형 연습을 위한 것으로 실제 시험과 다를 수 있습니다.

번호	내용	예	아니오
001	나는 솔직한 편이다.	☐	☐
002	나는 리드하는 것을 좋아한다.	☐	☐
003	법을 어겨서 말썽이 된 적이 한 번도 없다.	☐	☐
004	거짓말을 한 번도 한 적이 없다.	☐	☐
005	나는 눈치가 빠르다.	☐	☐
006	나는 일을 주도하기보다는 뒤에서 지원하는 것을 선호한다.	☐	☐
007	앞일은 알 수 없기 때문에 계획은 필요하지 않다.	☐	☐
008	거짓말도 때로는 방편이라고 생각한다.	☐	☐
009	사람이 많은 술자리를 좋아한다.	☐	☐
010	걱정이 지나치게 많다.	☐	☐
011	일을 시작하기 전 재고하는 경향이 있다.	☐	☐
012	불의를 참지 못한다.	☐	☐
013	처음 만나는 사람과도 이야기를 잘 한다.	☐	☐
014	때로는 변화가 두렵다.	☐	☐
015	나는 모든 사람에게 친절하다.	☐	☐
016	힘든 일이 있을 때 술은 위로가 되지 않는다.	☐	☐
017	결정을 빨리 내리지 못해 손해를 본 경험이 있다.	☐	☐
018	기회를 잡을 준비가 되어 있다.	☐	☐
019	때로는 내가 정말 쓸모없는 사람이라고 느낀다.	☐	☐
020	누군가 나를 챙겨주는 것이 좋다.	☐	☐
021	자주 가슴이 답답하다.	☐	☐
022	나는 내가 자랑스럽다.	☐	☐
023	경험이 중요하다고 생각한다.	☐	☐
024	전자기기를 분해하고 다시 조립하는 것을 좋아한다.	☐	☐
025	감시받고 있다는 느낌이 든다.	☐	☐

026	난처한 상황에 놓이면 그 순간을 피하고 싶다.	☐	☐
027	세상엔 믿을 사람이 없다.	☐	☐
028	잘못을 빨리 인정하는 편이다.	☐	☐
029	지도를 보고 길을 잘 찾아간다.	☐	☐
030	귓속말을 하는 사람을 보면 날 비난하고 있는 것 같다.	☐	☐
031	막무가내라는 말을 들을 때가 있다.	☐	☐
032	장래의 일을 생각하면 불안하다.	☐	☐
033	결과보다 과정이 중요하다고 생각한다.	☐	☐
034	운동은 그다지 할 필요가 없다고 생각한다.	☐	☐
035	새로운 일을 시작할 때 좀처럼 한 발을 떼지 못한다.	☐	☐
036	기분 상하는 일이 있더라도 참는 편이다.	☐	☐
037	업무능력은 성과로 평가받아야 한다고 생각한다.	☐	☐
038	머리가 맑지 못하고 무거운 느낌이 든다.	☐	☐
039	가끔 이상한 소리가 들린다.	☐	☐
040	타인이 내게 자주 고민상담을 하는 편이다.	☐	☐

※ 모의테스트는 질문 및 답변 유형 연습을 위한 것으로 실제 시험과 다를 수 있습니다.

※ 이 성격검사의 각 문항에는 서로 다른 행동을 나타내는 네 개의 문장이 제시되어 있습니다. 이 문장들을 비교하여, 자신의 평소 행동과 가장 가까운 문장을 'ㄱ' 열에 표기하고, 가장 먼 문장을 'ㅁ' 열에 표기하십시오.

01 나는 _____

	ㄱ	ㅁ
A. 실용적인 해결책을 찾는다.	☐	☐
B. 다른 사람을 돕는 것을 좋아한다.	☐	☐
C. 세부 사항을 잘 챙긴다.	☐	☐
D. 상대의 주장에서 허점을 잘 찾는다.	☐	☐

02 나는 _____

	ㄱ	ㅁ
A. 매사에 적극적으로 임한다.	☐	☐
B. 즉흥적인 편이다.	☐	☐
C. 관찰력이 있다.	☐	☐
D. 임기응변에 강하다.	☐	☐

03 나는 _____

	ㄱ	ㅁ
A. 무서운 영화를 잘 본다.	☐	☐
B. 조용한 곳이 좋다.	☐	☐
C. 가끔 울고 싶다.	☐	☐
D. 집중력이 좋다.	☐	☐

04 나는 _____

	ㄱ	ㅁ
A. 기계를 조립하는 것을 좋아한다.	☐	☐
B. 집단에서 리드하는 역할을 맡는다.	☐	☐
C. 호기심이 많다.	☐	☐
D. 음악을 듣는 것을 좋아한다.	☐	☐

PART 5

05 나는 _____

	ㄱ	ㅁ
A. 타인을 늘 배려한다.	☐	☐
B. 감수성이 예민하다.	☐	☐
C. 즐겨하는 운동이 있다.	☐	☐
D. 일을 시작하기 전에 계획을 세운다.	☐	☐

06 나는 _____

	ㄱ	ㅁ
A. 타인에게 설명하는 것을 좋아한다.	☐	☐
B. 여행을 좋아한다.	☐	☐
C. 정적인 것이 좋다.	☐	☐
D. 남을 돕는 것에 보람을 느낀다.	☐	☐

07 나는 _____

	ㄱ	ㅁ
A. 기계를 능숙하게 다룬다.	☐	☐
B. 밤에 잠이 잘 오지 않는다.	☐	☐
C. 한 번 간 길을 잘 기억한다.	☐	☐
D. 불의를 보면 참을 수 없다.	☐	☐

08 나는 _____

	ㄱ	ㅁ
A. 종일 말을 하지 않을 때가 있다.	☐	☐
B. 사람이 많은 곳을 좋아한다.	☐	☐
C. 술을 좋아한다.	☐	☐
D. 휴양지에서 편하게 쉬고 싶다.	☐	☐

09 나는 _____

	ㄱ	ㅁ
A. 뉴스보다는 드라마를 좋아한다.	☐	☐
B. 길을 잘 찾는다.	☐	☐
C. 주말엔 집에서 쉬는 것이 좋다.	☐	☐
D. 아침에 일어나는 것이 힘들다.	☐	☐

10 나는 _____

	ㄱ	ㅁ
A. 이성적이다.	☐	☐
B. 할 일을 종종 미룬다.	☐	☐
C. 어른을 대하는 게 힘들다.	☐	☐
D. 불을 보면 매혹을 느낀다.	☐	☐

PART 5

11 나는 _____

	ㄱ	ㅁ
A. 상상력이 풍부하다.	☐	☐
B. 예의 바르다는 소리를 자주 듣는다.	☐	☐
C. 사람들 앞에 서면 긴장한다.	☐	☐
D. 친구를 자주 만난다.	☐	☐

12 나는 _____

	ㄱ	ㅁ
A. 나만의 스트레스 해소 방법이 있다.	☐	☐
B. 친구가 많다.	☐	☐
C. 책을 자주 읽는다.	☐	☐
D. 활동적이다.	☐	☐

04 | 면접전형 가이드

1. 면접전형의 변화

기존 면접전형에서는 일상적이고 단편적인 대화나 지원자의 첫인상 및 면접관의 주관적인 판단 등에 의해서 입사 결정 여부를 판단하는 경우가 많았습니다. 이러한 면접전형은 면접 내용의 일관성이 결여되거나 직무 관련 타당성이 부족하였고, 면접에 대한 신뢰도에 영향을 주었습니다.

기존 면접(전통적 면접)		능력중심 채용 면접(구조화 면접)

• 일상적이고 단편적인 대화
• 인상, 외모 등 외부 요소의 영향
• 주관적인 판단에 의존한 총점 부여
 	
⇩
 	
• 면접 내용의 일관성 결여
• 직무관련 타당성 부족
• 주관적인 채점으로 신뢰도 저하
	VS	• 일관성
		  – 직무관련 역량에 초점을 둔 구체적 질문 목록
		  – 지원자별 동일 질문 적용
		• 구조화
		  – 면접 진행 및 평가 절차를 일정한 체계에 의해 구성
		• 표준화
		  – 평가 타당도 제고를 위한 평가 Matrix 구성
		  – 척도에 따라 항목별 채점, 개인 간 비교
		• 신뢰성
		  – 면접진행 매뉴얼에 따라 면접위원 교육 및 실습

2. 능력중심 채용의 면접 유형

① 경험 면접
  • 목적 : 선발하고자 하는 직무 능력이 필요한 과거 경험을 질문합니다.
  • 평가요소 : 직업기초능력과 인성 및 태도적 요소를 평가합니다.

② 상황 면접
  • 목적 : 특정 상황을 제시하고 지원자의 행동을 관찰함으로써 실제 상황의 행동을 예상합니다.
  • 평가요소 : 직업기초능력과 인성 및 태도적 요소를 평가합니다.

③ 발표 면접
  • 목적 : 특정 주제와 관련된 지원자의 발표와 질의응답을 통해 지원자 역량을 평가합니다.
  • 평가요소 : 직무수행능력과 인지적 역량(문제해결능력)을 평가합니다.

④ 토론 면접
  • 목적 : 토의과제에 대한 의견수렴 과정에서 지원자의 역량과 상호작용능력을 평가합니다.
  • 평가요소 : 직무수행능력과 팀워크를 평가합니다.

1. 경험 면접

① 경험 면접의 특징

- 주로 직업기초능력에 관련된 지원자의 과거 경험을 심층 질문하여 검증하는 면접입니다.
- 직무능력과 관련된 과거 경험을 평가하기 위해 심층 질문을 하며, 이 질문은 지원자의 답변에 대하여 '꼬리에 꼬리를 무는 형식'으로 진행됩니다.

- 능력요소, 정의, 심사 기준
  - 평가하고자 하는 능력요소, 정의, 심사기준을 확인하여 면접위원이 해당 능력요소 관련 질문을 제시합니다.
- Opening Question
  - 능력요소에 관련된 과거 경험을 유도하기 위한 시작 질문을 합니다.
- Follow-up Question
  - 지원자의 경험 수준을 구체적으로 검증하기 위한 질문입니다.
  - 경험 수준 검증을 위한 상황(Situation), 임무(Task), 역할 및 노력(Action), 결과(Result) 등으로 질문을 구분합니다.

경험 면접의 형태

[면접관 1]　[면접관 2]　[면접관 3]

[면접관 1]　[면접관 2]　[면접관 3]

[지원자]

〈일대다 면접〉

[지원자 1]　[지원자 2]　[지원자 3]

〈다대다 면접〉

② 경험 면접의 구조

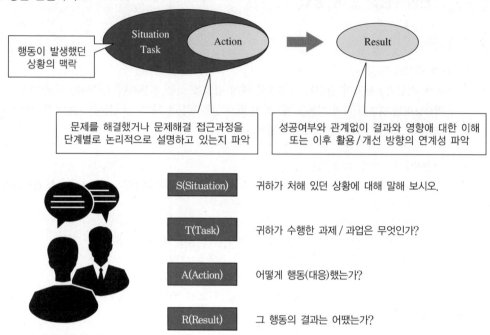

- S(Situation) — 귀하가 처해 있던 상황에 대해 말해 보시오.
- T(Task) — 귀하가 수행한 과제 / 과업은 무엇인가?
- A(Action) — 어떻게 행동(대응)했는가?
- R(Result) — 그 행동의 결과는 어땠는가?

(   )에 관한 과거 경험에 대하여 말해 보시오.

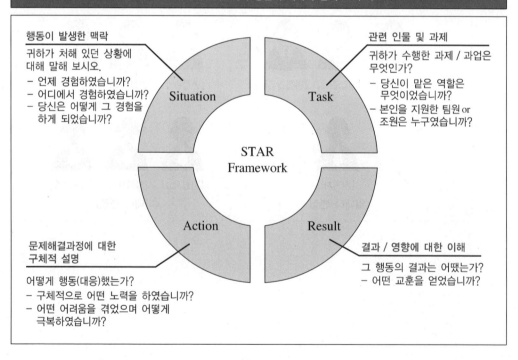

③ 경험 면접 질문 예시(직업윤리)

시작 질문	
1	남들이 신경 쓰지 않는 부분까지 고려하여 절차대로 업무(연구)를 수행하여 성과를 낸 경험을 구체적으로 말해 보시오.
2	조직의 원칙과 절차를 철저히 준수하며 업무(연구)를 수행한 것 중 성과를 향상시킨 경험에 대해 구체적으로 말해 보시오.
3	세부적인 절차와 규칙에 주의를 기울여 실수 없이 업무(연구)를 마무리한 경험을 구체적으로 말해 보시오.
4	조직의 규칙이나 원칙을 고려하여 성실하게 일했던 경험을 구체적으로 말해 보시오.
5	타인의 실수를 바로잡고 원칙과 절차대로 수행하여 성공적으로 업무를 마무리하였던 경험에 대해 말해 보시오.

후속 질문		
상황 (Situation)	상황	구체적으로 언제, 어디에서 경험한 일인가?
		어떤 상황이었는가?
	조직	어떤 조직에 속해 있었는가?
		그 조직의 특성은 무엇이었는가?
		몇 명으로 구성된 조직이었는가?
	기간	해당 조직에서 얼마나 일했는가?
		해당 업무는 몇 개월 동안 지속되었는가?
	조직규칙	조직의 원칙이나 규칙은 무엇이었는가?
임무 (Task)	과제	과제의 목표는 무엇이었는가?
		과제에 적용되는 조직의 원칙은 무엇이었는가?
		그 규칙을 지켜야 하는 이유는 무엇이었는가?
	역할	당신이 조직에서 맡은 역할은 무엇이었는가?
		과제에서 맡은 역할은 무엇이었는가?
	문제의식	규칙을 지키지 않을 경우 생기는 문제점 / 불편함은 무엇인가?
		해당 규칙이 왜 중요하다고 생각하였는가?
역할 및 노력 (Action)	행동	업무 과정의 어떤 장면에서 규칙을 철저히 준수하였는가?
		어떻게 규정을 적용시켜 업무를 수행하였는가?
		규정은 준수하는 데 어려움은 없었는가?
	노력	그 규칙을 지키기 위해 스스로 어떤 노력을 기울였는가?
		본인의 생각이나 태도에 어떤 변화가 있었는가?
		다른 사람들은 어떤 노력을 기울였는가?
	동료관계	동료들은 규칙을 철저히 준수하고 있었는가?
		팀원들은 해당 규칙에 대해 어떻게 반응하였는가?
		규칙에 대한 태도를 개선하기 위해 어떤 노력을 하였는가?
		팀원들의 태도는 당신에게 어떤 자극을 주었는가?
	업무추진	주어진 업무를 추진하는 데 규칙이 방해되진 않았는가?
		업무수행 과정에서 규정을 어떻게 적용하였는가?
		업무 시 규정을 준수해야 한다고 생각한 이유는 무엇인가?

결과 (Result)	평가	규칙을 어느 정도나 준수하였는가?
		그렇게 준수할 수 있었던 이유는 무엇이었는가?
		업무의 성과는 어느 정도였는가?
		성과에 만족하였는가?
		비슷한 상황이 온다면 어떻게 할 것인가?
	피드백	주변 사람들로부터 어떤 평가를 받았는가?
		그러한 평가에 만족하는가?
		다른 사람에게 본인의 행동이 영향을 주었다고 생각하는가?
	교훈	업무수행 과정에서 중요한 점은 무엇이라고 생각하는가?
		이 경험을 통해 느낀 바는 무엇인가?

2. 상황 면접

① 상황 면접의 특징

직무 관련 상황을 가정하여 제시하고 이에 대한 대응능력을 직무관련성 측면에서 평가하는 면접입니다.

> • 상황 면접 과제의 구성은 크게 2가지로 구분
>   – 상황 제시(Description) / 문제 제시(Question or Problem)
> • 현장의 실제 업무 상황을 반영하여 과제를 제시하므로 직무분석이나 직무전문가 워크숍 등을 거쳐 현장성을 높임
> • 문제는 상황에 대한 기본적인 이해능력(이론적 지식)과 함께 실질적 대응이나 변수 고려능력(실천적 능력) 등을 고르게 질문해야 함

상황 면접의 형태

[면접관 1] [면접관 2]

[연기자 1] [연기자 2]   [면접관 1] [면접관 2]

[지원자]   [지원자 1] [지원자 2] [지원자 3]

〈시뮬레이션〉   〈문답형〉

② 상황 면접 예시

상황 제시	인천공항 여객터미널 내에는 다양한 용도의 시설(사무실, 통신실, 식당, 전산실, 창고 면세점 등)이 설치되어 있습니다.	실제 업무 상황에 기반함
	금년에 소방배관의 누수가 잦아 메인 배관을 교체하는 공사를 추진하고 있으며, 당신은 이번 공사의 담당자입니다.	배경 정보
	주간에는 공항 운영이 이루어져 주로 야간에만 배관 교체 공사를 수행하던 중, 시공하는 기능공의 실수로 배관 연결 부위를 잘못 건드려 고압배관의 소화수가 누출되는 사고가 발생하였으며, 이로 인해 인근 시설물에 누수에 의한 피해가 발생하였습니다.	구체적인 문제 상황
문제 제시	일반적인 소방배관의 배관연결(이음)방식과 배관의 이탈(누수)이 발생하는 원인에 대해 설명해 보시오.	문제 상황 해결을 위한 기본 지식 문항
	담당자로서 본 사고를 현장에서 긴급히 처리하는 프로세스를 제시하고, 보수완료 후 사후적 조치가 필요한 부분 및 재발방지 방안에 대해 설명해 보시오.	문제 상황 해결을 위한 추가 대응 문항

3. 발표 면접

① 발표 면접의 특징
- 직무관련 주제에 대한 지원자의 생각을 정리하여 의견을 제시하고, 발표 및 질의응답을 통해 지원자의 직무능력을 평가하는 면접입니다.
- 발표 주제는 직무와 관련된 자료로 제공되며, 일정 시간 후 지원자가 보유한 지식 및 방안에 대한 발표 및 후속 질문을 통해 직무적합성을 평가합니다.

- 주요 평가요소
  - 설득적 말하기 / 발표능력 / 문제해결능력 / 직무관련 전문성
- 이미 언론을 통해 공론화된 시사 이슈보다는 해당 직무분야에 관련된 주제가 발표면접의 과제로 선정되는 경우가 최근 들어 늘어나고 있음
- 짧은 시간 동안 주어진 과제를 빠른 속도로 분석하여 발표문을 작성하고 제한된 시간 안에 면접관에게 효과적인 발표를 진행하는 것이 핵심

발표 면접의 형태

[면접관 1] [면접관 2]

[면접관 1] [면접관 2]

[지원자]

[지원자 1] [지원자 2] [지원자 3]

〈개별 과제 발표〉

〈팀 과제 발표〉

※ 면접관에게 시각적 효과를 사용하여 메시지를 전달하는 쌍방향 커뮤니케이션 방식
※ 심층면접을 보완하기 위한 방안으로 최근 많은 기업에서 적극 도입하는 추세

② 발표 면접 예시

1. 지시문

당신은 현재 A사에서 직원들의 성과평가를 담당하고 있는 팀원이다. 인사팀은 지난주부터 사내 조직문화관련 인터뷰를 하던 도중 성과평가제도에 관련된 개선 니즈가 제일 많다는 것을 알게 되었다. 이에 팀장님은 인터뷰 결과를 종합하려 성과평가제도 개선 아이디어를 A4용지에 정리하여 신속 보고할 것을 지시하셨다. 당신에게 남은 시간은 1시간이다. 자료를 준비하는 대로 당신은 팀원들이 모인 회의실에서 5분 간 발표할 것이며, 이후 질의응답을 진행할 것이다.

2. 배경자료

〈성과평가제도 개선에 대한 인터뷰〉

최근 A사는 회사 사세의 급성장으로 인해 작년보다 매출이 두 배 성장하였고, 직원 수 또한 두 배로 증가하였다. 회사의 성장은 임금, 복지에 대한 상승 등 긍정적인 영향을 주었으나 업무의 불균형 및 성과보상의 불평등 문제가 발생하였다. 또한 수시로 입사하는 신입직원과 경력직원, 퇴사하는 직원들까지 인원들의 잦은 변동으로 인해 평가해야 할 대상이 변경되어 현재의 성과평가제도로는 공정한 평가가 어려운 상황이다.

[생산부서 김상호]
우리 팀은 지난 1년 동안 생산량이 급증했기 때문에 수십 명의 신규인력이 급하게 채용되었습니다. 이 때문에 저희 팀장님은 신규 입사자들의 이름조차 기억 못할 때가 많이 있습니다. 성과평가를 제대로 하고 있는지 의문이 듭니다.

[마케팅 부서 김흥민]
개인의 성과평가의 취지는 충분히 이해합니다. 그러나 현재 평가는 실적기반이나 정성적인 평가가 많이 포함되어 있어 객관성과 공정성에는 의문이 드는 것이 사실입니다. 이러한 상황에서 평가제도를 재수립하지 않고, 인센티브에 계속 반영한다면, 평가제도에 대한 반감이 커질 것이 분명합니다.

[교육부서 홍경민]
현재 교육부서는 인사팀과 밀접하게 일하고 있습니다. 그럼에도 인사팀에서 실시하는 성과평가제도에 대한 이해가 부족한 것 같습니다.

[기획부서 김경호 차장]
저는 저의 평가자 중 하나가 연구부서의 팀장님인데, 일 년에 몇 번 같이 일하지 않는데 어떻게 저를 평가할 수 있을까요? 특히 연구팀은 저희가 예산을 배정하는데, 저에게는 좋지만….

4. 토론 면접

① 토론 면접의 특징

• 다수의 지원자가 조를 편성해 과제에 대한 토론(토의)을 통해 결론을 도출해가는 면접입니다.
• 의사소통능력, 팀워크, 종합인성 등의 평가에 용이합니다.

• 주요 평가요소
  – 설득적 말하기, 경청능력, 팀워크, 종합인성
• 의견 대립이 명확한 주제 또는 채용분야의 직무 관련 주요 현안을 주제로 과제 구성
• 제한된 시간 내 토론을 진행해야 하므로 적극적으로 자신 있게 토론에 임하고 본인의 의견을 개진할
  수 있어야 함

토론 면접의 형태

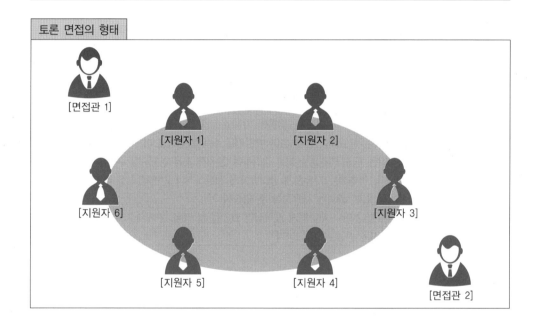

② 토론 면접 예시

고객 불만 고충처리

1. 들어가며

최근 우리 상품에 대한 고객 불만의 증가로 고객고충처리 TF가 만들어졌고 당신은 여기에 지원해 배치받았다. 당신의 업무는 불만을 가진 고객을 만나서 애로사항을 듣고 처리해 주는 일이다. 주된 업무로는 고객의 니즈를 파악해 방향성을 제시해 주고 그 해결책을 마련하는 일이다. 하지만 경우에 따라서 고객의 주관적인 의견으로 인해 제대로 된 방향으로 의사결정을 하지 못할 때가 있다. 이럴 경우 설득이나 논쟁을 해서라도 의견을 관철시키는 것이 좋을지 아니면 고객의 의견대로 진행하는 것이 좋을지 결정해야 할 때가 있다. 만약 당신이라면 이러한 상황에서 어떤 결정을 내릴 것인지 여부를 자유롭게 토론해 보시오.

2. 1분 자유 발언 시 준비사항

• 당신은 의견을 자유롭게 개진할 수 있으며 이에 따른 불이익은 없습니다.

• 토론의 방향성을 이해하고, 내용의 장점과 단점이 무엇인지 문제를 명확히 말해야 합니다.

• 합리적인 근거에 기초하여 개선방안을 명확히 제시해야 합니다.

• 제시한 방안을 실행 시 예상되는 긍정적 · 부정적 영향요인도 동시에 고려할 필요가 있습니다.

3. 토론 시 유의사항

• 토론 주제문과 제공해드린 메모지, 볼펜만 가지고 토론장에 입장할 수 있습니다.

• 사회자의 지정 또는 발표자가 손을 들어 발언권을 획득할 수 있으며, 사회자의 통제에 따릅니다.

• 토론회가 시작되면, 팀의 의견과 논거를 정리하여 1분간의 자유발언을 할 수 있습니다. 순서는 사회자가 지정합니다. 이후에는 자유롭게 상대방에게 질문하거나 답변을 하실 수 있습니다.

• 핸드폰, 서적 등 외부 매체는 사용하실 수 없습니다.

• 논제에 벗어나는 발언이나 지나치게 공격적인 발언을 할 경우, 위에서 제시한 유의사항을 지키지 않을 경우 불이익을 받을 수 있습니다.

1. 면접 Role Play 편성

• 교육생끼리 조를 편성하여 면접관과 지원자 역할을 교대로 진행합니다.
• 지원자 입장과 면접관 입장을 모두 경험해 보면서 면접에 대한 적응력을 높일 수 있습니다.

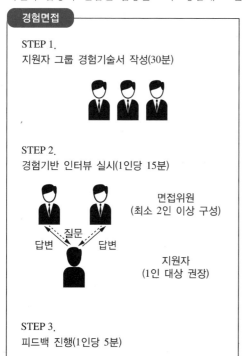

경험면접

STEP 1.
지원자 그룹 경험기술서 작성(30분)

STEP 2.
경험기반 인터뷰 실시(1인당 15분)

면접위원
(최소 2인 이상 구성)

질문
답변   답변

지원자
(1인 대상 권장)

STEP 3.
피드백 진행(1인당 5분)

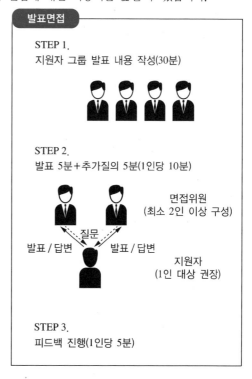

발표면접

STEP 1.
지원자 그룹 발표 내용 작성(30분)

STEP 2.
발표 5분+추가질의 5분(1인당 10분)

면접위원
(최소 2인 이상 구성)

질문
발표 / 답변   발표 / 답변

지원자
(1인 대상 권장)

STEP 3.
피드백 진행(1인당 5분)

Tip

면접 준비하기
1. 면접 유형 확인 필수
   • 기업마다 면접 유형이 상이하기 때문에 해당 기업의 면접 유형을 확인하는 것이 좋음
   • 일반적으로 실무진 면접, 임원면접 2차례에 거쳐 면접을 실시하는 기업이 많고 실무진 면접과 임원 면접에서 평가요소가 다르기 때문에 유형에 맞는 준비방법이 필요
2. 후속 질문에 대한 사전 점검
   • 블라인드 채용 면접에서는 주요 질문과 함께 후속 질문을 통해 지원자의 직무능력을 판단
     → STAR 기법을 통한 후속 질문에 미리 대비하는 것이 필요

PART 5

05 | 한국중부발전 면접 기출질문

1. PT면접 / 토론면접

- 한국중부발전의 가장 큰 사업을 말해 보시오.
- 한국중부발전이 나아가야 할 방안에 대해 말해 보시오.
- 그린뉴딜에 대해 발표해 보시오.
- 새로운 에너지(신재생에너지) 패러다임을 맞이해 공사의 추구방향, 전략을 제시해 보시오.
- 신재생에너지를 활용한 비즈니스 모델을 제시해 보시오.
- 사내 스마트워크의 실행과 관련한 이슈의 해결방안을 제시해 보시오.
- 발전기 용접부에 누수가 발생하였는데 원인은 무엇이고, 누수를 방치한다면 어떤 문제점이 생기는지에 대해 발표해 보시오.
- 발전소 보일러 효율 저하 원인 점검사항에 대해 말해 보시오.
- 보일러 효율을 높이는 방안에 대해 말해 보시오.
- 친환경정책과 관련된 정부정책을 연관 지어 한국중부발전이 나아가야 할 방향을 토론해 보시오.
- 발전소 부산물의 재활용 방안을 제시해 보시오.
- 미세먼지 감소대책에 대해 토론해 보시오.
- 신재생에너지와 화력 발전소에 대한 미래 방향에 대해 발표해 보시오.
- 한국중부발전의 발전소 안전사고 방지를 위한 대책에 대해 발표해 보시오.
- 중부발전의 마이크로그리드 사업방안을 제시해 보시오.
- 한국중부발전에서 빅데이터를 어떻게 적용해야 하며, 적용 전까지 본 공사에서 취해야 할 방안을 말해 보시오.

2. 인성면접

- 귀하가 한국중부발전에 기여할 수 있는 점을 구체적으로 말해 보시오.
- 한국중부발전에 지원한 동기를 말해 보시오.
- 발전업에 관심을 가지게 된 계기를 말해 보시오.
- 가장 싫어하는 소통 방식의 유형은 무엇인가? 상사가 다음과 같은 유형의 소통 방식을 사용한다면 어떻게 대처할 것인가?
- 발전소에서 문제가 발생했을 때, 귀하는 어떻게 처리할 것인지 말해 보시오.
- 리더십을 발휘한 경험이 있는가?
- 존경하는 상사가 있는가? 그 상사의 단점은 무엇이고, 귀하에게 동일한 단점이 있다면 이를 어떻게 극복할 것인가?

- 고령의 현직자, 협력업체의 베테랑과의 갈등을 극복하는 노하우를 말해 보시오.
- 협력 업체와의 갈등을 어떻게 해결하겠는가?
- 업무별로 귀하가 해당 업무에 적합한 인재인 이유를 설명해 보시오.
- 조직생활에서 중요한 것은 전문성인가 조직 친화력인가?
- 개인의 경험을 토대로 근무에 있어 무엇을 중요하게 생각하는가?
- 상사가 부당한 지시를 할 경우 어떻게 할 것인가?
- 갈등이 생겼던 사례를 말하고, 어떻게 해결하였는지 말해 보시오.
- 여러 사람과 협업하여 업무 처리한 경험과 협업 시 생긴 갈등을 어떻게 해결하였는지 말해 보시오.
- 현 직장에서 이직하려는 이유가 중부발전에서도 똑같이 발생한다면 어떻게 하겠는가?
- CPA를 하다가 포기했는데 입사 후에 기회가 되면 다시 준비할 것인가?
- 귀하는 교대근무 상세일정을 작성하는 업무를 담당하고 있다. A선배가 편한 시간대에 근무 배치를 요구할 때, 귀하는 어떻게 대처하겠는가?(A선배를 편한 시간대에 근무 배치할 때, 후배 사원인 C와 D가 상대적으로 편하지 않은 시간대에 근무를 하게 된다)
- 본인의 장단점에 대해 말해 보시오.
- 우리나라 대학생들이 책을 잘 읽지 않는다는 통계가 있다. 본인이 일 년에 읽는 책의 권수와 최근 가장 감명 깊게 읽은 책을 말해 보시오.
- 이전 직장에서 가장 힘들었던 점은 무엇인가?
- 친구랑 크게 싸운 적이 있는가?
- 노력했던 경험에는 어떤 것이 있는가?
- 한국중부발전의 장단점에 대해 말해 보시오.
- 갈등 상황이 생길 때 어떻게 대처할 것인지 말해 보시오.
- 한국중부발전을 30초 동안 홍보해 보시오.
- 대학 때 인사 관련 활동을 열심히 한 것 같은데, 인사부서에 가면 무엇을 할 것인가?
- 노무부서가 뭘 하는 곳인지 아는가?
- 업무를 진행하는 데 있어 가장 중요한 자세는 무엇이라고 생각하는가?
- 한국중부발전과 관련된 기사에 대해 말해 보시오.
- 여러 발전사가 존재하는 데 왜 꼭 한국중부발전인가?
- 자신이 부족하다고 느껴 무엇인가를 준비하고 공부해 해결해낸 경험이 있는가?
- 입사 10년 후 자신의 모습에 대해 말해 보시오.
- 노조에 대해 어떻게 생각하는가?
- 마지막으로 하고 싶은 말을 해 보시오.
- 삶을 살면서 친구들의 영향도 많이 받지만 부모님의 영향도 많이 받는다. 부모님으로부터 어떤 영향을 받았으며 지금 자신의 삶에 어떻게 나타나는지 말해 보시오.
- 살면서 실패의 가장 쓴맛을 본 경험을 말해 보시오.
- 가정에는 가훈이 있다. 본인의 가훈에 대해 말해 보시오.
- 본인이 어려움을 겪었을 때 다른 사람의 도움으로 극복한 사례를 말해 보시오.
- 자신이 한국중부발전의 팀장이며, 10명의 부하직원이 있다면 어떻게 팀을 이끌겠는가?
- 지원한 직무에 있어 본인이 부족한 능력은 무엇이며, 어떻게 극복해갈 것인가?

"오늘 당신의 노력은 아름다운 꽃의 물이 될 것입니다."

그러나, 이 꽃을 볼 때 사람들은 이 꽃의 아름다움과 향기만을 사랑하고 칭찬하였지, 이 꽃을 그렇게 아름답게 어여쁘게 만들어 주는 병 속의 물은 조금도 생각지 않는 것이 보통입니다.

아무리 아름답고 어여쁜 꽃이기로서니 단 한 송이의 꽃을 피울 수 있으며, 단 한 번이라도 꽃 향기를 날릴 수 있겠는가? 우리는 여기서 아무리 본바탕이 좋고 아름다운 꽃이라도 보이지 않는 물의 숨은 힘이 없으면 도저히 그 빛과 향기를 자랑할 수 없는 것을 알았습니다.

－방정환의 우리 뒤에 숨은 힘 중

현재 나의 실력을 객관적으로 파악해 보자!

모바일 OMR
답안채점 / 성적분석 서비스

도서에 수록된 모의고사에 대한 객관적인 결과(정답률, 순위)를 종합적으로 분석하여 제공합니다.

OMR 입력

성적분석

채점결과

※OMR 답안채점 / 성적분석 서비스는 등록 후 30일간 사용 가능합니다.

참여
방법

 ➡ LOG IN ➡ ➡ ➡ ①②③④⑤ ➡ ➡ ☺

도서 내 모의고사
우측 상단에 위치한
QR코드 찍기

로그인
하기

'시작하기'
클릭

'응시하기'
클릭

나의 답안을
모바일 OMR
카드에 입력

'성적분석 & 채점결과'
클릭

현재 내 실력
확인하기

2023 **All New** 100% 전면 개정

합격공략

모바일 OMR
답안채점 / 성적분석
서비스

NCS 핵심이론
및 대표유형
PDF 제공

[합격시대]
온라인 모의고사
무료쿠폰

[WiN시대로]
AI면접
무료쿠폰

본 도서는 항균잉크로
인쇄하였습니다.

▲합격의 모든 것!

최신기출 + NCS + 한국사 + 모의고사 8회 + 무료NCS특강

한국중부발전
정답 및 해설

SD에듀
(주)시대고시기획

Add+

특별부록

2022년 하반기 주요 공기업
NCS 기출복원문제

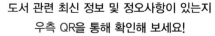

도서 관련 최신 정보 및 정오사항이 있는지
우측 QR을 통해 확인해 보세요!

01	02	03	04	05	06	07	08	09	10	11	12	13	14	15	16	17	18	19	20
③	⑤	⑤	①	①	④	⑤	④	③	①	①	③	③	③	⑤	②	⑤	④	④	④

21	22	23	24	25	26	27	28	29	30	31	32	33	34	35	36	37	38	39	40
①	④	②	③	④	④	④	②	③	③	③	②	③	①	③	③	②	④	②	⑤

41	42	43	44	45	46	47	48	49	50										
①	②	③	②	②	③	②	②	④	②										

01

정답 ③

제시문의 중심 내용은 나이 계산법 방식이 세 가지로 혼재되어 있어 '나이 불일치'로 인한 행정서비스 및 계약상의 혼선과 법적 다툼이 발생해 이를 해소하고자 나이 방식을 하나로 통합하자는 것이다. 이에 덧붙여 나이 방식이 통합되어도 일상에는 변화가 없으며 일부 법에 대해서는 기존 방식이 유지될 수 있다고 하였다. 따라서 제시문의 주제로 가장 적절한 것은 ③이다.

오답분석

① 마지막 문단의 '연 나이를 채택해 또래 집단과 동일한 기준을 적용하는 것이 오히려 혼선을 막을 수 있고 법 집행의 효율성이 담보'라는 내용에서 일부 법령에 대해서는 연 나이 계산법을 유지한다는 것을 알 수 있으나, 해당 내용이 전체 글을 다루고 있다고 보기는 어렵다.

② 세 번째 문단에 따르면 나이 불일치가 야기한 혼선과 법적 다툼은 우리나라 나이 계산법으로 인한 문제가 아니라 나이 계산법 방식이 세 가지로 혼재되어 있어 발생하는 문제라고 하였다.

④ 제시문은 나이 계산법 혼용에 따른 분쟁 해결 방안을 다루기보다는 이러한 분쟁이 발생하지 않도록 나이 계산법을 하나로 통일하자는 내용을 다루고 있다.

⑤ 다섯 번째 문단의 '법적·사회적 분쟁이 크게 줄어들 것으로 기대하고 있지만, 국민 전체가 일상적으로 체감하는 변화는 크지 않을 것'이라는 내용으로 보아 나이 계산법의 변화로 달라지는 행정서비스는 크게 없을 것으로 보이며, 글의 전체적인 주제로 보기에도 적절하지 않다.

02

정답 ⑤

마지막 문단의 '정부도 규제와 의무보다는 사업자의 자율적인 부분을 인정해주고 사업자 노력을 드라이브 걸 수 있는 지원책을 마련하여야 한다.'라는 내용을 통해 정부는 OTT 플랫폼에 장애인 편의 기능과 관련한 규제와 의무를 줬지만, 이에 대한 지원책은 부족했음을 유추할 수 있다.

오답분석

① 세 번째 문단의 '재생 버튼에 대한 설명이 제공되는 넷플릭스도 영상 재생 시점을 10초 앞으로 또는 뒤로 이동하는 버튼은 이용하기 어렵다.'라는 내용을 통해 국내 OTT 플랫폼보다는 장애인을 위한 서비스 기능이 더 제공되고 있지만, 여전히 충분히 제공되고 있지 않음을 알 수 있다.

② 세 번째 문단을 통해 장애인들의 국내 OTT 플랫폼의 이용이 어려움을 짐작할 수는 있지만, 서비스를 제공하는지의 유무는 확인하기 어렵다.

③ 외국 OTT 플랫폼은 국내 OTT 플랫폼보다 상대적으로 장애인 편의 기능을 더 제공하고 있는 것으로 보아 장애인을 수동적인 시혜자가 아닌 능동적인 소비자로 보고 있음을 알 수 있다.

④ 제시문에서는 우리나라 장애인이 외국 장애인보다 OTT 플랫폼의 이용이 어려운 것이 아닌 우리나라 OTT 플랫폼이 외국 OTT 플랫폼보다 장애인이 이용하기 어렵다고 말하고 있다.

03

먼저 서두에는 흥미를 유도하거나 환기시킬 수 있는 내용이 오는 것이 적절하다. 따라서 영국의 보고서 내용인 (나) 또는 OECD 조사 내용인 (다)가 서두에 오는 것이 적절하다. 하지만 (나)의 경우 첫 문장에서의 '또한'이라는 접속사를 통해 앞선 글이 있었음을 알 수 있어 서두에 오는 것이 가장 적절한 문단은 (다)이고 이어서 (나)가 오는 것이 적절하다. 그리고 다음으로 앞선 문단에서 다룬 성별 간 임금 격차의 이유에 해당하는 (라)와 이에 대한 구체적 내용인 (가)가 오는 것이 적절하다.

04

첫 번째 문단의 '특히 해당 건물은 조립식 샌드위치 패널로 지어져 있어 이번 화재는 자칫 대형 산불로 이어져'라는 내용과 빈칸 앞뒤의 '빠르게 진화되었지만', '불이 삽시간에 번져'라는 내용을 미루어 볼 때, 해당 건물의 화재가 빠르게 진화되었음에도 사상자가 발생한 것은 조립식 샌드위치 패널로 이루어진 화재에 취약한 구조이기 때문으로 볼 수 있다. 따라서 빈칸에 들어갈 내용으로 가장 적절한 것은 ①이다.

오답분석

② 건조한 기후와 관련한 내용은 제시문에서 찾을 수 없다.
③ 해당 건물이 불법 가건물에 해당되지만, 해당 건물의 안정성과 관련한 내용은 제시문에서 찾을 수 없다.
④ 소방시설과 관련한 내용은 제시문에서 찾을 수 없으며, 두 번째 문단의 '화재는 30여 분 만에 빠르게 진화되었지만'이라는 내용으로 보아 소방 대처가 화재에 영향을 줬다고 보기는 어렵다.
⑤ 인적이 드문 지역에 있어 해당 건물의 존재를 파악하기는 어려웠지만, 화재로 인한 피해를 더 크게 했다고 보기에도 어렵다.

05

체지방량을 $x$kg, 근육량을 $y$kg이라 하면,
$x+y=65\cdots\bigcirc$
$-0.2x+0.25y=-4\cdots\bigcirc$
$\bigcirc\times20$을 하면 $-4x+5y=-80\cdots\bigcirc$
$\bigcirc\times4+\bigcirc$을 풀면 $9y=180$, $y=20$이고, 이 값을 $\bigcirc$에 대입하면 $x=45$이다.
따라서 운동을 한 후 체지방량은 운동 전에 비해 20%인 9kg이 줄어 36kg이고, 근육량은 운동 전에 비해 25%인 5kg이 늘어 25kg이다.

06

둘레에 심는 꽃의 수가 최소가 되려면 꽃 사이의 간격이 최대가 되어야 하므로 꽃 사이의 간격은 $140=2^2\times5\times7$, $100=2^2\times5^2$의 최대공약수인 $2^2\times5=20$m가 된다. 따라서 이때 심어야 하는 꽃은 $2\times[(140+100)\div20]=24$송이다.

07

제품 50개 중 1개가 불량품일 확률은 $\dfrac{1}{50}$이다. 따라서 제품 2개를 고를 때 2개 모두 불량품일 확률은 $\dfrac{1}{50}\times\dfrac{1}{50}=\dfrac{1}{2,500}$이다.

08

단기간 내 사업 추진이 용이한 '폐기물 및 바이오매스 혼소 발전' 등의 에너지원에 대한 편중성이 나타나고 있으므로 ④는 옳지 않다.

오답분석

① 공급의무자는 신·재생에너지 공급인증서(REC)를 구매하는 방법으로 할당받은 공급의무량을 충당할 수 있다.
② 공급의무자에게 할당되는 공급의무량이 단계적으로 증가하여 최종 전력소비자인 국민들에게 전가되는 비용 부담이 지속적으로 증가할 가능성이 있다.
③ 세 번째 개선방안으로 민간 기업들이 직접 REC 구매를 가능하게 하는 등의 제도 보완이 필요하다고 하였으므로 옳은 설명이다.
⑤ RPS제도로 인해 신·재생에너지를 이용한 발전량과 발전설비 용량이 지속적으로 증가하였다.

09

(나) 보빙사절단에 전등 주문과 고종의 허가 → (라) 1887년 3월 경복궁 내 건천궁에 100촉 전구 두 개가 점등 → (가) 전등 설치에 대한 반대와 우여곡절 → (다) 궁궐의 항시적 조명 설비가 된 전등

10

4,000원의 물건을 1,000개 팔았으므로 한 달 매출액은 4,000,000원이다. 그러므로 인상한 가격과 변동된 판매량에 대한 식을 세우면 다음과 같다.

$(4,000+x) \times (1,000-0.2x) = 4,000,000$

$4,000,000 - 800x + 1,000x - 0.2x^2 = 4,000,000$

$200x - 0.2x^2 = 0 \rightarrow x(200-0.2x) = 0 \rightarrow x(x-1,000) = 0$

$\therefore x = 1,000 \ (\because x \neq 0)$

따라서 인상한 가격은 1,000원이다.

11

D대리는 B과장보다 근속연수가 높지만 기본급은 더 적음으로 옳지 않다.

[오답분석]

② S팀의 자녀는 모두 7명으로 총 자녀수당은 70만 원이다. 반면 근속수당은 30만+10만+30만+20만+10만=100만 원이므로 자녀수당의 합보다 근속수당의 합이 더 높다.

③ A부장의 월급은 4,260,000+(100,000×2)+300,000+100,000+1,00,000=4,960,000원이므로 E사원의 기본급인 2,420,000 원의 2배 이상이다.

④ 제시된 사원 정보를 통해 가장 많은 기본급 외 임금수당을 받는 직원은 전기기사 자격증을 보유하고 있어 총 500,000+100,000 +100,000+100,000+100,000=900,000원을 받는 B과장인데, C과장이 전기기능사에 합격하여 자격증수당 15만 원이 추가 되면 총 150,000+100,000+100,000+300,000+300,000=950,000원이 되어 S팀 직원 중 가장 많은 기본급 외 임금수당 을 받게 된다.

⑤ 자녀의 수가 가장 많은 직원은 C과장으로 총 80만 원의 기본급 외 임금수당을 받고, 근속연수가 가장 높은 직원은 A부장으로 총 70만 원의 기본급 외 임금수당을 받고 있음으로 옳은 설명이다.

12

K공사의 월급은 (기본급)+(기본급 외 임금 수당)이므로 각 직원별 총 지급액은 다음과 같다.

- A부장 : 4,260,000+100,000+100,000+300,000+200,000+0=4,960,000원
- B과장 : 3,280,000+100,000+100,000+100,000+100,000+500,000=4,180,000원
- C과장 : 3,520,000+100,000+100,000+300,000+300,000+0=4,320,000원
- D대리 : 2,910,000+100,000+100,000+200,000+100,000+150,000=3,560,000원
- E사원 : 2,420,000+100,000+100,000+100,000+0+250,000=2,970,000원

따라서 월급이 높은 순서대로 나열하면 A부장 → C과장 → B과장 → D대리 → E사원이다.

13

甲대리의 성과평가 등급을 통해 개인 성과평가 점수에 가중치를 적용하여 점수로 나타내면 다음과 같다.

실적	난이도평가	중요도평가	신속성	합
30×1=30점	20×0.8=16점	30×0.4=12점	20×0.8=16점	74점

따라서 甲대리는 80만 원의 성과급을 받게 된다.

14

각 지사별 최단거리에 위치한 곳은 '대전 – 김천(90km)', '김천 – 부산(120km)', '부산 – 진주(100km)'이다.
따라서 K대리가 방문할 지사를 순서대로 나열하면 '김천 – 부산 – 진주'이다.

15

물품 A 2박스와 물품 B 1박스를 한 묶음으로 보면 다음과 같이 쌓을 수 있다.

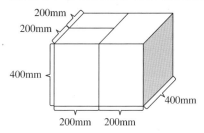

최종적으로 물품 한 세트의 규격은 (L)400mm×(W)400mm×(H)400mm로 볼 수 있다.
해당 규격으로 20ft 컨테이너에 넣게 되면 다음과 같아진다.
• 6,000mm÷400mm＝15세트
• 2,400mm÷400mm＝6세트
• 2,400mm÷400mm＝6세트
따라서 15×6×6＝540세트를 넣을 수 있고, 총 3박스가 결합되어야 하므로 모두 540×3＝1,620박스를 실을 수 있다.

16

조직을 관리하는 대표는 리더(Leader)와 관리자(Manager)로 나눌 수 있다. '무엇을 할까'를 생각하면서 적극적으로 움직이는 사람
은 리더이고, 처해 있는 상황에 대처하기 위해 '어떻게 할까'를 생각하는 사람은 관리자이다. 따라서 적절하지 않은 것은 ②이다.

17

임파워먼트의 장애요인
• 개인 차원 : 주어진 일을 해내는 역량의 결여, 대응성, 동기의 결여, 결의의 부족, 책임감 부족, 성숙 수준의 전반적인 의존성,
 빈곤의 정신 등
• 대인 차원 : 다른 사람과의 성실성 결여, 약속 불이행, 성과를 제한하는 조직의 규범(Norm), 갈등처리 능력의 결여, 승패의 태도 등
• 관리 차원 : 효과적 리더십 발휘능력 결여, 경험 부족, 정책 및 기획의 실행능력 결여, 통제적 리더십 스타일, 비전의 효과적
 전달능력 결여 등
• 조직 차원 : 공감대 형성이 없는 구조와 시스템, 제한된 정책과 절차 등

18

첫 번째 빈칸에는 앞뒤 문장의 내용이 반대이기 때문에 '그러나'가 와야 한다. 두 번째 빈칸에는 앞 문장의 예시가 뒤 문장에 제시되
고 있기 때문에 '예컨대'가 적절하다.

19

석훈이와 소영이는 각각 평균 6m/s, 4m/s의 속도로 달리기 때문에 1초에 10m씩 가까워진다. 점점 가까워지다가 만나게 되고
그 과정을 한 번 더 반복하게 되는데, 두 번째 만날 때까지 둘이 달린 거리는 트랙의 길이의 2배와 같다.
따라서 1분 15초 동안 달린 거리는 10m/s×75sec＝750m이며, 트랙의 길이는 그 절반인 375m이다.

20

주어진 조건에 따라 자물쇠를 열 수 없는 열쇠를 정리하면 다음과 같다.

구분	1번 열쇠	2번 열쇠	3번 열쇠	4번 열쇠	5번 열쇠	6번 열쇠
첫 번째 자물쇠			×	×	×	×
두 번째 자물쇠			×			×
세 번째 자물쇠	×	×	×			×
네 번째 자물쇠			×	×		×

따라서 3번 열쇠로는 어떤 자물쇠도 열지 못하는 것을 알 수 있다.

오답분석
① 첫 번째 자물쇠는 1번 또는 2번 열쇠로 열릴 수 있다.
② 두 번째 자물쇠가 2번 열쇠로 열리면, 세 번째 자물쇠는 4번 열쇠로 열린다.
③ 세 번째 자물쇠가 5번 열쇠로 열리면, 네 번째 자물쇠는 1번 또는 2번 열쇠로 열린다.

21

각 사례에 대한 가산점 합계를 구하면 다음과 같다.
(가) : 정보관리기술사(5점), 사무자동화산업기사(2점), TOEIC 750점(2점), JLPT 2급(4점) → 5점
(나) : TOSEL 620점(2점), 워드프로세서 1급(2점), PELT 223점(해당 없음) → 4점
(다) : 한국실용글쓰기검정 450점(해당 없음), HSK 6급(해당 없음), 정보보안산업기사(2점) → 2점
(라) : JPT 320점(해당 없음), 석사학위(4점), TEPS 450점(해당 없음) → 4점
(마) : 무선설비산업기사(2점), JLPT 3급(2점), ITQ OA 마스터(해당 없음) → 4점
(바) : TOEIC 640점(2점), 국어능력인증시험 180점(5점), HSK 8급(4점) → 5점
(사) : JLPT 3급(2점), HSK 5급(해당 없음), 한국어능력시험 530점(해당 없음) → 2점
(아) : IBT 42점(해당 없음), 컴퓨터활용능력 2급(2점), 에너지관리산업기사(해당 없음) → 2점
따라서 가산점이 5점인 경우는 2가지이고 4점인 경우는 3가지이며, 마지막으로 2점인 경우는 3가지이다.

22

12월 20 ~ 21일은 주중이며, 출장 혹은 연수 일정이 없고, 부서이동 전에 해당되므로, 김인턴이 경기본부의 파견 근무를 수행할 수 있는 날짜이다.

오답분석
① 12월 6 ~ 7일은 김인턴의 연수 참석 기간이므로 파견 근무를 진행할 수 없다.
② 12월 11 ~ 12일은 주말인 11일을 포함하고 있으므로 파견 근무를 진행할 수 없다.
③ 12월 14 ~ 15일 중 15일은 목요일로, 김인턴이 H본부로 출장을 가는 날이므로 파견 근무를 진행할 수 없다.
⑤ 12월 27 ~ 28일은 김인턴이 부서를 이동한 27일 이후이므로, 김인턴이 아니라 후임자가 경기본부로 파견 근무를 가야 한다.

23

오답분석
① · ④ 전결권자는 상무이다.
③ · ⑤ 대표이사의 결재가 필수이다(전결 사항이 아님).

24

네 번째 문단에서 '거주지에 해당하는 센터에서만 상담과 치료를 받을 수 있다.'라고 하였으므로 적절하지 않다.

오답분석
① 두 번째 문단에 따르면 지난 1년간 불안장애를 경험한 사람은 224만 명으로, 그 외 주요 정신질환을 경험한 사람보다 많음을 알 수 있다.

② 세 번째 문단에서 '전반적으로 정신질환 유병률은 감소 추세이다. 정신건강 서비스의 이용률 증가로 인한 정신질환 예방이나 조기치료의 효과 등이 작용했을 것으로 보인다.'라고 하였다. 따라서 정신질환 예방과 조기치료는 정신질환 유병률 감소에 효과가 있음을 추론할 수 있다.

④ 네 번째 문단에 따르면 정신보건 전문요원과 상담한 이후 개인별 상황과 증상의 정도에 따른 치료 계획이 결정되어 치료받게 된다고 하였으므로 적절하다.

⑤ 마지막 문단에서 '센터별로 다양한 프로그램을 운영'한다고 하였으므로 적절하다.

25   정답 ④

ⓛ 질병감염아동특별지원서비스의 이용 대상은 장애 아동이 아닌 법정 전염성 및 유행성 질병에 감염되어 사회복지시설, 유치원, 보육시설 등을 이용하고 있는 만 12세 이하의 아동이다. 장애 아동과 관련된 내용은 제시문에 나타나 있지 않다.

ⓔ 아동돌봄서비스는 취업 부모의 일·가정 양립을 위해 야간·주말 등 틈새시간의 '일시 돌봄' 및 '영아 종일 돌봄' 등을 제공한다.

[오답분석]

ⓒ 아이돌봄서비스는 만 12세 이하 아동을 둔 맞벌이 가정의 아동을 돌봐주는 서비스이므로 만 12세를 초과한 아동은 이용 대상이 될 수 없다.

ⓒ 기관연계돌봄서비스의 이용 대상은 만 0 ~ 12세 아동에 대한 돌봄서비스가 필요한 사회복지시설이나 학교, 유치원, 보육시설 등이다.

26   정답 ④

휴업급여 부분에 따르면 기준소득의 80%를 지급하도록 되어 있으며, 직업재활급여 부분에 따르면 현금급여는 가족관계에 따라 기준소득의 68 ~ 75%를 지급하도록 되어 있으므로 전자의 경우가 기준소득 대비 급여지급액 비율이 더 높다.

[오답분석]

① 적용대상 부분에 따르면 교육훈련생도 산재보험 적용대상에 해당하므로 단기 계약직 근로자가 교육훈련생의 지위를 갖고 있어도 적용대상에 해당한다.

② 담당기구 부분에 따르면 독일 산재보험은 지역별로 산재보험조합이 자율적으로 운영되며, 국가는 주요 업무사항에 대한 감독권만을 가지므로 적절하지 않은 설명이다.

③ 보상 부분에 따르면 일일평균임금산정 시 휴업급여는 재해발생 직전 3개월간의 임금총액을 고려하는 반면, 연금식 급여는 상병이 발생한 날이 속하는 연도로부터 1년을 고려하여 서로 상이하므로 적절하지 않은 설명이다.

⑤ 장해급여 부분에 따르면 노동능력이 20% 이상 감소하였으면서 장해가 26주 이상 지속되는 경우에 지급된다. 선택지의 경우 노동능력은 20% 이상 감소하였으나, 장해는 26주 미만으로 지속되므로 장해급여 대상이 아니다.

27   정답 ④

경기 화성시와 강원 춘천시에서 시범적으로 운행이 시작되는 사업으로, 현재는 전국적으로 시행하는 단계의 사업은 아니다.

[오답분석]

① C공단 본부장의 말에 따르면, 기존의 돌봄서비스는 요양병원과 시설 중심이었다.

② 단순 시설 중심이 아닌 사업 대상인 노인들의 특성을 파악한 안전 손잡이, 문턱 제거 등의 내용이 포함된다.

③ 사회적 약자에 해당되는 노인 계층을 위한 돌봄 사업이므로, 이들의 생활 환경 개선을 예상할 수 있다.

⑤ 행정안전부 및 보건복지부, 지자체 등 다양한 기관과의 협업을 통해 추진되는 사업임을 알 수 있다.

28   정답 ②

제시문에서는 건강 불평등 격차를 줄여 모든 국민의 건강권을 보장하고자 하는 네덜란드의 의료복지 정책에 대해 설명하며, 건강 불평등 격차가 큰 우리나라의 현재 상황을 나타내고 있다.

따라서 제시문에 이어질 내용으로는 네덜란드의 보험 제도를 참고하여 우리나라의 건강 불평등 해소 방향을 생각해 볼 수 있다는 ②가 가장 적절하다.

29

정답 ③

두 번째 문단에 따르면 산재노동자가 처한 위기상황에 따라 개입하는 것은 일반서비스이며, 내일찾기서비스는 요양초기단계부터 잡코디네이터가 사례관리를 진행하는 것이므로 적절하지 않은 설명이다.

오답분석
① 두 번째 문단에 따르면 맞춤형통합서비스는 요양초기단계에 제공되는 내일찾기서비스, 요양서비스 과정에서 위기상황에 따라 제공되는 일반서비스로 분류된다. 따라서 적절한 설명이다.
② 두 번째 문단에 따르면 해당 발표회는 '한 해 동안'의 재활사업 성과를 평가하는 장이라고 하였으므로 매년 1회씩 열린다는 것을 추론할 수 있고, 2018년 기준 7번째라고 하였으므로 2012년부터 시행되었음을 알 수 있다.
④ 세 번째 문단에 따르면 분쇄기에 손이 절단되는 재해를 입은 여성 산재노동자가 심리불안을 겪을 때 미술심리치료 등 심리상담을 통해 자존감을 회복한 경우가 있다. 따라서 적절한 추론임을 알 수 있다.
⑤ 네 번째 문단에 따르면 캄보디아 산재노동자가 신체상 재해를 입고도 사업주와 의료진에 대한 불신 때문에 치료를 거부하여 골든타임을 놓칠 뻔한 사례가 있다. 따라서 근로자와 사업주 간의 신뢰구축을 통해 근로자의 신체 상해에 대한 치료가 원활히 이루어지도록 해야 한다.

30

정답 ③

기존의 AMI는 장애 상황이 발생하였을 때 전문가가 직접 현장에 가서 상황을 파악하고 고치는 방법만 가능하였다.

오답분석
① AMI는 시간대별 요금 정보 등 전기 사용 정보를 고객에게 제공해 자발적인 전기 절약을 유도하는 계량시스템이다.
② 첫 번째 문단에 따르면 검침원이 각 가정을 돌아다니며 전력 사용량을 확인하는 고전적인 검침 방식이 필요 없다고 하였다.
④ 원래는 AMI가 고장 나면 전문가가 직접 방문했으나, 현재 AMI 장애진단시스템의 개발로 인해 원격으로 검침정보 소스를 수집・저장하고 이를 활용해 어떤 장애인지 장애진단웹에 전송해 AMI 운영 담당자가 확인할 수 있다.
⑤ 제주지역을 대상으로 AMI 설비의 검침 빅데이터를 정밀 분석해본 결과 총 31종의 고장 유형을 분류했다.

31

정답 ③

제시문은 고전주의의 예술관을 설명한 후 이에 반하는 수용미학의 등장을 설명하고, 수용미학을 처음 제시한 야우스의 주장에 대해 설명하고 있다. 이어서 이를 체계화한 이저의 주장을 소개하고, 이저가 생각한 독자의 역할을 제시한 뒤 그 의의에 대해 설명하고 있다.
따라서 (가) 고전주의 예술관과 이에 반하는 수용미학의 등장 – (라) 수용미학을 제기한 야우스의 주장 – (다) 야우스의 주장을 정리한 이저 – (나) 이저의 이론 속 텍스트와 독자의 상호작용의 의의로 나열하는 것이 적절하다.

32

정답 ②

응시자 중 불합격자 수는 응시자 수에서 합격자 수를 제외한 값이다.
- 2017년 : $2,810-1,310=1,500$명
- 2018년 : $2,660-1,190=1,470$명
- 2019년 : $2,580-1,210=1,370$명
- 2020년 : $2,110-1,010=1,100$명
- 2021년 : $2,220-1,180=1,040$명

오답분석
① 미응시자 수는 접수자 수에서 응시자 수를 제외한 값이다.
- 2017년 : $3,540-2,810=730$명
- 2018년 : $3,380-2,660=720$명
- 2019년 : $3,120-2,580=540$명
- 2020년 : $2,810-2,110=700$명
- 2021년 : $2,990-2,220=770$명

33

대면 진료가 중심이 된다면, 비대면 진료 때보다 환자의 의약품 사용 관리가 수월해지며, 대면 진료를 통해 의약품의 안전한 복용을 보다 더 정확하게 전달할 수 있어 약물의 오남용 또한 방지할 수 있다. 따라서 빈칸에 들어갈 내용으로는 ③이 가장 적절하다.

오답분석

① 제시문에서 비대면 진료의 가장 큰 문제점으로 제시한 것은 전문 의약품의 오남용으로 인한 의료의 상업화이다. 따라서 의약품 판매처를 확대한다면 이러한 문제점들이 더 증가할 수 있으므로 해당 내용은 적절하지 않다.

② 재진 환자에 한정해 비대면 진료를 허용하더라도, 재진 환자의 비대면 진료를 통한 의약품 오남용의 문제점을 해결할 수는 없다. 따라서 해당 내용은 적절하지 않다.

④ 비대면 의료 앱에서 의료광고를 제한한다면 해당 앱의 홍보 효과는 감소할 수 있겠지만, 근본적으로 비대면 진료를 통한 의약품의 오남용 문제점을 해결할 수는 없으므로 해당 내용은 적절하지 않다.

⑤ 비대면 진료에서의 의약품 처방을 제한한다면 실질적으로 비대면 진료를 받는 경우는 감소하게 되어 비대면 진료의 운영이 무의미해지게 된다. 결과적으로 이는 비대면 진료의 문제점을 해결하기 위한 것이라기보다는 비대면 진료 자체를 제한하는 것으로 볼 수 있으므로 적절하지 않다.

34

의약품에 불순물이 함유되는 등 사유로 의약품의 회수명령이 증가하고 있다고 하였지만, 이 내용만으로는 과거에 비해 의약품에 불순물 함유량이 늘어났다고 보기는 어렵다.

오답분석

② '위해(危害)의약품 유통정보 알림서비스'는 회수대상 의약품 관련 내용을 의약품 공급자와 요양기관 양측에 모두 알림으로써 해당 의약품이 조기 회수될 수 있도록 지원하는 양방향의 서비스이다.

③ 이번 알림서비스 확대 내용은 '유효기간 경과의약품'의 요양기관 입고정보를 제공하는 것을 포함한다는 내용으로 미루어볼 때, 이전에는 단순 유효기간이 만료된 의약품에 대해서는 별다른 조치가 없었음을 추론할 수 있다.

④ 이번 알림서비스 확대 내용은 위해의약품이 사용되지 않도록 하는 것을 목표로 한다는 내용으로 미루어볼 때, 사후 조치보다는 사전 예방에 목적을 두고 있음을 알 수 있다.

⑤ 해당 서비스는 요양기관업무포털에서 정보 제공에 동의하고 알림 신청을 한 요양기관에 한해 제공된다는 내용으로 미루어볼 때, 요양기관의 필수가 아닌 선택사항에 해당함을 알 수 있다.

35

제시문의 첫 문단에서 '졸겐스마를 포함한 의약품 5개(7개 품목)를 오는 8월부터 건강보험에 신규 적용하겠다는 내용의 개정안을 의결했다.'라고 하였다. 또한 '건강보험 적용'에 대한 구체적인 내용을 언급하면서 그 예로 졸겐스마를 다루고 있으므로 희귀질환 치료제의 건강보험 적용 확대에 대한 글임을 알 수 있다.

오답분석

① '척수성 근위축증(SMA)'은 졸겐스마로 치료를 할 수 있으나, 고가의 치료제인 탓에 그동안 일반 환자들에게는 투약하기 어려운 환경이었을 뿐 이제야 개발된 약은 아니다.

② '졸겐스마는 조기에 맞을수록 효과가 높다.'는 내용은 확인할 수 있으나, 이 내용이 제시문 전체를 아우른다고 보기 어려우며, 졸겐스마 외 모든 희귀질환 치료가 빠르면 빠를수록 좋다는 내용 또한 확인할 수 없다.

④ 척수성 근위축증(SMA)에 국한된 내용이므로 제시문 전체를 아우른다고 보기는 어렵다.

⑤ '척수성 근위축증(SMA)'의 경우 희귀질환 치료제는 이미 개발되어 완치가 가능했으나, 치료제 비용이 고가인 탓에 이용하지 못했던 것이다. 제시문은 희귀질환 치료제의 개발에 대한 내용이 아닌 희귀질환 치료제의 보험 적용에 대한 내용을 다루고 있으므로 적절하지 않다.

36

정답 ③

세 번째 문단의 '원칙적으로 불가능했던 만성질환자 대상 비의료 건강관리서비스를 의료인이 의뢰한 경우를 전제로 대폭 허용'이라는 내용과 '비의료기관인 헬스케어 업체 등이 의료법을 어기지 않고도 만성질환자를 대상으로 하는 비의료 건강관리서비스의 제공이 가능'이라는 내용을 통해 실질적으로 비의료기관은 의료기관에서 하는 행위에 대해 독자적으로 진행할 수 없음을 알 수 있다. 따라서 의료기관에서 하는 행위인 ① 치료, ② 진단·처방·처치, ④ 질환 확인, ⑤ 의료인의 검사·진단처방·처치·시술·수술·지도는 비의료기관에서 행해질 수 없는 서비스에 해당하므로 빈칸에 들어가기에 적절하지 않다.

37

정답 ②

2020년과 2021년 외래 의료급여비용의 전년 대비 증가율은 각각 $\frac{31,334-27,534}{27,534}\times100 \fallingdotseq 14\%$, $\frac{33,003-31,334}{31,334}\times100 \fallingdotseq 5\%$

이다. 2020년부터 2022년까지 전년 대비 평균 증가율은 $\frac{14+5+5}{3}=8\%$이므로 2023년 외래 의료급여 예상비용은 $33,003\times$ $1.05\times1.08 \fallingdotseq 37,425$억 원이다.

38

정답 ④

철수가 농구코트의 모서리에 서 있으며, 농구공은 농구코트 안에서 철수와 가장 멀리 떨어진 곳에 있다고 하였다. 즉, 농구공과 철수는 대각선으로 마주 보고 있으므로 농구코트의 가로와 세로의 길이를 이용하여 대각선의 길이를 구하면 된다.
따라서 피타고라스의 정리를 이용하면 농구코트의 대각선의 길이는 $\sqrt{5^2+12^2}=13$이므로 철수는 13m를 이동하게 된다.

39

정답 ②

네 번째 조건에 따르면 갑의 이동 경로는 1층 → 30층 → 20층이다. 이때 첫 번째 조건과 두 번째 조건을 고려하여 갑의 이동시간을 구하면 다음과 같다.
- 1층 → 30층 : 1층에서 2층까지 3초 소요, 2층에서 3층까지 2.8초 소요, 3층에서 4층까지 2.6초 소요, … , 8층에서 9층까지 1.6초 소요, 9층에서 10층까지 1.4초가 소요되며, 이후 10층에서 30층까지 각 층당 1.4초가 소요되므로 1층에서 30층까지의 총 소요시간은 $\frac{(3+1.4)\times9}{2}+1.4\times20=47.8$초이다.
- 30층 → 20층 : 30층에서 29층까지 2.5초 소요, 29층에서 28층까지 2.2초 소요, 28층에서 27층까지 1.9초 소요, 27층에서 26층까지 1.6초 소요, 26층에서 25층까지 1.3초가 소요되며, 이후 25층에서 20층까지 각 층당 1.3초가 소요되므로 30층에서 20층까지의 총 소요시간은 $\frac{(2.5+1.3)\times5}{2}+1.3\times5=16$초이다.

따라서 1층에서 엘리베이터를 탄 갑이 20층에 도착할 때까지 소요된 시간은 47.8+16=63.8초이다.

40

정답 ⑤

A, B, D의 진술에 따라 다섯 사람의 상대적 위치를 표시하면 다음과 같다.
- A : D보다 빨리 달렸다. → A>D
- B : C와 E의 사이에서 달렸다. → C>B>E 또는 E>B>C
- D : B보다 결승선에 먼저 도착했다. → D>B

A와 D의 진술을 종합하면 A, B, D 세 사람의 상대적 위치는 'A>D>B' 순이 된다. 마지막으로 B, C, E의 진술을 고려하면 C가 꼴등으로 도착한 것이 되고, E의 위치는 다음 2가지 경우가 가능한데 각 경우에 따라 두 번째로 도착한 사람을 구하면 다음과 같다.
- 경우 1 : A>D>E>B>C → 이 경우 2등으로 도착한 사람은 D가 된다.
- 경우 2 : A>E>D>B>C → 이 경우 2등으로 도착한 사람은 E가 된다.
따라서 달리기 시합에서 두 번째로 도착할 수 있는 사람은 D와 E이다.

41

정답 ①

LEFT 함수는 텍스트 문자열의 시작 지점부터 지정한 수만큼의 문자를 반환해 주는 함수이다. LEFT(B2,4)의 결괏값은 1992이며, ①의 경우 2022－1992＋1로 계산되어 [C2] 셀에 결괏값 31이 나타나게 된다.

42

정답 ②

사망원인이 높은 순서대로 나열하면 '암, 심장질환, 뇌질환, 자살, 당뇨, 치매, 고혈압'이며, 암은 10만 명당 185명이고, 심장질환과 뇌질환은 각각 암으로 인한 사망자와 20명 미만의 차이이다. 또한 자살은 10만 명당 50명이다. 따라서 옳은 그래프는 ②이다.

[오답분석]
① 사망원인 중 암인 사람은 185명이다.
③ 자살로 인한 사망자는 50명이다.
④ 뇌질환 사망자가 암 사망자와 20명 이상 차이나므로 옳지 않다.

43

정답 ③

총재와 부총재를 포함한 모든 금융통화위원은 대통령이 임명한다.

[오답분석]
① 면밀한 검토가 필요한 사안에 대해서는 본회의 외에 별도로 심의위원회가 구성되어 검토한다.
② C은행 총재는 금융통화위원회 의장을 겸임한다.
④ 정기회는 의장이 필요하다고 인정하거나 금융통화위원 최소 2인의 요구가 있을 때 개최된다.

44

정답 ②

두 번째 문단의 '시장경제가 제대로 운영되기 위해서는 국가의 소임이 중요하다.'라는 부분과 세 번째 문단의 '시장경제에서 국가가 할 일은 크게 세 가지로 나누어 볼 수 있다.'라는 부분에서 '시장경제에서의 국가의 역할'이라는 제목을 유추할 수 있다.

45

정답 ②

이용자들의 화상을 염려하여 화상 방지 시스템을 개발했다는 점으로 볼 때, 기술이 필요한 이유를 설명하는 노와이(Know-Why)의 사례로 적절하다.

46

정답 ③

과거의 기술은 Know-How의 개념이 강했지만, 시간이 지나면서 현대의 기술은 Know-How와 Know-Why가 결합하는 방법으로 진행되고 있다.

47

정답 ②

전체 고용인원의 반은 16,177÷2＝8,088.5이다. 태양광에너지 분야의 고용인원은 8,698명이므로 전체 고용인원의 반 이상을 차지한다.

[오답분석]
① 폐기물에너지 분야의 기업체 수가 가장 많다.
③ 전체 매출액 중 풍력에너지 분야의 매출액이 차지하는 비율은 $\frac{14,571}{113,076} \times 100 ≒ 12.89\%$이므로 15%를 넘지 않는다.

④ 전체 수출액 중 바이오에너지 분야의 수출액이 차지하는 비율은 $\frac{506}{40,743} \times 100 ≒ 1.24\%$이므로 1%를 넘는다.

48

정답 ②

태양광 발전의 단가는 비싸다 보니 시장에서 외면받을 수밖에 없고, 발전 비율을 높이기 위해 정부가 보조금 지원이나 세액 공제 등 혜택을 줘야 하는 상황이다.

49

정답 ④

고의(故意) : 일부러 하는 행동이나 생각

[오답분석]

① 오손(汚損) : 더럽히고 손상함
② 박리(剝離) : 벗겨져 떨어짐
③ 망실(亡失) : 잃어버려 없어짐
⑤ 손모(損耗) : 사용함으로써 닳아 없어짐

50

정답 ②

발효된 파리기후변화협약은 3년간 탈퇴가 금지되어 2019년 11월 3일까지는 탈퇴 통보가 불가능하다는 내용을 통해 해당 협약은 2016년 11월 4일에 발효되었음을 알 수 있다. 따라서 이 협약은 2015년 12월 제21차 유엔기후변화협약 당사국총회에서 채택되었을 뿐, 2015년 12월 3일에 발효된 것은 아니다.

[오답분석]

① 파리기후변화협약은 2020년 만료 예정인 교토의정서를 대체하여 2021년부터의 기후변화 대응을 담은 국제협약이므로 교토의정서는 2020년 12월에 만료되는 것을 알 수 있다.
③ 파리기후변화협약에서 개발도상국은 절대량 방식의 감축 목표를 유지해야 하는 선진국과 달리 절대량 방식과 배출 전망치 대비 방식 중 하나를 채택할 수 있다. 우리나라는 2030년 배출 전망치 대비 37%의 감축이 목표이므로 개발도상국에 해당하는 것을 알 수 있다.
④ 파리기후변화협약은 채택 당시 195개의 당사국 모두가 협약에 합의하였으나, 2020년 11월 4일 미국이 공식 탈퇴함에 따라 현재 194개국이 합의한 상태임을 알 수 있다.
⑤ 파리기후변화협약은 온실가스 감축 의무가 선진국에만 있었던 교토의정서와 달리 환경 보존에 대한 의무를 전 세계의 국가들이 함께 부담하도록 하였다.

PART 1

합격의 공식 SD에듀 www.sdedu.co.kr

한국중부발전 기출복원문제

CHAPTER 01   2022년 하반기 시행 기출복원문제

CHAPTER 02   2022년 상반기 시행 기출복원문제

CHAPTER 03   2021년 시행 기출복원문제

CHAPTER 04   2020년 시행 기출복원문제

CHAPTER 05   2019년 시행 기출복원문제

CHAPTER 06   2018년 시행 기출복원문제

CHAPTER 07   2017년 시행 기출복원문제

01 | 2022년 하반기 시행
기출복원문제

01	02	03	04	05	06	07	08	09	10
③	④	①	④	③	②	①	①	②	②
11	12	13	14	15	16	17	18	19	20
④	①	④	③	③	①	④	③	①	②
21	22								
④	②								

01 　　　정답 ③

격세지감(隔世之感) : 오래지 않은 동안에 몰라보게 변하여 아주 다른 세상이 된 것 같은 느낌

[오답분석]
① 건목수생(乾木水生) : 마른나무에서 물이 난다는 뜻으로, 아무것도 없는 사람에게 무리하게 무엇을 내라고 요구함을 이르는 말
② 견강부회(牽强附會) : 이치에 맞지 않는 말을 억지로 끌어 붙여 자기에게 유리하게 함
④ 독불장군(獨不將軍) : 무슨 일이든 자기 생각대로 혼자서 처리하는 사람

02 　　　정답 ④

언중유골(言中有骨) : 말 속에 뼈가 있다는 뜻으로, 예사로운 말 속에 단단한 속뜻이 들어 있음을 이르는 말

[오답분석]
① 오비이락(烏飛梨落) : 까마귀 날자 배 떨어진다는 뜻으로, 아무 관계도 없이 한 일이 공교롭게도 때가 같아 억울하게 의심을 받거나 난처한 위치에 서게 됨을 이르는 말
② 중언부언(重言復言) : 이미 한 말을 자꾸 되풀이함. 또는 그런 말
③ 탁상공론(卓上空論) : 현실성이 없는 허황한 이론이나 논의

03 　　　정답 ①

과유불급(過猶不及) : 지나침은 부족함과 마찬가지라는 뜻

[오답분석]
② 소탐대실(小貪大失) : 작은 것을 탐하다가 큰 손실을 입는다는 뜻
③ 안하무인(眼下無人) : 눈 아래 사람이 아무도 없는 것처럼 행동함
④ 위풍당당(威風堂堂) : 위엄이 넘치고 거리낌 없이 떳떳함

04 　　　정답 ④

[오답분석]
① 아리스토텔레스의 중용은 글의 주제인 서양과 우리의 중용에 대한 차이점을 말하기 위해 언급한 것일 뿐이다.
② 우리는 의학에 있어서도 중용관에 입각했다는 것을 말하기 위해 부연 설명한 것이다.
③ 중용을 바라보는 서양과 우리의 차이점을 말하고 있다.

05 　　　정답 ③

제시문에서는 멸균에 대해 언급하며, 멸균 방법을 물리적・화학적으로 구분하여 다양한 멸균 방법에 대해 설명하고 있다. 따라서 글의 주제로 ③이 가장 적절하다.

06 　　　정답 ②

2022년 김치 수출액이 3번째로 많은 국가는 홍콩이다. 홍콩의 2021년 대비 2022년 수출액의 증감률은 $\frac{4,285-4,543}{4,543} \times 100 ≒ -5.68\%$이다.

07 　　　정답 ①

(ㄱ) : 2019년 대비 2020년 의료 폐기물의 증감율은 $\frac{48,934-49,159}{49,159} \times 100 ≒ -0.5\%$이다.
(ㄴ) : 2017년 대비 2018년 사업장 배출시설계 폐기물의 증감율은 $\frac{123,604-130,777}{130,777} \times 100 ≒ -5.5\%$이다.

08

정답 ①

$\left(\dfrac{36,829-29,397}{29,397}\right)\times100 ≒ 25.3\%$

09

정답 ②

- 한국 : $\dfrac{33.0}{11.0}=3.0$배

- 미국 : $\dfrac{21.2}{13.1}≒1.6$배

- 일본 : $\dfrac{34.5}{23.0}=1.5$배

- 브라질 : $\dfrac{17.6}{7.0}≒2.5$배

- 인도 : $\dfrac{10.2}{5.1}=2.0$배

따라서 2040년의 고령화율이 2010년 대비 2배 이상 증가하는 나라는 한국(3.0배), 브라질(2.5배), 인도(2.0배)이다.

10

정답 ②

전년 대비 난민 인정자 증감률을 구하면 다음과 같다.

- 2020년

  – 남자 : $\dfrac{35-39}{39}\times100≒-10.3\%$

  – 여자 : $\dfrac{22-21}{21}\times100≒4.8\%$

- 2021년

  – 남자 : $\dfrac{62-35}{35}\times100≒77.1\%$

  – 여자 : $\dfrac{32-22}{22}\times100≒45.5\%$

- 2022년

  – 남자 : $\dfrac{54-62}{62}\times100≒-12.9\%$

  – 여자 : $\dfrac{51-32}{32}\times100≒59.4\%$

따라서 ②의 2021년과 2022년의 증감률 수치가 잘못 입력되어 있다.

11

정답 ④

1985년 전체 재배면적을 A라 하면, 2022년 전체 재배면적은 1.25A이다.

- 1985년 과실류 재배면적 : 0.018A
- 2022년 과실류 재배면적 : $0.086\times1.25A=0.1075A$

따라서 과실류 재배면적은 $\dfrac{0.1075A-0.018A}{0.018A}\times100$

$≒500(\%)$ 증가했다.

12

정답 ①

영업1팀과 마케팅3팀이 위·아래로 인접해 있다고 하였으므로, 이 두 팀의 위치를 기준으로 파악해야 한다. 만약 영업1팀이 1층, 마케팅3팀이 2층이라면 3번째·4번째·7번째 조건에 따라 1층에는 영업1·2·3팀과 총무팀, 개발팀이 모두 위치해야 하는데, 개발팀의 한쪽 옆이 비어있어야 하므로 조건에 맞지 않는다. 따라서 마케팅3팀이 1층, 영업1팀이 2층인 경우의 수만 따져가며 모든 조건을 조합하면 다음과 같이 두 가지 경우의 수가 있음을 알 수 있다.

2층	영업1팀	영업3팀	영업2팀	총무팀	
1층	마케팅3팀	마케팅1팀	개발팀		마케팅2팀

2층		영업2팀	총무팀	영업3팀	영업1팀
1층	마케팅2팀		개발팀	마케팅1팀	마케팅3팀

두 가지 경우에서 총무팀과 영업3팀은 인접할 수도, 그렇지 않을 수도 있으므로 ①은 옳지 않다.

13

정답 ④

모든 조건을 조합하면 다음과 같이 두 가지 경우의 수가 있음을 알 수 있다.

1)

2)

두 가지 경우에서 강팀장과 이대리는 항상 인접하므로 항상 옳은 것은 ④이다.

오답분석

① 두 가지 경우에서 유사원과 이대리는 인접할 수도, 그렇지 않을 수도 있다.

② 두 가지 경우에서 박사원의 자리는 유사원의 자리보다 왼쪽에 있을 수도, 그렇지 않을 수도 있다.

③ 두 가지 경우에서 이사원은 복도 옆에 위치할 수도, 그렇지 않을 수도 있다.

14

다섯 번째와 여섯 번째 조건에 따라 D는 해외취업국, E는 외국인력국에 배치된다.

네 번째 조건에 따라 B, C, F가 모두 외국인력국에 배치된다면 해외취업국에 배치될 수 있는 직원은 A와 D뿐이므로 두 번째 조건을 충족하지 못하게 된다. 따라서 B, C, F는 D와 함께 해외취업국에 배치되며, A는 세 번째 조건에 따라 E와 함께 외국인력국에 배치된다.

오답분석

ㄱ. B는 해외취업국에 배치된다.

ㄴ. A는 외국인력국, D는 해외취업국으로, 각각 다른 부서에 배치된다.

15

정답 ③

두랄루민은 Al에 Cu+Mg+Mn이 합금된 가공용 알루미늄합금이다.

16

정답 ①

파인세라믹(Fine Ceramic)은 세라믹(Ceramics)이 가진 중요한 특성인 내열성, 내식성, 전기절연성 등을 더욱 향상시키기 위해 만들어진 차세대 세라믹으로 가볍고 금속보다 훨씬 단단한 특성을 지닌 신소재이다. 1,000℃ 이상의 온도에서도 잘 견디며 강도가 잘 변하지 않는 장점이 있으나 부서지기 쉬워 가공이 어렵다는 단점도 있다. 흙이나 모래 등의 무기질 재료를 높은 온도로 가열하여 만든 것으로 특수 타일, 인공 뼈, 자동차엔진 등에 사용하며 고온에도 잘 견디고 내마멸성이 큰 신소재이다.

오답분석

② 형상기억합금 : 항복점을 넘어서 소성변형된 재료는 외력을 제거해도 원래의 상태로 복원이 불가능하지만, 형상기억합금은 고온에서 일정시간 유지함으로써 원하는 형상으로 기억시키면 상온에서 외력에 의해 변형되어도 기억시킨 온도로 가열만 하면 변형 전 형상으로 되돌아오는 합금이다.

③ 초전도합금 : 순금속이나 합금을 극저온으로 냉각시키면 전기저항이 0에 근접하는 합금으로 전동기나 변압기용 재료로 사용된다.

④ 초경합금 : 금속 탄화물과 철(Fe)계의 결합금속(Fe, Ni, Co)을 분말 야금법 (혼합, 성형, 소결 과정)으로 제조한 복합금속이다.

17

정답 ④

제시된 업적은 정조의 업적이다. 정조는 초계문신제를 시행하여 중·하급 관리를 재교육하였다.

오답분석

①·②·③은 영조의 업적이다.

18

정답 ③

별기군은 신식 무기로 무장했고, 일본인 교관을 초빙하여 신식 훈련을 받았다. 비록 부대의 규모는 작았지만, 여기에는 부국강병을 이루려는 정부의 의지가 반영되어 있었다.

19

정답 ①

3·1 운동 이후 일제는 이른바 문화 통치를 표방하여 가혹한 식민 통치를 은폐하려고 하였다.

20

정답 ②

'국혼'을 강조하고, 「한국통사」, 「한국독립운동지혈사」를 지은 사람은 박은식이다.

오답분석

① 정인보는 '조선의 얼'을 강조하였고, 「조선사연구」 등을 저술하였다.

③ 안재홍은 「조선상고사감」 등을 저술하였다.

④ 신채호는 「독사신론」, 「조선상고사」, 「조선사연구초」, 「조선혁명선언」 등을 남겼다.

21

정답 ④

의열단은 김원봉이 만주 길림에서 비밀 결사로 조직하였다(1919). 이들은 신채호의 조선 혁명 선언(1923)을 행동강령으로 삼고 조선총독부, 경찰서, 동양 척식 주식회사 등 식민 지배 기구의 파괴 및 조선총독부 고위관리와 친일파 처단을 목표로 1920년대에 독립 운동을 활발히 하였다.

오답분석

ㄱ. 6·10 만세 운동(1926)은 조선공산당, 천도교계, 조선 학생 과학연구회 등이 준비하였다.

ㄴ. 「만세보」는 천도교의 기관지이다.

22

정답 ②

지문은 안중근 의사가 남긴 유언이다.

01	02	03	04	05	06	07	08	09	10
②	②	④	③	②	②	④	③	②	④

01
정답 ②

RE100은 기업이 사용하는 에너지를 재생에너지로 충당하고자 하는 캠페인이고, 국민들이 사용하는 에너지 또한 재생에너지로 충당하고자 하는지는 언급된 바 없다.

오답분석

① '한국에서 탄소 중립의 실행 방안으로 모색되는 정책으로는 이산화탄소 배출량에 상응하는 만큼의 숲 조성, 화석연료를 대체할 재생에너지 분야에 투자, 이산화탄소 배출량에 상응하는 탄소배출권 구매 등이 있다.'라고 하였으므로 적절한 내용이다.

③ RE100을 위해서 SK기업 등이 참여하고 있는 점, '탄소 중립은 국가뿐 아니라 개인의 노력도 요구된다.'라고 언급한 점을 통해서 적절한 내용인 것을 알 수 있다.

④ '실질적인 탄소 중립을 위해서는 RE100을 넘어 CF100을 목표로 삼아야 한다는 주장이 제기된다는 점이다.'라는 부분을 통해 적절한 내용인 것을 알 수 있다.

02
정답 ②

(나)에서 '그런데 문제는 정당한 범위 또는 공정한 관행에 관한 해석에 있다.'라는 부분을 먼저 언급하고, (가)에서 '먼저 정당한 범위란 ~'으로 정당한 범위에 관한 설명을 한 다음 (다)에서 '그리고 공정한 관행이란 ~'으로 마무리하는 것이 가장 자연스러운 흐름이다.

03
정답 ④

제시된 조건에서 대우와 삼단논법을 통해 도출할 수 있는 결론은 다음과 같다.
• 토끼를 선호하는 사람 → 강아지를 선호하지 않는 사람
• 토끼를 선호하지 않는 사람 → 고양이를 선호하지 않는 사람
• 고양이를 선호하는 사람 → 토끼를 선호하는 사람 → 강아지를 선호하지 않는 사람
• 강아지를 선호하는 사람 → 토끼를 선호하지 않는 사람 → 고양이를 선호하지 않는 사람

04
정답 ③

호수의 둘레는 A와 B가 움직인 거리의 합이며, A는 4km/h의 속도로 1시간, B는 10km/h의 속도로 30분간 이동하였다. A가 움직인 거리는 4km, B가 움직인 거리는 5km이므로 호수의 둘레는 9km이다. 원의 둘레는 원의 지름에 원주율을 곱한 것이므로, 이 문제에서 주어진 원주율 3을 둘레 9km에서 나누면, 호수의 지름은 3km임을 알 수 있다.

05
정답 ②

직접비용이란 제품의 생산이나 서비스 창출에 직접적으로 소요된 비용을 말하는 것으로 재료비, 원료와 장비, 시설비, 인건비 등이 여기에 포함된다. 이와 달리 직접비용의 반대 개념인 간접비용은 제품의 생산이나 서비스 창출에 직접적으로 관여하진 않지만 간접적으로 사용되는 지출인 보험료, 건물관리비, 광고비, 통신비, 사무비품비, 각종 공과금 등이 이에 해당한다. 제시된 자료에서 직접비용 항목만 구분하여 정리하면 다음과 같다.

4월		
번호	항목	금액(원)
1	원료비	680,000
2	재료비	2,550,000
4	장비 대여비	11,800,000
8	사내 인건비	75,000,000
	—	—
	합계	90,030,000

5월		
번호	항목	금액(원)
1	원료비	720,000
2	재료비	2,120,000
4	장비 구매비	21,500,000
8	사내 인건비	55,000,000
9	외부 용역비	28,000,000
	합계	107,340,000

따라서 J사의 4월 대비 5월 직접비용은 17,310,000원 증액되었다.

06
정답 ②

디지털 콘텐츠에 저작권 정보와 구매한 사용자 정보를 삽입해 콘텐츠 불법 배포자에 대한 추적이 가능한 기술은 핑거 프린팅에 대한 설명이다. 토르 네트워크는 프라이버시와 보안 보장을 위해 암호화 기법을 사용하여 익명으로 인터넷을 사용할 수 있는 가상 네트워크이다.

07
정답 ④

전역 변수를 사용하지 않고 객체를 하나만 생성 하도록 하며 생성된 객체를 어디에서든지 참조할 수 있도록 하는 패턴은 싱글톤 패턴이다.

08
정답 ③

디피헬먼 알고리즘은 숫자를 다른 숫자로 변환하는 비대칭키 암호 알고리즘이다. 대칭키 암호키가 유출될 경우의 취약점을 보완하기 위해 개발되었다.

09
정답 ②

시트에서 실적 수당 중 가장 작은 값을 구하려면 MIN(범위에 있는 값 중 가장 작은 값을 찾아서 반환함)을 사용해야 하므로 「=Min(C2:C7)」을 입력해야 한다.

10
정답 ④

ㄷ. 무열왕이 당과 연합하여 백제를 멸망시키고 삼국통일의 기반을 다진 것은 맞으나, 당과 연합하여 고구려를 멸망시키고 삼국통일을 이룩한 것은 문무왕의 업적이다.

ㅁ. 정전은 국가의 토지 지배력을 강화하고 안정적인 재정을 마련하기 위한 시행한 신라 성덕왕 때의 제도이다.

오답분석

ㄱ. 중앙 통치 제도의 확립을 위해 무열왕 때에 감찰 기구인 사정부를 설치하여 대신들의 행동을 관리감독하고 살피도록 하였다.

ㄴ. 무열왕은 진골 출신 최초의 왕으로 왕권의 강화 및 안정을 위하여 직계 자손이 왕위를 세습할 수 있도록 정책을 수립하였다.

ㄹ. 무열왕은 중앙 통치 제도의 확립과 귀족 세력의 약화를 위해 왕의 세력인 집사부와 중시의 기능을 강화하였다.

03 | 2021년 시행 기출복원문제

01	02	03	04	05	06	07	08	09	10
②	②	③	②	②	③	①	④	③	③
11	12	13	14	15	16	17	18		
①	④	②	③	①	①	②	①		

01
정답 ②

제시문에서 모듈 성능 저하 등 운영 결함은 없었다고 하였으므로 적절하지 않은 설명이다.

오답분석

① 국내 염전 중 85%는 전라남도에 밀집해 있다.
③ 중국, 인도, 프랑스, 이탈리아 등은 천일염 방식으로 소금을 생산한다.
④ 추가적인 부지 확보 없이 염전에서 태양광 전력을 생산할 수 있다.

02
정답 ②

태양광 발전으로 전기와 소금을 동시에 생산한다는 의미이므로, 한 가지 일로써 두 가지 이익을 얻는다는 뜻을 가진 일거양득이 ㉠에 들어가야 한다.

오답분석

① 아전인수 : 자기의 이익을 먼저 생각하고 행동함
③ 토사구팽 : 필요할 때 요긴하게 써 먹고 쓸모가 없어지면 가혹하게 버림
④ 백척간두 : 백 자나 되는 높은 장대 위에 올라섰다는 뜻으로, 위태로움이 극도에 달함

03
정답 ③

수력발전으로 전기를 생산하기 위해서는 거대한 댐을 건설해야 하는데 이 댐을 건설할 때 많은 이산화탄소가 발생한다. 따라서 수력발전을 통해 이산화탄소를 배출시키지 않고 전기를 생산할 수 있다는 장점이 있는 반면, 댐을 건설할 때 이산화탄소가 발생하는 단점도 있다는 의미의 '일장일단(一長一短)'이 제시문과 가장 관련이 깊다.

오답분석

① 고식지계 : 당장의 편안함만을 꾀하는 일시적인 방편

② 결자해지 : 일을 저지른 사람이 그 일을 해결해야 함
④ 과유불급 : 모든 사물이 정도를 지나치면 미치지 못한 것과 같음

04
정답 ②

수력발전이 이산화탄소를 배출하는 것이 아니라, 수력발전을 위한 댐을 건설할 때 이산화탄소가 배출된다.

오답분석

① 메탄이 지구온난화에 미치는 영향은 이산화탄소의 20배에 달한다.
③ 댐이 건설되면서 저수지에 갇힌 유기물들이 부패 과정에서 이산화탄소는 물론 메탄을 생성한다.
④ 반론을 제기한 학자들은 메탄 배출은 댐 운영 첫해에만 발생하는 현상이라고 주장한다.

05
정답 ②

아르바이트생들이 고된 노동과 감정 노동을 받고 있지만, 제시문에서의 아르바이트생은 감정노동자가 아니다. 따라서 감정노동자가 아닌 청년 아르바이트생의 고충에 관한 내용을 담고 있으므로 ②는 글의 내용으로 적절하지 않다.

06
정답 ③

제시문에서는 다문화를 이해하는 것의 중요성을 말하고 있다. 따라서 단일문화를 지향해야 한다는 내용은 적절하지 않다.

07
정답 ①

제시문은 '틱톡'을 예시로 들며, 1인 미디어의 유행으로 새로운 플랫폼이 등장하는 현상을 설명하고 있다.

오답분석

② 1인 크리에이터가 새로운 사회적 이슈가 된다고 나와 있지만, 돈을 벌고 있다는 내용은 제시문에서 확인할 수 없다.
③ 틱톡이 인기를 끄는 이유는 알 수 있지만, 1인 미디어가 인기를 끄는 이유가 양질의 정보를 전달하기 때문인지는 알 수 없다.
④ 1인 미디어의 문제와 규제에 대해서는 제시문에서 확인할 수 없다.

08 　정답 ④

1챕터의 시작이 12p이므로 정리를 하면 다음과 같다.
- 화요일 : 1챕터, 12p ~ 14p
- 수요일 : 2챕터, 15p ~ 18p
- 목요일 : 3챕터, 19p ~ 23p
- 금요일 : 4챕터, 24p ~ 26p
- 화요일 : 5챕터, 27p ~ 30p
- 수요일 : 6챕터, 31p ~ 35p

따라서 수요일에 6챕터를 읽게 되고, 책갈피는 6챕터의 시작 부분인 31p와 32p 사이에 꽂혀 있다.

09 　정답 ③

B팀장은 단합대회에 참석하지 않는다는 의사표시를 한 것이 아니라, A부장이 갑작스럽게 단합대회 날짜를 정하게 된 이유를 듣고, 일정을 조율해 보겠다는 의미의 대답을 한 것이다.

10 　정답 ③

벤치마킹은 모방과는 달리 성공한 상품, 우수한 경영 방식 등의 장점을 배우고 자사 등의 환경에 맞추어 재창조하는 것을 말한다.

오답분석
① 벤치마킹이란 외부의 기술을 받아들이는 것이 아닌 받아들인 기술을 자신의 환경에 적합한 기술로 재창조하는 것을 말한다.
② 벤치마킹이란 특정 분야에서 뛰어난 업체나 상품, 기술, 경영 방식 등을 배워 합법적으로 응용하는 것을 의미한다.
④ 간접적 벤치마킹에 대한 설명이다. 직접적 벤치마킹은 벤치마킹 대상을 직접 방문하여 수행하는 방법이다.

11 　정답 ①

선도착 선처리(First-come, First-served)에 대한 설명으로 여러 작업들이 처리를 기다리며 대기 행렬을 이루어 있을 때, 가장 먼저 들어온 작업부터 실행해 주고, 요청이 들어온 순서대로 처리하는 방식이다.

오답분석
② Last-in First-out(후입 선출) : 최근에 들어온 것부터 처리하는 방식이다.
③ Round Robin : 실행 순서의 주기(Cyclic)를 정해서 처리하는 방식이다.
④ Shortest Job First Scheduling(최단 작업 우선 스케줄링) : 실행 시간이 가장 작은 작업부터 실행하는 방식이다.

12 　정답 ④

자료에서 설명하는 나라는 부여이다. 부여는 수도(首都)를 중심으로 동·서·남·북의 방위에 따라 4개 구역으로 나누어 관리하였다.

13 　정답 ②

(가)에 해당하는 지역은 평양이다. 몽골침략 때, 최씨 무신 정권이 수도로 이전한 곳은 강화도이다.

오답분석
① 고구려 장수왕은 427년 수도를 평양으로 이전하였다.
③ 묘청은 평양으로 천도해야 한다는 서경 천도 운동을 벌였다.
④ 고려 시대 때 평양은 중요시되어 태조 왕건 때 서경으로 승격되었다.

14 　정답 ③

제시된 자료는 신라 하대에 대한 내용이다. 김흠돌이 반란을 일으킨 것은 통일신라 신라 중대의 신문왕 대에 발생한 반란이다.

오답분석
① 장보고는 청해진을 설치하고 이를 중심으로 해상권을 장악하였다.
② 중앙 정권이 약해지자 지방에서는 호족이 등장하여 농민을 수탈하였다.
④ 견훤은 전라도를 차지하고 후백제를 건국하였다.

15 　정답 ①

서인이 남인인 허적과 윤휴 등을 제거한 것은 경신환국(1680)이고, 소론과 노론이 재집권한 것은 갑술환국(1694)이다. 따라서 (가)에 들어갈 사건은 기사환국(1689)이다. 기사환국은 남인이 장희빈의 소생인 원자를 세자로 책봉하는 서인을 제거하고 재집권한 사건이다.

오답분석
② 현종 때 예송논쟁에 대한 내용이다.
③ 갑술환국 때 있었던 사건이다.
④ 탕평책은 1728년 영조 때 시행되어 정조 때도 이어졌다.

16

정답 ①

(가)는 병인양요이다. 병인양요(1866)는 흥선대원군이 프랑스 선교사들을 박해한 것을 빌미로 프랑스 순대가 강화도를 침입한 사건이다. 이 과정에서 프랑스군은 조선왕조의궤 등 조선의 서적 등을 약탈하기도 하였으며, 정족산성 전투에서 패배하고 철수하였다.

오답분석

② 1866년 미국 상선인 제너럴셔먼호 평양에 군민들에 의해 불에 타는 사건이 일어났고, 미국은 이를 빌미로 신미양요를 일으켰다.

③ 1875년 일본 군함 운요호는 강화도로 불법 침입하여 함포를 사격하는 등 공격을 하였고, 이를 계기로 강화도 조약이 체결되었다.

④ 1868년 독일인 오페르트는 남연군묘를 도굴하려다 묘가 견고하여 실패하였다.

17

정답 ②

1920년에 전개된 물산장려운동과 관련된 내용이다. 이 운동은 우리나라의 자본을 보존하기 위해 국산품 애용을 권장하였다.

오답분석

① 1904년 보안회의 운동이다.

③ 1907년 국채보상운동의 내용이다.

④ 1920년대 초 민립대학설립운동의 내용이다.

18

정답 ①

1970년대 새마을운동의 노래이다. 새마을운동은 빈곤퇴치와 지역사회개발을 위해 전개된 국가사업으로, 농촌경제 발전과 농촌소득 향상을 목적으로 하였다. 새마을운동은 박정희 정부의 주도 아래 전국적으로 이루어졌으며, 이 시기 베트남 전쟁의 특수를 누렸다.

오답분석

② 1986 ~ 1988년 저유가, 저금리, 저달러의 3저 현상으로 호황기를 누렸다.

③ 삼백은 흰색을 띠는 제품인 밀가루, 설탕, 면직물을 지칭하는 용어로, 삼백산업은 1950년대 한국 산업의 중추역할을 하였던 제분, 제당, 면방직 공업을 의미한다.

④ 1차 경제개발 5개년은 1962~1966년에 시행되었다.

04

기출복원문제

01	02	03	04	05	06	07	08		
④	③	④	④	④	④	③	④		

01

정답 ④

호연지기(浩然之氣)란 온 세상에 가득 찬 넓고 큰 기운이라는 뜻으로, 도의에 근거하여 굽히지 않고 흔들리지 않는 바르고 큰 마음 또는 공명정대하여 조금도 부끄럼 없는 용기 등을 의미한다.

오답분석

① 소탐대실(小貪大失) : 작은 것을 탐하다가 큰 손실을 입음
② 일장춘몽(一場春夢) : 한바탕의 봄 꿈처럼 헛된 영화나 덧없는 일
③ 선견지명(先見之明) : 미리 앞을 내다보고 아는 지혜

02

정답 ③

'밖에'는 '그것 말고는', '그것 이외에는', '기꺼이 받아들이는', '피할 수 없는'의 뜻을 나타내는 보조사이므로 앞말과 붙여 쓴다.

오답분석

① '만'은 '앞말이 가리키는 횟수를 끝으로'의 뜻을 나타내는 의존 명사로 사용되었으므로 '열 번 만에'와 같이 앞말과 띄어 써야 한다.
② '만큼'은 앞말과 비슷한 정도나 한도임을 나타내는 격조사로 사용되었으므로 '아빠만큼'과 같이 앞말에 붙여 써야 한다.
④ '뿐'은 '그것만이고 더는 없음'을 의미하는 보조사로 사용되었으므로 '너뿐만'과 같이 앞말에 붙여 써야 한다.

03

정답 ④

'각축(角逐)하다'는 '서로 이기려고 다투며 덤벼들다.'는 의미의 한자어이므로 '서로 버티어 승부를 다투다.'는 의미의 순우리말인 '겨루다'로 바꾸어 사용할 수 있다.

오답분석

① 얽히다 : 1. 노끈이나 줄 따위가 이리저리 걸리다.
　　　　　 2. 이리저리 관련이 되다.
② 대들다 : 요구하거나 반항하느라고 맞서서 달려들다.
③ 붐비다 : 1. 좁은 공간에 많은 사람이나 자동차 따위가 들끓다.
　　　　　 2. 어떤 일 따위가 복잡하게 돌아가다.

04

정답 ④

회전 대응 보관의 원칙이란 입·출하 빈도의 정도에 따라 보관 장소를 결정해야 한다는 것으로, 입·출하 빈도가 높은 물품일수록 출입구에 가까운 장소에 보관해야 한다는 의미이다.

오답분석

① 네트워크 보관의 원칙 : 물품 정리 및 이동 거리 최소화를 지원하는 방식으로, 출하 품목의 연대적 출고가 예상되는 제품을 한데 모아 정리하고 보관하는 방식이다.
② 형상 특성의 원칙 : 화물의 형상에 따라 보관 방법을 변경하는 방식으로, 표준화된 제품은 랙에, 비표준화된 제품은 형상에 맞게 보관하는 방식이다.
③ 통로 대면의 원칙 : 물품의 입·출고를 용이하게 하고, 창고 내의 원활한 물품 흐름과 활성화를 위하여 벽면이 아닌 통로면에 보관하는 방식이다.

05

정답 ④

먼저 세 번째 조건에 따라 3팀은 3호실에 위치하고, 네 번째 조건에 따라 8팀과 2팀은 4호실 또는 8호실에 각각 위치한다. 이때, 두 번째 조건에 따라 2팀과 5팀은 앞뒤로 나란히 위치해야 하므로 결국 2팀과 5팀이 각각 8호실과 7호실에 나란히 위치하고, 4호실에는 8팀이 위치한다. 또한, 첫 번째 조건에 따라 1팀과 7팀은 1호실 또는 5호실에 각각 위치하는데, 마지막 조건에서 4팀은 1팀과 5팀 사이에 위치한다고 하였으므로 4팀이 5팀 바로 앞인 6호실에 위치하고, 1팀은 5호실에 위치한다. 따라서 1호실에는 7팀이 위치하고, 바로 뒤 2호실에는 6팀이 위치한다. 이를 종합하여 기획 1 ~ 8팀의 사무실을 배치하면 다음과 같다.

창고	입구	계단
기획 7팀		기획 1팀
기획 6팀	복도	기획 4팀
기획 3팀		기획 5팀
기획 8팀		기획 2팀

따라서 기획 4팀과 기획 6팀은 복도를 사이에 두고 마주한다.

[오답분석]
① 창고 뒤에는 기획 7팀의 사무실이 위치하며, 기획 1팀의 사무실은 계단 쪽 라인에 위치한다.
② 기획 2팀의 사무실은 8호실에 위치한다.
③ 기획 3팀과 5팀은 복도를 사이에 두고 마주한다.

06

정답 ④

식사 시 포크와 나이프는 바깥쪽에 놓인 것부터 순서대로 사용한다.

국제매너(식사예절)
- 포크와 나이프는 바깥쪽에 놓인 것부터 순서대로 사용한다.
- 수프는 소리 내면서 먹지 않으며, 몸쪽에서 바깥쪽으로 숟가락을 사용한다.
- 뜨거운 수프는 입으로 불어서 식히지 않고 숟가락으로 저어서 식힌다.
- 빵은 수프를 먹고 난 후부터 먹으며 디저트 직전 식사가 끝날 때까지 먹을 수 있다.
- 빵은 칼이나 치아로 자르지 않고 손으로 떼어 먹는다.
- 생선 요리는 뒤집어 먹지 않는다.
- 스테이크는 처음에 다 잘라놓지 않고 잘라가면서 먹는 것이 좋다.

07

정답 ③

금관가야는 전기 가야 연맹의 중심이었고, 후기 가야 연맹은 고령가야(대가야)가 중심이었다.

[오답분석]
① 금관가야는 김해를 중심으로 낙동강 하구에 위치하였다.
② 532년 신라 법흥왕의 공격으로 멸망하였다.
④ 수로왕이 건국하였으며, 그 후손으로 김유신 등이 있다.

08

정답 ④

식년시는 3년마다 정기적으로 시행되는 과거시험이다.

[오답분석]
① 문과는 문신을, 무과는 무신을, 잡과는 기술관료를 뽑았다.
② 법적으로 양인 신분이면 모두 응시할 수 있으나 실제로는 양반의 자제들이 응시하였다.
③ 별시는 식년시 외에 임시로 시행된 과거시험으로 나라에 경사가 있거나 인재의 등용이 필요한 경우에 실시되었다.

05 | 2019년 시행
기출복원문제

01	02	03	04	05	06	07	08	09	10
④	①	③	④	③	③	④	④	①	①
11	12	13	14	15	16	17	18	19	20
③	④	②	③	④	①	④	③	②	④
21	22	23	24	25	26	27	28	29	30
④	①	①	②	①	②	①	④	②	③

01 정답 ④

제시문에서는 스마트폰 생산에 필요한 콜탄으로 인해 콩고의 내전이 끊이지 않고 있음을 이야기한다. 특히 (나) 문단에서는 콜탄이 콩고의 내전 장기화에 많은 영향을 끼치고 있음을 이야기하며, 이를 '휴대폰 이용자들이 기기를 바꿀 때마다 콩고 주민 수십 명이 죽는다는 말도 있다.'고 표현한다. 따라서 기사의 표제로 ④가 가장 적절함을 알 수 있다.

02 정답 ①

(가) 문단에서는 스마트폰 생산에 사용되는 탄탈럼을 언급하며, 탄탈럼의 원석인 콜탄의 소비량 증가와 가격 상승으로 인해 전 세계 콜탄의 70~80%가 매장되어 있는 콩고에서 전쟁이 그치지 않고 있음을 이야기하고 있다. 따라서 사람들의 스마트폰 사용 현황과 콜탄의 가격 상승을 보여주는 그래프와 콜탄 채굴 현황을 나타내는 표는 모두 (가) 문단의 내용을 효과적으로 나타내고 있다.

03 정답 ③

제5조에 따르면 운영부서는 증빙자료와 함께 마일리지 적립 현황을 분기마다 주관부서에 제출해야 하며, 주관부서는 이를 확인하여 매년 12월 31일까지 감사실에 제출해야 한다고 명시되어 있다. 따라서 청렴마일리지 제도를 잘못 이해하고 있는 사람은 C주임이다.

오답분석
① 제4조 제4호에 따라 반부패·청렴 교육을 이수한 경우 청렴마일리지를 부여받을 수 있다. 그러나 A사원은 청렴마일지를 받지 못했으므로 제6조 제2항에 따라 감사실장에 이의신청을 할 수 있다.

② 제7조 제1항에 따르면 적립된 청렴마일리지는 개인 및 부서별 포상에 활용할 수 있다.
④ 제6조 제1항에 따르면 감사실장은 신고된 내용에 대하여 사실 여부를 확인한 후 청렴마일리지를 부여한다.

04 정답 ④

경청의 5단계
㉠ 무시(0%)
㉡ 듣는 척하기(30%)
㉢ 선택적 듣기(50%)
㉣ 적극적 듣기(70%)
㉤ 공감적 듣기(100%)

05 정답 ③

대·중소기업 동반녹색성장의 추진절차에 따르면 사업 설명회는 참여기업이 확정되기 전에 개최된다. 즉, 사업 설명회를 통해 참여를 원하는 기업의 의견을 수렴한 뒤 참여기업을 확정한다.

06 정답 ③

제시문에 따르면 젊은 사람들의 경우 장시간 전자 기기를 사용하는 근거리 작업과 전자 기기에서 나오는 블루라이트 등으로 인해 노안 발생률이 증가하고 있다. 따라서 노안을 예방하기 위해서는 전자 기기 사용을 줄이고 블루라이트 차단 제품을 사용하며, 눈에 충분한 휴식을 주어 눈의 부담을 덜어주어야 한다. 그러나 눈 운동과 관련된 내용은 제시문에서 찾아볼 수 없다.

07 정답 ④

ㄴ. 전자 기기의 블루라이트 불빛은 노안의 원인이 되므로 장시간 스마트폰을 사용한다면 노안을 의심해 볼 수 있다.
ㅁ. 노안이 발생하면 수정체의 조절 능력이 저하되어 가까운 거리의 시야가 흐리게 보인다.
ㅂ. 노안의 대표적인 증상이다.

ㄱ. 안경 착용은 노안과 관계가 없다.

ㄷ. 책을 읽거나 컴퓨터 작업을 할 때 두통이 발생한다면 노안을 의심할 수 있지만, 평상시의 갑작스러운 두통이나 어지럼증은 노안의 증상으로 보기 어렵다.

ㄹ. 최신 스마트폰 사용은 노안과 관계가 없으며, 스마트폰의 장시간 사용이 노안의 발생 원인이 된다.

08 　　　정답 ④

'다듬-'+'-이'의 경우 어간에 '-이'가 붙어서 명사로 된 것은 그 어간의 원형을 밝히어 적는다는 한글맞춤법 규정에 따라 '다듬이'가 올바른 표기이다.

오답분석

① 먼저 자리를 잡은 사람이 뒤에 들어오는 사람에 대하여 가지는 특권 의식, 또는 뒷사람을 업신여기는 행동의 의미인 '텃세'가 올바른 표기이다. '텃새'는 철을 따라 자리를 옮기지 아니하고 거의 한 지방에서만 사는 새를 의미한다.

② '금시에'가 줄어든 말로 '지금 바로'의 의미를 나타내는 '금세'가 올바른 표기이다. '금새'는 물건의 값을 의미한다.

③ '잎'+'-아리'의 경우 '-이' 이외의 모음으로 시작된 접미사가 붙어서 된 말은 그 명사의 원형을 밝혀 적지 않는다는 한글맞춤법 규정에 따라 '이파리'가 올바른 표기이다.

09 　　　정답 ①

헌법에서는 모든 의사표현의 매개체를 언론과 출판의 자유에 의한 보호대상으로 삼고 있다. 즉, TV를 통한 방송광고의 경우에도 보호대상에 해당하므로 A씨는 언론과 출판의 자유가 침해되었다고 주장할 수 있다. 언론과 출판의 자유는 국가권력에 의하여 자유를 제한받지 않을 권리인 자유권에 해당한다.

오답분석

② 평등권 : 모든 인간을 원칙적으로 평등하게 다룰 것과 국가로부터 차별대우를 받지 아니하도록 요구하는 권리이다.

③ 참정권 : 주권자로서의 국민이 정치에 참여할 수 있는 권리이다.

④ 청구권 : 권리가 침해되었을 때 국가에 대하여 일정한 요구를 할 수 있는 권리이다.

10 　　　정답 ①

제시문에서는 논증의 결론 자체를 전제의 일부로 받아들이는 순환논증의 오류를 범하고 있다.

오답분석

② 무지의 오류 : 증명할 수 없거나 알 수 없음을 들어 거짓이라고 추론하는 오류이다.

③ 논점 일탈의 오류 : 논점과 관계없는 것을 제시하여 무관한 결론에 이르게 되는 오류이다.

④ 대중에 호소하는 오류 : 군중 심리를 자극하여 논지를 받아들이게 하는 오류이다.

11 　　　정답 ③

주어진 조건에 따르면 (B, E), (A, G), (C, F)는 각각 같은 팀임을 알 수 있다. 이때 D와 다른 팀인 (C, F)가 (B, E) 또는 (A, G)와 같은 팀이라면, C가 속한 팀의 직원 수는 항상 4명이 되므로 C와 F는 누구와 같은 팀이 되든 인사팀임을 알 수 있다. 한편, (B, E), (A, G)는 각각 (C, F)와 함께 인사팀이 될 수도 있고 (C, F)와 떨어져 회계팀이 될 수도 있으므로 주어진 조건만으로는 어떤 팀에서 근무하는지 정확히 알 수 없다.

12 　　　정답 ④

ㄴ. BCG 매트릭스는 시장성장율과 상대적 시장점유율을 기준으로 4개의 영역으로 나눠 사업의 상대적 위치를 파악한다.

ㄹ. GE & 맥킨지 매트릭스의 산업매력도는 시장규모, 시장 잠재력, 경쟁구조, 재무·경제·사회·정치 요인과 같은 광범위한 요인에 의해 결정된다.

ㅁ. GE & 맥킨지 매트릭스는 반영 요소가 지나치게 단순하다는 BCG 매트릭스의 단점을 보완하기 위해 개발되었다.

오답분석

ㄱ. BCG 매트릭스는 미국의 보스턴컨설팅그룹이 개발한 사업포트폴리오 분석 기법이다.

ㄷ. GE & 맥킨지 매트릭스는 산업매력도와 사업경쟁력을 고려하여 사업의 형태를 9개 영역으로 나타낸다.

13 　　　정답 ②

여성은 매년 30명씩 증가했으므로 2018년 여성 신입사원은 $260+30=290$명이고, 남성 신입사원은 $500-290=210$명이다. 따라서 남녀 성비는 $\frac{210}{290} \times 100 = 72.4\%$이다.

14 　　　정답 ③

(사고직전속력)$= \sqrt{256 \times 50 \times 0.5} = \sqrt{6,400} = 80$km/h
따라서 사고직전속력은 80km/h임을 알 수 있다.

15

정답 ④

A씨가 이번 달에 내야 하는 전기료는 $200 \times 100 + 150 \times 200 = 50,000$원이다. 이때 B씨가 내야 하는 전기료는 A씨의 2배인 10만 원이므로 전기 사용량은 400kWh를 초과했음을 알 수 있다.

B씨가 사용한 전기량을 $(400+x)$kWh로 정하고 전기료에 대한 방정식을 풀면 다음과 같다.

$200 \times 100 + 200 \times 200 + x \times 400 = 100,000$

$\rightarrow x \times 400 = 100,000 - 60,000 \rightarrow x = 100$

따라서 B씨가 사용한 전기량은 총 $400 + 100 = 500$kWh이다.

16

정답 ①

부여의 제천행사 영고에 대한 설명이다.

오답분석
② 동맹 : 고구려의 제천행사
③ 무천 : 동예의 제천행사
④ 계절제 : 삼한의 제천행사

17

정답 ④

악습인 순장은 지증왕 때 금지하였다.

오답분석
①·②·③ 법흥왕은 율령을 반포하고, 17관등과 모든 관리들이 입는 공복을 정하였으며, 김해 지역의 금관가야를 정복하였다.

18

정답 ③

제시문이 설명하는 인물은 후백제를 건국한 견훤이다. 견훤은 신라 금성을 공격하여 경애왕을 죽이고, 신라의 마지막 왕인 경순왕을 즉위시켰다.

오답분석
① 신라 경순왕의 항복을 받아 신라를 흡수한 사람은 고려를 세운 왕건이다.
② 후백제가 고려를 정복한 것이 아니라, 고려가 후백제와 신라를 정복하고 후삼국을 통일했다.
④ 양길의 수하로 들어가 강원도 지역을 정복한 사람은 견훤이 아니라 궁예이다.

19

정답 ②

강화 천도는 1232년 7월, 개경 환도는 1270년으로 (가) 시기는 대몽항쟁기이다. 처인성 전투는 1232년 8월 몽골군과 고려군이 처인성에서 벌인 전투로 김윤후 등이 이끄는 고려군이 몽골의 사령관 살리타이를 사살하는 등 승리를 거두었다.

오답분석
① 이자겸의 난 : 1126년 인종의 외척이었던 이자겸이 일으킨 반란이다.
③ 만적의 난 : 1198년에 노비인 만적이 일으킨 노비해방운동이다.
④ 삼별초 항쟁(1270 ~ 1273) : 개경 환도 이후 삼별초가 정부와 몽골에 대항하여 일으킨 항쟁이다.

20

정답 ④

『경국대전』은 조선의 기본법전으로 세조 때 편찬 작업을 시작하여 '호전' 등이 완성되었고, 성종 때 수정을 거쳐 『경국대전』이 완성되었다.

오답분석
① 『조선경국전』은 태조 때 편찬된 사찬 법전이다.
② 태종 대 사간원을 독립시켜 대신들을 견제하였다.
③ 세조는 집현전을 폐지하였다.

21

정답 ④

제시된 지도는 임진왜란 때를 나타낸다.
ㄴ. 비변사는 중종 때 설치된 임시 기구로 국방 문제 등을 논의하였으나, 임진왜란 때 구정 전반을 총괄한 실질적인 최고의 관청이 되었다.
ㄹ. 임진왜란 때 노비문서가 타고 납속책 등을 실행하는 등 신분제가 동요되기 시작하였다.

오답분석
ㄱ·ㄷ. 붕당정치는 임진왜란 후에도 지속되었으며, 숙종 대 변질되기 시작하였다. 이후 순조 대 안동 김씨가 권력을 장악하면서 세도정치가 시작되었다.

22

정답 ①

오답분석
② 향교 : 조선시대 지방의 교육기관으로, 문묘 및 선현에 대한 제사도 하였다.
③ 성균관 : 조선시대 인재양성을 위하여 설치된 교육기관으로, 현재의 국립대학의 성격이다.
④ 서당 : 조선시대 초등 교육 역할을 한 사립학교이다.

23

정답 ①

제시된 자료와 설명은 1930년대 일제가 경제적 수탈을 위해 실시한 남면 북양 정책(1932)에 관한 설명이다. 1929년 미국에서 주가가 대폭락하면서 시작된 공황을 대공황이라 하며 이는 전 세계에 영향을 미쳤다. 일본은 공황 대책을 군부가 지휘하였고, 경제 회복을 위해 우리나라에서 남면 북양 정책 등을 시행하였다.

24 정답 ②

조일통상장정(1883) 때 일본 상인에 대한 최혜국 대우가 체결되었다.

오답분석
① 강화도 조약의 정식 명칭은 조일수호조규이며, 강화조약 또는 병자수호조약이라고도 한다.
③ 강화도 조약 이후 조일무역규칙을 정하여 6개월 뒤 조일수호조규 부록을 체결하여 양곡의 무제한 유출 허용과 일본 수출입 상품에 대한 무관세 등이 체결되었다.
④ 부산과 항구 두 곳을 20개월 이내에 개항한다는 내용이 조약에 있었고, 이후 원산과 인천이 개항되었다.

25 정답 ①

• 발췌개헌 : 대통령 직선제와 양원제를 골자로 하는 개헌안으로 이승만 대통령이 재선에 당선되기 위해 시행되었다.
• 사사오입개헌 : 대통령 3선 제한을 철폐해 이승만이 3선을 하기 위해 시행되었다. 의결 정족수인 203명의 3분의 2는 135.333…명으로 136명이 찬성해야 되는데 자유당은 135표가 나오자 사사오입하여 135명이 의결 정족수라고 주장하며 개헌을 통과시켰다.
• 3선개헌 : 박정희 대통령이 3선을 목적으로 추진한 개헌이다.

26 정답 ②

제시문은 신석기 시대에 대한 설명이다. 신석기 시대에는 움집이 주로 원형이나 모둥근 방형이며, 중앙에 화덕을 설치하고 남쪽에 출입문을 내었다.

오답분석
① 식량 채집경제 생활의 시작은 구석기 시대부터이다.
③ 신석기 시대에는 애니미즘(정령숭배), 샤머니즘(무격숭배), 토테미즘(동식물숭배), 영혼숭배 등 원시 신앙이 발생하였다.
④ 반달돌칼, 홈자귀는 청동기 시대의 농기구이다.

27 정답 ①

독도에 관한 내용으로, ①은 간도협약에 관한 내용이므로 옳지 않다.

28 정답 ④

철이 풍부하게 생산되어 화폐처럼 이용하고, 철 수출로 중계무역을 하였던 곳은 마한이 아닌 변한이다.

오답분석
② 삼한은 제정 분리의 사회였으며, 정치적 지배인 신지, 읍차 등이 제사를 주관하지 않고 천군이라는 별도의 제사장을 두고 있었다.
③ 마한은 백제, 변한은 가야, 진한은 신라로 발전하게 되었다.

29 정답 ②

일본은 삼국간섭 이후 을미사변을 일으켰고 곧이어 을미개혁을 추진하였다(1895). 기존의 개국 연호를 폐지하고, 건양이라는 연호를 사용하였으며(ㄱ), 단발령을 반포하여 고종이 세자와 함께 먼저 시행하였다. 태양력을 사용하였고, 종두법을 시행하였으며 우편사무를 재개하였다. 또한, 군사 개혁을 단행하여 친위대와 진위대로 편성하였다(ㄷ).

오답분석
ㄴ. 조일무역규칙(조일통상장정)은 조선 정부의 항의로 1883년 개정하여 방곡령을 신설하게 되었다.
ㄹ. 제1차 갑오개혁에서는 국가 재정의 탁지아문으로의 일원화, 은 본위 화폐 제도의 채택 등의 조치가 있었다.

30 정답 ③

제시문은 과전법에 관한 내용이다.

오답분석
ㄱ. 과전법에서는 현·퇴직 관리에게 전지만 분급하였다.
ㄹ. 수조권을 받은 관리는 전조(쌀)만 걷을 수 있고 노동력은 수취하지 못하였다.

06 | 2018년 시행 기출복원문제

01	02	03	04	05	06	07	08	09	10	11	12	13	14	15	16				
④	③	④	①	②	④	①	②	④	①	④	②	③	②	③	③				

01
정답 ④

스마트미터는 신재생에너지가 보급되기 위해 필요한 스마트그리드의 기초가 되는 부분이다. 에너지 공급자와 사용자를 양방향 데이터 통신으로 연결해 검침 및 정보제공 역할을 하여 발전소와 소비자 모두 필요한 정보를 모니터링하는 시스템일 뿐, 직접 에너지를 생산하는 신재생에너지는 아니다.

02
정답 ③

서울건설본부는 세계 최초 도심 지하에 800MW급 복합화력발전소를 건설하므로 글로벌 에너지의 자질을 갖추고 있으나 '글로벌 에너지 리더'로 일반화하기에는 적절하지 않다. 따라서 서울건설본부의 상징문구로는 '우리나라 전력산업의 살아있는 역사', '세계 최초 도심 지하에 대규모 복합화력발전소 건설' 등이 적절하다.

03
정답 ④

발전소 CCS설비에서 포집한 이산화탄소를 온실에 주입하여 작물의 광합성 촉진 및 생장속도를 가속화하였으며, 이는 결국 이산화탄소 배출 절감을 의미한다.

오답분석

① 에코팜 사업은 발전소의 냉각수가 아니라 온배수와 이산화탄소를 활용한 스마트 시스템 온실을 개발하는 사업이다.
② 온배수, 석탄재, 이산화탄소는 발전소에서 생산되는 주된 에너지가 아니다. 발전소에서 에너지를 생산한 뒤 발생하는 부산물로 폐자원이다.
③ 온배수의 열을 이용하여 온실의 에너지를 86%까지 절감하였고, 발전소의 석탄재를 비닐하우스 부지정리에 활용하여 폐기물의 자원화에 기여하였다.

04
정답 ①

앞의 항에 ÷2를 하는 수열이다.

864 → 432 → 216 → (108) → 54

05
정답 ②

앞의 항에 +2를 하는 수열이다.

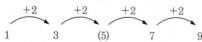

1 → 3 → (5) → 7 → 9

06

정답 ④

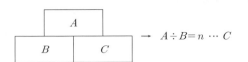

A	B	C
25	4	1
20	5	0
48	7	6

$\rightarrow A \div B = n \cdots C$

07

정답 ①

여직원이 넣은 골의 수를 x골이라 하면 남직원이 넣은 골의 수는 $(12-x)$골이다.
획득한 점수가 20점이므로 $(12-x)+3x=20 \rightarrow 2x=8$
$\therefore x=4$

08

정답 ②

㉠ 2017년 통합SMP는 2016년보다 $81.77-77.06=4.71$원/kWh 상승했다.

㉣ 2016년 대비 2017년 제주SMP의 상승률은 $\dfrac{119.72-91.77}{91.77}\times100 \fallingdotseq 30.46\%$이므로 33% 미만이다.

[오답분석]

㉡ 2011~2017년 SMP 추이를 보면 2012년 통합SMP는 160.83원/kWh이며, 2016년까지 계속 하락했음을 확인할 수 있다.

㉢ 2011~2017년 제주와 육지의 SMP 추이를 보면 2015년 제주SMP는 육지SMP보다 큰 폭으로 하락했음을 쉽게 확인할 수 있다. 2011~2017년 SMP 추이를 이용해 2014년 대비 2015년 제주와 육지의 SMP 하락폭을 정확히 계산해 보면 다음과 같다.
  • 제주 : $195.87-125.83=70.04$원/kWh
  • 육지 : $141.78-101.54=40.24$원/kWh

09

정답 ④

• 2018년 육지의 예상 SMP : $81.39\times1.12 \fallingdotseq 91.15$원/kWh
• 2018년 제주의 예상 SMP : $119.72\times1.25=149.65$원/kWh

10

정답 ①

K사 전체 팀 수를 x팀이라 하면 $3x+5=5(x-2)+3 \rightarrow 2x=12$
$\therefore x=6$
K사 전체 팀 수는 6팀이고, 복사용지박스 개수는 $3\times6+5=23$박스이다. 따라서 전체 팀 수와 복사용지박스 개수의 합은 $6+23=$ 29이다.

11

정답 ④

어떤 직사각형의 가로 길이를 $x$cm라고 하자. 세로가 120cm이므로 둘레의 길이는 $2(x+120)$cm이다. 이때, 직사각형 둘레의 길이가 330cm 이상 440cm 이하이므로 $330 \leq 2(x+120) \leq 440 \rightarrow 165 \leq x+120 \leq 220$
$\therefore 45 \leq x \leq 100$
따라서 가로의 길이가 될 수 있는 것은 90cm이다.

12

정답 ②

파운드화를 유로화로 환전할 때 이중환전을 해야 하므로 파운드화에서 원화, 원화에서 유로화로 두 번 환전해야 한다.
- 파운드화를 원화로 환전 : 1,400×1,500=2,100,000원
- 원화를 유로화로 환전 : 2,100,000÷1,200=1,750유로

13

정답 ③

심각한 가뭄 피해지역이라 할지라도 경제적 능력이 있으면 충분히 그 피해를 타 지역으로 전가시킬 수 있으나, 기득권층이 피해를 타 계층에 의도적으로 전가하는지는 유추할 수 없다.

오답분석

① 가뭄은 사회경제적 영향에 의해 선택적으로 피해를 발생시키는 특징이 있다. 예를 들어 심각한 가뭄 중에도 도시인의 생활용수 공급은 중단되는 사례가 극히 드물다. 따라서 도시인들은 가뭄으로 인한 재해에 비교적 무감각함을 유추할 수 있다.
② 가뭄은 문헌에 의하면 일정한 주기를 가지고 반복되는 현상이므로 홍수에 비해 예측 가능성이 높은 재해라고 할 수 있다.
④ 홍수로 인한 재해는 가뭄에 비해 발생주기가 불규칙하다.

14

정답 ②

제시문에 제시된 가뭄으로 인한 재해의 특성을 찾아보면 다음과 같다.
- 피해가 시작되는 시점을 일정 부분 파악할 수 있다.
- 사회경제적 영향에 의해 선택적으로 피해를 발생시킨다.
- 경제적 능력이 있으면 충분히 그 피해를 타 지역으로 전가시킬 수 있다.
- 일정한 주기를 가지고 반복되는 현상이다.
- 관심과 고통분담의 원칙을 생각한다면 쉽게 극복할 수 있는 자연재해다.
따라서 제시문의 주제로 가장 적절한 것은 '가뭄으로 인한 재해의 특성'이다.

오답분석

① '홍수보다 가뭄은 그 피해를 입는 계층 간의 불평등이 더욱 심하다고 할 수 있다.'라고 하였으므로, 불평등은 가뭄의 특성이지 모든 재해의 특성이 아니다.
③ 지구온난화로 인한 재해 중 홍수와 가뭄, 그중에서도 가뭄의 특성을 말하고 있다.
④ 원인과 경과는 알 수 없다.

15

정답 ③

2분기 선호 장르(공포)의 월 수익은 50% 증가, 월 손해는 50% 감소해서 계산해야 한다.
- SF : $\dfrac{5+6+4-7}{4}$=2억 원

- 공포 : $\dfrac{-1+4.5-2+1.5}{4}$=0.75억 원

- 코미디 : $\dfrac{6+4-1+8}{4}$=4.25억 원

- 로맨스 : $\dfrac{2+0+3+1}{4}$=1.5억 원

따라서 C영화관이 2분기 기대수익의 평균을 가장 크게 하려면 코미디물을 선택해야 한다.

16

소비자들은 3분기에 코미디물과 로맨스물 둘 다 선호한다고 하였으므로 이를 고려하여 3분기 월 수익을 정리하면 다음과 같다.

구분	C영화관			
L영화관		SF	공포	코미디	로맨스
	SF	(3, 5)	(4, −2)	(−1, 9)	(0, 3)
	공포	(−1, 6)	(2, 3)	(7, 6)	(−4, 0)
	코미디	(9, 4)	(12, −4)	(3, −0.5)	(7.5, 4.5)
	로맨스	(4.5, −7)	(7.5, 1)	(−2, 12)	(3, 1.5)

L영화관과 C영화관의 기대수익 차의 절댓값을 구하면 다음과 같다.

구분	C영화관			
L영화관		SF	공포	코미디	로맨스
	SF	$|3-5|=2$	$|4-(-2)|=6$	$|-1-9|=10$	$|0-3|=3$
	공포	$|-1-6|=7$	$|2-3|=1$	$|7-6|=1$	$|-4-0|=4$
	코미디	$|9-4|=5$	$|12-(-4)|=16$	$|3-(-0.5)|=3.5$	$|7.5-4.5|=3$
	로맨스	$|4.5-(-7)|=11.5$	$|7.5-1|=6.5$	$|-2-12|=14$	$|3-1.5|=1.5$

따라서 L영화관이 코미디물을, C영화관이 공포물을 상영할 때, 기대수익 차이가 가장 크다.

07 | 2017년 시행
기출복원문제

01	02	03	04	05	06	07	08	09	10	11	12	13	14	15	16	17	18	19	20
③	②	②	④	②	④	②	②	④	③	③	②	④	①	①	③	①	①	③	③

21	22	23	24																
②	④	①	②																

01
정답 ③

11일에 있는 햇빛새싹발전소 발전사업 대상지 방문 일정에는 3명이 참가한다. 짐 무게 3kg당 탑승인원 1명으로 취급하므로, 총 4명의 인원이 탈 수 있는 렌터카가 필요하다. 최대 탑승인원을 만족하는 A ~ D렌터카 중 기본 요금이 가장 저렴한 것은 A렌터카이지만 1 ~ 11일에 신년할인행사로 휘발유 차량을 30% 할인하므로 B렌터카의 요금이 60,000×(1−0.3)=42,000원으로 가장 저렴하다.

18일 보령 본사 방문에 참여하는 인원은 4명인데, 짐 무게 6kg은 탑승인원 2명으로 취급하므로 총 6명이 탈 수 있는 렌터카가 필요하다. 최대 탑승인원을 만족하는 C렌터카와 D렌터카는 요금이 동일하므로 조건에 따라 최대 탑승인원이 더 많은 C렌터카를 선택한다.

02
정답 ②

비트코인은 인터넷 환전사이트에서 구매 가능하며, 현금화할 수 있다.

[오답분석]
① 비트코인의 총발행량은 2,100만 개로 희소성을 가지고 있으며, 2017년 12월 기준 전체의 약 80%가 채굴되었다.
③ 비트코인을 얻기 위해서는 컴퓨팅 파워와 전기를 소모해서 어려운 수학 문제를 풀어야 한다.
④ 비트코인은 통화를 발행하고 통제하는 중앙통제기관이 존재하지 않는 구조이다.

03
정답 ②

독일은 낮은 일사량에도 불구하고 신재생 보조금과 높은 전기요금의 영향으로 그리드 패리티를 달성했다. 따라서 ㉠, ㉢이 원인에 해당한다.

04
정답 ④

(A) 문단에서 신재생에너지는 경제적 측면에 영향을 미치고 고용인원 창출 효과를 내고 있으며, 이는 미래에 더 큰 영역으로 확장될 것임을 말하고 있다. 따라서 (A)에 들어갈 주제로 ④가 적절하다.

05

수준 높은 금융 서비스를 통해 글로벌 경쟁에서 우위를 차지하는 것은 강점을 이용해 글로벌 금융사와의 경쟁 심화라는 위협을 극복하는 ST전략이다.

오답분석

① 해외 비즈니스TF팀을 신설해 해외 금융시장 진출을 확대하는 것은 글로벌 경쟁력이 낮다는 약점을 극복하고 해외 금융시장 진출 확대라는 기회를 활용하는 WO전략이다.
③ 탄탄한 국내 시장 지배력이 국내 금융그룹의 핀테크 사업 진출의 기반이 되는 것은 강점을 통해 기회를 살리는 SO전략이다.
④ 우수한 자산건전성 지표를 홍보하여 고객 신뢰를 회복하는 것은 강점으로 위협을 극복하는 ST전략이다.

06

정답 ④

11, 12, 13, 14, 15, 16의 제곱수를 나열한 수열이다.

121	144	169	(196)	225	256
11^2	12^2	13^2	14^2	15^2	16^2

07

정답 ②

계차의 규칙이 +2인 수열이다.

$$
\begin{array}{cccccc}
& +2 & +2 & +2 & +2 & \\
& +19 & +21 & +23 & +25 & +27 \\
19 & 38 & (59) & 82 & 107 & 134
\end{array}
$$

08

정답 ②

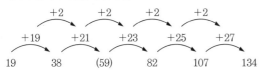

$$\begin{array}{|c|c|} \hline A & B \\ \hline C & D \\ \hline \end{array} \rightarrow A \times D = B + C$$

$A \times D$	$B + C$
$9 \times 8 = 72$	$37 + 35 = 72$
$12 \times 7 = 84$	$46 + 38 = 84$
$13 \times 8 = 104$	$55 + (49) = 104$

09

정답 ④

WO전략은 약점을 극복함으로써 기회를 활용할 수 있는 전략으로, 내부 약점을 보완해 좀 더 효과적으로 시장 기회를 추구한다. 따라서 바로 옆에 유명한 프랜차이즈 레스토랑이 생겼다는 사실을 이용하여 홍보가 미흡한 점을 보완할 수 있도록 레스토랑과 제휴하여 레스토랑 내에 홍보물을 비치하는 방법은 WO전략으로 적절하다.

10

정답 ③

SO전략은 강점을 살려 기회를 포착하는 전략이다. 따라서 TV프로그램에 출연하여 좋은 품질의 재료만 사용한다는 점을 홍보하는 것은 SO전략으로 적절하다.

[11~13]

자판	규칙	자판	규칙
B ㅠ	시계 방향으로 한 칸씩 이동	G ㅎ	시계 반대 방향으로 한 칸씩 이동
Z ㅋ	1행과 2행 교체	S ㄴ	1열과 2열 교체
C ㅊ	1열 색반전	A ㅁ	2행 색반전

11

정답 ③

12

정답 ②

13

정답 ④

14

정답 ①

두 사람이 일을 하는 데 걸리는 기간을 x일이라고 하면 A대리가 하루에 진행하는 업무의 양은 $\frac{1}{16}$, B사원이 하루에 진행하는 업무의 양은 $\frac{1}{48}$이므로 $\left(\frac{1}{16}+\frac{1}{48}\right)x=1 \rightarrow x=12$

따라서 두 사람이 함께 일을 하는 데 걸리는 기간은 12일이다.

15

정답 ①

대우조선은 지난달에 이어 이달에도 200여 명이 무급휴직에 들어가지만 지난달 첫 무급휴직자 대상자들은 이달부터 전원 업무에 복귀했다.

16

2009년 대비 2015년 농업 온실가스 배출량의 감소율은 $\frac{21.2-20.6}{21.2}\times100 ≒ 2.83\%$이므로 3% 미만이다.

오답분석

① 제시된 자료를 통해 확인할 수 있다.

② 2010 ~ 2015년 중 온실가스 총배출량이 전년보다 감소한 해는 2014년이다. 2014년 산업공정 온실가스 배출량은 55.2백만 톤 CO_2 eq.로 다른 해보다 많았다.

④ 2014년 온실가스 순 배출량에서 에너지 온실가스 배출량이 차지하는 비중은 $\frac{597.7}{646.7}\times100 ≒ 92.42\%$이므로 90% 이상이다.

17

• 2014년 대비 2015년 폐기물 온실가스 배출량의 증가율 : $\frac{16.4-15.4}{15.4}\times100 ≒ 6.5\%$

• 2014년 대비 2015년 에너지 온실가스 배출량의 증가율 : $\frac{601.0-597.7}{597.7}\times100 ≒ 0.6\%$

∴ 2014년 대비 2015년 폐기물 온실가스 배출량의 증가율과 에너지 온실가스 배출량의 증가율의 차 : 6.5-0.6=5.9%p

18

VM팀은 경영기획관리부서에서 함께 관리한다고 하였으므로 4층이 아닌 5층에 배정된다. 4층에는 디자인, 마케팅, 영업기획, 영업관리팀이 속한다.

19

• VM팀은 5층에 있으므로 첫 번째 번호는 5, VM을 한글로 변환하면 '비주얼 마케팅'이므로 'ㅂ'에 해당하는 자리는 3, 대리에 부여되는 번호도 3이므로 VM팀의 H대리의 내선번호는 00-533이다.

• 총무팀은 6층에 있으므로 첫 번째 번호는 6, 'ㅊ'에 해당하는 자리는 4, 사원에 부여되는 번호도 4이므로 총무팀 A사원의 내선번호는 00-644이다.

따라서 (가)는 533, (나)는 644이다.

20

L씨가 150만 원을 위안화로 환전한 날은 1월 4일이다. 1월 4일 기준 현찰 구매 환율은 172.11원/¥이므로 150만 원을 위안화로 환전한 금액은

1,500,000÷172.11 ≒ 8,715.36 → 8,715¥이다(∵ 위안화 환전 시 소수점 이하 절사). L씨가 출장기간 동안 7,800¥을 사용했으므로 남은 출장 여비는 위안화로 8,715-7,800=915¥이다. L씨가 915¥을 환전한 날은 2월 6일이고, 2월 6일 기준 현찰 매매 환율은 164.27원/¥이다. 따라서 915¥을 원화로 환전한 금액은 915×164.27=150,307.05 → 150,300원이다(∵ 원화 환전 시 십 원 단위 미만 절사).

21

복제 순서는 '복제 대상의 체세포를 채취해 핵을 분리 - 핵을 제거한 난자를 준비 - 전기 충격을 통해 복제 수정란을 만듦 - 자궁에 이식 - 출산'이다.

22

정답 ④

제시문에서는 사이코패스의 정의와 그 특성을 말하고 있다.

23

정답 ①

알파고의 다음 상대가 누구인지는 글에 나와 있지 않다.

24

정답 ②

신기후체제에 따라 우리 정부는 2030년 배출전망치 대비 37%를 줄이겠다는 감축목표를 밝혔으므로 정부의 신재생에너지 공급 의무화제도는 계속해서 이어질 것으로 예측할 수 있다. 따라서 신재생에너지 공급 의무화제도를 이행하기 위한 신규사업 개발은 적절한 대화 주제이다.

PART 2

합격의 공식 SD에듀 www.sdedu.co.kr

직업기초능력평가

01	02	03	04	05	06	07	08	09	10
③	③	④	④	③	④	②	④	③	①
11	12	13	14	15	16	17	18	19	20
③	④	④	④	②	④	③	③	③	④

01 정답 ③

고령화 시대에 발생하는 노인 주거 문제에 대한 일본의 정책을 제시하여 우리나라의 부족한 대처방안을 문제 삼고 있으며, 이러한 문제를 해결하기 위해 공동 주택인 아파트의 공유 공간을 활용하자는 방안을 제시하고 있다.
따라서 노인 주거 문제를 공유를 통해 해결하자는 ③이 글의 제목으로 가장 적절하다.

오답분석

① 고령화 속도에 대한 내용은 글에 나타나 있지 않다.
② 일본의 정책으로 '유니버설 디자인'의 노인 친화적 주택을 언급하고 있으나, 글의 일부 내용이므로 글의 제목으로 적절하지 않다.
④ 제시문에서 주로 문제 삼고 있는 것은 사회 복지 비용의 증가가 아닌 부족한 노인 주거 정책이며, 그에 대한 해결방안을 제시하고 있다.

02 정답 ③

제시된 보기의 문장은 미첼이 찾아낸 '탈출 속도'의 계산법과 공식에 대한 것이다. 따라서 탈출 속도에 대한 언급이 본문의 어디서 시작되는지 살펴봐야 한다. 본문의 경우 (가) 영국의 자연 철학자 존 미첼이 제시한 이론에 대한 소개, (나) 해당 이론에 대한 가정과 '탈출 속도'의 소개, (다) '임계 둘레'에 대한 소개와 사고 실험, (라) 앞선 임계 둘레 사고 실험의 결과, (마) 사고 실험을 통한 미첼의 추측의 순서로 쓰여 있으므로 보기의 문장은 '탈출 속도'가 언급된 (나)의 다음이자 '탈출 속도'를 바탕으로 임계 둘레를 추론해낸 (다)의 앞에 위치하는 것이 적절하다.

03 정답 ④

'본성 대 양육 논쟁'이라는 화제를 제기하는 (나) 문단이 첫 번째에 배치되어야 하며, (다) 문단의 '이러한 추세'가 가리키는 것이 (나) 문단에서 언급한 '양육 쪽이 일방적인 승리를 거두게 된 것'이므로, (나) - (다) 순으로 이어지는 것이 자연스럽다. 또한 (라) 문단의 첫 번째 문장, '더욱이'는 앞 내용과 연결되는 내용을 덧붙여 앞뒤 문장을 이어주는 말이므로 (다)의 뒤에 이어져야 하며, 본성과 양육 논쟁의 가열을 전망하면서 본성과 양육 모두 인간 행동에 필수적인 요인임을 밝히고 있는 (가) 문단이 가장 마지막에 배치되는 것이 적절하다.

04 정답 ④

제시문은 '과학적 용어'에 대한 글이다. 제시문에서는 모래언덕의 높이, 바람의 세기, 저온의 온도를 사례로 들어 과학자들은 모호한 것은 싫어하지만 대화를 통해 상황에 적절한 합의를 도출한다고 설명하고 있다. 따라서 과학적 용어가 엄밀하고 보편적인 정의에 의해 객관성이 보장된다는 ④에 대한 비판적 논거로 적절하다.

05 정답 ③

㉠은 기업들이 더 많은 이익을 내기 위해 디자인의 향상에 몰두하는 것이 바람직하다는 판단이다. 즉, 상품의 사회적 마모를 짧게 해서 소비를 계속 증가시키기 위한 방안인데, 이것에 대한 반론이 되기 위해서는 ㉠의 주장이 지니고 있는 문제점을 비판해야 한다. ㉠이 지니고 있는 가장 큰 문제점은 '과연 성능 향상 없는 디자인 변화가 소비를 촉진시킬 수 있는 것인가?'가 되어야 한다. 디자인 변화는 분명히 상품의 소비를 촉진시킬 수 있는 효과적 방법 중의 하나이지만 '성능이나 기능, 내구성'의 향상이 전제되지 않았을 때는 효과를 내기 힘들기 때문이다.

06
정답 ④

수출주도형 성장전략은 수요가 외부에 존재한다는 측면에서 공급중시 경제학적 관점을 띠고 있다. 따라서 수요가 외부에 존재한다는 점과 공급을 중시하는 점에 대해 비판할 수 있다. ④에서 내부의 수요를 증대시키는 것은 비판의 입장이지만, 수요 증대를 위해 물품 생산의 공급을 강조하는 것은 비판의 내용이 아니다.

07
정답 ②

첫 번째 문장에서는 신비적 경험이 살아갈 수 있는 힘으로 밝혀진다면 그가 다른 방식으로 살아야 한다고 주장할 근거는 어디에도 없다고 하였으며, 이어지는 내용은 신비적 경험이 신비주의자들에게 살아갈 힘이 된다는 근거를 제시하고 있다. 따라서 보기 중 빈칸에 들어갈 내용으로는 '신비주의자들의 삶의 방식이 수정되어야 할 불합리한 것이라고 주장할 수 없다.'가 가장 적절하다.

08
정답 ④

(가) : 빈칸 앞 문장은 어려워질 경제 상황이 특정인들에게는 새로운 기회가 될 수도 있다는 내용, 뒤 문장은 특정인에게만 유리한 상황이 비효율적이라는 부정적인 내용이 위치하고 있다. 따라서 ⓒ이 가장 적절하다.

(나) : 빈칸을 제외한 문단의 내용이 집단 차원에서의 다양성 확보의 중요성을 주장하고, 그 근거로 반대 경우의 피해 사례를 제시하고 있으므로 ㉠이 가장 적절하다.

(다) : 빈칸을 제외한 문단의 내용이 유전자 다양성 확보 시의 단점에 대한 내용이므로, '그럼에도 불구하고 다양성 확보가 중요한 이유'로 글을 마무리하는 ⓒ이 가장 적절하다.

09
정답 ③

(가) : 빈칸 다음 문장에서 사회의 기본 구조를 통해 이것을 공정하게 분배해야 된다고 했으므로 ⓒ이 가장 적절하다.

(나) : '원초적 상황'에서 합의 당사자들은 인간의 심리, 본성 등에 대한 지식 등 사회에 대한 일반적인 지식은 알고 있지만, 이것에 대한 정보를 모르는 무지의 베일 상태에 놓인다고 했으므로 사회에 대한 일반적인 지식과 반대되는 개념, 즉 개인적 측면의 정보인 ㉠이 가장 적절하다.

(다) : 빈칸에 관하여 사회에 대한 일반적인 지식이라고 하였으므로 ⓒ이 가장 적절하다.

10
정답 ①

(가) 문단의 마지막 문장에서 '곰돌이 인형은 말하는 사람에게 주의를 기울여 준다.'고 했으므로 다음 내용은 그 이유를 설명하는 보기가 와야 한다.

11
정답 ③

두 번째 문단을 통해 로렌츠 곡선의 가로축은 누적 인구 비율을, 세로축은 소득 누적 점유율임을 알 수 있다.

12
정답 ④

담당자의 E-mail과 연락처는 이미 5번에 명시되어 있으므로 추가할 내용으로 적절하지 않다.

13
정답 ④

기사문의 핵심 내용은 최근 스마트폰 보급 확대로 도서관 이용 및 도서대출 감소 등 독서방식의 변화에 따라 기존 홈페이지 중심의 전자책서비스를 모바일 중심으로 전환하였다는 점이다. 따라서 ④가 기사문의 제목으로 가장 적절하다.

14
정답 ④

제시문은 유교 사상의 입장에서 자연과 인간의 관계에 대해 설명한 다음, 완전한 존재인 자연을 인간이 본받아야 할 것임을 언급하고 있다. 따라서 유교에서 말하는 자연과 인간의 관계에서 볼 때 인간은 자연의 일부이므로 자연과 인간은 대립이 아니라 공존해야 한다는 요지를 표제와 부제에 담아야 한다. ④는 부제가 본문의 내용을 어느 정도 담고 있으나 표제가 중심 내용을 드러내지 못하고 있어 적절하지 않다.

15
정답 ②

글의 핵심 논점을 잡으면 첫째 문단의 끝에서 '제로섬(Zero-sum)적인 요소를 지니는 경제 문제'와 둘째 문단의 끝에서 '우리 자신의 수입을 보호하기 위해 경제적 변화가 일어나는 것을 막거나 혹은 사회가 우리에게 손해를 입히는 공공정책이 강제로 시행되는 것을 막기 위해 싸울 것'에 대한 것이 핵심 주장이므로 이 글은 사회경제적인 총합이 많아지는 정책, 즉 '사회의 총생산량이 많아지게 하는 정책이 좋은 정책'이라는 주장에 대한 비판이라고 할 수 있다.

16

정답 ④

간선도로는 평면 교차로의 수를 최소화하여 접근성을 제한하고, 인구가 많은 지역을 연결하여 차량주행거리가 긴 장거리 통행에 적합하도록 이동성을 높인 도로이다.

17

정답 ③

2017년 7월부터 좌석예약제 시범사업을 실시하였고, 각종 불편을 해소하고 출퇴근 시간 단축에 큰 기여를 하고 있는 것으로 나타나 올해부터 좌석예약제 적용노선을 기존 4개 노선에서 9개 노선을 추가 도입, 13개 노선까지 확대하기로 결정했다. 따라서 적용노선 확대에 중점을 둔 ③이 기사문의 제목으로 가장 적절하다.

18

정답 ③

보기는 '인간이 발명한 문명의 이기(利器), 즉 비행기나 배 등은 결국 인간의 신화적 사유의 결과물이다.'로 요약할 수 있다. (다)의 앞부분에서 '문명의 이기(利器)의 근본은 신화적 상상력'이라 했고, 보기가 그 예에 해당하기 때문에 보기가 들어가기에 적절한 곳은 (다)이다.

19

정답 ③

보고서의 '출장의 배경 및 세부 일정' 항목을 통해 해외 출장 세부 일정 관련 정보가 포함되어야 함을 알 수 있다. 또한 보고서의 '출장 배경'에 따르면 2019년 이후 2년 주기로 협력 회의를 개최해 오고 있으므로 과거 협력 회의 시 다루었던 내용도 함께 포함되어야 한다. 따라서 보고서에 반드시 포함되어야 할 내용으로 ③이 적절하다.

20

정답 ④

보고서는 특정한 일에 관한 진행 상황 또는 연구·검토 결과 등을 보고하고자 할 때 작성하는 문서로 목적·개요 → 주요 수행내용 → 수행 내용별 세부사항 → 수행 결과 및 결과보고서 → 관련된 첨부 자료 순서로 작성한다. 따라서 ④의 흐름이 가장 적절하다.

01	02	03	04	05	06	07	08	09	10	11	12	13	14	15	16	17	18	19	20
④	①	③	②	④	④	③	④	③	③	②	①	④	③	④	④	①	④	①	③

01

정답 ④

WT전략은 외부 환경의 위협 요인을 회피하고 약점을 보완하는 전략을 적용해야 한다. ④는 강점(S)을 강화하는 방법에 대해 이야기하고 있다.

오답분석

① SO전략은 기회를 활용하면서 강점을 더욱 강화시키는 전략이므로 적절하다.
② WO전략은 외부의 기회를 사용해 약점을 보완하는 전략이므로 적절하다.
③ ST전략은 외부 환경의 위협을 회피하며 강점을 적극 활용하는 전략이므로 적절하다.

02

정답 ①

마지막 규칙에 따라 C대리가 가장 먼저 출근하며, 두 번째 규칙에 따라 그 다음에 B과장이 출근한다. 팀원이 총 5명이므로 세 번째 규칙에 따라 D주임이 세 번째로 일찍 출근하며, 나머지 팀원인 E사원과 A팀장 중 첫 번째 규칙에 따라 E사원이 먼저 출근한다. 따라서 출근 순서는 'C대리 – B과장 – D주임 – E사원 – A팀장'이다.

03

정답 ③

선택지별 부품 구성에 따른 총 가격 및 총소요시간을 계산하면 다음과 같으며, 총소요시간에서 30초는 0.5분으로 환산한다.

구분	부품	총 가격	총소요시간
①	A, B, E	$(20 \times 3) + (35 \times 5) + (80 \times 1) = 315$원	$6+7+8.5 = 21.5$분
②	A, C, D	$(20 \times 3) + (33 \times 2) + (50 \times 2) = 226$원	$6+5.5+11.5 = 23$분
③	B, C, E	$(35 \times 5) + (33 \times 2) + (80 \times 1) = 321$원	$7+5.5+8.5 = 21$분
④	B, D, F	$(35 \times 5) + (50 \times 2) + (90 \times 2) = 455$원	$7+11.5+10 = 28.5$분

세 번째 조건에 따라 ④의 부품 구성은 총 소요시간이 25분 이상이므로 제외된다. 마지막 조건에 따라 ①, ②, ③의 부품 구성의 총 가격 차액이 서로 100원 미만 차이가 나므로 총 소요시간이 가장 짧은 것을 택한다. 따라서 총 소요시간이 21분으로 가장 짧은 B, C, E부품으로 마우스를 조립한다.

04

정답 ②

오답분석

① F와 I가 함께 탑승했으므로 H와 D도 함께 탑승해야 하고, G나 J는 A와 탑승해야 한다.
③ C와 H는 함께 탑승해야 하고, B가 탑승하는 차에는 4명이 탑승해야 한다.
④ A와 B는 함께 탑승할 수 없다.

05

- 세 번째 조건 : A가 받는 상여금은 75만 원이다.
- 네 번째, 여섯 번째 조건 : (B의 상여금)<(C의 상여금), (B의 상여금)<(D의 상여금)<(E의 상여금)이므로 B가 받는 상여금은 25만 원이다.
- 다섯 번째 조건 : C가 받는 상여금은 50만 원 또는 100만 원이다.

이를 정리하여 가능한 경우를 표로 나타내면 다음과 같다.

구분	A	B	C	D	E
경우 1	75만 원	25만 원	50만 원	100만 원	125만 원
경우 2	75만 원	25만 원	100만 원	50만 원	125만 원

따라서 C의 상여금이 A보다 많은 경우는 경우 2로 이때, B의 상여금(25만 원)은 C의 25%이다.

[오답분석]

① 모든 경우에서 A를 제외한 나머지 네 명의 상여금 평균은 $\frac{25+50+100+125}{4}=75$만 원 이므로 A의 상여금과 같다.

② 어느 경우에서도 A와 B의 상여금은 각각 75만 원, 25만 원이므로 A의 상여금이 반드시 B보다 많다.

③ C의 상여금은 경우 1에서 50만 원으로 두 번째로 적고, 경우 2에서 100만 원으로 두 번째로 많다.

06

우선 주어진 조건 중에 6일이 빨간색으로 표시되어 있다고 하였으므로 현재 펼쳐진 달력은 6월(현충일 6월 6일)이라는 것을 알 수 있다. 구멍이 뚫린 19일이 어느 달인지 알아보려면 다음과 같은 규칙으로 확인할 수 있다.

1) 규칙

현재 6월 달력에서 1일이 일요일일 때 19일은 '3행 5열'이다. 구하고자 하는 구멍이 뚫린 위치는 '3행 6열'이므로 6월보다 하루 뒤로 밀린 달을 찾으면 된다. 즉, 1일이 월요일인 달을 확인하면 된다.

2) 월별 일수(6월 이후)
- 30일인 달 : 9월, 11월
- 31일인 달 : 7월, 8월, 10월, 12월

3) 각 월 1일의 요일

7월 1일=6/30(월)+1=화요일

8월 1일=7/1(화)+(7×4+3)=금요일

9월 1일=8/1(금)+(7×4+3)=월요일

10월 1일=9/1(월)+(7×4+2)=수요일

11월 1일=10/1(수)+(7×4+3)=토요일

12월 1일=11/1(토)+(7×4+2)=월요일

따라서 1일이 월요일인 달은 9월과 12월이 있으므로, 홀수 달뿐이라는 판단은 옳지 못하다.

[오답분석]

① 현재 펼쳐진 달은 6월이므로 5월이 아니라는 판단은 옳다.

② 6월을 기준으로 15일은 '3행 1열'에 위치하고 있고, 구하고자 하는 구멍이 뚫린 15일은 '3행 3열'에 위치하고 있으므로 6월보다 이틀이 밀린 달을 찾으면 된다. 즉, 1일이 화요일인 달을 찾으면 7월이다.

③ 6월 7일과 구멍이 뚫린 7일은 5일이 차이가 난다. 즉, 1일이 금요일인 달을 찾으면 8월이다.

07

- 두 번째, 세 번째, 여섯 번째 조건 : A는 주황색, B는 초록색(C와 보색), C는 빨간색 구두를 샀다.
- 일곱 번째 조건 : B와 D는 각각 노란색 / 남색 또는 남색 / 노란색(B와 D는 보색) 구두를 샀다.
- 다섯 번째 조건 : 남은 구두는 파란색과 보라색 구두인데 A가 두 켤레를 구매하였으므로 C와 D는 각각 한 켤레씩 샀다.
- 네 번째 조건 : A는 파란색, B는 보라색 구두를 샀다.

이 사실을 종합하여 주어진 조건을 표로 정리하면 다음과 같다.

A	B	C	D
주황색	초록색	빨간색	남색 / 노란색
파란색	노란색 / 남색	–	–
–	보라색	–	–

따라서 A는 주황색과 파란색 구두를 구매하였다.

08
④

주어진 조건에 따라 선반에 놓여 있는 사무용품을 정리하면 다음과 같다.

5층	보드마카, 접착 메모지
4층	스템플러, 볼펜
3층	2공 펀치, 형광펜
2층	서류정리함, 북엔드
1층	인덱스 바인더, 지우개

보드마카와 접착 메모지는 5층 선반에 놓여 있으므로 선반의 가장 높은 층에 놓여 있음을 알 수 있다.

09
정답 ③

2주 차 9일의 경우 오전에 근무하는 의사는 A와 B, 2명임을 알 수 있다.

오답분석
① 2 ~ 3주 차에 의사 A는 당직 3번으로 당직이 가장 많다.
② 진료스케줄에서 의사 D는 8월 2일부터 11일까지 휴진임을 알 수 있다.
④ 광복절은 의사 A, B, E 3명이 휴진함으로써 1 ~ 3주 차 동안 가장 많은 의사가 휴진하는 날이다.

10
정답 ③

8월 9일은 오전에 의사 A가 근무하는 날로 예약날짜로 적절하다.

오답분석
① 8월 3일은 1주 차에 해당된다.
② · ④ 의사 A는 오전에 근무하지 않는다.

11
정답 ②

고객에게 문의 주신 것에 대한 감사와 문제가 생겨 힘들었던 점을 공감해주는 내용으로 불만고객 응대를 위한 8단계 프로세스 중 '감사와 공감 표시' 단계임을 알 수 있다.

오답분석
① 어떠한 부분이 불편했는지 질문하는 것이므로 '정보파악' 단계이다.
③ 고객이 처음에 말한 내용을 확인한 후 바로 도움을 드리겠다는 내용으로 '해결약속' 단계이다.
④ 정보파악 후 내용을 확인하고 문제를 처리하기 전 고객에게 시간 양해를 구하는 것으로 '신속처리' 단계이다.

12
정답 ①

설득은 논쟁이 아니라 논증을 통해 더욱 정교해지며, 공감을 필요로 한다. 나의 주장을 다른 사람에게 이해시켜 납득시키고 그 사람이 내가 원하는 행동을 하게 만드는 것이며, 이해는 머리로 하고 납득은 머리와 가슴이 동시에 공감되는 것을 말하고 이 공감은 논리적 사고가 기본이 된다. 따라서 ①의 내용은 상대방이 했던 이야기를 이해하도록 노력하면서 공감하려는 태도가 보이므로 설득임을 알 수 있다.

② 상대의 생각을 모두 부정하지 않고, 상황에 따른 생각을 이해함으로써 새로운 지식이 생길 가능성이 있는 논리적 사고 구성요소 중 '타인에 대한 이해'에 해당한다.
③ 상대가 말하는 것을 잘 알 수 없어 구체적인 사례를 요구하는 것으로 논리적 사고 구성요소 중 '구체적인 생각'에 해당한다.
④ 상대 주장에 대한 이해가 부족하다는 것을 인식해 상대의 논리를 구조화함으로써 논리적 사고 구성요소 중 '상대 논리의 구조화'에 해당한다.

13

정답 ④

• A : 해외여행에 결격사유가 있다.
• B : 지원분야와 전공이 맞지 않다.
• C : 대학 재학 중이므로 지원이 불가능하다.
• D : TOEIC 점수가 750점 이상이 되지 않는다.
• E : 병역 미필로 지원이 불가능하다.
따라서 A ~ E 5명 모두 지원자격에 부합하지 않는다.

14

정답 ③

A ~ D인턴들 중에 소비자들의 불만을 접수해서 처리하는 업무를 맡기기에 가장 적절한 인턴은 C인턴이다. 잘 흥분하지 않으며, 일처리가 신속하고 정확하다고 '책임자의 관찰 사항'에 명시되어 있으며, 직업선호 유형은 'CR'로 관습형・현실형에 해당된다. 따라서 현실적이며 보수적이고 변화를 좋아하지 않는 유형으로 소비자들의 불만을 들어도 감정적으로 대응하지 않을 성격이기 때문에 C인턴이 이 업무에 가장 적합하다.

15

정답 ④

먼저 층이 정해진 부서를 배치하고, 나머지 부서들의 층수를 결정해야 한다. 변경사항에서 연구팀은 기존 5층보다 아래층으로 내려가고, 영업팀은 기존 6층보다 아래층으로 내려간다. 또한 생산팀은 연구팀보다 위층에 배치돼야 하지만 인사팀과의 사이에는 하나의 부서만 가능하므로 6층에 총무팀을 기준으로 5층 또는 7층 배치가 가능하다. 따라서 다음과 같이 4가지의 경우가 나올 수 있다.

층수	경우 1	경우 2	경우 3	경우 4
7층	인사팀	인사팀	생산팀	생산팀
6층	총무팀	총무팀	총무팀	총무팀
5층	생산팀	생산팀	인사팀	인사팀
4층	탕비실	탕비실	탕비실	탕비실
3층	연구팀	영업팀	연구팀	영업팀
2층	전산팀	전산팀	전산팀	전산팀
1층	영업팀	연구팀	영업팀	연구팀

따라서 생산팀은 어느 경우에도 3층에 배치될 수 없다.

16

정답 ④

ⓒ 특허를 통한 기술 독점은 기업의 내부 환경으로 볼 수 있다. 따라서 내부 환경의 강점(Strength) 사례이다.
ⓒ 점점 증가하는 유전자 의뢰는 기업의 외부 환경(고객)으로 볼 수 있다. 따라서 외부 환경에서 비롯된 기회(Opportunity) 사례이다.

㉠ 투자 유치의 어려움은 기업의 외부 환경(거시적 환경)으로 볼 수 있다. 따라서 외부 환경에서 비롯된 위협(Threat) 사례이다.
㉣ 높은 실험 비용은 기업의 내부 환경으로 볼 수 있다. 따라서 내부 환경의 약점(Weakness) 사례이다.

17

정답 ①

구분	생물화학적 산소요구량	화학적 산소요구량	부유물질	질소 총량	인 총량	평가
A처리시설	4(정상)	10(정상)	15(주의)	10(정상)	0.1(정상)	우수
B처리시설	9(주의)	25(주의)	25(심각)	22(주의)	0.5(주의)	보통
C처리시설	18(심각)	33(심각)	15(주의)	41(심각)	1.2(심각)	개선필요

18

정답 ④

제시문에서 '심각' 지표를 가장 우선으로 개선하라고 하였으므로 '심각' 지표를 받은 부유물질을 가장 먼저 개선해야 한다.

오답분석

① 생물화학적 산소요구량은 9로 '주의' 지표이다.
② 부유물질이 '심각' 지표이므로 가장 먼저 개선해야 한다.
③ 질소 총량과 인 총량을 개선하여도, '주의' 지표가 2개, '심각' 지표가 1개이므로 평가결과는 '보통'이다.

19

정답 ①

네 번째 조건에 따라 K팀장은 토마토 파스타, S대리는 크림 리소토를 주문한다. 이때, L과장은 다섯 번째 조건에 따라 토마토 리소토나 크림 리소토를 주문할 수 있는데, 만약 L과장이 토마토 리소토를 주문한다면, 두 번째 조건에 따라 M대리는 토마토 파스타를 주문해야 하고, 사원들은 둘 다 크림소스가 들어간 메뉴를 주문할 수밖에 없으므로 조건과 모순이 된다. 따라서 L과장은 크림 리소토를 주문했다. 다음으로 사원 2명 중 1명은 크림 파스타, 다른 한 명은 토마토 파스타나 토마토 리소토를 주문해야 하는데, H사원이 파스타면을 싫어하므로 J사원이 크림 파스타, H사원이 토마토 리소토, M대리가 토마토 파스타를 주문했다. 다음으로 일곱 번째 조건에 따라 J사원이 사이다를 주문하였고, H사원은 J사원과 다른 음료를 주문해야하지만 여덟 번째 조건에 따라 주스를 함께 주문하지 않으므로 콜라를 주문했다. 또한 여덟 번째 조건에 따라 주스를 주문한 사람은 모두 크림소스가 들어간 메뉴를 주문한 사람이어야 하므로 S대리와 L과장이 주스를 주문했다. 마지막으로 여섯 번째 조건에 따라 M대리는 사이다를 주문하고, K팀장은 콜라를 주문했다.
이를 정리하면 다음과 같다.

구분	K팀장	L과장	S대리	M대리	H사원	J사원
토마토 파스타	○			○		
토마토 리소토					○	
크림 파스타						○
크림 리소토		○	○			
콜라	○				○	
사이다				○		○
주스		○	○			

따라서 사원들 중 주스를 주문한 사람은 없다.

20

정답 ③

19번의 결과로부터 S대리와 L과장은 모두 주스와 크림 리소토를 주문했음을 알 수 있다.

03 | 수리능력
기출예상문제

01	02	03	04	05	06	07	08	09	10	11	12	13	14	15	16	17	18	19	20
④	②	③	②	④	③	④	②	③	④	②	④	②	①	④	③	②	②	④	②

01
정답 ④

45인승 버스 대수를 x대, 25인승 버스 대수를 y대라고 가정하고, 탑승 인원과 이용대금에 따른 방정식을 세우면 다음과 같다.
버스에 탑승한 인원은 운전기사를 제외한 인원으로 계산한다.
$44x+24y=268 \rightarrow 11x+6y=67 \cdots \bigcirc$
$45x+30y=285 \rightarrow 3x+2y=19 \cdots \bigcirc$
$\bigcirc$과 $\bigcirc$을 연립하면 $x=5$, $y=2$이다.
따라서 45인승 버스는 5대 이용하였다.

02
정답 ②

각 신호등이 켜지는 간격은 다음과 같다.
• 첫 번째 신호등 : $6+10=16$초
• 두 번째 신호등 : $8+4=12$초
따라서 16과 12의 최소공배수는 48이며, 동시에 불이 켜지는 순간은 48초 후이다.

03
정답 ③

ㄱ. 대형마트의 종이봉투 사용자 수는 $2,000 \times 0.05=100$명으로, 중형마트의 종이봉투 사용자 수인 $800 \times 0.02=16$명의 $\frac{100}{16}=$ 6.25배이다.
ㄷ. 비닐봉투 사용자 수를 정리하면 다음과 같다.
 • 대형마트 : $2,000 \times 0.07=140$명
 • 중형마트 : $800 \times 0.18=144$명
 • 개인마트 : $300 \times 0.21=63$명
 • 편의점 : $200 \times 0.78=156$명
 따라서 비닐봉투 사용률이 가장 높은 곳은 78%로 편의점이며, 비닐봉투 사용자 수가 가장 많은 곳도 156명으로 편의점이다.
ㄹ. 마트규모별 개인장바구니의 사용률을 살펴보면, 대형마트가 44%, 중형마트가 36%, 개인마트가 29%이다. 따라서 마트의 규모가 커질수록 개인장바구니 사용률이 커짐을 알 수 있다.

오답분석

ㄴ. 전체 종량제봉투 사용자 수를 구하면 다음과 같다.
 • 대형마트 : $2,000 \times 0.28=560$명
 • 중형마트 : $800 \times 0.37=296$명
 • 개인마트 : $300 \times 0.43=129$명
 • 편의점 : $200 \times 0.13=26$명
 • 전체 종량제봉투 사용자 수 : $560+296+129+26=1,011$명
 따라서 대형마트의 종량제봉투 사용자 수인 560명은 전체 종량제봉투 사용자 수인 1,011명의 절반을 넘는다.

04

정답 ②

ㄱ. 표를 통해 확인할 수 있다.

ㄷ. 노령화지수(%)={(65세 이상 인구)/(0~14세 인구)}×100, 65세 이상 인구가 1,000만, 0~14세 인구가 900만이면, {(1000만)/(900만)}×100=111.11(%)이다.

오답분석

ㄴ. 2020년부터 2040년까지 노령화지수가 높아지고 있으므로 0~14세 인구보다 65세 이상 인구가 늘어난다는 것을 알 수 있다.

ㄹ. 1980년의 노령화지수는 노년부양비보다 1.8배 정도 큰데, 2050년에는 노령화지수가 노년부양비보다 5.5배 정도 크다. 따라서 노령화지수 증가율이 노년부양비 증가율보다 높다는 것을 쉽게 알 수 있다.

05

정답 ④

• 단리예금상품 : 4,000+4,000×0.07×3년=4,840만 원
• 복리예금상품 : 4,000×$(1+0.1)^3$=5,324만 원
따라서 두 예금상품의 금액차이는 5,324−4,840=484만 원임을 알 수 있다.

06

정답 ③

기본이율과 앱 이용 이율일 때의 단기예금상품의 금액차이는 두 경우 모두 원금이 동일하기 때문에 이자금액의 차이와 같다. 따라서 4,000×0.09×3−4,000×0.07×3=240만 원임을 알 수 있다.

07

정답 ④

• 유럽의 국내 방문객 증가율 : $\frac{49,320-43,376}{43,376}×100 ≒ 13.7\%$

• 내국인의 유럽 방문객 증가율 : $\frac{46,460-42,160}{42,160}×100 ≒ 10.2\%$

따라서 유럽의 국내 방문객 증가율이 더 높다.

오답분석

① 홍콩, 필리핀, 싱가포르, 말레이시아, 인도네시아가 해당된다.
②・③ 표를 통해 쉽게 확인할 수 있다.

08

정답 ②

오존전량의 증감추이는 '감소 – 감소 – 감소 – 증가 – 증가 – 감소'이므로 옳지 않은 설명이다.

오답분석

① 이산화탄소의 농도는 계속해서 증가하고 있는 것을 확인할 수 있다.
③ 2022년 오존전량은 2016년 대비 335−331=4DU 증가했다.
④ 2022년 이산화탄소의 농도는 2017년 대비 395.7−388.7=7ppm 증가했다.

09

정답 ③

2017년과 2022년을 비교했을 때, 국유지 면적의 차이는 24,087−23,033=1,054km^{2}이고, 법인 면적의 차이는 6,287−5,207=1,080km^{2}이므로 법인 면적의 차이가 더 크다.

오답분석

① 국유지 면적은 매년 증가하고, 민유지 면적은 매년 감소하는 것을 확인할 수 있다.

② 전년 대비 2018 ~ 2022년 군유지 면적의 증가량은 다음과 같다.

- 2018년 : $4,788-4,741=47\text{km}^2$
- 2019년 : $4,799-4,788=11\text{km}^2$
- 2020년 : $4,838-4,799=39\text{km}^2$
- 2021년 : $4,917-4,838=79\text{km}^2$
- 2022년 : $4,971-4,917=54\text{km}^2$

따라서 군유지 면적의 증가량은 2021년에 가장 많다.

④ 전체 국토면적은 매년 증가하고 있는 것을 확인할 수 있다.

10

정답 ④

2022년 12월까지 17개월간 매출액은 $1,520-510=1,010$만 원 감소했으므로, $\dfrac{1,010}{17}=$매달 약 60만 원 정도 감소하였다.

오답분석

①·② A국 여행자가 감소하는 2021년 7월 이후 매출이 줄어들고 있으므로 옳다.

③ 여행자 수 그래프가 거의 평행하게 변화하므로 옳다.

11

정답 ②

전국 컴퓨터 대수 중 스마트폰 비율은 8.7%로, 전국 컴퓨터 대수 중 노트북 비율의 30%인 $20.5\times0.3=6.15\%$ 이상이다.

오답분석

① 서울 업체가 보유한 노트북 수는 $605,296\times0.224=135,586$대이므로 20만 대 미만이다.

③ 대전 업체가 보유한 데스크톱 수는 $68,270\times0.662=45,195$대, 울산 업체가 보유한 데스크톱 수는 $42,788\times0.675=28,882$대이고, 전국 데스크톱 보유 대수는 $2,597,791\times0.594=1,543,088$대이다. 따라서 대전과 울산 업체가 보유한 데스크톱이 전체에서 차지하는 비율은 $\dfrac{45,195+28,882}{1,543,088}\times100=4.8\%$이므로 옳은 설명이다.

④ PDA 보유 대수는 전북이 $88,019\times0.003=264$대이며, 전남의 15%인 $91,270\times0.015\times0.15=205$개 이상이므로 옳은 설명이다.

12

정답 ④

ㄹ. 연도별 농가소득 중 농업 외 소득이 차지하는 비율은 다음과 같다.

- 2017년 : $\dfrac{22,023}{32,121}\times100=68.56\%$
- 2018년 : $\dfrac{21,395}{30,148}\times100=70.97\%$
- 2019년 : $\dfrac{21,904}{31,031}\times100=70.59\%$
- 2020년 : $\dfrac{24,489}{34,524}\times100=70.93\%$
- 2021년 : $\dfrac{24,647}{34,950}\times100=70.52\%$
- 2022년 : $\dfrac{25,959}{37,215}\times100=69.75\%$

따라서 농가소득 중 농업 외 소득이 차지하는 비율은 매년 증가하지 않는다.

ㅁ. 전년 대비 2022년 농가의 농업소득 증가율은 $\dfrac{11,257-10,303}{10,303}\times100=9.26\%$이므로 10% 미만이다.

오답분석

ㄱ. 농가 수 및 농가인구는 지속적으로 감소하고 있는 것을 확인할 수 있다.

ㄴ. 전년 대비 농가 수가 가장 많이 감소한 해는 2022년(32천 호 감소)이다.

ㄷ. 2017년 대비 2022년 농가인구의 감소율은 $\dfrac{2,569-3,063}{3,063}\times100=-16.13\%$이므로 옳은 설명이다.

13

2022년 총 가구 수를 x가구라 하면, $\dfrac{1,089,000}{x} \times 100 = 5.7 \rightarrow 1,089,000 \times 100 \div 5.7 = x \rightarrow x \fallingdotseq 19,105,000$

따라서 2022년 총 가수 수는 약 19,105천 호이다.

14

태양광 전기 350kWh 사용 시 한 달 전기사용량에 따른 정상요금에서 실제요금의 비율은 전기사용량이 많아질수록 커진다.

- 350kWh : $\dfrac{1,130}{62,900} \times 100 \fallingdotseq 1.8\%$
- 400kWh : $\dfrac{3,910}{78,850} \times 100 \fallingdotseq 5.0\%$
- 450kWh : $\dfrac{7,350}{106,520} \times 100 \fallingdotseq 6.9\%$
- 500kWh : $\dfrac{15,090}{130,260} \times 100 \fallingdotseq 11.6\%$
- 600kWh : $\dfrac{33,710}{217,350} \times 100 \fallingdotseq 15.5\%$
- 700kWh : $\dfrac{62,900}{298,020} \times 100 \fallingdotseq 21.1\%$
- 800kWh : $\dfrac{106,520}{378,690} \times 100 \fallingdotseq 28.1\%$

[오답분석]

② 2018 ~ 2022년까지 태양광 발전기 대여 설치 가구의 전년 대비 증가량은 다음과 같다.

구분	전년 대비 증가량(가구)	구분	전년 대비 증가량(가구)
2017년	256-0=256	2020년	1,664-523=1,141
2018년	428-256=172	2021년	4,184-1,664=2,520
2019년	523-428=95	2022년	7,580-4,184=3,396

2018년과 2019년의 태양광 발전기 대여 설치 가구의 증가량은 전년 대비 감소하였다.

③ 2017년부터 전체 태양광 발전기 설치 가구 중 대여 설치 가구의 비율은 다음과 같고, 대여 설치하지 않은 가구의 비율이 점차 감소한다는 것은 대여 설치한 가구의 비율이 증가한다는 것과 같다.

구분	대여 설치 가구 수 비율(%)	구분	대여 설치 가구 수 비율(%)
2017년	$\dfrac{256}{18,767} \times 100 \fallingdotseq 1.4$	2020년	$\dfrac{1,664}{65,838} \times 100 \fallingdotseq 2.5$
2018년	$\dfrac{428}{26,988} \times 100 \fallingdotseq 1.6$	2021년	$\dfrac{4,184}{101,770} \times 100 \fallingdotseq 4.1$
2019년	$\dfrac{523}{40,766} \times 100 \fallingdotseq 1.3$	2022년	$\dfrac{7,580}{162,145} \times 100 \fallingdotseq 4.7$

따라서 2019년은 전체 설치 가구 중 대여 설치 가구의 비율이 전년보다 낮아졌으므로 대여 설치하지 않은 가구의 비율은 높아졌음을 알 수 있다.

④ 2020년과 2021년 태양광 발전기 대여 설치 가구의 전년 대비 증가율은 각각 $\dfrac{1,664-523}{523} \times 100 \fallingdotseq 218.2\%$, $\dfrac{4,184-1,664}{1,664} \times 100 \fallingdotseq 151.4\%$이므로, 두 증가율의 차이는 218.2-151.4=66.8%p이다.

15

'건설업' 분야의 취업자 수는 2019년과 2022년에 각각 전년 대비 감소했다.

[오답분석]

① 2014년 '도소매·음식·숙박업' 분야에 종사하는 사람의 수는 총 취업자 수의 $\dfrac{5,966}{21,156} \times 100 \fallingdotseq 28.2\%$이므로 30% 미만이다.

② 2014 ~ 2022년 '농·임·어업' 분야의 취업자 수는 꾸준히 감소하는 것을 확인할 수 있다.

③ 2014년 대비 2022년 '사업·개인·공공서비스 및 기타' 분야의 취업자 수는 7,633-4,979=2,654천 명으로 가장 많이 증가했다.

16

ㄱ. 2017년 '어업' 분야의 취업자 수는 '농·임·어업' 분야의 취업자 수 합계에서 '농·임업' 분야 취업자 수를 제외한다. 따라서 1,950−1,877=73천 명이다.

ㄴ. '전기·운수·통신·금융업' 분야의 취업자 수가 7,600천 명으로 가장 많다.

오답분석

ㄷ. '농·임업' 분야 종사자와 '어업' 분야 종사자 수는 계속 감소하기 때문에 '어업' 분야 종사자 수가 현상을 유지하거나 늘어난다고 보기 어렵다.

17

'SOC, 산업·중소기업, 통일·외교, 공공질서·안전, 기타'의 5개 분야에서 전년 대비 재정지출액이 증가하지 않은 해가 있으므로 옳은 설명이다.

오답분석

① 교육 분야의 전년 대비 재정지출 증가율은 다음과 같다.

- 2019년 : $\frac{27.6-24.5}{24.5}\times100≒12.7\%$
- 2020년 : $\frac{28.8-27.6}{27.6}\times100≒4.3\%$
- 2021년 : $\frac{31.4-28.8}{28.8}\times100≒9.0\%$
- 2022년 : $\frac{35.7-31.4}{31.4}\times100≒13.7\%$

따라서 교육 분야의 전년 대비 재정지출 증가율이 가장 높은 해는 2022년이다.

③ 2018년에는 기타 분야가 예산에서 차지하고 있는 비율이 더 높았다.

④ 'SOC(−8.6%), 산업·중소기업(2.5%), 환경(5.9%), 기타(−2.9%)' 분야가 해당한다.

18

- 사회복지·보건 분야의 2020년 대비 2021년 재정지출 증감률 : $\frac{61.4-56.0}{56.0}\times100≒9.6\%$
- 공공질서·안전 분야의 2020년 대비 2021년 재정지출 증감률 : $\frac{10.9-11.0}{11.0}\times100≒-0.9\%$

따라서 두 분야의 2020년 대비 2021년 재정지출 증감률 차이는 9.6−(−0.9)=10.5%p이다.

19

ㄱ. 초등학생의 경우 남자의 스마트폰 중독 비율이 33.35%로 29.58%인 여자보다 높은 것을 알 수 있지만, 중·고생의 경우 남자의 스마트폰 중독 비율이 32.71%로 32.72%인 여자보다 0.01%p가 낮다.

ㄷ. 대도시에 사는 초등학생 수를 a명, 중·고생 수를 b명, 전체 인원을 $(a+b)$명이라고 하면, 대도시에 사는 학생 중 스마트폰 중독 인원에 관한 방정식은 다음과 같다.

$30.80a+32.40b=31.95\times(a+b) \rightarrow 1.15a=0.45b \rightarrow b≒2.6a$

따라서 대도시에 사는 중·고생 수가 초등학생 수보다 2.6배 많다.

ㄹ. 초등학생의 경우 기초수급가구의 경우 스마트폰 중독 비율이 30.35%로, 31.56%인 일반가구의 경우보다 스마트폰 중독 비율이 낮다. 중·고생의 경우에도 기초수급가구의 경우 스마트폰 중독 비율이 31.05%로, 32.81%인 일반가구의 경우보다 스마트폰 중독 비율이 낮다.

오답분석

ㄴ. 한부모·조손 가족의 스마트폰 중독 비율은 초등학생의 경우가 28.83%로, 중·고생의 70%인 31.79×0.7≒22.3% 이상이므로 옳은 설명이다.

20

정답 ②

지문의 내용을 보고 먼저 2023년 신규투자액은 43.48−10.93=32.55백만 원이고, 유지보수 비용은 32.29+0.11=32.40백만 원이다.

그래프의 기준을 보고 알맞은 금액이 표시되었는지 따져 봐야하며, 알맞은 그래프는 ②이다.

오답분석

① 그래프의 막대가 정확히 무엇을 뜻하는지 모른다.

③ 2022년 신규투자와 유지보수가 섞여 나왔다.

④ 2022년 유지보수와 2023년 신규투자가 섞여 나왔다.

04 | 자원관리능력
기출예상문제

01	02	03	04	05	06	07	08	09	10	11	12	13	14	15	16	17	18	19	20
④	③	②	③	②	①	③	①	①	③	②	③	①	③	②	④	④	④	④	②

01
정답 ④

첫 번째와 두 번째 구매 지침은 4개 회사 모두 만족한다.
세 번째 구매 지침에 따라 지폐 두께 조절이 불가능한 C제품이 제외되고, 네 번째 구매 지침에 따라 A제품도 제외된다.
따라서 B제품과 D제품 중에 가격이 가장 저렴한 것은 D제품이다.

02
정답 ③

첫 번째 요구사항을 통해 고객은 '높음' 등급의 위험을 꺼려하지만 어느 정도의 위험은 감수할 수 있다는 것을 알 수 있다. 따라서 '높음' 등급의 A를 제외한다. 또한 감수할 수 있는 위험 범위 내에서 가능한 많은 수익을 올리기를 바라므로 '낮음' 등급의 B상품을 제외한다. D상품이 C상품과 수익률이 같지만 고객의 나머지 조건들에 있어서는 모두 C상품에 비해 불리하므로 고객의 요구에 가장 적합한 상품은 C상품이다.

03
정답 ②

업무에서의 자원은 시간·예산·물적·인적자원을 뜻하는데, 자원의 낭비요인은 비계획적 행동, 편리성 추구, 자원에 대한 인식 부재, 노하우 부족(경험 및 학습 부족) 등이다. 따라서 계획적인 행동은 시간 낭비요인으로 옳지 않다.

04
정답 ③

이동수단별 소요 시간은 다음과 같다.
• 고속열차 : 2시간(열차)+40분(택시)=2시간 40분
• 고속버스 : 4시간(버스)+10분(택시)=4시간 10분
• 비행기 : 1시간(비행기)+1시간(택시)=2시간
• 자가용 : 3시간(자가용)
따라서 비행기를 이용했을 때 시간을 가장 절약할 수 있다.

05
정답 ②

시간계획을 세울 때 한정된 시간을 효율적으로 활용하기 위해서는 명확한 목표를 설정해야 한다. 명확한 목표를 설정한 후에는 일이 가진 중요성과 긴급성을 바탕으로 일의 우선순위를 정하고, 그 일들의 예상 소요시간을 적어본다. 마지막으로 이를 바탕으로 시간 계획서를 작성하면 보다 효율적으로 시간을 활용할 수 있다. 따라서 (나) – (가) – (라) – (다)의 순서가 적절하다.

06
정답 ①

예산을 수립하는 과정에서 필요한 활동을 구명하는 데 과업세부도를 활용하는 것이 효과적이다. 과업세부도란 과제 및 활동의 계획을 수립하는 데 있어서 가장 기본적인 수단으로 활용되는 그래프로 필요한 모든 일들을 중요한 범주에 따라 체계화시켜 구분해 놓은 그래프를 말한다.

07

정답 ③

총 성과급을 x만 원이라 하면

- A의 성과급 : $\left(\dfrac{1}{3}x+20\right)$만 원

- B의 성과급 : $\dfrac{1}{2}\left[x-\left(\dfrac{1}{3}x+20\right)\right]+10=\dfrac{1}{3}x$만 원

- C의 성과급 : $\dfrac{1}{3}\left[x-\left(\dfrac{1}{3}x+20+\dfrac{1}{3}x\right)\right]+60=\left(\dfrac{1}{9}x+\dfrac{160}{3}\right)$만 원

- D의 성과급 : $\dfrac{1}{2}\left[x-\left(\dfrac{1}{3}x+20+\dfrac{1}{3}x+\dfrac{1}{9}x+\dfrac{160}{3}\right)\right]+70=\left(\dfrac{1}{9}x+\dfrac{100}{3}\right)$만 원

$$x=\dfrac{1}{3}x+20+\dfrac{1}{3}x+\dfrac{1}{9}x+\dfrac{160}{3}+\dfrac{1}{9}x+\dfrac{100}{3}$$

$\therefore x=960$만 원

따라서 A~D 총 네 명의 성과급은 960만 원이다.

08

정답 ①

- 치과 진료 : 3주 연속하여 수요일에 받는다고 하였으므로 13일, 20일은 무조건 치과 진료가 있다.
- 신혼여행 : 8박 9일간 신혼여행을 가고 휴가는 5일 사용할 수 있으므로 주말 4일을 포함해야 한다.

이 사실을 종합하면, 치과는 6일이 아닌 27일에 예약되어 있으며, 2일(토요일)부터 10일(일요일)까지 주말 4일을 포함하여 9일 동안 신혼여행을 다녀오게 된다. 신혼여행은 결혼식 다음 날 간다고 하였으므로 주어진 일정을 달력에 표시하면 다음과 같다.

일요일	월요일	화요일	수요일	목요일	금요일	토요일
					1 결혼식	2 신혼여행
3 신혼여행	4 신혼여행 / 휴가	5 신혼여행 / 휴가	6 신혼여행 / 휴가	7 신혼여행 / 휴가	8 신혼여행 / 휴가	9 신혼여행
10 신혼여행	11	12	13 치과	14	15	16
17	18	19	20 치과	21	22	23
24	25	26	27 치과	28 회의	29	30 추석연휴

따라서 A대리의 결혼날짜는 9월 1일이다.

09

정답 ①

주식 각각의 수익률을 구하면 다음과 같다.

- 가산업 수익률 : $\dfrac{15,750-12,500}{12,500}=0.26$

- 나건설 수익률 : $\dfrac{16,330-11,500}{11,500}=0.42$

- 다전자 수익률 : $\dfrac{18,830-14,000}{14,000}=0.345$

- 라식품 수익률 : $\dfrac{15,900-12,000}{12,000}=0.325$

따라서 각 투자자들의 수익금을 구하면 다음과 같다.
- A의 수익금 : $(120 \times 12,500 \times 0.26) + (300 \times 12,000 \times 0.325) = 390,000 + 1,170,000 = 1,560,000$원
- B의 수익금 : $(200 \times 11,500 \times 0.42) + (160 \times 14,000) \times 0.345) = 966,000 + 772,800 = 1,738,800$원
- C의 수익금 : $(210 \times 12,500 \times 0.26) + (180 \times 11,500 \times 0.42) = 682,500 + 869,400 = 1,551,900$원
- D의 수익금 : $(220 \times 14,000 \times 0.345) + (140 \times 12,000 \times 0.325) = 1,062,600 + 546,000 = 1,608,600$원

따라서 세 번째로 많은 수익을 본 투자자는 A이며, A의 실질 수익금을 구하면,
$1,560,000 - [\{(120 \times 12,500) \times 0.00025 + (300 \times 12,000) \times 0.00025\} + \{(120 \times 15,750 \times 0.00025 + (300 \times 15,900 \times 0.00025) + \{(120 \times 15,750 \times 0.0003 + (300 \times 15,900 \times 0.0003)\}] = 1,560,000 - \{(375 + 900) + (472.5 + 1,192.5) + (567 + 1,431)\} = 1,560,000 - 4,938 = 1,555,062$원

10

정답 ③

- A씨 : 저압 285kWh 사용
  - 기본요금 : 1,600원
  - 전력량요금 : $(200 \times 93.3) + (85 \times 187.9) = 18,660 + 15,971.5 ≒ 34,630$원
  - 부가가치세 : $(1,600 + 34,630) \times 0.1 = 36,230 \times 0.1 ≒ 3,620$원
  - 전력산업기반기금 : $(1,600 + 34,630) \times 0.037 = 36,230 \times 0.037 ≒ 1,340$원
  - 전기요금 : $1,600 + 34,630 + 3,620 + 1,340 = 41,190$원
- B씨 : 고압 410kWh 사용
  - 기본요금 : 6,060원
  - 전력량요금 : $(200 \times 78.3) + (200 \times 147.3) + (10 \times 215.6) = 15,660 + 29,460 + 2,156 ≒ 47,270$원
  - 부가가치세 : $(6,060 + 47,270) \times 0.1 = 53,330 \times 0.1 ≒ 5,330$원
  - 전력산업기반기금 : $(6,060 + 47,270) \times 0.037 = 53,330 \times 0.037 ≒ 1,970$원
  - 전기요금 : $6,060 + 47,270 + 5,330 + 1,970 = 60,630$원

따라서 A씨와 B씨의 전기요금을 바르게 나열한 것은 ③이다.

11

정답 ②

직접비용은 제품 또는 서비스를 창출하기 위해 직접 소요되는 비용으로 재료비, 원료와 장비, 여행(출장) 및 잡비, 인건비 등이 포함된다. 그리고 간접비용은 생산에 직접 관련되지 않는 비용으로 보험료, 건물관리비, 광고비, 통신비 등이 포함된다.
따라서 ②의 여행(출장) 및 잡비는 제품 또는 서비스 창출에 직접 관련 있는 항목으로 직접비에 해당한다.

12

정답 ③

(가) ~ (다) 각각의 단어 뜻을 생각하면 쉽게 연결시킬 수 있다.
- 권한위임 : 타인에게 일을 맡김
- 우선순위 : 여러 일 중에 우선적인 일을 먼저 처리함
- Flexibility : '유연함'이라는 뜻을 가진 영단어로 시간계획을 유연하게 작성하는 것을 말함
따라서 (가) - C, (나) - A, (다) - B임을 알 수 있다.

13

정답 ①

ⓛ, ⓒ, ⓔ에 의해 의사소통능력과 대인관계능력을 지닌 사람은 오직 병뿐이라는 사실을 알 수 있다. 또한 ⓜ에 의해 병이 이해능력 또한 가지고 있음을 알 수 있다. 이처럼 병은 4가지 자질 중에 3가지를 갖추고 있으므로 H회사의 신입사원으로 채용될 수 있다.

[오답분석]
ⓛ, ⓒ, ⓔ에 의해 대인관계능력과 의사소통능력을 지닌 사람은 병 혼자인 것으로 밝혀졌으므로 갑, 을, 정은 4가지 중 최대 2가지 자질만 가질 수가 있게 된다. 따라서 적어도 3가지 자질 이상을 요구하는 H회사에는 채용될 수 없다.

14

정답 ③

甲대리의 성과평가 등급을 통해 개인 성과평가 점수에 가중치를 적용하여 점수로 나타내면 다음과 같다.

실적	난이도평가	중요도평가	신속성	총점
30×1=30	20×0.8=16	30×0.4=12	20×0.8=16	74

따라서 甲대리는 80만 원의 성과급을 받게 된다.

15

정답 ②

김대리는 특수직에 해당되므로 성과평가 구성 중 특수직 구분에 따른다.
김대리에 대한 평가등급에 따라 가중치와 구성비를 고려한 항목별 점수는 다음과 같다.

구분	분기실적	직원평가	연수내역	조직기여도	총점
점수	0.6×8=4.8	0.4×10=4.0	0.2×5=1.0	0.3×6=1.8	4.4+1.0+1.8
	[0.5×(4.8+4.0)]=4.4				=7.2

따라서 김대리는 6.8 이상 7.6 미만 구간에 해당되므로, 100만 원의 성과급을 지급받게 된다.

16

정답 ④

성과급 기준표를 적용한 A~D교사에 대한 성과급 배점을 정리하면 다음과 같다.

구분	주당 수업시간	수업 공개 유무	담임 유무	업무 곤란도	호봉	합계
A교사	14점	–	10점	20점	30점	74점
B교사	20점	–	5점	20점	30점	75점
C교사	18점	5점	5점	30점	20점	78점
D교사	14점	10점	10점	30점	15점	79점

따라서 D교사가 가장 높은 배점을 받게 된다.

17

정답 ④

배송비는 크기, 무게 그리고 배송지역에 따라 금액이 다르다. 문제에서 제시된 제품의 포장규격은 400mm×250mm×400mm로, 세 변의 합은 105cm이고, 무게는 12kg이다. 따라서 중형으로 취급받는다. 또한, 고가품(45만 원)에 해당하므로 할증운임 20%가 적용된다. 그러므로 배송지역별 운임 및 고객부담비율을 고려하면, 다음과 같은 결과를 얻을 수 있다.
• 동일권역 : 7,000×1.2=8,400원 → 8,400×0.5=4,200원
• 타 권역 : 8,000×1.2=9,600원 → 9,600×0.5=4,800원
• 도서산간 : 11,000×1.2=13,200원 → 13,200×0.5=6,600원

18

정답 ④

제품별 규격 및 무게를 살펴보면, A제품은 극소형, B제품은 소형으로 분류된다. 그리고 A제품의 경우 고가의 유리제품으로 할증운임이 부과되는데 할증률이 중복되므로 최고 할증인 50%가 부과되며, B제품은 청과물제품으로 할증운임이 40%가 부가된다. 이를 고려하면, 각 제품의 1회 배송시 배송비는 다음과 같다.
• A제품 : 4,000×1.5=6,000원
• B제품 : 6,000×1.4=8,400원
이때, 지난 일주일 동안 판매량은 A제품이 70개, B제품이 80개로 일주일간 두 제품의 배송비를 계산하면 다음과 같다.
• A제품 : 6,000×70=420,000원
• B제품 : 8,400×80=672,000원
따라서 전체 배송비는 1,092,000원이며, J온라인쇼핑몰은 전체 배송비의 50%를 부담하므로 546,000원의 배송비를 부담한다.

19

각 지점에 (이동경로, 거리의 합)을 표시해 문제를 해결한다.

이때, 다음 그림과 같이 여러 경로가 생기는 경우 거리의 합이 최소가 되는 (이동경로, 거리의 합)을 표시한다.

예

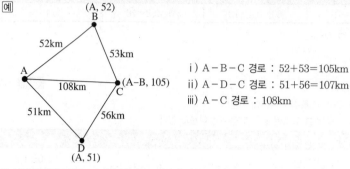

ⅰ) A－B－C 경로 : 52＋53＝105km
ⅱ) A－D－C 경로 : 51＋56＝107km
ⅲ) A－C 경로 : 108km

각 지점에 (이동경로, 거리의 합)을 표시하면 다음과 같다.

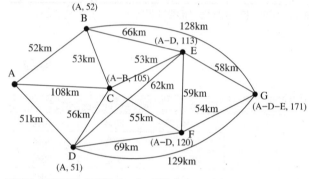

따라서 A지점에서 G지점으로 가는 최단경로는 D지점, E지점을 거쳐 G지점으로 가는 경로이고 이때의 거리는 171km이다.

20

C지점을 거쳐야 하므로, C지점을 거치지 않는 경로를 제외한 후 각 지점에 (이동경로, 거리의 합)을 표시하면 다음과 같다.

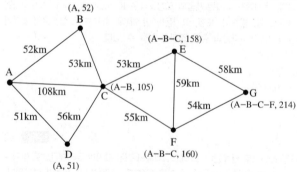

즉, C지점을 거쳐 갈 때의 최단경로는 'A－B－C－F－G' 경로이고, 최단거리는 52＋53＋55＋54＝214km이다.

A지점에서 G지점으로 가는 최단거리는 171km이므로 C지점을 거치지 않았을 때의 최단거리와 C지점을 거쳐 갈 때의 최단거리의 차는 214－171＝43km이다.

01	02	03	04	05	06	07	08	09	10
②	①	④	④	④	④	③	①	②	②

01
정답 ②

제품설명서 중 A/S 신청 전 확인 사항을 살펴보면, 비데 기능이 작동하지 않을 경우 수도필터가 막혔거나 혹은 착좌센서 오류가 원인이라고 제시되어 있다. 따라서 K사원으로부터 접수받은 현상(문제점)의 원인을 파악하려면 수도필터의 청결 상태를 확인하거나 혹은 비데의 착좌센서의 오류 여부를 확인해야 한다. 따라서 ②가 가장 적절하다.

02
정답 ①

01번 문제에서 확인한 사항(원인)은 수도필터의 청결 상태이다. 즉, 수도필터의 청결 상태가 원인이 되는 또 다른 현상(문제점)으로는 수압이 약할 경우이다. 따라서 ①이 적절하다.

03
정답 ④

④에 대한 내용은 문제 해결법에 나와 있지 않다.

04
정답 ④

인쇄 속도가 느릴 때 해결할 수 있는 방안이다.

05
정답 ④

에디슨이 전등회사, 전구 생산 회사 등을 설립하고 통합하여 다양한 회사들을 소유·통제한 것은 기술시스템 발전단계 1단계 중 혁신의 단계에 속한다.

06
정답 ④

[오답분석]
① 지능형 로봇 – 전기전자정보공학
② 하이브리드 자동차 – 기계공학
③ 재생에너지 산업 – 화학생명공학

07
정답 ③

자원의 질을 생각한다.

08
정답 ①

• 200평의 공장에는 냉방면적이 118평형인 DT – A061S 모델을 우측 끝과 좌측 끝 벽면에 2대 설치하면 된다.
• 50평의 사무실에는 냉방면적이 50평형 이상이며, 제습과 공기청정 기능이 포함된 DC – A032S 또는 DD – C075H 모델이 적절하다.
• 18평의 휴게실에는 냉방면적이 18평형 이상이며, 벽걸이형 모델인 DP – B043W 또는 DD – C075H가 적절하나, DP – B043W 모델은 제습과 공기청정기능이 포함되어 있지 않으므로 DD – C075H 모델이 적절하다. 이때, DD – C075H는 2 in 1 모델이므로 사무실에도 동일하게 DD – C075H 모델이 설치되어야 한다.
따라서 공장에는 DT – A061S 모델, 사무실과 휴게실에는 DD – C075H 모델이 가장 적합하다.

09
정답 ②

타이머에 대한 내용은 설명서에서 언급하지 않았다.

[오답분석]
① 냉방운전 적정 범위는 실내온도 21℃ 이상 32℃ 이하이다. 따라서 실내온도가 21℃ 미만일 때는 에어컨을 가동하지 않는다.
③ 사용전원은 반드시 220V 전용 전원 및 전압에서 사용해야 한다.
④ 냉방 시 효율을 높이기 위해 직사광선 및 외풍을 차단해야 한다.

10
정답 ②

①·③·④는 냉방이 약할 때 점검해야 할 사항이다. 에어컨이 가동되지 않을 경우, 전원플러그가 뽑혀 있는지, 차단기가 동작하는지, 전압이 너무 낮은 것은 아닌지, 정전이 된 것은 아닌지, 실내온도 표시등에 영문자 'E'가 표시되는지 등의 사항을 점검하여야 한다.

06 | 조직이해능력
기출예상문제

01	02	03	04	05	06	07	08	09	10
④	②	④	②	①	④	①	①	①	③

01 　　　정답 ④

조직의 유형

1. 공식성 : 공식화 정도에 따라 공식조직과 비공식조직으로 구분할 수 있다. 공식조직은 조직의 구조·기능·규정 등이 조직화되어 있는 조직을 의미하며, 비공식조직은 개인들의 협동과 상호작용에 따라 형성된 자발적인 집단조직 이다.
2. 영리성 : 영리성을 기준으로 영리조직과 비영리조직으로 구분할 수 있다. 영리조직은 기업과 같이 이윤을 목적으로 하는 조직이며, 비영리조직은 정부조직을 비롯하여 공익을 추구하는 병원, 대학, 시민단체, 종교단체 등이 있다.
3. 조직 규모 : 조직 규모를 중심으로 소규모 조직과 대규모 조직으로 구분할 수 있다. 소규모 조직에는 가족 소유의 상점 등이 있고 대규모 조직에는 대기업 등이 있다.

02 　　　정답 ②

조직 갈등의 순기능

- 새로운 사고를 할 수 있음
- 다른 업무에 대한 이해를 증진시켜 줌
- 조직의 침체를 예방함
- 긍정적인 결과를 내기도 함

03 　　　정답 ④

공식집단의 예로 제시되어 있는 동아리는 비공식집단의 예이며, 비공식집단의 예로 제시되어 있는 임시 위원회는 공식집단의 예이다. 지속 기간의 차이에 따라 상설과 임시로 나누어질 뿐이지 조직의 공식 목표를 위해 조직에서 만든 위원회는 공식집단에 속한다.

04 　　　정답 ②

도요타 자동차는 소비자의 관점이 아닌 생산자의 관점에서 문제를 해결하려다 소비자들의 신뢰를 잃게 됐다. 따라서 기업은 생산자가 아닌 소비자의 관점에서 문제를 해결하기 위해 노력해야 한다.

05 　　　정답 ①

- 김대리 : 집단의사결정은 한 사람이 가진 지식보다 집단이 가지고 있는 지식과 정보가 더 많아 효과적인 결정을 할 수 있다는 장점이 있다.
- 최주임 : 집단의사결정은 특정 구성원에 의해 의사결정이 독점될 위험이 있다.

[오답분석]

- 유주임 : 집단의사결정은 개인의사결정 등에 비해 설득에 소모되는 시간 등으로 인해 시간이 많이 소모된다는 단점이 있다.
- 박사원 : 브레인스토밍은 아이디어를 비판 없이 제시하여 최대한 많은 안 중에서 최선책을 찾아내는 방법이므로 타인이 제시한 아이디어에 대해 비판을 제시하지 않는 것이 더 중요하다.

06 　　　정답 ④

김팀장의 업무 지시에 따르면 이번 주 금요일 회사 창립 기념일 행사가 끝난 후 진행될 총무팀 회식의 장소 예약은 목요일 퇴근 전까지 처리되어야 한다. 따라서 이대리는 ⑩을 목요일 퇴근 전까지 처리해야 한다.

07 　　　정답 ①

김팀장의 지시에 따른 박대리의 업무 리스트를 우선순위에 따라 작성하면 다음과 같다.

업무 리스트
1. 부장님께 사업계획서 제출(이번 주 금요일)
2. 본사 사업현황보고 회의 참석(오늘 오후 5시)
3. 금일 업무 보고서 작성(오늘 오후 4시까지)
4. 회의실 예약 현황 확인(오늘 오후 2시까지)

업무 우선순위
1. 회의실 예약 현황 확인
2. 금일 업무 보고서 작성
3. 본사 사업현황보고 회의 참석
4. 부장님께 사업계획서 제출

따라서 박대리가 가장 먼저 처리해야 할 일은 회의실 예약 현황을 확인하는 것이다.

08

정답 ①

[오답분석]
② 확인단계에 대한 설명이다.
③ 개발단계는 확인된 문제에 대해 해결방안을 모색하는 단계로, 새로운 문제의 해결방법을 찾는 탐색과정과 이전에 없었던 새로운 문제의 해결안을 설계하는 2가지 방식으로 이루어질 수 있다.
④ 개발단계에 대한 설명이다.

09

정답 ①

스톡옵션제도에 대한 설명으로 자본참가 유형에 해당한다.

[오답분석]
② 스캔론플랜에 대한 설명으로 성과참가 유형에 해당한다.
③ 럭커플랜에 대한 설명으로 성과참가 유형에 해당한다.
④ 노사협의제도에 대한 설명으로 의사결정참가 유형에 해당한다.

10

정답 ③

경영활동은 조직의 효과성을 높이기 위해 총수입 극대화, 총비용 극소화를 통해 이윤을 창출하는 것과 관련된 외부경영활동과 조직내부에서 인적, 물적 자원 및 생산기술을 관리하는 내부경영활동으로 구분할 수 있다. 인도네시아 현지 시장의 규율을 조사하는 것은 시장진출을 준비하는 과정으로 외부경영활동에 해당된다.

[오답분석]
① 잠재적 고객인 인도네시아 시장의 고객들의 성향을 파악하는 것은 외부경영활동으로 구분된다.
② 중국 협력업체의 가동률 급락으로 인해 대안이 되는 협력업체로서 국내 업체들과의 협력안을 검토하는 것 역시 내부 생산공정 관리와 같이 생산관리의 일환으로서 내부경영활동에 해당된다.
④ 내부 엔진 조립 공정 개선 시 생산성을 증가시킬 수 있다는 피드백이 있으므로, 이를 위한 기술개발에 투자하는 것은 생산관리로서 내부경영활동에 해당된다.

07 정보능력 | 기출예상문제

01	02	03	04	05	06	07	08	09	10
①	②	①	①	③	④	④	④	①	②

01 정답 ①

Windows 탐색기에서 명칭을 변경하고자하는 파일/폴더를 클릭 후 〈F2〉를 누르면 변경할 수 있다.

02 정답 ②

바이러스에 감염되는 경로로는 불법 무단 복제, 다른 사람들과 공동으로 사용하는 컴퓨터, 인터넷, 전자우편의 첨부파일 등이 있으며 바이러스를 예방할 수 있는 방법은 다음과 같다.

• 다운로드한 파일이나 외부에서 가져온 파일은 반드시 바이러스 검사를 수행한 후에 사용한다.
• 전자우편을 통해 감염될 수 있으므로 발신자가 불분명한 전자우편은 열어보지 않고 삭제한다.
• 중요한 자료는 정기적으로 백업한다.
• 바이러스 예방 프로그램을 램(RAM)에 상주시킨다.
• 백신 프로그램의 시스템 감시 및 인터넷 감시 기능을 이용해서 바이러스를 사전에 검색한다.
• 백신 프로그램의 업데이트를 통해 주기적으로 바이러스 검사를 수행한다.

03 정답 ①

블록을 잡고 〈Back Space〉 키를 누르면 '20'만 지워진다.

오답분석

②·③·④ 블록 부분이 다 지워진다.

04 정답 ①

근무점수가 70점 이상인 셀의 개수를 출력하기 위해서는 함수식 「COUNTIF(C3:C11,">=70")」을 입력해야 한다. 그중 80대 이상의 셀의 개수를 제외하기 위하여 80점 이상인 셀의 개수를 출력하는 함수식 「COUNTIF(C3:C11,">=80")」을 이용하여 함수식 「=COUNTIF(C3:C11,">=70")−COUNTIF(C3:C11,">=80")」을 입력하면 구하고자 하는 값이 출력된다.

05 정답 ③

VLOOKUP 함수는 「=VLOOKUP(첫 번째 열에서 찾으려는 값, 찾을 값과 결과로 추출할 값들이 포함된 데이터 범위, 값이 입력된 열의 열 번호, 일치 기준)」으로 구성된다. 찾으려는 값은 [B2]가 되어야 하며, 추출할 값들이 포함된 데이터 범위는 [E2:F8]이고, 자동 채우기 핸들을 이용하여 사원들의 교육점수를 구해야 하므로 「$E$2:$F$8」와 같이 절대참조가 되어야 한다. 그리고 값이 입력된 열의 열 번호는 [E2:F8] 범위에서 2번째 열이 값이 입력된 열이므로 '2'가 되어야 하며, 정확히 일치해야 하는 값을 찾아야 하므로 FALSE 또는 '0'이 들어가야 한다.

06 정답 ④

데이터 유효성 조건에서 제한 대상 목록은 정수, 소수점, 목록, 날짜, 시간, 텍스트 길이, 사용자 지정을 볼 수 있다.

07 정답 ④

ⓒ 직책은 부장, 차장, 대리, 사원 순으로 사용자 지정 목록을 이용하여 정렬되었다.
ⓒ 부서를 오름차순으로 우선 기준을, 다음으로 직책 순으로 정렬되었다.

오답분석

㉠ 부서를 기준으로 오름차순으로 정렬되었다.
㉣ 성명을 기준으로 정렬되지 않았다.

08 정답 ④

CONCATENATE 함수는 텍스트와 텍스트를 연결시켜주는 함수이다. [C2] 셀의 값인 '3・1절(매년 3월 1일)'은 [A2], '(', [B2], ')' 와 같이 4가지의 텍스트가 연결되어야 한다. 그리고 '(', ')'와 같은 값을 나타내기 위해서는 " "를 이용하여 입력해야 한다.
따라서 입력해야 하는 함수식은 「=CONCATENATE(A2, "(",B2,")")」이다.

09

정답 ①

엑셀 고급필터 조건 범위의 해석법은 다음과 같다. 우선 같은 행의 값은 '이고'로 해석한다(AND 연산 처리). 다음으로 다른 행의 값은 '거나'로 해석한다(OR 연산 처리). 그리고 엑셀에서는 AND 연산이 OR 연산에 우선한다(행우선).

또한, [G3] 셀의 「=C2>=AVERAGE($C$2:$C$8)」은 [C2]~[C8]의 실적이 [C2:C8]의 실적 평균과 비교되어 그 이상이 되면 TRUE(참)를 반환하고, 미만이라면 FALSE(거짓)를 반환하게 된다.

따라서 부서가 '영업1팀'이고 이름이 '수'로 끝나거나, 부서가 '영업2팀'이고 실적이 평균 이상인 데이터가 나타난다.

10

정답 ②

for 반복문은 i값이 0부터 9보다 작을 때까지 1씩 증가하면서 배열의 요소를 순회한다. 조건문에 의해 배열의 요소가 B, D, F, H인 경우는 continue문에 의해 그 이후 코드의 실행을 무시하고 for반복문의 조건을 검사하게 된다. 따라서 B, D, F, H의 경우에는 printf 출력문이 수행되지 않아 ACEGI만 출력된다.

성공한 사람은 대개 지난번 성취한 것 보다 다소 높게,
그러나 과하지 않게 다음 목표를 세운다.
이렇게 꾸준히 자신의 포부를 키워간다.

- 커트 르윈 -

PART 3

한국사

01	02	03	04	05	06	07	08	09	10
③	①	②	①	④	③	②	③	③	②
11	12	13	14	15	16	17	18	19	20
②	②	④	④	①	②	④	④	④	②

01 정답 ③

신석기 시대에 농경이 시작되었지만 사냥과 고기잡이는 그대로 행해져 생계를 유지하였다.

02 정답 ①

제시문은 부여의 4조목에 대한 내용이다.

03 정답 ②

고구려의 제17대 왕 소수림왕(재위 371 ~ 384)에 대한 설명이다. 소수림왕은 불교 도입, 태학 설립, 율령 반포 등을 통한 국가 체제 정비로 5세기 고구려 전성기의 기틀을 마련하였다.

오답분석

구분	주요 업적
고국천왕	• 고구려 제9대 왕(재위 179 ~ 197) • 진대법 실시(매년 3 ~ 7월에 관가의 곡식을 가구 수에 따라 차등을 두어 대여하였다가 10월에 환납하는 제도)
장수왕	• 고구려 제20대 왕(재위 413 ~ 491) • 남하정책(천도 : 국내성 → 평양)
고이왕	• 백제의 제8대 왕(재위 234 ~ 286) • 국가체제 정비, 왕권 강화를 통한 국가 기반 확립 • 관제 마련 • 중앙집권체제

04 정답 ①

신라는 내물왕 때 처음으로 마립간 칭호를 사용하였으며, 지증왕 때부터 왕의 칭호를 사용하였다.

05 정답 ④

진흥왕 때 화랑도가 국가적인 조직으로 정비되면서 화랑들은 원광의 세속 5계를 생활 규범으로 삼아 명산대천을 찾아다니며 수련을 하였다. 대표적인 화랑으로 김유신이 있다.

오답분석

① 경덕왕은 국학을 태학감으로 고치고 박사와 조교를 두어 유교 경전을 가르쳤다.
② 신라의 귀족들은 화백 회의를 만장일치제로 운영하여 이를 통해 국가의 중대사를 결정하였다.
③ 고구려의 장수왕은 지방에 경당을 세워 평민 자제들에게 학문과 무술을 가르쳤다.

06 정답 ③

제시된 사료는 고구려의 진대법이다. 고국천왕은 민생 안정을 위하여 봄에 곡식을 빌려주고, 추수 이후인 가을에 곡식을 갚도록 하는 진대법을 시행하여 빈민을 구제하였다. 진대법은 빈민구제와 더불어 국가 재정과 국방력을 유지하고, 커져가는 귀족 세력을 견제하기 위한 방안이었다.

07 정답 ②

강조는 목종의 모후인 천추태후와 정부인 김치양으로 인한 국가의 혼란을 바로잡고자 정변을 일으켰고, 그로 인해 목종은 폐위되고 현종(대량원군)이 즉위하였다. 이후 거란은 강조의 정변을 구실로 2차 침입을 단행하였고, 개경이 함락되자 현종은 나주까지 피난을 갔다.

오답분석

① 고려 정종은 최광윤의 의견을 받아들여 거란의 침입을 대비하기 위한 광군을 조직하였다.
③ 고려의 서희는 거란의 1차 침입 때 소손녕과의 외교 담판을 통해 강동 6주를 획득하였다.
④ 고려 태조는 거란이 발해를 멸망시켰기 때문에 화친할 수 없다고 하면서 거란에서 보낸 낙타를 만부교에 묶어 굶어 죽게 하였다.

08

정답 ③

제시된 교서를 내린 왕은 신라 신문왕으로, 김흠돌의 반란 (681)을 진압하고 귀족 세력을 약화시키기 위해 다양한 정치 개혁을 단행하였다. 녹읍을 폐지하여 귀족의 경제 기반을 약화시키고 관료전을 지급하였다. 또한, 9주 5소경 체제를 통해 지방 행정 조직을 완비하였고, 군사 조직을 9서당 10정으로 정비하였으며, 유교 정치를 확립하기 위해 유학 교육 기관인 국학을 설립하였다.

오답분석
① 지증왕은 이사부를 시켜 우산국(울릉도)을 정벌하였다.
② 원성왕은 국학의 학생들을 대상으로 독서삼품과를 실시하여 유교 경전의 이해 수준에 따라 관리를 채용하였다.
④ 법흥왕은 신라의 국교로 불교를 공인하였고, 공복 제정과 율령 반포로 통치 질서를 확립하였으며, 건원이라는 연호를 사용하였다.

09

정답 ③

제시문은 서경(평양)을 중시할 것을 명시한 왕건의 「훈요 10조」 중 5조의 내용이다. 왕건은 풍수지리사상을 바탕으로 서경을 개발하여 북진 정책의 전진 기지로 삼았다.

ㄴ. 도선은 풍수지리사상을 바탕으로 비보사찰을 건립해야 한다고 주장하였다. 비보사찰이란 땅의 기운이 쇠퇴할 때 그곳에 자리 잡은 인간이나 국가는 쇠망하기 마련이므로 이를 막기 위해서 건립하는 사찰을 의미한다.
ㄷ. 조선 후기에는 땅의 형세나 특성을 인간의 길흉화복과 연관시키는 풍수지리설이 특히 유행하였는데, 산송은 이러한 명당과 깊은 관련이 있다. 풍수지리설에 따르면, 명당에 조상의 무덤을 쓰면 자신이나 집안의 부귀는 물론 후손들까지 조상의 은덕을 입을 수 있기 때문에 각 집안마다 좋은 터를 선산(先山)으로 선정하여 집안 사람의 무덤을 쓰는 경우가 많았는데, 이로 인해 산소와 관련된 다툼이 끊이지 않았다.

오답분석
ㄱ. 조선 시대 사림은 성리학을 중시하여 소학의 보급을 적극 장려하였다.
ㄹ. 최승로는 성종에게 「시무 28조」를 올려 불교 행사의 억제와 유교의 발전을 요구하였고, 역대 왕들의 치적에 대한 잘잘못을 평가하여 교훈으로 삼도록 하였다(982).

10

정답 ②

제시문의 왕은 조선 세종으로, 세종 때 중국의 수시력과 아라비아의 회회력을 참고로 한 역법서인 『칠정산』이 완성되었다(1442). 또한 유교적 질서의 확립을 위해 『삼강행실도』를 편찬하고 이를 한글로 간행하였다.

오답분석
① 태종 때 김사형, 이회 등을 시켜 「혼일강리역대국도지도」를 완성하였다.
③ 영조 때 홍봉한의 주도로 역대 문물을 정리한 『동국문헌비고』를 편찬하였다.
④ 성종 때 노사신, 서거정 등이 각 도의 지리, 풍속 등을 수록한 『동국여지승람』을 완성하였다.

11

정답 ②

서희는 거란의 1차 침입 당시 거란족 장수 소손녕과의 외교 담판을 통해 압록강 동쪽(강동 6주)의 영토를 돌려받았으며, 강감찬은 거란의 3차 침입 당시 귀주에서 소배압의 거란군을 상대로 대승을 거두었다(귀주대첩).

12

정답 ②

경정 전시과는 관품만 고려하여 지급하였다.

13

정답 ④

주세붕의 백운동 서원을 시작으로 지방의 사림들이 전국 각 지역에 서원을 건립하였다. 백운동 서원은 이황의 건의로 최초의 사액 서원인 소수 서원으로 사액되었다. 사액 서원은 국가의 공식 승인을 받은 서원을 의미하며 국가로부터 토지와 노비, 서적을 받고 면세와 면역의 특권을 부여받았다.

오답분석
① 고려 예종은 관학 진흥책으로 궁중에 청연각, 보문각을 설치하여 학문 연구를 장려하였다.
②·③ 조선 시대 향교는 성균관의 하급 관학으로서 지방의 부·목·군·현에 설립되어 지방민에 대한 교육을 담당하였다. 중앙에서는 향교의 규모와 지역에 따라 교관인 교수 또는 훈도를 파견하였다.

14

정답 ④

개항 이후 박문국에서 최초의 근대 신문인 한성순보를 발간하였다(1883). 순한문을 사용하였고, 월 3회 10일마다 발간되었으며, 국내외 정세를 소개하였다.

오답분석
① 우리나라 최초의 민간 신문이자 일간지인 독립신문은 시민층을 대상으로 하였던 신문으로 한글판과 영문판이 발행되었다.
② 한성순보를 계승한 한성주보는 최초로 상업 광고를 게재하였다.
③ 일제가 우리나라의 신문을 탄압·통제하기 위해 신문지법을 제정하여 시행하면서 보증금 납부에 어려움을 겪은 황성신문과 제국신문이 폐간되었다.

PART 3

15

청나라의 황쭌셴(황준헌)이 러시아의 남하 정책을 대비하기 위한 조선, 일본, 청의 외교 정책에 대해 저술한 책인『조선책략』이 김홍집에 의해 조선에 들어왔다(1880). 이를 통해 미국과 외교 관계를 맺어야 한다는 여론이 형성되자 이만손을 중심으로 한 영남 유생들이 만인소를 올려『조선책략』을 비판하고 김홍집의 처벌을 요구하였다(1881).
그러나 상소 운동에도 불구하고 조선은 청의 알선으로 서양 국가 최초로 미국과 조·미 수호 통상 조약을 체결하였다(1882).

오답분석
② 제너럴 셔먼호 사건을 구실로 미국이 강화도를 공격하였으나, 어재연이 이끄는 조선 군대가 광성보에서 미국 군대를 막아냈다(신미양요, 1871).
③ 일본 군함인 운요호가 강화도 초지진에 침입해 공격한 후 영종도에 상륙해 조선인들을 죽이거나 약탈하는 등의 만행을 저질렀다(운요호 사건, 1875).
④ 흥선대원군이 천주교를 탄압한 병인박해(1866)에 대한 보복으로 프랑스군이 강화도를 공격하여 외규장각 도서를 약탈하였다(병인양요, 1866).

16

방정환, 김기전 등이 중심이 된 천도교 소년회는 1922년 5월 1일을 어린이날로 제정하고 잡지『어린이』를 발간하였다.

오답분석
① 근우회는 신간회의 자매 단체로 조직되어 기관지인『근우』를 발간하였다.
③ 과학 대중화 운동으로 발명 학회와 과학 문명 보급회가 창립되었다.
④ 1921년에 조직된 조선어 연구회는 가갸날을 제정하고 잡지『한글』을 간행하였다.

17

근우회는 신간회의 자매 단체로 조직되어 여성 계몽 활동과 여성 지위 향상 운동을 전개했다(1927).

오답분석
① 3·1 운동은 근우회 활동 이전인 1919년에 일어났다.
② 조선 여자 청년회는 근우회 활동 이전인 1921년에 결성되었다.
③ 통감부는 1906년에 설치되어 1910년에 조선 총독부가 설치되면서 폐지되었다.

18

• (다) : 박정희 정부는 남북 간의 교류를 제의하여 서울과 평양에서 7·4 남북 공동 성명이 발표되었다(1972). 성명 발표 이후 남북 관계가 진전되어 직통 전화가 가설되고, 남북 조절 위원회가 설치되었다.
• (나) : 노태우 정권 당시 적극적인 북방 외교 정책을 통해 남북한의 유엔 동시 가입이 이루어졌으며, 남북 기본 합의서와 한반도 비핵화에 관한 공동 선언이 채택되었다(1991).
• (라) : 김대중 정부 출범 이후 북한과의 교류가 크게 확대되었다. 평양에서 최초로 남북 정상 회담이 이루어져 6·15 남북 공동 선언이 발표되었다(2000). 이를 통해 금강산 관광 사업(1998)과 개성 공단 건설 운영에 관한 협의서 체결, 이산가족 상봉이 실현되었다.
• (가) : 6·15 공동 선언을 배경으로 노무현 정부 때 제2차 남북 정상 회담이 이루어져 10·4 선언이 발표되었다(2007).

19

홍경래의 난, 개령 농민 봉기, 진주 농민 봉기를 통해 세도 정치기임을 알 수 있다. 홍경래의 난은 순조 때 청천강 이북지역에서 지역 차별에 대한 반발로 봉기하였으며, 영세 농민, 중소 상인, 광산 노동자가 참여하였다. 진주 농민 봉기는 철종 때 백낙신의 학정과 삼정의 폐해가 심해짐에 따라 이에 불만을 품은 농민들이 봉기를 일으켰으며 전국적으로 확대되었다.

오답분석
① 고려 무신 집권기
② 조선 현종
③ 고려 문벌 귀족 집권기

20

김영삼 정부는 경제적으로 탈세와 부정부패를 뿌리 뽑겠다는 의지로 금융 실명제를 실시하였다(1993). 또한, 경제 협력 개발 기구(OECD)에 가입하는 등 경제 성장을 이끌었으나 임기 말 외환 위기로 인해 국제 통화 기금(IMF)으로부터 구제 금융을 받게 되었다.

오답분석
① 박정희 정권의 주도로 제1차 경제 개발 5개년 계획이 추진되었다(1962 ~ 1966).
③ 노무현 정부 때 미국과 자유 무역 협정(FTA)을 체결하였다(2007).
④ 제2차 석유 파동으로 원유 가격이 폭등하여 경제 위기를 맞았다(1978 ~ 1980).

PART 4

최종점검 모의고사

최종점검 모의고사

01	02	03	04	05	06	07	08	09	10	11	12	13	14	15	16	17	18	19	20
④	④	①	②	③	④	④	③	④	③	③	③	④	③	②	④	④	②	①	④

01

정답 ④

'Ⅱ-2' 청소년 디지털 중독의 요인과 관련지어 'Ⅱ-3'의 해결방안을 살펴보면, ⓔ에서는 '자극적이고 중독적인 디지털 콘텐츠의 무분별한 유통'에 대한 해결 방안이 제시되어야 한다.

02

정답 ④

'당랑거철(螳螂拒轍)'은 제 역량을 생각하지 않고 강한 상대나 되지 않을 일에 덤벼드는 무모한 행동거지를 비유하는 말로, 댐 건설 사업 공모에 무리하게 참여한 상황을 표현하기에 적절하다.

오답분석

① 각골난망(刻骨難忘) : 은혜를 입은 고마움이 뼈에 깊이 새겨져 잊히지 않는다는 뜻
② 난공불락(難攻不落) : 공격하기에 어려울 뿐 아니라 결코 함락되지 않는다는 뜻
③ 빈천지교(貧賤之交) : 가난하고 어려울 때 사귄 사이 또는 벗

03

정답 ①

말하는 사람과 듣는 사람이 각각 잘 전달했는지, 잘 이해했는지를 서로 확인하지 않고 그 순간을 넘겨버려 엇갈린 정보를 갖게 되는 상황에 대한 것이다. 따라서 이는 서로 간의 상호작용이 부족한 것으로 볼 수 있다.

오답분석

② 서로가 엇갈린 정보를 가진 것은 맞으나, 책임에 대한 내용은 위 글에서 찾을 수 없다.
③ 많은 정보를 담는 복잡한 메시지로 인한 문제가 아닌 서로의 상호작용이 부족해 발생하는 문제이다.
④ 서로 모순된 내용이 문제가 아니라, 서로 상호작용이 부족한 것으로 인한 문제이다.

04

정답 ②

제시문에서는 저작권 소유자 중심의 저작권 논리를 비판하며 저작권의 의의를 가지려면 저작물이 사회적으로 공유되어야 한다고 주장하고 있다. 따라서 제시문의 주장에 대한 비판으로 ②가 가장 적절하다.

05

정답 ③

미장센은 편집을 통해 연출하는 기법이 아닌, 한 화면 속에 담기는 이미지의 모든 구성 요소를 통해 주제가 나타나도록 하는 감독의 작업이다. 감독이 사계절의 모습을 담기 위해 봄, 여름, 가을, 겨울을 각각 촬영한 후 결합하여 하나의 장면으로 편집하는 연출 방법은 몽타주 기법이다.

06

문제 발생의 원인은 회의내용에서 알 수 있는 내용이다.

오답분석

① 회의에 참가한 인원이 6명일 뿐 조직의 인원은 회의록으로 알 수 없다.
② 회의 참석자는 생산팀 2명, 연구팀 2명, 마케팅팀 2명으로 총 6명이다.
③ 마케팅팀에서 제품을 전격 회수하고 연구팀에서 유해성분을 조사하기로 했다.

07

회의 후 가장 먼저 해야 할 일은 '주문량이 급격히 증가한 일주일 동안 생산된 제품 파악'이다. 문제의 제품이 전부 회수되어야 포장재질 및 인쇄된 잉크 유해성분을 조사한 뒤 적절한 조치가 가능하기 때문이다.

08

16세기 말 그레고리력이 도입되기 전 프랑스 사람들은 3월 25일부터 4월 1일까지 일주일 동안 축제를 벌였다.

오답분석

① 만우절이 프랑스에서 기원했다는 이야기는 많은 기원설 중의 하나일 뿐, 정확한 기원은 알려지지 않았다.
② 프랑스는 16세기 말 그레고리력을 받아들이면서 달력을 새롭게 개정하였다.
④ 프랑스에서는 만우절에 놀림감이 된 사람들을 '4월의 물고기'라고 불렀다.

09

(가) : 빈칸 앞 문장은 현대적인 건축물에서 창과 문이 명확히 구별된다는 내용이고, 빈칸 앞 접속어가 역접 기능의 '그러나'이므로 이와 상반된 내용이 빈칸에 들어가야 한다. 따라서 ⓒ이 가장 적절하다.
(나) : 빈칸이 포함된 문단의 첫 문장에서는 한옥에서 창호가 핵심적인 역할을 한다고 하였고, 이어지는 내용은 이를 뒷받침하는 내용이다. 따라서 '이처럼'으로 연결된 빈칸에는 문단 전체의 내용을 요약·강조하는 ⊙이 가장 적절하다.
(다) : 빈칸을 포함한 문단의 마지막 문장에 창호가 '지속적인 소통'을 가능케 한다고 하였으므로 ⓛ이 가장 적절하다.

10

제시문에서는 인류의 발전과 미래에 인류에게 닥칠 문제를 해결하기 위해 우주 개발이 필요하다는, 우주 개발의 정당성에 대해 말하고 있다.

11

제시문에 따르면 인류는 오른손을 선호하는 반면 왼손을 선호하지 않는 경향이 있다. '기시감'은 처음 보는 인물이나 처음 겪는 일을 어디서 보았거나 겪었던 것처럼 느끼는 것을 말하므로 '기시감'으로 수정하는 것은 적절하지 않다.

오답분석

① '선호하다'에 이미 '다른 요소들보다 더 좋아하다.'라는 의미가 있으므로 '더'를 함께 사용하는 것은 의미상 중복이다. 따라서 '선호하는' 또는 '더 좋아하는'으로 수정해야 한다.
② '-ㄹ뿐더러'는 하나의 어미이므로 앞말에 붙여 쓴다.
④ 제시문은 인류가 오른손을 선호하고 왼손을 선호하지 않는 이유에 대한 글이다. 따라서 ②과 같이 왼손잡이를 선호하는 사회가 발견된다면 새로운 이론이 등장할 것이라는 내용이 글의 중간에 등장하는 것은 일관성을 해칠 뿐만 아니라, '이러한 논란'이 가리키는 바도 제시되지 않았다.

PART 4

12

정답 ③

헤겔은 국가를 사회 문제를 해결하고 공적 질서를 확립할 최종 주체로 설정했고, 뒤르켐은 사익을 조정하고 공익과 공동체적 연대를 실현할 도덕적 개인주의의 규범에 주목하면서, 이를 수행할 주체로서 직업 단체의 역할을 강조하였다. 즉, 직업 단체가 정치적 중간 집단으로서 구성원의 이해관계를 국가에 전달하는 한편 국가를 견제해야 한다고 보았다.

[오답분석]
① 뒤르켐이 주장하는 직업 단체는 정치적 중간집단의 역할로 빈곤과 계급 갈등의 해결을 수행할 주체이다.
② · ④ 헤겔의 주장이다.

13

정답 ③

주어진 문장의 '이'는 앞 문장의 내용을 가리키므로, 기업의 이익 추구가 사회 전체의 이익과 관련된 결과를 가져왔다는 내용이 앞에 와야 한다. 이는 (다) 앞의 '가장 저렴한 가격으로 상품 공급'이 '사회 전체의 이익'과 연관되므로, 보기의 문장은 (다)에 들어가는 것이 가장 적절하다.

14

정답 ③

여가생활의 질을 높이기 위해 여가를 개인적인 차원으로 보지 말자는 내용을 고려하였을 때, 국가적인 문제로 보자는 내용이 들어가는 것이 가장 적절하다.

15

정답 ②

'직업안전보건국이 제시한 1ppm의 기준이 지나치게 엄격하다고 판결하였다.'와 '직업안전보건국은 노동자를 생명의 위협이 될 수 있는 화학물질에 노출시키는 사람들이 그 안전성을 입증해야 한다.'는 논점의 대립이 주된 내용이다. 따라서 빈칸에는 '벤젠의 노출 수준이 1ppm을 초과할 경우 노동자의 건강에 실질적으로 위험하다는 것을 직업안전보건국이 입증해야 한다.'는 내용이 오는 것이 가장 적절하다.

16

정답 ④

토지공공임대제는 토지가치공유제의 하위 제도로, 사용권은 민간이 갖고 수익권은 공공이 갖는다. 처분권의 경우 사용권을 가진 민간에게 한시적으로 맡기는 것일 뿐이며, 처분권도 공공이 갖는다. 따라서 ④는 토지공공임대제에 대한 설명으로 옳지 않다.

17

정답 ④

보기의 문장은 홍차가 귀한 취급을 받았던 이유에 대하여 구체적으로 설명하고 있다. 따라서 '홍차의 가격이 치솟아 무역적자가 심화되자, 영국 정부는 자국 내에서 직접 차를 키울 수는 없을까 고민하지만 별다른 방법을 찾지 못했고, 홍차의 고급화는 점점 가속화됐다.'의 뒤, 즉 (라)에 들어가는 것이 적절하다.

18

정답 ②

제시문의 쾌락주의자들은 최대의 쾌락을 산출하는 행위를 올바른 것으로 간주하고, 쾌락을 기준으로 가치를 평가하였다. 또한 이들은 장기적인 쾌락을 추구하였으며, 순간적이고 감각적인 쾌락만을 추구하는 삶은 쾌락주의적 삶으로 여기지 않았다. 따라서 ②는 이러한 쾌락주의자들의 주장과 일치하므로 이들의 주장에 대한 반박으로 적절하지 않다.

19

정답 ①

(가) 문단에서는 인류가 바람을 에너지원으로 사용한 지 1만 년이 넘었다고 제시되어 있을 뿐이므로, 이를 통해 인류에서 풍력에너지가 가장 오래된 에너지원인지를 추론할 수 없다.

20

정답 ④

(라) 문단은 비행선 등을 활용하여 고고도풍(High Altitude Wind)을 이용하는 발전기 회사의 사례를 제시하고 있지만, 그 기술의 한계에 대한 내용은 언급하고 있지 않다.

PART 4

01	02	03	04	05	06	07	08	09	10	11	12	13	14	15	16	17	18	19	20
①	④	④	④	③	④	③	②	④	②	②	③	②	④	④	③	③	④	③	②

01

정답 ①

세 번째, 네 번째 조건에 의해, E와 D는 2층과 7층 또는 3층과 8층에 근무해야 한다. 그러나 E와 D가 3층과 8층에 근무를 하게 되면, 마지막 조건을 만족할 수 없다. 따라서 E와 D는 2층과 7층에 근무해야 한다. 또한 두 번째 조건에 의해, E가 7층에 근무할 수 없으므로 D가 7층, E가 2층에 근무한다. 이를 만족하는 경우를 나타 내면 다음과 같다.

구분	경우 1	경우 2	경우 3	경우 4
8층	F	B	F	B
7층	D	D	D	D
6층	G	G	G	G
5층	C	C	A	A
4층	H	H	H	H
3층	A	A	C	C
2층	E	E	E	E
1층	B	F	B	F

경우 2와 경우 4는 두 번째 조건을 만족하지 않으므로, 가능한 경우는 2가지이다. 따라서 A는 항상 F보다 낮은 곳에 있다.

02

정답 ④

주어진 조건에 따르면 두 가지 경우가 가능하다.

1)

5층	D
4층	B
3층	A
2층	C
1층	E

2)

5층	E
4층	C
3층	A
2층	B
1층	D

따라서 A부서는 항상 3층에 위치한다.

오답분석
① B부서는 2층 또는 4층에 있다.
②·③ D부서는 1층 또는 5층에 있다.

03

정답 ④

간선노선과 보조간선노선을 구분하여 노선번호를 부여하면 다음과 같다.
• 간선노선
 – 동서를 연결하는 경우 : (가), (나)에 해당하며, 남에서 북으로 가면서 숫자가 증가하고 끝자리에는 0을 부여하므로 (가)는 20, (나)는 10이다.
 – 남북을 연결하는 경우 : (다), (라)에 해당하며, 서에서 동으로 가면서 숫자가 증가하고 끝자리에는 5를 부여하므로 (다)는 15, (라)는 25이다.
• 보조간선노선
 – (마) : 남북을 연결하는 모양에 가까우므로 (마)의 첫자리는 남쪽 시작점의 간선노선인 (다)의 첫자리와 같은 1이 되어야 하고, 끝자리는 5를 제외한 홀수를 부여해야 하므로 가능한 노선번호는 11, 13, 17, 19이다.

- (바) : 동서를 연결하는 모양에 가까우므로 (바)의 첫자리는 바로 아래쪽에 있는 간선노선인 (나)의 첫자리와 같은 1이 되어야 하고, 끝자리는 0을 제외한 짝수를 부여해야 하므로 가능한 노선번호는 12, 14, 16, 18이다.

따라서 노선번호를 올바르게 부여한 것은 ④이다.

04
정답 ④

[오답분석]

ㄴ. 사용하지 않은 성분을 강조하였으므로 제1항 제3호에 해당한다.

ㄹ. 질병 예방에 효능이 있음을 나타내었으므로 제1항 제1호에 해당한다.

05
정답 ③

제2항 제2호에 의해 과대광고가 아니다.

06
정답 ④

두 번째 조건에 의해, B는 항상 1과 5 사이에 앉는다.

E가 4와 5 사이에 앉으면 2와 3 사이에는 A, C, D 중 누구나 앉을 수 있다.

[오답분석]

① A가 1과 2 사이에 앉으면 네 번째 조건에 의해, E는 4와 5 사이에 앉는다. 그러면 C와 D는 3 옆에 앉게 되는데 이는 세 번째 조건과 모순이 된다.

② D가 4와 5 사이에 앉으면 네 번째 조건에 의해, E는 1과 2 사이에 앉는다. 그러면 C와 D는 3 옆에 앉게 되는데 이는 세 번째 조건과 모순이 된다.

③ C가 2와 3 사이에 앉으면 세 번째 조건에 의해, D는 1과 2 사이에 앉는다. 또한 네 번째 조건에 의해, E는 3과 4 사이에 앉을 수 없다. 따라서 A는 반드시 3과 4 사이에 앉는다.

07
정답 ③

첫 번째 조건에 의해 재무팀은 5층 C에 배치되어 있다. 일곱 번째 조건에 의해 인사팀과 노무복지팀의 위치를 각각 6층의 A와 C, 6층의 B와 D, 5층의 B와 D의 경우로 나누어 생각해 보면 인사팀과 노무복지팀의 위치가 6층의 A와 C, 6층의 B와 D일 경우 나머지 조건들을 고려하면 감사팀은 총무팀 바로 왼쪽에 배치되어 있어야 된다는 여섯 번째 조건에 모순된다. 따라서 인사팀과 노무복지팀의 위치는 5층의 B와 D이고 이를 토대로 나머지 조건들을 고려하면 다음의 배치도를 얻을 수 있다.

〈5층 사무실 배치도〉

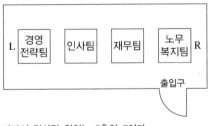

〈6층 사무실 배치도〉

따라서 감사팀 위치는 6층의 C이다.

08
정답 ②

F는 C와 함께 근무해야 한다. 수요일은 C가 근무할 수 없으므로 불가능하고, 토요일과 일요일은 E가 오전과 오후에 근무하므로 2명씩 근무한다는 조건에 위배되어 근무할 수 없다. 따라서 가능한 요일은 월요일, 화요일, 목요일, 금요일로 총 4일이다.

09

정답 ④

수요일, 토요일, 일요일은 다음과 같이 근무조가 확정된다. 월요일, 화요일, 목요일, 금요일은 항상 C와 F가 근무하고, B와 C는 2일 이상, D는 3일 이상 근무해야 한다. 그리고 A는 오전에 근무하지 않고, D는 오전에만 가능하므로 수요일을 제외한 평일에 C와 F는 오전에 1일, 오후에 3일 근무하고, D는 오전에 3일 근무해야 한다. 이때, D는 B와 함께 근무하게 된다. 나머지 평일 오후는 A와 B가 함께 근무한다.

이를 표로 정리하면 다음과 같다.

구분		월요일	화요일	수요일	목요일	금요일	토요일	일요일
경우 1	오전	C, F	B, D	B, D	B, D	B, D	C, E	C, E
	오후	A, B	C, F	A, B	C, F	C, F	A, E	A, E
경우 2	오전	B, D	C, F	B, D	B, D	B, D	C, E	C, E
	오후	C, F	A, B	A, B	C, F	C, F	A, E	A, E
경우 3	오전	B, D	B, D	B, D	C, F	B, D	C, E	C, E
	오후	C, F	C, F	A, B	A, B	C, F	A, E	A, E
경우 4	오전	B, D	B, D	B, D	B, D	C, F	C, E	C, E
	오후	C, F	C, F	A, B	C, F	A, B	A, E	A, E

따라서 B는 수요일에 오전, 오후 2회 근무하므로 옳지 않은 설명이다.

오답분석

① C와 F는 월요일, 화요일, 목요일, 금요일 중 하루를 오전에 함께 근무한다.
② ①의 경우를 제외한 평일 오전에는 D가 항상 B와 함께 근무한다.
③ E는 토요일, 일요일에 A, C와 2번씩 근무하고 주어진 조건으로부터 A는 오전에 근무하지 않는다고 하였으므로 옳은 설명이다.

10

정답 ②

문제해결절차는 '문제 인식 → 문제 도출 → 원인 분석 → 해결안 개발 → 실행 및 평가' 순서이다.
⊙은 강대리가 문제 인식을 하고 팀장님께 보고한 후 어떤 문제가 발생했는지 도출해 내는 단계이므로 문제를 명확히 하는 '문제 도출' 단계이다.
ⓒ은 최팀장에게 왜 그런 현상이 나타나는 것인지에 대해 대답할 차례이므로 문제가 나타나는 현상에 대한 원인을 분석하는 '원인 분석' 단계이다.

11

 정답 ②

제시된 글에서 '문제'는 목표와 현실의 차이이고, '문제점'은 목표가 어긋난 원인이 명시되어야 한다. 따라서 ②를 보면 교육훈련이 부족했다는 원인이 나와 있으므로 '문제점'을 말했다고 볼 수 있다.

오답분석

① 지혜의 이야기는 매출액이 목표에 못 미쳤다는 '문제'를 말한 것이다.
③ 건우는 현재 상황을 말한 것이다.
④ 경현이의 말은 목표를 정정했다는 사실뿐이다.

12

 정답 ③

세 번째 조건과 네 번째 조건을 기호로 나타내면 다음과 같다.
• D → ~E
• ~E → ~A
각각의 대우 E → ~D와 A → E에 따라 A → E → ~D가 성립하므로 A를 지방으로 발령한다면 E도 지방으로 발령하고, D는 지방으로 발령하지 않는다. 이때, 회사는 B와 D에 대하여 같은 결정을 하고, C와 E에 대하여는 다른 결정을 하므로 B와 C를 지방으로 발령하지 않는다.
따라서 A가 지방으로 발령된다면 지방으로 발령되지 않는 직원은 B, C, D 총 3명이다.

13

정답 ②

각 회사별 판촉물 가격과 배송비를 계산하면 다음과 같다.

판촉물 회사	판촉물 가격	배송비	합계
A	$\frac{5,500}{100} \times 18,000 = 990,000$원	$\frac{5,500}{100 \times 5} \times 3,000 = 33,000$원	1,023,000원
B	$\frac{5,500}{500} \times 60,000 = 660,000$원	$660,000 \times 0.1 = 66,000$원	726,000원
C	$\frac{5,500}{500} \times 72,000 = 792,000$원	5,000원	797,000원
D	$5,500 \times 170 = 935,000$원	무료	935,000원

따라서 가장 저렴하게 구입할 수 있는 곳은 B회사이다.

14

정답 ④

무주택 기간, 부양가족 수, 입주자 저축 가입기간을 통해 점수를 구하면 다음과 같다. 이때, 무주택 기간은 365일로 나누어 계산하고, 입주자 저축 가입기간은 12개월로 나누어 계산한다.
① 8+25+8=41점
② 16+15+7=38점
③ 12+15+13=40점
④ 18+20+9=47점
따라서 청약가점이 가장 높은 것은 ④이다.

15

정답 ④

지역가입자 A~D씨의 생활수준 및 경제활동 참가율 구간별 점수표를 정리하면 다음과 같다.

구분	성별	연령	연령 점수	재산정도	재산정도 점수	연간 자동차세액	연간 자동차세액 점수
A	남성	32세	6.6점	2,500만 원	7.2점	12.5만 원	9.1점
B	여성	56세	4.3점	5,700만 원	9점	35만 원	12.2점
C	남성	55세	5.7점	20,000만 원	12.7점	43만 원	15.2점
D	여성	23세	5.2점	1,400만 원	5.4점	6만 원	3점

이에 따른 지역보험료를 계산하면 다음과 같다.
• A씨=(6.6+7.2+9.1+200+100)×183≒59,090원
• B씨=(4.3+9+12.2+200+100)×183≒59,560원
• C씨=(5.7+12.7+15.2+200+100)×183≒61,040원
• D씨=(5.2+5.4+3+200+100)×183≒57,380원

16

정답 ③

제시문의 '가입요건 – (2)'를 살펴보면, 다주택자인 경우에도 보유주택 합산가격이 9억 원 이하이면 가입요건이 충족됨을 확인할 수 있다.

17

정답 ③

- B : 단독소유일 경우 주택소유자가 만 60세 이상이어야 하는데, 주택소유주가 만 57세이므로 가입요건을 충족하지 못한다.
- D : 임대사업을 목적으로 보유한 주택은 보유주택수에 포함되므로, 총 주택가액은 14억 원이 되어 가입요건을 충족하지 못한다.
- E : 만 60세 이상이며, 2개 주택가액이 9억 원이므로 요건에 부합하나, $20m^2$ 초과 아파트는 주택으로 보므로 총 주택가액이 9억 원을 초과하여 가입요건을 충족하지 못한다.

따라서 주택연금대출에 가입할 수 없는 고객은 3명이다.

오답분석

- A : 만 60세 이상이며, 주택가액 9억 원 이하의 1주택을 보유하고 있으므로 가입대상이 된다.
- C : 부부 중 연장자가 만 60세 이상(부부공동소유)이며, 총 주택가액이 9억 원 미만이므로 가입대상이 된다.

18

정답 ④

A가 서브한 게임에서 전략팀이 득점하였으므로 이어지는 서브권은 A가 가지며, 총 4점을 득점한 상황이므로 팀 내에서 선수끼리 자리를 교체하여 A가 오른쪽에서 서브를 해야 한다. 그리고 서브를 받는 총무팀은 서브권이 넘어가지 않았기 때문에 선수끼리 코트 위치를 바꾸지 않는다. 따라서 ④가 정답이다.

19

정답 ③

다음의 논리 순서를 따라 주어진 조건을 정리하면 쉽게 접근할 수 있다.

- 여섯 번째, 여덟 번째 조건 : G는 첫 번째 자리에 앉는다.
- 일곱 번째 조건 : C는 세 번째 자리에 앉는다.
- 네 번째, 다섯 번째 조건 : 만약 A와 B가 네 번째, 여섯 번째 또는 다섯 번째, 일곱 번째 자리에 앉으면, D와 F는 나란히 앉을 수 없다. 따라서 A와 B는 두 번째, 네 번째 자리에 앉는다. 이때, 남은 자리는 다섯, 여섯, 일곱 번째 자리이므로 D와 F는 다섯, 여섯 번째 또는 여섯, 일곱 번째 자리에 앉게 되고, 나머지 한 자리에 E가 앉는다.

이 사실을 종합하여 주어진 조건을 표로 정리하면 다음과 같다.

구분	첫 번째	두 번째	세 번째	네 번째	다섯 번째	여섯 번째	일곱 번째
경우 1	G	A	C	B	D	F	E
경우 2	G	A	C	B	F	D	E
경우 3	G	A	C	B	E	D	F
경우 4	G	A	C	B	E	F	D
경우 5	G	B	C	A	D	F	E
경우 6	G	B	C	A	F	D	E
경우 7	G	B	C	A	E	D	F
경우 8	G	B	C	A	E	F	D

따라서 어느 경우에도 C의 옆자리는 항상 A와 B가 앉는다.

오답분석

① 네 번째 조건에서 D와 F는 나란히 앉는다고 하였다.
②·④ 경우 4, 8인 때에만 성립한다.

20

정답 ②

두 대의 적외선 카메라 중 하나는 수도권본부에 설치하였고, 나머지 하나는 경북본부와 금강본부 중 한 곳에 설치하였으므로 강원본부에는 적외선 카메라를 설치할 수 없다. 또한 강원본부에는 열선감지기를 설치하지 않았으므로 반드시 하나 이상의 기기를 설치해야 한다는 첫 번째 조건에 따라 강원본부에는 화재경보기를 설치하였을 것이다.

오답분석

①·③ 주어진 조건만으로는 어느 본부에 열선감지기를 설치하는지 정확히 알 수 없다.
④ 화재경보기는 경북본부와 강원본부에 설치하였다.

03 수리능력(사무 / 건축 / 발전전기)

01	02	03	04	05	06	07	08	09	10	11	12	13	14	15	16	17	18	19	20
④	①	②	④	②	③	②	①	④	④	②	④	③	②	③	④	③	④	④	③

01

정답 ④

김대리가 작년에 지불한 세금은 $(4,000-2,000) \times 0.3 = 600$만 원이다. 올해의 총소득은 20% 증가한 $4,000 \times 1.2 = 4,800$만 원이고, 소득공제 금액은 40% 증가한 $2,000 \times 1.4 = 2,800$만 원이다.

따라서 올해의 세액은 작년 세율보다 10%p 증가한 40%를 적용하면 $(4,800-2,800) \times 0.4 = 800$만 원이므로 작년보다 $800-600 = 200$만 원을 더 지불하게 된다.

02

정답 ①

기차의 길이를 xm, 기차의 속력을 ym/s라 하면

$\dfrac{x+400}{y} = 10 \rightarrow x+400 = 10y \rightarrow 10y-x = 400 \cdots \bigcirc$

$\dfrac{x+800}{y} = 18 \rightarrow x+800 = 18y \rightarrow 18y-x = 800 \cdots \bigcirc$

$\bigcirc$, $\bigcirc$을 연립하면 $x=100$, $y=50$이 나온다.

따라서 기차의 길이는 100m이고, 기차의 속력은 50m/s이다.

03

정답 ②

1부터 40까지의 자연수 중 40의 약수(1, 2, 4, 5, 8, 10, 20, 40)의 개수는 8개이고, 3의 배수(3, 6, 9, ⋯, 36, 39)는 13개이다. 따라서 40의 약수 중 3의 배수는 없으므로 구하는 경우의 수는 $8+13 = 21$가지이다.

04

정답 ④

문화회관 이용 가능 요일표와 주간 주요 일정표에 따라 한국중부발전이 교육을 진행할 수 있는 요일과 시간대는 화요일 오후, 수요일 오후, 금요일 오전이다.

05

정답 ②

먼저 W씨와 첫 번째 친구가 선택한 A, C강의의 수강료는 $[(50,000+80,000) \times 0.9] \times 2 = 234,000$원이다. 두 번째 친구의 B강의 수강료는 70,000원이고, 모든 강의를 수강하는 세 번째 친구의 수강료는 $(50,000+70,000+80,000) \times 0.8 = 160,000$원이다. 따라서 네 사람이 결제해야 할 총액은 $234,000+70,000+160,000 = 464,000$원이다.

06

정답 ③

전국의 화재 건수 증감 추이는 '증가 - 감소 - 증가 - 감소'이다. 전국과 같은 증감 추이를 보이는 지역은 강원도, 전라남도, 경상북도, 경상남도, 제주특별자치도로 총 5곳이다.

오답분석

① 매년 화재 건수가 많은 지역은 '경기도 - 서울 - 경상남도' 순서이다. 따라서 3번째로 화재 건수가 많은 지역은 경상남도이다.

② 충청북도의 화재 건수는 매년 증가하다가 2022년에 감소하였다.

④ 강원도의 2022년 화재 건수는 전년 대비 $\dfrac{2,364-2,228}{2,364} \times 100 = 5.8\%$ 감소하였으므로 7% 미만으로 감소하였다.

07

정답 ②

전국에서 자전거전용도로의 비율은 약 $13.4\%\left(=\dfrac{2,843}{21,176}\times100\right)$의 비율을 차지한다.

오답분석

① 제주특별자치도는 전국에서 여섯 번째로 자전거도로가 길다.

③ 광주광역시의 전국 대비 자전거전용도로의 비율은 약 $3.8\%\left(=\dfrac{109}{2,843}\times100\right)$이며, 자전거보행자겸용도로의 비율은

약 $3\%\left(=\dfrac{484}{16,331}\times100\right)$로 자전거전용도로의 비율이 더 높다.

④ 경상남도의 모든 자전거도로는 전국에서 약 $8.7\%\left(=\dfrac{1,844}{21,176}\times100\right)$로의 비율을 가지므로 적절하지 않은 해석이다.

08

정답 ①

2020년 8,610백만 달러에서 2022년 11,635백만 달러로 증가했으므로 증가율은 $(11,635-8,610)\div8,610\times100\fallingdotseq35.1\%$이다.

09

정답 ④

통화 내역을 통해 국내통화인지 국제통화인지 구분한다.

- 국내통화 : 4/5(화), 4/6(수), 4/8(금) → 10+30+30=70분
- 국제통화 : 4/7(목) → 60분

∴ 70×15+60×40=3,450원

10

정답 ④

㉠ 2018 ~ 2022년 동안 경기전망지수가 40점 이상인 것은 B산업 또는 C산업이다.

㉡ 2020년에 경기전망지수가 전년 대비 증가한 산업은 A산업과 C산업이다.

㉢ 산업별 전년 대비 2019년 경기전망지수의 증가율은 다음과 같다.

- A : $\dfrac{48.9-45.8}{45.8}\times100\fallingdotseq6.8\%$

- B : $\dfrac{39.8-37.2}{37.2}\times100\fallingdotseq7.0\%$

- C : $\dfrac{40.6-36.1}{36.1}\times100\fallingdotseq12.5\%$

- D : $\dfrac{41.1-39.3}{39.3}\times100\fallingdotseq4.6\%$

따라서 D산업의 전년 대비 2019년 경기전망지수의 증가율이 가장 낮다.

㉣ 매년 5개의 산업 중 경기전망지수가 가장 높은 산업은 A산업이다.

따라서 A산업 – 제조업, B산업 – 보건업, C산업 – 조선업, D산업 – 해운업이다.

11

정답 ②

A씨의 업무시간은 점심시간 1시간을 제외하면 8시간이다. 주간업무계획 수립으로 8시간×$\dfrac{1}{8}$=1시간을, 프로젝트 회의로 8시간×

$\dfrac{2}{5}$=192분=3시간 12분을, 거래처 방문으로 8시간×$\dfrac{1}{3}$=160분=2시간 40분을 보냈다. 따라서 남은 시간은 8시간−(1시간+3

시간 12분+2시간 40분)=1시간 8분이다.

12

간트차트를 활용하여 공정 기간을 정리하면 다음과 같다.

1일	2일	3일	4일	5일	6일	7일	8일	9일	10일	11일	12일
A		B					G				
C											
D									F		
E											

따라서 공정이 모두 마무리되려면 최소 12일이 걸린다.

13

둘이 만나는 데 걸리는 시간을 y시간이라고 하자.

$$ay + by = x \rightarrow (a+b)y = x \rightarrow y = \frac{x}{a+b}$$

따라서 둘이 만나는 데 걸리는 시간은 $\frac{x}{a+b}$ 시간이다.

14

평균 시급 대비 월 평균 소득은 월 근로시간으로 나타낼 수 있다.

- 2018년 : $\frac{805,000}{7,800} ≒ 103$시간
- 2019년 : $\frac{840,000}{8,500} ≒ 99$시간
- 2020년 : $\frac{880,000}{8,700} ≒ 101$시간
- 2021년 : $\frac{930,000}{9,000} ≒ 103$시간
- 2022년 : $\frac{954,500}{9,500} ≒ 100$시간

따라서 월 근로 시간이 가장 적은 연도는 약 99시간인 2019년이다.

[오답분석]
① 전년 대비 월 평균 소득 증가율은 다음과 같다.

- 2019년 : $\frac{840,000 - 805,000}{805,000} \times 100 ≒ 4.3\%$
- 2020년 : $\frac{880,000 - 840,000}{840,000} \times 100 ≒ 4.8\%$
- 2021년 : $\frac{930,000 - 880,000}{880,000} \times 100 ≒ 5.7\%$
- 2022년 : $\frac{954,500 - 930,000}{930,000} \times 100 ≒ 2.6\%$

따라서 2021년의 월평균 소득 증가율이 가장 높다.
③ 2020년의 전년 대비 평균 시급 증가액은 $8,700 - 8,500 = 100$원이고 2022년에 $9,500 - 9,000 = 500$원이다. 따라서 400원 더 적다.
④ 2022년 월 평균 소득 대비 2018년 월 평균 소득 비율은 $\frac{805,000}{954,500} ≒ 84.3\%$으로 70% 이상이다.

15

정답 ③

소설을 대여한 남자는 690건이고, 소설을 대여한 여자는 1,060건이므로 $\frac{690}{1,060} \times 100 ≒ 65.1\%$이다.

오답분석

① 소설의 전체 대여건수는 450+600+240+460=1,750건이고, 비소설의 전체 대여건수는 520+380+320+400=1,620건이므로 옳은 설명이다.

② 40세 미만 대여건수는 520+380+450+600=1,950건, 40세 이상 대여건수는 320+400+240+460=1,420건이므로 옳은 설명이다.

④ 전체 40세 미만 대여 수는 1,950건이고, 그중 비소설 대여는 900건이므로 $\frac{900}{1,950} \times 100 ≒ 46.2\%$이므로 옳은 설명이다.

16

정답 ④

ㄱ. 한국, 독일, 영국, 미국이 전년 대비 감소했다.

ㄷ. 한국, 중국, 독일의 2019년 연구개발비 증가율을 각각 구하면 다음과 같다.

- 한국 : $\frac{33,684-28,641}{28,641} \times 100 = \frac{5,043}{28,641} \times 100 ≒ 17.6\%$

- 중국 : $\frac{48,771-37,664}{37,664} \times 100 = \frac{11,107}{37,664} \times 100 ≒ 29.5\%$

- 독일 : $\frac{84,148-73,737}{73,737} \times 100 = \frac{10,441}{73,737} \times 100 ≒ 14.2\%$

따라서 중국, 한국, 독일 순서로 증가율이 높다.

오답분석

ㄴ. 2017년 대비 2021년 연구개발비 증가율은 중국이 약 3배가량 증가하여 가장 높고, 일본은 $\frac{169,047-151,270}{151,270} \times 100 ≒$ 11.8%이고, 영국은 $\frac{40,291-39,421}{39,421} \times 100 ≒ 2.2\%$이다.

따라서 영국의 연구개발비 증가율이 가장 낮다.

17

정답 ③

다음은 R대리가 각 교통편 종류를 택할 시 왕복 교통비용이다.

- 일반버스 : 24,000×2=48,000원
- 우등버스 : 32,000×2×0.99=63,360원
- 무궁화호 : 28,000×2×0.85=47,600원
- 새마을호 : 36,000×2×0.8=57,600원
- KTX : 58,000원

따라서 무궁화호가 47,600원으로 가장 저렴하다.

18

정답 ④

㉠ 전년 동월 대비 등록률은 2022년 2월에 가장 많이 낮아진 것을 확인할 수 있다.

㉡ 제시된 자료의 심사건수는 전년 동월 대비 325건 증가하였다는 의미이므로 2022년 6월의 심사건수는 알 수 없다.

㉢ 제시된 자료의 등록률은 전년 동월 대비 3.3%p 증가하였다는 의미이므로 2022년 5월의 등록률은 알 수 없다.

오답분석

㉣ 2021년 1월의 심사건수가 100건이라면, 2022년 1월의 심사건수는 전년 동월 대비 125건이 증가했으므로 100+125=225건이다.

19

빈칸의 수치는 다음과 같다.

- (ㄱ) : $4,588-766-692-1,009-644-611=866$
- (ㄴ) : $241-36-31-49-25-27=73$
- (ㄷ) : $33+24+51+31+32+31=202$
- (ㄹ) : $145-21-28-17-30-20=29$

따라서 빈칸에 들어갈 수치가 바르게 연결된 것은 ④이다.

20

ㄴ. 2020년 고덕 차량기지의 안전체험 건수 대비 인원수는 $\frac{633}{33}≒19.2$로, 도봉 차량기지의 안전체험 건수 대비 인원수인 $\frac{432}{24}=$ 18보다 크다.

ㄷ. 2019년부터 2021년까지 고덕 차량기지의 안전체험 건수와 인원수의 증감추이는 동일하게 감소추이를 보이고 있다.

[오답분석]

ㄱ. 2022년에 방화 차량기지 견학 안전체험 건수는 2021년과 동일한 29건이므로 전년 대비 동일하다.

ㄹ. 2022년 신내 차량기지의 안전체험 인원수는 385명이다. 2018년 신내 차량기지의 안전체험 인원수 692명의 약 55%로, 인원수는 50% 미만 감소했다.

01	02	03	04	05	06	07	08	09	10	11	12	13	14	15	16	17	18	19	20
①	①	④	④	④	①	①	④	③	①	③	③	③	①	④	④	③	④	③	①

01

정답 ①

문서용 집게는 재사용이 가능하므로 구매하지 않고 재사용한다. 연필은 B등급이므로 A등급보다 우선순위가 높지 않다. 마지막으로 커피의 필요 개수가 A4 용지보다 적으므로 우선순위에서 밀려난다. 따라서 가장 먼저 구매해야 하는 비품은 A4 용지이다.

02

정답 ①

재건축주택 인수요청은 7월 1일에 시작되었으므로 2일까지 진행되고, 사용하는 연차별 최단기간 내 재건축매입임대사업을 진행할 때의 단계별 사업 진행기간은 다음과 같다.

연차	인수자 지정요청	인수자 지정 및 통보	인수계약체결	개별 임대계획수립	입대주택공급일 공지
①	5일	8 ~ 11일	15 ~ 16일	18 ~ 19일	22 ~ 23일
②	4일	10 ~ 12일, 15일	17 ~ 18일	22 ~ 23일	25 ~ 26일
③	4일	8일, 11일, 12일, 15일	17 ~ 18일	22 ~ 23일	25 ~ 26일
④	4일	8 ~ 10일, 15일	17 ~ 18일	22 ~ 23일	25 ~ 26일

따라서 7월 25일까지 주거복지사업처장의 재건축매입임대사업 완료, 즉 임대주택공급일 공지단계가 완료되는 경우는 ①이다.

03

정답 ④

비용이 17억 원 이하인 업체는 A, D, E, F업체이며, 이 중 1차로 선정할 업체를 구하기 위해 가중치를 적용한 점수는 다음과 같다.

- A업체 : $(18 \times 1) + (11 \times 2) = 40$점
- E업체 : $(13 \times 1) + (10 \times 2) = 33$점
- D업체 : $(16 \times 1) + (12 \times 2) = 40$점
- F업체 : $(16 \times 1) + (14 \times 2) = 44$점

따라서 1차로 선정될 업체는 40점인 A, D업체와 44점인 F업체이며, 이 중 친환경소재점수가 가장 높은 업체는 F업체이다.

04

정답 ④

비용이 17억 2천만 원 이하인 업체는 A, C, D, E, F업체이며, 이 중 1차로 선정할 업체를 구하기 위해 가중치를 적용한 점수는 다음과 같다.

- A업체 : $(11 \times 3) + (15 \times 2) = 63$점
- D업체 : $(12 \times 3) + (14 \times 2) = 64$점
- F업체 : $(14 \times 3) + (16 \times 2) = 74$점
- C업체 : $(13 \times 3) + (13 \times 2) = 65$점
- E업체 : $(10 \times 3) + (17 \times 2) = 64$점

따라서 1차로 선정될 업체는 65점인 C업체와 74점인 F업체이며, 이 중 입찰 비용이 더 낮은 업체는 F업체이다.

05

정답 ④

다른 직원들과 휴가 일정이 겹치지 않고, 주말과 공휴일이 아닌 평일이며, 전체 일정도 없는 3월 21 ~ 22일이 적절하다.

오답분석

① 3월 1일은 공휴일이므로 휴가일로 적절하지 않다.
② 3월 5일은 한국중부발전 전체회의 일정이 있어 휴가를 사용하지 않는다.
③ 3월 10일은 주말이므로 휴가일로 적절하지 않다.

06

정답 ①

전체회의 일정과 공휴일(삼일절), 주말을 제외하면 3월에 휴가를 사용할 수 있는 날은 총 20일이다. 직원이 총 12명이므로 한 명당 2일 이상 휴가를 사용할 수 없다.

07

정답 ①

두 번째 조건에서 경유지는 서울보다 +1시간, 출장지는 경유지보다 −2시간이므로 서울과 −1시간 차이다.
김대리가 서울에서 경유지를 거쳐 출장지까지 가는 과정을 서울시간 기준으로 정리하면
서울 5일 오후 1시 35분 출발 → 오후 1시 35분+3시간 45분=오후 5시 20분 경유지 도착 → 오후 5시 20분+3시간 50분(대기시간)=오후 9시 10분 경유지에서 출발 → 오후 9시 10분+9시간 25분=6일 오전 6시 35분 출장지 도착
따라서 출장지에 도착했을 때 현지 시각은 서울보다 1시간 느리므로 오전 5시 35분이다.

08

정답 ④

제시된 시장 조사 결과 보고서를 보면 소비자의 건강에 대한 관심 증대로 기능을 중시하며, 취급 점포를 체계적으로 관리해야 하고 상품의 가격을 조절해야 할 필요성이 나타나고 있다. 그러므로 '고급화 전략을 추진한다.'와 '전속적 또는 선택적 유통 전략을 도입한다.'는 마케팅 전략을 구사하는 것이 적절하다.

09

정답 ③

매월 각 프로젝트에 필요한 인원은 다음과 같다.
• 2월 : A・B프로젝트 46+42=88명
• 3~4월 : B・C프로젝트 42+24=66명
• 5월 : B・D프로젝트 42+50=92명
• 6월 : D프로젝트 50명
• 7월 : D・E프로젝트 50+15=65명
• 8~9월 : E프로젝트 15명
따라서 5월에 가장 많은 92명이 필요하므로 모든 프로젝트를 완료하기 위해서는 최소 92명이 필요하다.

10

정답 ①

프로젝트별 총 인건비를 계산하면 다음과 같다.
• A프로젝트 : $46 \times 130 = 5,980$만 원
• B프로젝트 : $42 \times 550 = 23,100$만 원
• C프로젝트 : $24 \times 290 = 6,960$만 원
• D프로젝트 : $50 \times 430 = 21,500$만 원
• E프로젝트 : $15 \times 400 = 6,000$만 원
따라서 A~E프로젝트를 인건비가 가장 적게 드는 것부터 나열한 순서는 A−E−C−D−B이다.

11

정답 ③

총 인건비와 진행비를 합한 각 프로젝트에 들어가는 총 비용은 다음과 같다.

프로젝트	총 인건비	진행비	프로젝트 총 비용
A	5,980만 원	20,000만 원	25,980만 원
B	23,100만 원	3,000만 원	26,100만 원
C	6,960만 원	15,000만 원	21,960만 원
D	21,500만 원	2,800만 원	24,300만 원
E	6,000만 원	16,200만 원	22,200만 원

따라서 총 비용이 가장 적게 드는 것부터 나열한 순서는 'C−E−D−A−B' 순서이다.

12

제주도에 도착하여 짐을 찾고 렌터카를 빌리기까지 시간은 20분이 걸린다. 그리고 다음날 서울행 비행기 출발시각 1시간 전인 15시 30분까지 도착해야 하므로 대여시간은 9일 11시 30분부터 10일 15시 20분까지이고, 총 대여시간은 1일 3시간 50분이다. 12시간 이상 사용하므로 24시간 기본요금 65,000원과 나머지 3시간 50분을 사용하므로 35,000원을 추가로 지불한다. 따라서 대여비는 65,000+35,000=100,000원이다.

13

정답 ③

각 렌터카의 대여비와 유류비를 합한 비용은 다음과 같다.

• A렌터카 : $60,000+32,000+1,650\times\dfrac{260}{12.5}=92,000+34,320=126,320$원

• B렌터카 : $65,000+35,000+1,650\times\dfrac{260}{12}=100,000+35,750=135,750$원

• C렌터카 : $65,000+35,000+1,350\times\dfrac{260}{16}=100,000+21,937.5 ≒ 121,938$원

• D렌터카 : $67,000+30,000+1,350\times\dfrac{260}{12}=97,000+29,250=126,250$원

따라서 C렌터카가 가장 저렴하다.

14

정답 ①

W사원이 영국 출장 중에 받는 해외여비는 50×5=250파운드이고, 스페인은 60×4=240유로이다. 항공권은 편도 금액이므로 왕복으로 계산하면 영국은 380×2=760파운드, 스페인 870×2=1,740유로이며, 영국과 스페인의 비행시간 추가비용은 각각 20 ×(12−10)×2=80파운드, 15×(14−10)×2=120유로이다. 따라서 영국 출장 시 드는 비용은 250+760+80=1,090파운드, 스페인 출장은 240+1,740+120=2,100유로이다.
각 은행별 환율을 이용하여 출장비를 원화로 계산하면 다음과 같다.

구분	영국	스페인	총비용
A은행	1,090×1,470=1,602,300원	2,100×1,320=2,772,000원	4,374,300원
B은행	1,090×1,450=1,580,500원	2,100×1,330=2,793,000원	4,373,500원
C은행	1,090×1,460=1,591,400원	2,100×1,310=2,751,000원	4,342,400원

따라서 A은행의 비용이 가장 많이 들고, C은행이 비용의 가장 적으므로 두 은행의 총 비용 차이는 4,374,300−4,342,400 =31,900원이다.

15

정답 ④

승진시험 성적은 100점 만점이므로 제시된 점수를 그대로 반영하고 영어 성적은 5를 나누어서 반영한다. 성과 평가의 경우는 2를 나누어서 합산해, 그 합산점수가 가장 큰 사람을 선발한다. 이때, 합산점수가 높은 E와 I는 동료평가에서 하를 받았으므로 승진 대상에서 제외된다. 합산점수는 다음과 같이 나온다.

구분	A	B	C	D	E	F	G	H	I	J	K
합산 점수	220	225	225	200	동료 평가 '하'로 제외	235	245	220	동료 평가 '하'로 제외	225	230

따라서 F, G가 승진 대상자가 된다.

16

정답 ④

• 일비 : 하루에 10만 원씩 지급 → 100,000×3=300,000원
• 숙박비 : 실비 지급 → B호텔 2박 → 250,000×2=500,000원

84 • NCS 한국중부발전

- 식비 : 1일, 2일 날까지는 3식이고, 마지막 날에는 점심 기내식을 제외하여 아침만 포함
  → $(10,000×3)+(10,000×3)+(10,000×1)=70,000$원
- 교통비 : 실비 지급 → $84,000+10,000+16,300+17,000+89,000=216,300$원
- 합계 : $300,000+500,000+70,000+216,300=1,086,300$원

17

정답 ③

작년 행사 참여인원이 3,000명이었고, 올해 예상 참여인원은 작년 대비 20% 증가할 것으로 예측되므로, $3,000×1.2=3,600$명이다. 각 경품별로 준비물품 개수 합과 당첨고객 수가 같으므로 총액을 계산해보면 다음과 같다.

품목	당첨고객 수	단가	총액
갑 티슈	800명	3,500원	$800×3,500=280,000$원
우산	700명	9,000원	$700×9,000=6,300,000$원
보조 배터리	600명	10,000원	$600×10,000=6,000,000$원
다도세트	500명	15,000원	$500×15,000=7,500,000$원
수건세트	400명	20,000원	$400×20,000=8,000,000$원
상품권	300명	30,000원	$300×30,000=9,000,000$원
식기 건조대	200명	40,000원	$200×40,000=8,000,000$원
전자렌지	100명	50,000원	$100×50,000=5,000,000$원
합계	3,600명	–	50,080,000원

따라서 올해 행사의 필요한 품목에 대한 예상금액은 50,080,000원이다.

18

정답 ④

각 경로별 소요 비용을 계산하면 다음과 같다.
① $41,000+32,000+7,500+22,000+39,000=141,500$원
② $41,000+35,500+22,000+10,500+38,000=147,000$원
③ $38,000+7,500+22,000+37,500+41,000=146,000$원
④ $39,000+10,500+7,500+35,500+41,000=133,500$원
따라서 비용이 가장 저렴한 경로는 ④이다.

19

정답 ③

각 경로별 이동소요시간을 계산하면 다음과 같다.
① (3시간 10분)+(1시간 40분)+(2시간 35분)+(2시간 5분)=9시간 30분
② (3시간 10분)+(2시간 15분)+(2시간 35분)+(1시간 5분)=9시간 5분
③ (2시간 40분)+(2시간 35분)+(1시간 40분)+(40분)=7시간 35분
④ (2시간 40분)+(2시간 15분)+(1시간 40분)+(1시간 5분)=7시간 40분
따라서 이동시간이 가장 적게 소요되는 경로는 ③이다.

20

정답 ①

평가지표 결과와 지표별 가중치를 이용하여 지원자들의 최종 점수를 계산하면 다음과 같다.
- A지원자 : $(3×3)+(3×3)+(5×5)+(4×4)+(4×5)+5=84$점
- B지원자 : $(5×3)+(5×3)+(2×5)+(3×4)+(4×5)+5=77$점
- C지원자 : $(5×3)+(3×3)+(3×5)+(3×4)+(5×5)=76$점
- D지원자 : $(4×3)+(3×3)+(3×5)+(5×4)+(4×5)+5=81$점
- E지원자 : $(4×3)+(4×3)+(2×5)+(5×4)+(5×5)=79$점
따라서 J공사에서 올해 채용할 지원자는 A, D지원자이다.

01	02	03	04	05	06	07	08	09	10	11	12	13	14	15	16	17	18	19	20
③	①	②	②	③	①	②	③	④	④	④	③	③	①	③	②	③	④	①	④

01

정답 ③

사용 전 알아두기 네 번째에 제습기의 물통이 가득 찰 경우 작동이 멈춘다고 하였으므로 서비스센터에 연락해야 한다.

오답분석

① 실내 온도가 18℃ 미만일 때 냉각기에 결빙이 시작되어 제습량이 줄어들 수 있다.

② 컴프레서 작동으로 실내 온도가 올라갈 수 있다.

④ 여섯 번째 사항에서 10분 꺼두었다가 다시 켜서 작동하면 정상이라고 하였다.

02

정답 ①

보증서가 없으면 영수증이 대신하는 것이 아니라, 제조일로부터 3개월이 지난 날이 보증기간 시작일이 된다.

오답분석

② 보증기간 안내 두 번째 항목 보증기간 산정 기준을 보면 제품보증기간 정의가 나와 있다. '제품 보증기간이라 함은 제조사 또는 제품 판매자가 소비자에게 정상적인 상태에서 자연 발생한 품질 성능 기능 하자에 대하여 무료 수리해 주겠다고 약속한 기간'이므로 맞는 내용이다.

③ㆍ④ 2017년 이전 제품은 2년이고, 나머지는 1년이 보증기간이다.

03

정답 ②

지속가능한 기술은 이용 가능한 자원과 에너지를 고려하고, 자원의 사용과 그것이 재생산되는 비율의 조화를 추구하며, 자원의 질을 생각하고, 자원이 생산적인 방식으로 사용되는가에 주의를 기울이는 기술이라고 할 수 있다. 즉, 지속가능한 기술은 되도록 태양 에너지와 같이 고갈되지 않는 자연 에너지를 활용하며, 낭비적인 소비 형태를 지양하고, 기술적 효용만이 아닌 환경효용(Eco-Efficiency)을 추구한다. (가), (나), (라)의 사례는 낭비적인 소비 형태를 지양하고, 환경효용도 추구함을 볼 때 지속가능한 기술의 사례로 볼 수 있다.

오답분석

(다)와 (마)의 사례는 환경효용이 아닌 생산수단의 체계를 인간에게 유용하도록 발전시키는 사례로, 기술발전에 해당한다.

04

정답 ②

임펠러 날개깃이 피로 현상으로 인해 결함을 일으킬 수 있다고 하였기 때문에 기술적 원인에 해당된다. 기술적 원인에는 기계 설계 불량, 재료의 부적합, 생산 공정의 부적당, 정비ㆍ보존 불량 등이 해당된다.

오답분석

① 작업 관리상 원인 : 안전 관리 조직의 결함, 안전 수칙 미제정, 작업 준비 불충분, 인원 배치 및 작업 지시 부적당 등

③ 교육적 원인 : 안전 지식의 불충분, 안전 수칙의 오해, 경험이나 훈련의 불충분과 작업관리자의 작업 방법의 교육 불충분, 유해 위험 작업 교육 불충분 등

④ 불안전한 행동 : 위험 장소 접근, 안전장치 기능 제거, 보호 장비의 미착용 및 잘못 사용, 운전 중인 기계의 속도 조작, 기계ㆍ기구의 잘못된 사용, 위험물 취급 부주의, 불안전한 상태 방치, 불안전한 자세와 동작, 감독 및 연락 잘못 등

05

정답 ③

하드웨어를 생산하는 과정이다.

06

정답 ①

사람의 관점에 따라 서로 다른 정의를 내릴 수 있다.

07

정답 ②

기술 발전에 있어 환경 보호를 추구하는 점을 볼 때, 지속가능한 개발의 사례로 볼 수 있다. 지속 가능한 개발은 경제 발전과 환경 보전의 양립을 위하여 새롭게 등장한 개념으로 볼 수 있으며, 미래세대가 그들의 필요를 충족시킬 수 있는 가능성을 손상시키지 않는 범위에서 현재 세대의 필요를 충족시키는 개발인 것이다.

[오답분석]

① 개발독재 : 개발도상국에서 개발이라는 이름으로 행해지는 정치적 독재를 말한다.
③ 개발수입 : 기술이나 자금을 제3국에 제공하여 미개발자원 등을 개발하거나 제품화하여 수입하는 것을 말한다.
④ 조직개발 : 기업이 생산능률을 높이기 위하여 기업조직을 개혁하는 일을 말한다.

08

정답 ③

전문 연수원을 통해 기술과정을 연수하는 방법에 대한 설명이다.

09

정답 ④

당직근무 배치가 원활하지 않아 일어난 사고는 배치의 불충분으로 일어난 산업재해의 경우로, 4M 중 Management(관리)에 해당된다고 볼 수 있다.

[오답분석]

① 개인의 부주의에 따른 개인의 심리적 요인은 4M 중 Man에 해당된다.
② 작업 공간 불량은 4M 중 Media에 해당된다.
③ 점검, 정비의 결함은 4M 중 Machine에 해당된다.

10

정답 ④

(A)의 경우 구명밧줄이나 공기 호흡기 등을 준비하지 않아 사고가 발생했음을 알 수 있다. 따라서 보호구 사용 부적절로 4M 중 Media(작업정보, 방법, 환경)의 사례로 적절하다. (B)의 경우 안전장치가 제대로 작동하지 않았음을 볼 때, Machine(기계, 설비)의 사례로 적절하다.

11

정답 ④

주의사항에서 유산소 운동의 효과를 가져올 수 있는 운동 시간에 대해 안내된 바가 없으므로 ④는 안내문의 내용으로 적절하지 않다.

12

정답 ③

볼트와 너트 체결부위가 느슨해지면 제품에서 소음이 발생할 수 있으므로 모든 부분을 다시 조여주어야 한다.

13

정답 ③

체온 측정을 위한 주의사항에 따르면 체온을 측정할 때는 정확한 측정을 위해 과다한 귀지가 없도록 해야 한다.

오답분석

① 체온을 측정하기 전 새 렌즈필터를 부착해야 한다.
② 오른쪽 귀에서 측정한 체온과 왼쪽 귀에서 측정한 체온은 다를 수 있으므로 항상 같은 귀에서 체온을 측정해야 한다.
④ 영점조정에 대한 사항은 지문에서 확인할 수 없는 내용이다.

14

정답 ①

'POE' 에러 메시지는 체온계가 렌즈의 정확한 위치를 감지할 수 없어 정확한 측정이 어렵다는 메시지이다. 따라서 [ON] 버튼을 3초간 길게 눌러 화면을 지운 다음 정확한 위치에 체온계를 넣어 다시 측정해야 한다.

오답분석

② '--' 에러 메시지가 떴을 때의 해결방법에 해당한다.
③ 지문에서 확인할 수 없는 내용이다.
④ '---' 에러 메시지가 떴을 때의 해결방법에 해당한다.

15

정답 ③

설치 시 주의사항에 따르면 냉방기가 아닌 난방기기 주변은 과열되어 고장의 염려가 있으므로 피해야 한다.

16

정답 ②

전원이 갑자기 꺼진다면 전력 소모를 줄일 수 있는 기능인 '취침예약'이나 '자동전원끄기' 기능이 설정되어 있는지 확인해야 한다.

오답분석

① 전원이 켜지지 않을 경우 전원코드, 안테나 케이블, 케이블 방송 수신기의 연결이 제대로 되어 있는지 확인해야 하지만, 위성 리시버는 지문에서 확인할 수 없다.
③ 제품에서 뚝뚝 소리가 나는 것은 TV외관의 기구적 수축이나 팽창 때문에 나타날 수 있는 현상이므로 안심하고 사용해도 된다.
④ 제품 특성상 장시간 시청 시 패널에서 열이 발생하므로 열이 발생하는 것은 결함이나 동작 사용상의 문제가 되는 것이 아니므로 안심하고 사용해도 된다.

17

정답 ③

안마의자 사용설명서에서 설치 시에 등받이와 다리부를 조절할 경우를 대비하여 제품의 전방 50cm, 후방 10cm 이상 여유 공간을 두라고 설명하고 있다. 따라서 후방을 벽면에 밀착할 수 있는 장소를 고려하는 것은 적절하지 않다.

18

정답 ④

안마의자의 움직이는 부위에 손가락이 끼어 다칠 수 있다는 내용을 담고 있다. 제품설명서의 '안전을 위한 주의사항'에서 7번째 사항을 보면 같은 내용이 있으며, '경고' 수준의 주의를 필요로 한다는 것을 알 수 있다.

오답분석

① 사용 중에 잠들지 말라는 의미를 가진 그림이다. 이는 '주의' 수준에 해당한다.
② 사용 중에 음료나 음식을 섭취하지 말라는 의미를 가진 그림이다. 이는 '주의' 수준에 해당한다.
③ 사용 시간은 1회 20분을 권장한다는 의미를 가진 그림이다. 이는 '주의' 수준에 해당한다.

19

정답 ①

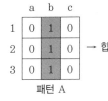 → (가) → 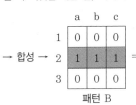 =

패턴 A, 패턴 B 모두 1인 경우에만 결괏값이 1이 되므로 AND 연산자가 사용되었다.

20

정답 ④

NOR(부정논리합) : 둘 다 거짓일 때만 참, 나머지 모두 거짓

	a	b	c
1	0	1	0
2	0	1	0
3	0	1	0

패턴 A

→ 합성 →

	a	b	c
1	0	0	0
2	1	1	1
3	0	0	0

패턴 B

=

	a	b	c
1	1	0	1
2	0	0	0
3	1	0	1

결과

01	02	03	04	05	06	07	08	09	10	11	12	13	14	15	16	17	18	19	20
③	③	④	②	③	④	④	④	③	②	③	④	②	①	②	①	③	①	①	①

01
정답 ③

결정된 사항에 대하여 의사결정에 참여한 사람들이 해결책을 수월하게 수용하고, 의사소통의 기회도 향상되는 장점이 있다.

02
정답 ③

17 ~ 24일까지 업무를 정리하면 다음과 같다.

17일	18일	19일	20일	21일	22일	23일	24일
B업무 (착수)	B업무	B업무 (완료)					
D업무 (착수)	D업무 (완료)						
			C업무 (착수)	C업무	C업무 (완료)		
		A업무 (착수)	A업무	A업무	A업무	A업무	A업무 (완료)

따라서 B - D - A - C 순으로 업무에 착수할 것임을 알 수 있다.

03
정답 ④

시스템 오류 확인 및 시스템 개선 업무는 고객지원팀이 아닌 시스템개발팀이 담당하는 업무이다.

04
정답 ②

조직구성원에 대한 교육훈련, 승진, 성장 등과 관련된 목표는 ㉠인력개발이다. 또한 조직의 일차적 과업인 운영목표에 포함되어야 하는 것으로서, 투입된 자원 대비 산출량을 개선하기 위한 목표는 ㉡생산성이다.

05
정답 ③

ㄱ. 세계화는 조직 구성원들의 근무환경 등 개인 삶에도 직·간접적으로 영향을 주기 때문에 구성원들은 의식 및 태도, 지식습득에 있어서 적응이 필요하다. 따라서 기업의 대외적 경영 측면 뿐 아니라 대내적 관리에도 영향을 준다.
ㄷ. 이문화 이해는 언어적 소통 및 비언어적 소통, 문화, 정서의 이해를 모두 포괄하는 개념이다. 따라서 이문화 이해가 곧 언어적 소통이 되는 것이 아니다.
ㄹ. 문화란 장시간에 걸쳐 무의식적으로 형성되는 영역으로 단기간에 외국문화를 이해하는 것은 한계가 있으므로 지속적인 학습과 노력이 요구된다.

오답분석

ㄴ. 대상국가의 법규 및 제도 역시 기업이 적응해야할 경영환경이다.

06
정답 ④

외국인력국은 외국인 근로자의 입국을 지원하고, 입국 초기 외국인 근로자를 모니터링 하는 등 외국인 근로자의 국내 체류를 돕는다. 또한 외국인 근로자 고용허가제의 일환인 한국어능력시험을 시행하는 등 주로 외국인 근로자의 고용 지원 업무를 담당한다. 따라서 청년들의 해외 취업을 지원하는 프로그램인 K-Move 취업센터 운영은 해외취업국이 담당하므로 외국인력국의 업무와 거리가 멀다.

07

정답 ④

조직문화는 구성원 개개인의 개성을 인정하고 그 다양성을 강화하기보다는 구성원들의 행동을 통제하는 기능을 한다. 즉, 구성원을 획일화 · 사회화시킨다.

08

정답 ④

제시된 기법은 '한정 판매 마케팅 기법'이다. 이 기법은 한정판 제품의 공급을 통해 의도적으로 공급의 가격탄력성을 0에 가깝게 조정한 것으로, 판매 기업의 입장에서는 이윤 증대를 위한 경영 혁신이지만 소비자의 합리적 소비를 저해할 수 있다.

09

정답 ③

티베트의 문화를 존중하고, 대접을 받는 손님의 입장에서 볼 때, 차를 마실 때 다 비우지 말고 입에 살짝 대는 것이 가장 적절한 행동이다.

오답분석

① 주인이 권하는 차를 거절하면 실례가 되므로 적절하지 않다.
② 대접받는 손님의 입장에서 자리를 피하는 것은 적절하지 않다.
④ 힘들다는 자신의 감정이 드러날 수 있으므로 적절하지 않다.

10

정답 ②

환율이 상승하면 원화가치가 하락하기 때문에 해외여행자 수는 감소한다.

여행경보제도
1. 여행 유의(남색경보) : 신변안전 유의
2. 여행 자제(황색경보) : 신변안전 특별유의, 여행 필요성 신중 검토
3. 철수 권고(적색경보) : 긴급용무가 아닌 한 귀국, 가급적 여행 취소 · 연기
4. 여행 금지(흑색경보) : 즉시 대피 · 철수, 방문 금지

미국 정부의 전자여행허가제(ESTA)
대한민국 국민으로서 관광 및 상용 목적으로 90일 이내 기간 동안 미국을 방문하고자 하는 경우, 2008년 11월 17일부터 원칙적으로 비자 없이 미국 입국이 가능하지만 미 정부의 전자여행허가제에 따라 승인을 받아야만 한다.

11

정답 ③

포크와 나이프는 몸에서 가장 바깥쪽에 있는 것부터 사용한다.

12

정답 ④

국제동향을 파악하기 위해서는 국제적인 법규나 규정을 숙지해야 한다. 우리나라에서는 합법적인 행동이 다른 나라에서는 불법적일 수 있기 때문에 국제적인 업무를 수행하기 전에 반드시 숙지하여 피해를 방지해야 한다. 국내의 법률, 법규 등을 공부하는 것은 국제동향을 파악하는 행동으로 적절하지 않다.

13

정답 ②

다른 집단들에 비해 구성원들의 개인적 기여를 강조하고, 개인적 책임뿐만 아니라 상호 공동책임을 중요시하며, 공동목표의 추구를 위해 헌신해야 한다는 의식을 공유한다.

14

정답 ①

일반적으로 코칭은 문제 및 진척 상황을 직원들과 함께 자세하게 살피고 지원을 아끼지 않으며, 지도 및 격려를 하는 활동을 의미한다. 직원들을 코칭하는 리더는 직원 자신이 권한과 목적의식을 가지고 있는 중요한 사람이라는 사실을 느낄 수 있도록 이끌어주어야 한다. 또한 직원들이 자신만의 장점과 성공 전략을 활용할 수 있도록 적극적으로 도와야 한다.

오답분석

② 티칭 : 학습자에게 지식이나 기술을 전달하고, 제능력(諸能力)이나 가치관을 형성시키는 교육활동이다.
③ 멘토링 : 경험과 지식이 풍부한 사람이 지도와 조언을 하여 받는 사람의 실력과 잠재력을 개발하는 것이다.
④ 컨설팅 : 어떤 분야에 전문적인 지식을 가진 사람이 고객을 상대로 상세하게 상담하고 도와주는 것이다.

15

정답 ②

오답분석

① 분권화 : 의사결정 권한이 하급기관에 위임되는 조직 구조이다.
③ 수평적 : 부서의 수가 증가하는 것으로 조직 구조의 복잡성에 해당된다.
④ 공식성 : 조직구성원의 행동이 어느 정도의 규칙성, 몰인격성을 갖는지에 대한 정도를 말한다.

16

정답 ①

조직의 비전에 대해 자주 의사소통하기 위해서는 조직의 비전을 수립하고, 그 내용을 전 직원에게 정확히 전달해야 한다. 이때 메시지는 간단명료해야하고, 다양한 매체를 통해 반복적으로 전달하는 것이 좋다.

17

정답 ③

빈칸에 들어갈 용어는 '조직변화' 또는 '조직혁신'으로 볼 수 있다. 조직변화는 구성원들의 사고방식이나 가치체계를 변화시키는 것이다. 즉 조직의 목적과 구성원들의 사고방식을 일치시키기 위해 변화를 유도하는 문화 변화의 모습을 가진다.

18

정답 ①

외부경영활동은 조직 외부에서 이루어지는 활동임을 볼 때, 기업의 경우 주로 시장에서 이루어지는 활동으로 볼 수 있다. 마케팅 활동은 시장에서 상품 혹은 용역을 소비자에게 유통시키는 데 관련된 대외적 이윤추구 활동이므로 외부경영활동으로 볼 수 있다.

오답분석

②·③·④는 모두 인사관리에 해당되는 활동으로 내부경영활동이다.

19

정답 ①

브레인스토밍에서는 어떠한 내용의 발언이라도 그에 대한 비판을 해서는 안 되는 것이 규칙이다.

브레인스토밍 규칙
• 다른 사람이 아이디어를 제시할 때에는 비판하지 않는다.
• 문제에 대한 제안은 자유롭게 이루어질 수 있다.
• 아이디어는 많이 나올수록 좋다.
• 모든 아이디어들이 제안되고 나면 이를 결합하고 해결책을 마련한다.

20

정답 ①

조직을 구성하고 있는 개개인을 안다고 해서 조직의 실체를 완전히 알 수 있는 것은 아니다. 구성원들을 연결하는 조직의 목적, 구조, 환경 등을 함께 알아야 조직을 제대로 이해할 수 있다.

07 정보능력(정보통신 / 건축)

01	02	03	04	05	06	07	08	09	10	11	12	13	14	15	16	17	18	19	20
④	①	②	①	②	①	①	②	②	①	④	①	①	①	③	②	③	②	②	③

01

정답 ④

「IF(판정될 값이나 식, TRUE일 때 돌려주는 값, FALSE일 때 돌려주는 값)」으로, 「=MID(돌려줄 문자들이 포함된 문자열, 돌려줄 문자열에서 첫째 문자의 위치, 돌려줄 문자 개수)」로 표시된다. [B2] 셀의 8번째 자리의 숫자로 성별을 판단하기 때문에 「=IF(MID(B2,8,1)="1","남성","여성")」이 옳다.

02

정답 ①

DATEDIF 함수는 두 날짜 사이의 일, 월, 연도수를 구하는 함수이다.
B2의 숫자를 연도 형식의 "yyyy-mm-dd"로 변환해야 하므로 TEXT 함수를 이용하여 변환하면 「=TEXT(B2,"0000-00-00")」이다. 만 나이는 두 날짜 사이의 연도수를 구하면 되므로 DATEDIF 함수를 이용해 구하려면 「=DATEDIF((TEXT(B2,"0000-00-00")), TODAY(),"y")」을 사용하면 된다.

03

정답 ②

'=INDEX(A3:E9,MATCH(SMALL(B3:B9,2),B3:B9,0),5)' 함수를 살펴보면, 우선 'SMALL(B3:B9,2)' 함수의 경우는 [B3:B9] 범위에서 2번째로 작은 값을 구하기 때문에 결괏값은 7이다. 이를 통해 나타나는 'MATCH(7,B3:B9,0)' 함수를 살펴보면, [B3:B9] 범위에서 '7'의 위치 값을 나타내므로 값은 '4'가 나온다. 따라서 최종적으로 '=INDEX(A3:E9,4,5)'의 함수로 계산되며, [A3:E9] 의 범위에서 4행, 5열에 위치한 '대전'이 결괏값으로 나타난다.

04

정답 ①

(가)의 SUMPRODUCT 함수는 배열 또는 범위의 대응되는 값끼리 곱해서 그 합을 구하는 함수이다.
「=SUMPRODUCT(B4:B10,C4:C10,D4:D10)은 $(B4 \times C4 \times D4)+(B5 \times C5 \times D5)+ \cdots +(B10 \times C10 \times D10)$」의 값으로 나타난다.
따라서 (가) 셀에 나타나는 값은 2,610이다.

05

정답 ②

각 빈칸에 들어 가야할 단계를 채워 넣은 정보분석 단계는 다음과 같다.

분석과제의 발생 ⇨ 과제(요구)의 분석 ⇨ 조사항목의 선정 ⇨ 관련정보의 수집 ⇨ 기존자료 조사 및 신규자료 조사 ⇨ 수집 정보의 분류 ⇨ 항목별 분석 ⇨ 종합·결론 ⇨ 활용·정리

06

정답 ①

WEEKDAY 함수는 일정 날짜의 요일을 나타내는 1에서 7까지의 수를 구하는 함수다. WEEKDAY 함수의 두 번째 인수에 '1'을 입력해주면 '일요일(1)~토요일(7)'숫자로 표시되고 '2'를 넣으면 '월요일(1)~일요일(7)'로 표시되며 '3'을 입력하면 '월요일(0)~일요일(6)'로 표시된다.

07

정답 ①

LEN 함수는 문자열의 문자 수를 구하는 함수이므로 숫자를 반환한다. 「=LEN(A2)」는 '서귀포시'로 문자 수가 4이며 여기서 −1을 하면 [A2] 열의 3번째 문자까지를 지정하는 것이므로 [C2] 셀과 같이 나온다. 텍스트 문자열의 시작지점부터 지정한 수만큼의 문자를 반환하는 LEFT 함수를 사용하면 「=LEFT(A2,LEN(A2)−1)」이 적절하다.

08

정답 ②

ㄱ. 〈Prtscn〉 : 전체 화면의 스크린샷을 생성하고 클립보드에 복사한다.
ㄷ. Windows 로고 키+〈Shift〉+〈S〉 : 화면 부분의 스크린샷을 생성한다.

[오답분석]
ㄴ. 〈Ctrl〉+〈F5〉 : 활성창을 새로 고친다.
ㄹ. 〈F2〉 : 선택한 항목의 이름을 바꾼다.

09

정답 ②

MOD 함수는 어떤 숫자를 특정 숫자로 나누었을 때 나오는 나머지를 알려주는 함수로, 짝수 혹은 홀수를 구분할 때도 사용할 수 있는 함수이다.

[오답분석]
① SUMIF 함수는 조건에 맞는 셀의 값들의 합을 알려주는 함수이다.
③ INT 함수는 실수의 소수점 이하를 제거하고 정수로 변경할 때 사용하는 함수이다.
④ NOW 함수는 현재의 날짜와 시간을 알려주는 함수이며, 인수는 필요로 하지 않는다.

10

정답 ①

Windows [제어판]의 [접근성 센터]에는 돋보기, 내레이터, 화상 키보드, 고대비 설정과 같은 시각 장애에 도움을 줄 수 있는 기능이 포함되어 있다.

11

정답 ④

하이퍼텍스트(Hypertext)는 선형 구조가 아닌 링크에 따라 그 차례가 바뀌는 임의적이면서 나열형인 구조를 가진다. 사용자의 의도대로 따라가는 것이 아닌, 연결된 문서들을 어떠한 클릭에 따라 자유롭게 이동할 수 있다.

12

정답 ①

바탕 화면에 있는 파일을 [휴지통]으로 드래그 앤 드롭하여 삭제한 경우 복원이 가능하다.

13

해당 지문은 유비쿼터스(Ubiquitous)에 대한 설명이다.

[오답분석]

② AI(Artificial Intelligence) : 컴퓨터에서 인간과 같이 사고하고, 생각하고, 학습하고, 판단하는 논리적인 방식을 사용하는 인간 지능을 본 딴 고급 컴퓨터프로그램을 말한다.

③ 딥 러닝(Deep Learning) : 컴퓨터가 여러 데이터를 이용해 마치 사람처럼 스스로 학습할 수 있게 하기 위해 인공 신경망(ANN; Artificial Neural Network)을 기반으로 구축한 기계 학습 기술을 의미한다.

④ 블록체인(Block Chain) : 누구나 열람할 수 있는 장부에 거래 내역을 투명하게 기록하고, 여러 대의 컴퓨터에 이를 복제해 저장하는 분산형 데이터 저장기술이다.

14

정보화 사회란 정보가 사회의 중심이 되는 사회로서 기술과 정보통신을 활용하여 사회 각 분야에서 필요로 하는 가치 있는 정보를 창출하고, 보다 유익하고 윤택한 생활을 영위하는 사회로 발전시켜 나가는 사회를 의미한다.

15

제시된 기사는 몸에 부착하거나 착용하여 사용하는 전자장치인 웨어러블 디바이스에 대한 것으로, 이는 손으로 들고 있어야 하는 불편함이 있던 기존 전자장치에서 한 단계 진보한 아예 입을 수 있는, 착용할 수 있는 스마트 장치들에 해당한다.

[오답분석]

① 그리드 컴퓨팅 : 모든 컴퓨팅 기기를 하나의 초고속 네트워크로 연결하여, 컴퓨터의 계산능력을 극대화한 차세대 디지털 신경망 서비스를 말한다.

② 디바이스 프리 : 콘텐츠를 서버에 저장해 스마트폰·태블릿PC·노트북 등 다양한 모바일 디바이스를 통해 언제든 이용할 수 있는 서비스를 말한다.

④ 클라우드 컴퓨팅 : 이용자의 모든 정보를 인터넷상의 서버에 저장하고, 이 정보를 각종 IT 기기를 통하여 언제 어디서든 이용할 수 있는 컴퓨팅 환경을 의미한다.

16

정보 내에 포함되어 있는 키워드나 단락과 같은 세부적인 요소나 정보의 주제, 사용했던 용도로 정보를 찾고자 할 때는 목록을 가지고서 쉽게 찾을 수가 없다. 이런 문제를 해결하기 위해 주요 키워드나 주제어를 가지고 소장하고 있는 정보원을 관리하는 방식이 색인을 이용한 정보관리이다. 목록은 한 정보원에 하나만 만드는 것이지만 색인은 여러 개를 추출하여 한 정보원에 여러 색인어를 부여할 수 있다.

[오답분석]

㉠ 정보목록은 정보에서 중요한 항목을 찾아 기술한 후 정리하면서 만들어진다. 한번 '정보목록'을 만들기 시작한 다음 한글이나 워드, 엑셀 같은 프로그램을 이용해서 목록파일을 저장해 놓으면, 후에 다른 정보를 찾았을 때 기존 목록에 추가하는 작업이 간단해 진다.

㉢ 색인은 정보를 찾을 때 쓸 수 있는 키워드인 색인어와 색인어의 출처인 위치정보로 구성된다.

17

ⓒ 데이터베이스를 이용하면 다량의 데이터를 정렬해 저장하게 되므로 검색 효율이 개선된다.
ⓒ 데이터가 중복되지 않고 한 곳에만 기록되어 있으므로, 오류 발견 시 그 부분만 수정하면 되기 때문에 데이터의 무결성을 높일
수 있다.

[오답분석]

㉠ 대부분의 데이터베이스 관리 시스템은 사용자가 정보에 대한 보안등급을 정할 수 있게 해 준다. 따라서 부서별로 읽기 권한,
읽기와 쓰기 권한 등을 구분해 부여하여 안정성을 높일 수 있다.
㉣ 데이터베이스를 형성하여 중복된 데이터를 제거하면 데이터 유지비를 감축할 수 있다.

18

• 김대리 : 일반적인 검색 이외에 특정한 데이터(논문, 특허 등)는 나름대로의 검색 방법이 따로 존재하므로 적절한 검색 엔진의
선택이 중요하다. 한 검색 엔진을 이용하여 원하는 검색 결과가 나오지 않았을 경우에는 다른 검색 엔진을 이용하여 검색한다.
• 최과장 : 웹 검색 결과로 검색 엔진이 제시하는 결과물의 가중치를 너무 신뢰해서는 안 된다. 검색 엔진 나름대로 정확성이 높다고
판단되는 데이터를 화면의 상단에 표시하지만 실제 그렇지 않은 경우가 많이 발생하므로 사용자 자신이 직접 보면서 검색한 자료
가 자신이 원하는 자료인지 판단해야 한다.

[오답분석]

• 정사원 : 키워드가 너무 짧으면 필요 이상의 넓은 범위에서 정보를 가져오게 되어 원하는 결과를 쉽게 찾을 수 없는 경우가 많다.
따라서 키워드는 구체적이고 자세하게 만드는 것이 좋은 방법이다.
• 박주임 : 웹 검색이 정보 검색의 최선은 아니다. 웹 검색 이외에도 각종 BBS, 뉴스 그룹, 메일링 리스트도 이용하고, 도서관
자료와 정보를 가지고 있는 사람에게 직접 전자우편으로 부탁하는 등의 다른 방법도 적극 활용하여야 한다.

19

[오답분석]

① RFID : 무선인식이라고도 하며, 반도체 칩이 내장된 태그, 라벨, 카드 등의 저장된 데이터를 무선주파수를 이용하여 비접촉으로
읽어내는 인식시스템이다.
③ 이더넷(Ethernet) : 가장 대표적인 버스 구조 방식의 근거리통신망(LAN) 중 하나이다.
④ M2M : Machine-to-Machine으로 모든 사물에 센서와 통신 기능을 달아 정보를 수집하고 원격 제어하는 통신체계를 말한다.

20

if(i % 4 == 0)에서, i가 4의 배수일 때 sum = sum + 1이 수행된다.
I가 1부터 110까지 1씩 증가 될 때 4의 배수가 나오면 sum에 +1이 되기 때문에 110 이하의 4의 배수의 개수를 구하면 sum을
알 수 있다.
따라서 110/4=27이다.

학습플래너

◉ 사람으로서 할 수 있는 최선을 다한 후에는 오직 하늘의 뜻을 기다린다.
◉
◉

과목	내용	체크
NCS	의사소통능력 학습	○

MEMO

학습플래너

Date 202 . . . D- 공부시간 H M

◉
◉
◉

과목	내용	체크
		○

MEMO

Date 202 . . .   **D-**   공부시간 **H   M**

◉
◉
◉

과목	내용	체크
		○

MEMO

학습플래너

Date 202 .　.　.　　　　D-　　　　　　　공부시간　H　M

◉
◉
◉

과목	내용	체크
		○

MEMO

한국중부발전 필기시험 답안카드

성 명	
지원 분야	

문제지 형별기재란	( )형	Ⓐ Ⓑ

수험번호

⓪	⓪	⓪	⓪	⓪	⓪	⓪
①	①	①	①	①	①	①
②	②	②	②	②	②	②
③	③	③	③	③	③	③
④	④	④	④	④	④	④
⑤	⑤	⑤	⑤	⑤	⑤	⑤
⑥	⑥	⑥	⑥	⑥	⑥	⑥
⑦	⑦	⑦	⑦	⑦	⑦	⑦
⑧	⑧	⑧	⑧	⑧	⑧	⑧
⑨	⑨	⑨	⑨	⑨	⑨	⑨

감독위원 확인	㉤

1	① ② ③ ④	21	① ② ③ ④	41	① ② ③ ④	61	① ② ③ ④
2	① ② ③ ④	22	① ② ③ ④	42	① ② ③ ④	62	① ② ③ ④
3	① ② ③ ④	23	① ② ③ ④	43	① ② ③ ④	63	① ② ③ ④
4	① ② ③ ④	24	① ② ③ ④	44	① ② ③ ④	64	① ② ③ ④
5	① ② ③ ④	25	① ② ③ ④	45	① ② ③ ④	65	① ② ③ ④
6	① ② ③ ④	26	① ② ③ ④	46	① ② ③ ④	66	① ② ③ ④
7	① ② ③ ④	27	① ② ③ ④	47	① ② ③ ④	67	① ② ③ ④
8	① ② ③ ④	28	① ② ③ ④	48	① ② ③ ④	68	① ② ③ ④
9	① ② ③ ④	29	① ② ③ ④	49	① ② ③ ④	69	① ② ③ ④
10	① ② ③ ④	30	① ② ③ ④	50	① ② ③ ④	70	① ② ③ ④
11	① ② ③ ④	31	① ② ③ ④	51	① ② ③ ④	71	① ② ③ ④
12	① ② ③ ④	32	① ② ③ ④	52	① ② ③ ④	72	① ② ③ ④
13	① ② ③ ④	33	① ② ③ ④	53	① ② ③ ④	73	① ② ③ ④
14	① ② ③ ④	34	① ② ③ ④	54	① ② ③ ④	74	① ② ③ ④
15	① ② ③ ④	35	① ② ③ ④	55	① ② ③ ④	75	① ② ③ ④
16	① ② ③ ④	36	① ② ③ ④	56	① ② ③ ④	76	① ② ③ ④
17	① ② ③ ④	37	① ② ③ ④	57	① ② ③ ④	77	① ② ③ ④
18	① ② ③ ④	38	① ② ③ ④	58	① ② ③ ④	78	① ② ③ ④
19	① ② ③ ④	39	① ② ③ ④	59	① ② ③ ④	79	① ② ③ ④
20	① ② ③ ④	40	① ② ③ ④	60	① ② ③ ④	80	① ② ③ ④

※ 본 답안카드는 마킹연습용 모의 답안카드입니다.

한국중부발전 필기시험 답안카드

성명	

지원 분야	

문제지 형별기재란	Ⓐ Ⓑ ( )형

수험번호	0 1 2 3 4 5 6 7 8 9

감독위원 확인	인

1	① ② ③ ④	21	① ② ③ ④	41	① ② ③ ④	61	① ② ③ ④
2	① ② ③ ④	22	① ② ③ ④	42	① ② ③ ④	62	① ② ③ ④
3	① ② ③ ④	23	① ② ③ ④	43	① ② ③ ④	63	① ② ③ ④
4	① ② ③ ④	24	① ② ③ ④	44	① ② ③ ④	64	① ② ③ ④
5	① ② ③ ④	25	① ② ③ ④	45	① ② ③ ④	65	① ② ③ ④
6	① ② ③ ④	26	① ② ③ ④	46	① ② ③ ④	66	① ② ③ ④
7	① ② ③ ④	27	① ② ③ ④	47	① ② ③ ④	67	① ② ③ ④
8	① ② ③ ④	28	① ② ③ ④	48	① ② ③ ④	68	① ② ③ ④
9	① ② ③ ④	29	① ② ③ ④	49	① ② ③ ④	69	① ② ③ ④
10	① ② ③ ④	30	① ② ③ ④	50	① ② ③ ④	70	① ② ③ ④
11	① ② ③ ④	31	① ② ③ ④	51	① ② ③ ④	71	① ② ③ ④
12	① ② ③ ④	32	① ② ③ ④	52	① ② ③ ④	72	① ② ③ ④
13	① ② ③ ④	33	① ② ③ ④	53	① ② ③ ④	73	① ② ③ ④
14	① ② ③ ④	34	① ② ③ ④	54	① ② ③ ④	74	① ② ③ ④
15	① ② ③ ④	35	① ② ③ ④	55	① ② ③ ④	75	① ② ③ ④
16	① ② ③ ④	36	① ② ③ ④	56	① ② ③ ④	76	① ② ③ ④
17	① ② ③ ④	37	① ② ③ ④	57	① ② ③ ④	77	① ② ③ ④
18	① ② ③ ④	38	① ② ③ ④	58	① ② ③ ④	78	① ② ③ ④
19	① ② ③ ④	39	① ② ③ ④	59	① ② ③ ④	79	① ② ③ ④
20	① ② ③ ④	40	① ② ③ ④	60	① ② ③ ④	80	① ② ③ ④

2023 최신판 All-New 한국중부발전
최신기출＋NCS＋한국사＋모의고사 8회＋무료NCS특강

개정16판1쇄 발행	2023년 03월 20일 (인쇄 2023년 02월 07일)
초 판 발 행	2014년 03월 04일 (인쇄 2014년 02월 25일)
발 행 인	박영일
책 임 편 집	이해욱
편 저	NCS직무능력연구소
편 집 진 행	구현정·문대식
표지디자인	조혜령
편집디자인	배선화·채현주
발 행 처	(주)시대고시기획
출 판 등 록	제10-1521호
주 소	서울시 마포구 큰우물로 75 [도화동 538 성지 B/D] 9F
전 화	1600-3600
팩 스	02-701-8823
홈 페 이 지	www.sdedu.co.kr
I S B N	979-11-383-4395-4 (13320)
정 가	26,000원